Leitfäden der Informatik

Heinrich Müller, Frank Weichert

Vorkurs Informatik

W0049547

Leitfäden der Informatik

Herausgegeben von

Prof. Dr. Bernd Becker
Prof. Dr. Friedemann Mattern
Prof. Dr. Heinrich Müller
Prof. Dr. Wilhelm Schäfer
Prof. Dr. Dorothea Wagner
Prof. Dr. Ingo Wegener

Die Leitfäden der Informatik behandeln

- Themen aus der Theoretischen, Praktischen und Technischen Informatik entsprechend dem aktuellen Stand der Wissenschaft in einer systematischen, fundierten Darstellung des jeweiligen Gebietes.

- Methoden und Ergebnisse der Informatik, aufgearbeitet und dargestellt aus Sicht der Anwendungen in einer für Anwender verständlichen, exakten und präzisen Form.

Die Bände der Reihe wenden sich zum einen als Grundlage und Ergänzung zu Vorlesungen der Informatik an Studierende und Lehrende in Informatik-Studiengängen an Hochschulen, zum anderen an „Praktiker", die sich einen Überblick über die Anwendung der Informatik (-Methoden) verschaffen wollen; sie dienen aber auch in Wirtschaft, Industrie und Verwaltung tätigen Informatikerinnen und Informatikern zur Fortbildung in praxisrelevanten Fragestellungen ihres Faches.

Heinrich Müller, Frank Weichert

Vorkurs Informatik

Der Einstieg ins Informatikstudium

Teubner

Bibliografische Information der Deutschen Bibliothek
Die Deutsche Bibliothek verzeichnet diese Publikation in der Deutschen Nationalbibliografie;
detaillierte bibliografische Daten sind im Internet über <http://dnb.ddb.de> abrufbar.

Prof. Dr. Heinrich Müller, Universität Dortmund
1978 Diplom in Informatik und in Mathematik, Universität Stuttgart. 1981 Promotion in Informatik,
Universität Stuttgart. 1987 Habilitation in Informatik, Universität Karlsruhe. 1988 Professor für Praktische Informatik, Universität Freiburg. Seit 1992 Lehrstuhl für Graphische Systeme an der Universität
Dortmund.

Frank Weichert, Universität Dortmund
2000 Diplom in Informatik, Universität Dortmund. Seit 2000 wissenschaftlicher Mitarbeiter am Lehrstuhl für Graphische Systeme an der Universität in Dortmund.

1. Auflage September 2005

Lektorat: Ulrich Sandten / Kerstin Hoffmann

Der B. G. Teubner Verlag ist ein Unternehmen von Springer Science+Business Media.
www.teubner.de

Umschlaggestaltung: Ulrike Weigel, www.CorporateDesignGroup.de
Druck und buchbinderische Verarbeitung: Strauss Offsetdruck, Mörlenbach
Gedruckt auf säurefreiem und chlorfrei gebleichtem Papier.
Printed in Germany

ISBN 3-519-00507-7

Vorwort

Dieses Buch ist aus dem Vorkurs Informatik entstanden, der von den Autoren seit 2001 an der Universität Dortmund etwa einen Monat vor Beginn der Vorlesungszeit des Wintersemesters veranstaltet wird. Die Idee zur Einführung eines Vorkurses Informatik kam durch Erfahrungen in der Vorlesung „Einführung in die Programmierung" im WS 2000/2001 auf. Diese Vorlesung, an der bedingt durch den IT-Boom jener Zeit mehr als 1000 Studierende teilnahmen, machte besonders deutlich, dass die Studienanfängerinnen und -anfänger eine sehr unterschiedliche Grundausbildung in Informatik aus der Schule mitbringen. Dies macht die Durchführung einer Einführungsvorlesung, welche für die Mehrzahl der Teilnehmerinnen und Teilnehmer angemessen ist, recht schwer. Das Ziel des Vorkurses ist, einen einheitlichen Kenntnisstand zu erreichen.

Der Vorkurs Informatik an der Universität Dortmund wird sehr gut nachgefragt. Etwas mehr als die Hälfte der späteren Studienanfängerinnen und und Anfänger des Faches Informatik nehmen teil. Hinzu kommen angehende Studierende aus anderen Fächern (Mathematik, Wirtschaftsingenieurwesen, Betriebswirtschaftslehre, Informationstechnik), deren Teilnahme sich jedoch oft auf den ersten Teil, eine Einführung in die Programmierung, beschränkt. Zu erwähnen ist, dass sich das bisher verfügbare Folienskript auch bei Studierenden der ersten Semester großer Beliebtheit erfreut, wie Download-Zahlen zeigen. Anonyme fragebogenbasierte Nachfragen zu Beginn des dritten Semesters zeigen, dass der Vorkurs trotz der bis dahin nicht nur positiven Prüfungserfahrungen der Studierenden von 40% als nützlich und von 51% etwas nützlich eingestuft wird.

All dies hat uns bewogen, dieses Buch zu schreiben.

Dem Vorkurs und dementsprechend diesem Buch liegt das Konzept „vom Konkreten zum Abstrakten" zugrunde. Dabei konzentriert sich der Vorkurs im Unterschied zu regulären Vorlesungen mehr auf das Konkrete. Abstraktion ist ein wesentlicher Aspekt des Informatikstudiums, sie erscheint uns aber vor dem Hintergrund des Konkreten für angehende Studierende besser nachvollziehbar.

Auf der Entwurfsebene der Lösung von informatikbezogenen Problemen ist die Darstellung zunächst algorithmenorientiert, dann werden Grundkonzepte des objektorientierten Entwurfs skizziert. Diese möglicherweise etwas konventionell wirkende Vorgehensweise erleichtert unserer Meinung nach den Zugang zur Informatik, ähnlich wie Rechnen zugänglicher zur Elementarmathematik als Mengenlehre erscheint. Der Einführung in die Programmierung liegt eine stark reduzierte Darstellung der Programmiersprache Java zugrunde. Das Ziel ist, Grundprinzipien der Programmierung zu vermitteln, die zum allgemeinen Kenntnisstand einer Abiturientin oder eines Abiturienten gehören sollten, zumindest wenn eine Vertiefung des Faches Informatik in der Schule stattgefunden hat.

Ausgehend von der Programmierung wird zum Aufbau von Rechnern und zum Zusammenhang zwischen Hard- und Software am Konzept der Übersetzung von Programmen hingeführt. Hier soll ein, wenn auch vereinfachtes, „Weltbild" der Funktionsweise von Rechnern im Sinne einer vertieften Allgemeinbildung geschaffen werden, das den Einstieg in maschinennähere Teile des Informatikstudiums vorbereiten soll.

Eingebettet in die Darstellung von Programmierung und Rechnerstrukturen ist die Vorstellung wichtiger methodischer Konzepte wie die Rekursion und die Induktion sowie ausgewählter Datenstrukturen. Die Kenntnis solcher Methoden ist von hoher Bedeutung für das Informatikstudium und sollte bei Absolventinnen und Absolventen zumindest von einschlägigen schulischen Leistungskursen vorhanden sein.

Der Vorgehensweise „vom Konkreten zum Abstrakten" folgend, führen die meisten Abschnitte ausgehend von Beispielen, an denen das darzustellende Konzept erläutert wird, zu generalisierenden Definitionen hin. In den Text ist eine große Anzahl Übungsaufgaben eingearbeitet, die so angeordnet sind, dass sich die Leserinnen und Leser unmittelbar aktiv mit dem präsentierten Konzept auseinandersetzen können. Dieser Aufbau soll das Buch über ein vorkursbegleitendes Lehrbuch hinaus zum selbstständigen Studium verwendbar machen. Die Einleitung gibt entsprechende Hinweise zur Verwendung des Buches.

Es soll hier die Gelegenheit genutzt werden, Personen und Institutionen zu würdigen, die zur Entstehung des Vorkurses Informatik beigetragen haben: das Land Nordrhein-Westfalen, das im Rahmen des Sofortprogramms zur Weiterentwicklung des Informatikstudiums an den deutschen Hochschulen (WIS) Mittel zur Verfügung gestellt hat, die WIS-Kommission des Fachbereichs Informatik der Universität Dortmund, die das Projekt des Vorkurses in diesem Rahmen als förderungswürdig empfand, die Informatikrechnerbetriebsgruppe des Fachbereichs Informatik, die technische Unterstützung bei der Realisierung der bisher angebotenen Vorkurse gegeben hat und schließlich Jörg Knoche, „der" Vorkurstutor, der sich in überaus begeisternder Weise in die Übungen zum Vorkurs eingebracht, aber auch die arbeitsintensive Auswertung der begleitenden Fragebögen übernommen hat.

Am Zustandekommen des Buches waren zahlreiche Personen beteiligt. Zu nennen sind hier Klaus Häming, der die „fachfremden" Illustrationen erstellt hat, die das Buch etwas auflockern sollen, Marion Holm, die die Textverarbeitung und Realisierung vieler fachbezogener Grafiken und Tabellen übernommen und zudem das Korrekturlesen mit übernommen hat, Prof. Dr. Michael Stark, Oliver Hengesbach, Martina Vaupel, die durch inhaltliche Anregungen und Korrekturlesen optimierend mitgewirkt haben, und der Teubner-Verlag, insbesondere vertreten durch Herrn Sandten, der sich intensiv um die zahlreichen Dinge, die bei der Realisierung eines Buches anfallen, gekümmert hat. Ihnen allen möchten wir für ihren Beitrag herzlich danken.

Dortmund, im Juli 2005

Heinrich Müller
Frank Weichert

Inhaltsverzeichnis

Algorithmen und Datenstrukturen 211

Vom Programm zum Rechner 255

Einleitung

Das Ziel dieses Buches ist es, eine Grundbildung in Informatik zu vermitteln, die den Einstieg in das Studium der Informatik und benachbarter Fächer erleichtern soll. Es wendet sich vor allem an Leserinnen und Leser, die keinen durchgängigen Informatikunterricht an der Schule haben oder hatten. Aber auch für diejenigen, die schon gute Kenntnisse der Informatik haben, sind Kapitel enthalten, die fortgeschrittenere Themen aufgreifen.

Im Folgenden wird zunächst eine Übersicht über die Inhalte und Lernziele gegeben. Es folgen Hinweise zur Verwendung des Buches. Diese gehen von zwei wesentlichen Einsatzmöglichkeiten aus: dem begleitenden Lehrbuch für einen Vorkurs Informatik und der Grundlage zum selbstständigen Studium.

Inhalt und Lernziele

Das Buch gliedert sich in drei Teile:

1. Programmierung

2. Algorithmen und Datenstrukturen

3. Vom Programm zum Rechner

Die Teile sind so angelegt, dass Teil 2 und Teil 3 unabhängig voneinander sind, d.h. Teil 2 muss nicht gelesen werden, um Teil 3 zu verstehen.

Lernziele des Teils über Programmierung sind

- Grundfähigkeiten zum Entwurf von Algorithmen als Lösung zu einem Problem

- Grundfähigkeiten zur Codierung von Algorithmen als Programme

- Grundfähigkeiten zum Übersetzen, Korrigieren und Ausführen von Programmen

- Grundkenntnisse der objektorientierten Programmierung.

Zur Programmierung wird die weit verbreitete Programmiersprache Java eingesetzt. Dabei geschieht eine Konzentration auf das Wesentliche dadurch, dass eine reduzierte und vereinfachte Darstellung der elementaren Sprachkonstrukte von Java gegeben wird. Dies erlaubt, funktionsfähige Programme zu schreiben, nutzt jedoch bei Weitem nicht alle Möglichkeiten aus, die für

Anfänger eher ablenkend als nutzbringend sind. Bei vertieftem Interesse an der Programmiersprache Java und der vielfältigen Java-Klassenbibliotheken sollte auf eines der zahlreichen Java-Bücher zurückgegriffen werden. Dieses Buch schafft eine gute Grundlage, um in diese Richtung weiter zu gehen.

Lernziele des Teils über Algorithmen und Datenstrukturen sind

- Grundkenntnisse zur Aufwandsanalyse von Algorithmen

- Grundfähigkeiten im Umgang mit vollständiger Induktion als wichtiges Beweisprinzip

- Verständnis der Arbeitsweise exemplarischer Datenstrukturen zur Datenverwaltung.

Im Teil „Vom Programm zum Rechner" sollen

- Grundkenntnisse des Aufbauprinzips von Rechnern und von Maschinensprachen

- Grundkenntnisse Boolescher Funktionen und Schaltungen als Grundlage heutiger digitaler Informationsverarbeitung

vermittelt werden. Außerdem soll

- Verständnis für das Konzept formaler Sprachen als Grundlage heutiger Programmiersprachen und

- Verständnis für das Konzept von Automaten als Mechanismus der Spracherkennung

geweckt werden.

Dabei ist zu beachten, dass die Darstellung teilweise sehr vereinfacht ist, aber die zugrundeliegenden Konzepte so wiedergegeben sind, dass eine korrekte Vervollständigung ohne Hürden zu leisten sein müsste.

Im Unterschied zu typischen Lehrbüchern der Informatik, die Grundlage von Vorlesungen entsprechenden Inhalts sind, stellt dieses Buch die Inhalte stark beispielorientiert vor. Auf Grundlage der mit diesem Buch erworbenen Kenntnisse sollte es möglich sein, mit dem notwendigerweise kompakteren Stil universitärer Lehrbücher zurecht zu kommen. Das Buch ersetzt diese Lehrbücher und entsprechende Vorlesungen nicht, da sie erheblich weiter gehen, auch wenn möglicherweise der Eindruck entsteht, dass sich manches wiederholt.

Verwendung zum selbstständigen Studium

Bei Verwendung des Buches zum selbstständigen Studium sollten die Abschnitte durchgängig gelesen und die jeweils aufgeführten Übungsaufgaben bearbeitet werden. Die Übungsaufgaben geben Anregungen zur aktiven Befassung mit dem Stoff. Sie sind meist eng an die Darstellung des entsprechenden Abschnitts angelehnt, sodass, sofern nicht unmittelbar eine Lösung gefunden wird, das nochmalige Lesen des Abschnitts mit Blick auf die gestellten Fragen helfen sollte.

Es gibt zwei Typen von Übungsaufgaben: konzeptionelle Aufgaben und Programmieraufgaben. Die Übungsaufgaben sind durch Icons am Rand hervorgehoben, wobei die beiden Typen mit unterschiedlichen Icons markiert sind. Die konzeptionellen Aufgaben sollten schriftlich auf Papier gelöst werden. Gegenstand der Programmieraufgaben ist die Erstellung von Programmen mit dem Ziel der Ausführung auf einem Computer, um so praktische Fertigkeit in der Programmierung zu gewinnen. Voraussetzung zur praktischen Durchführung ist ein Personal Computer (PC) mit Java-Programmierumgebung. Die beiliegende CD enthält eine Java-Programmierumgebung, die, wenn notwendig, selbst installiert werden kann. Zusätzlich sind auf der beiliegenden CD alle Java-Quellcodes vorhanden. Hinweise zur Installation und Verwendung werden in Kapitel *4* und den Anhängen gegeben. Textstellen, die auf die CD Bezug nehmen, sind mit einem CD-Icon am Rand markiert.

Es ist geplant, auf einer Internet-Seite[1] zu dem Buch Lösungen für ausgewählte Aufgaben bereit zu stellen. Dabei ist zu beachten, dass bei manchen Aufgaben, insbesondere bei Programmieraufgaben, auch andere Lösungen möglich sind. Zusätzlich können von der Internet-Seite eventuelle Ergänzungen und Korrekturen heruntergeladen werden.

Nach Durcharbeiten von Kapitel *3* bis *7* sollte es möglich sein, selbstständig Programme für einfache algorithmische Problemstellungen schreiben zu können. Kapitel *8* bis *11* vermitteln Kenntnisse zum objekt- und systemorientierten Programmieren, die insbesondere die Verwendung von Programmbibliotheken einschließen. Durch Bearbeiten von Kapitel *12* bis *14* werden Kenntnisse erworben, die Grundlage des Entwurfs und der Analyse von Algorithmen sind. Das Studium von Kapitel *15* und *16* gibt Einblicke in den Aufbau von Computern und Mechanismen, die stattfinden, wenn ein Programm in einer höheren Programmiersprache auf einem Computer zur Ausführung kommt.

Der Text ist grundsätzlich zum sequentiellen Lesen angelegt. Um einen schnellen Überblick über die besprochenen Themen zu bekommen, gibt es zusätzlich zahlreiche Zusammenfassungen in separaten Textblöcken. Ferner können Begriffe über einen umfangreichen Index aufgefunden werden.

Verwendung als vorlesungsbegleitendes Lehrbuch

Das Buch kann als vorlesungsbegleitendes Lehrbuch eines etwa dreiwöchigen Vorkurses eingesetzt werden, der täglich zwei Vorlesungsstunden, also insgesamt 15 Doppelstunden, nach folgender Aufteilung umfassen kann:

- 6 bis 7 Doppelstunden „Programmierung" (ohne Kapitel 9 und 10)

- 3 bis 4 Doppelstunden „Algorithmen und Datenstrukturen"

- 3 bis 4 Doppelstunden „Vom Programm zum Rechner"

Parallel zur Vorlesung können Übungen angeboten werden, die ausgewählte Aufgaben aus dem Buch zum Gegenstand haben. Insbesondere durch Bearbeitung ausgewählter Programmierauf-

---

1 URL: http://www.vorkurs-informatik.de/buch

gaben in einem Rechner-Pool mit Betreuung durch Tutoren können die Teilnehmerinnen und Teilnehmer an die Nutzung von Rechnern zur Programmierung herangeführt werden.

Alternativ zur Abdeckung aller drei Teile des Buches kann auch eine stärkere Fokussierung auf die Programmierung gelegt werden, indem der Teil „Algorithmen und Datenstrukturen", der Teil „Vom Programm zum Rechner" oder beide weggelassen werden. Das wird dadurch möglich, dass die beiden letztgenannten Teile unabhängig voneinander sind. Bei einer Schwerpunktsetzung auf „Programmierung" können dann Kapitel *9* und *10* mitbehandelt werden, die beim zuvor geschilderten Modell ausgenommen wurden.

Ihre Verbesserungsvorschläge, Fragen, Wünsche und kritischen Hinweise, die wir gerne annehmen, können uns via folgender E-Mail gesandt werden:

buch@vorkurs-informatik.de

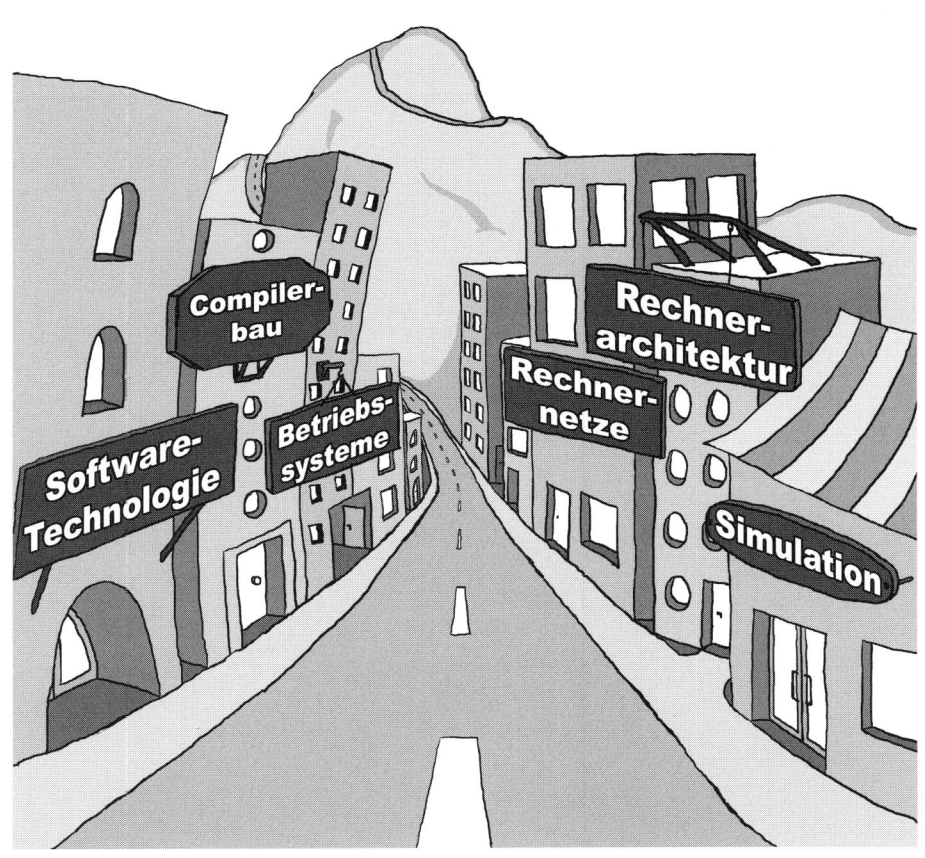

Was ist Informatik?

1

Informatik

1.1 Was ist Informatik?

Eine Möglichkeit, sich dem Begriff Informatik zu nähern, sind typische Ausdrücke, die mit Informatik zu tun haben: Information, Informationssysteme, Computer, EDV, Rechner, Programmierung, Software, Hardware, Internet, Textverarbeitung, Computerspiele. Betrachtet man diese Begriffe, so stellt man fest, dass „Information" und „Computer" eine wesentliche Rolle spielen.

In der Literatur sind verschiedene Definitionen von Informatik zu finden, beispielsweise die folgenden:

- *Informatik ist die Wissenschaft von der systematischen Verarbeitung von Information, besonders der automatischen, mithilfe von Computern.*

- *Informatik ist die Wissenschaft, Technik und Anwendung der maschinellen Verarbeitung und Übermittlung von Informationen.*

Interessant an der zweiten Definition ist, dass auch die Übermittlung von Information eingeschlossen wird, der ja in der heutigen Zeit eine sehr große Bedeutung zukommt.

Was ist Information? *Information* kann als ein abstraktes Abbild (Modell) von Erscheinungen der realen Welt verstanden werden. Betrachten wir ein Beispiel. Eine konkrete Erscheinung der realen Welt ist ein Haus. Ein abstraktes Abbild eines Hauses könnte ein Bauplan des Hauses sein. Es könnte aber auch ein dreidimensionales grafisches Modell sein, das mittels eines so genannten CAD-Systems[1] im Rechner entworfen wurde, und aus dem beispielsweise eine realistisch wirkende grafische Darstellung generiert werden kann oder auch eine Berechnung der Statik des

---

1 CAD = Computer Aided Design

Hauses möglich ist. Ein solches Modell beschreibt die Eigenschaften der realen Erscheinung des Hauses, die für einen speziellen Aspekt relevant sind.

Informationsverarbeitung bedeutet Abstraktion oder Modellbildung. *Abstraktion* wiederum hat zum Ziel, das Wesentliche vom Unwesentlichen zu trennen. Ist man beispielsweise an der Statik eines Hauses interessiert, so ist die Farbe des Verputzes nicht von Bedeutung. Diese Information kann in dem entsprechenden Modell weggelassen werden. Informatikerinnen und Informatiker müssen von den Objekten und Vorgängen der realen Welt abstrahieren und mit abstrakten Objekten umgehen. Dazu gibt es Methoden — ganz praktische, die manchmal aber auch ziemlich „mathematisch" aussehen können. Die Informationsverarbeitung geschieht durch „Algorithmen" und „Systeme". Dies sind zentrale Begriffe der Informatik, auf die später noch im Detail eingegangen wird.

Zusammenfassung 1.1: Informatik

- **Definition 1:** Informatik ist die Wissenschaft von der systematischen Verarbeitung von Information, besonders der automatischen, mit Hilfe von Computern.

- **Definition 2:** Informatik ist die Wissenschaft, Technik und Anwendung der maschinellen Verarbeitung und Übermittlung von Information.

1.2   Teilgebiete der Informatik

Die Informatik gliedert sich in eine Reihe von Teilgebieten, von denen einige in der Abbildung 1.1 aufgeführt werden. Dies beginnt mit der *technischen Informatik*, die quasi die maschinelle oder hardwaremäßige Grundlage der Informatik repräsentiert. Ebenso ist der technischen Informatik der erste Begriff der nächsten Stufe, die *Rechnerarchitektur*, zuzuordnen. Die Rechnerarchitektur befasst sich mit dem Aufbau von Rechnern, und Möglichkeiten, dies in angemessener Weise zu tun. Ebenfalls noch hardwarenah sind die *Rechnernetze*, die durch die Verknüpfung von Computern ein ausgedehntes komplexes System realisieren. Dazwischen steht der Begriff des *Betriebssystems*. Aufgabe von Betriebssystemen ist es, die Hardware und die Software den Benutzenden zugänglich zu machen. Betriebssysteme verwalten die Hardware und die Software eines Rechnersystems.

Ein wesentlicher Ansatz der heutigen Programmierung von Rechnern ist die Verwendung von Programmiersprachen. Hier ergibt sich nun ein Problem. Die Rechner-Hardware versteht zwar eine spezielle Sprache, diese Sprache ist jedoch nicht optimal dazu geeignet, größere Software-Systeme direkt zu realisieren. Vielmehr wurden so genannte höhere Programmiersprachen entwickelt, die für menschliche Programmierende oder Software-Entwickelnde komfortabler und weniger fehleranfällig sind. Diese Vorgehensweise erfordert eine Übersetzung dieser, höheren Programmiersprache in die „Maschinensprache" des Rechners, die der Rechner versteht. Eine derartige Übersetzung wird von so genannten *Compilern* geleistet. Das Teilgebiet der Informatik, das sich mit Compilern befasst, wird Compilerbau genannt. Compiler sind Teil umfassenderer *Programmiersysteme* zur Unterstützung der Software-Konstruktion und der Fehlersuche.

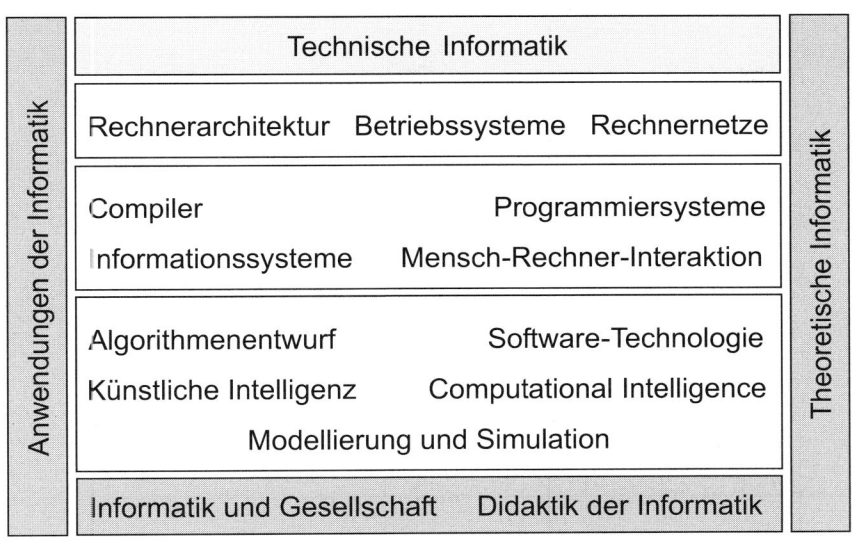

Abbildung 1.1: Teilgebiete der Informatik

Programmiersysteme und Compiler sind auf der nächsten Stufe der Abbildung 1.1 angesiedelt. Sie umfasst Software-Komponenten, denen in heutigen Rechneranwendungen eine zentrale Rolle zukommt. Eine solche Komponente sind auch die *Informationssysteme*. Wie wir bereits wissen, ist Information ein zentraler Begriff der Informatik. Informationssysteme dienen zur systematischen Speicherung und zum systematischen Wiederauffinden von Information. Ein Beispiel für ein Informationssystem ist eine Datenbank, in der beispielsweise Kunden mit Name, Adresse und Kontonummern verzeichnet sind.

Eine weitere Komponente sind so genannte *interaktive Benutzungsschnittstellen*. Benutzungsschnittstellen dienen der Interaktion des Benutzers mit dem Rechner. Auf heutigen PCs besteht die Benutzungsschnittstelle üblicherweise aus einer Tastatur, einer Maus und einem Bildschirm. Die Darstellung auf dem Bildschirm ist in Fenster gegliedert, die einzelnen Anwendungen zugeordnet sind. Das Gebiet der Informatik, das sich mit Benutzungsschnittstellen befasst, heißt *Mensch-Maschine-Interaktion* (MMI). Aspekte der Mensch-Maschine-Interaktion sind die *Computergrafik*, die *Tongenerierung*, die *Erkennung und Synthese gesprochener Sprache* und die *Sensordatenverarbeitung*. Um Rechner einsetzen zu können, ist es notwendig, über eine Reihe von Methoden zur Lösung von Problemen und zur Analyse von Lösungsverfahren zu verfügen. Teilgebiete der Informatik, die sich mit solchen Methoden befassen, sind Gegenstand der nächsten Stufe in der Abbildung. Dies sind der *Algorithmenentwurf*, die *Software-Technologie*, die *künstliche Intelligenz*, die *Computational Intelligence* und die *Modellierung und Simulation*.

Wie bereits erwähnt, spielen die Begriffe „Algorithmen" und „System" eine wesentliche Rolle in der Informatik. Bei einem Algorithmus handelt es sich um eine Anweisungsfolge zum Lösen einer Aufgabe, die ausgehend von Eingabedaten Ergebnisdaten erzeugt. Die Informatik stellt eine

Technische Informatik:
Befasst sich mit der inneren Struktur, dem Bau von Computern und allen damit zusammenhängenden technischen Fragen

Praktische Informatik:
Umfasst die Prinzipien und Techniken der Programmierung

Angewandte Informatik:
Bildet die Brücke zwischen den Methoden der Informatik und Anwendungsproblemen

Theoretische Informatik:
Entwickelt mathematische Modelle von Computern und Hilfsmittel zu ihrer präzisen Beschreibung

Abbildung 1.2: Einteilung der Informatik in vier Teilbereiche

Reihe von Methoden zum Entwurf von Algorithmen sowie eine Vielzahl grundlegender Algorithmen bereit, die Gegenstand des Gebietes *Algorithmenentwurf* sind. Effiziente Algorithmen übernehmen häufig eine wichtige Rolle in großen Systemen, die sich aus vielen Komponenten zusammensetzen. Der Entwurf, die Realisierung und die Wartung großer Software-Systeme ist ein komplexes Problem, das dadurch erschwert wird, dass sie nicht mehr nur von einer Person zu realisieren sind. Dies ist Gegenstand der *Software-Technologie*.

Zur Lösung von Problemen der Informatik orientiert sich ein weiterer Ansatz an Vorbildern der Natur. Die *künstliche Intelligenz* sucht Lösungsverfahren, die sich an der menschlichen Vorgehensweise zur Lösung von Problemen ausrichten. Sie stellt Methoden zur Repräsentation von Wissen und zum logischen Schließen bereit. Die *Computational Intelligence* betrachtet andere Mechanismen der Natur, beispielsweise die biologische Funktionsweise von Gehirnen oder die Evolution, und setzt sie zur Lösung von Problemen ein. Bekannte Beispiele sind die künstlichen neuronalen Netze oder evolutionäre beziehungsweise genetische Algorithmen.

Eine Methode, die in vielen Wissenschaften Anwendung findet, ist die *Modellierung und Simulation*. Gegenstand der Modellierung ist die häufig formale Formulierung des Verhaltens eines realen oder künstlichen Systems. Die Simulation ermittelt das Systemverhalten basierend auf der Formulierung. Der Vorteil ist, dass das System selbst nicht verfügbar sein muss. Ziele der Modellierung und Simulation können die Beurteilung und Optimierung des Systemverhaltens sein.

Quasi senkrecht zu all den bisher genannten Teilgebieten ist die *theoretische Informatik* angesiedelt. Die theoretische Informatik befasst sich beispielsweise mit der Frage, welche Probleme überhaupt mit Rechnern zu lösen sind. Für Probleme, die lösbar sind, stellt sich die Frage, wie viel Rechenzeit benötigt wird, um eine Lösung für das Problem zu finden. Ferner befasst sich die theoretische Informatik mit formalen Sprachen und Aspekten der mathematischen Logik, die für die Informatik relevant sind.

Ebenfalls orthogonal zu den Teilgebieten liegen die *Anwendungen der Informatik*, die von diesen Gebrauch machen. Die Anwendungen decken eine praktisch unendliche Vielfalt von Einsatzmöglichkeiten von Rechnern ab. Rechner haben inzwischen fast alle Bereiche des täglichen Lebens durchdrungen.

Am unteren Bildrand sind *Informatik und Gesellschaft* und *Didaktik der Informatik* aufgeführt. Aus dieser Tatsache, dass Rechner beinahe überall zu finden sind, ergibt sich die Notwendigkeit, die Auswirkungen auf die Gesellschaft zu analysieren und Schlussfolgerungen daraus zu ziehen. Ferner ist es geboten, die Gesellschaft mit den Möglichkeiten der Informatik vertraut zu machen. Dies bedeutet etwa, dass es entsprechend ausgebildete Pädagogen geben muss. Um Informatikwissen in der richtigen Weise vermitteln zu können, ist eine Didaktik der Informatik notwendig, wie es sie bei anderen Fächern, beispielsweise der Mathematik oder den Naturwissenschaften gibt.

Die Darstellung in der Abbildung 1.1 ist sehr detailliert. Abbildung 1.2 zeigt eine kompaktere Gliederung der Informatik in vier Teilbereiche. Dies ist zum einen die technische Informatik, die bereits aus der Abbildung 1.1 bekannt ist und zum anderen die praktische Informatik. Gegenstände der praktischen Informatik sind die Prinzipien und Techniken der Programmierung. Die angewandte Informatik bildet die Brücke zwischen den Methoden der Informatik und den Anwendungsproblemen beziehungsweise Anwendungswissenschaften. Schließlich entwickelt die theoretische Informatik mathematische Modelle von Computern, Systemen und Prozessen, sowie Hilfsmittel zu ihrer präzisen Beschreibung.

Dieser Abschnitt konnte nur eine sehr kurze Einführung in die Informatik geben. Ein Beispiel für einen sehr umfassenden Überblick über die Informatik ist das Informatik-Handbuch von Rechenberg und Pomberger[2]. Darin werden die Teilgebiete der Informatik weitergehend beschrieben. Erwähnenswert ist auch der Informatik-Duden[3].

---

2 P. Rechenberg und G. Pomberger, *Informatik-Handbuch*, 3. Auflage, Hanser-Verlag, 2002
3 V. Claus, A. Schwill, *Duden Informatik*, Bibliographisches Institut, 2003

Programmierung

2

Vom Problem über den Algorithmus zum Programm

Computer sind heute praktisch überall zu finden. Entsprechend groß ist die Vielzahl der Problemstellungen, mit denen man bei der Entwicklung von Programmen und Software-Systemen konfrontiert ist. Viele Problemstellungen erscheinen auf den ersten Blick recht weit von dem entfernt, was von Rechnern zu bewältigen ist, oder scheinen von sehr unterschiedlicher Natur zu sein. Um mit diesen Schwierigkeiten zurecht zu kommen, bietet die Informatik Problemlösungsstrategien an, die sich bewährt haben. In Abschnitt 2.1 dieses Kapitels stellen wir eine Vorgehensweise vor, in deren Zentrum das Konzept des „Algorithmus" steht. Der Begriff des Algorithmus wird in Abschnitt 2.2 behandelt. Abschnitt 2.3 präsentiert ein Beispiel zur Verdeutlichung der Vorgehensweise.

2.1 Vorgehensweise bei der Lösung von Programmierproblemen

In Abbildung 2.1 ist eine klassische Vorgehensweise dargestellt, nach der Probleme in der Informatik gelöst werden können. Das Ziel einer **Problemlösung** ist, ausgehend von einer Problemstellung ein System zu finden, das diese Lösung darstellt. Diese Vorgehensweise lässt sich in drei Schritten aufgliedern. Ausgangspunkt ist eine gegebene Problemstellung, für die eine Lösung durch den Rechner gesucht wird. Nachfolgend wird mittels Abstraktion aus dem Problem im Idealfall ein Algorithmus erstellt. Der Algorithmus ist im nächsten Schritt in ein Programm zu transferieren, welches dann auf einem Rechner ausgeführt wird. Das Programm stellt die Lösung des Problems dar.

Programmierprobleme entstammen dabei üblicherweise der realen Welt. Deshalb ist es in der Phase der Abstraktion notwendig, die realen Gegebenheiten in eine abstrakte Form, die durch Algorithmen beschrieben werden kann, zu überführen. Resultierend wird ein informationsverarbeitendes System hergeleitet, das durch ein Programm gegeben ist. Die eigentliche Ausführung geschieht dann auf einem Rechner (Computer, Maschine).

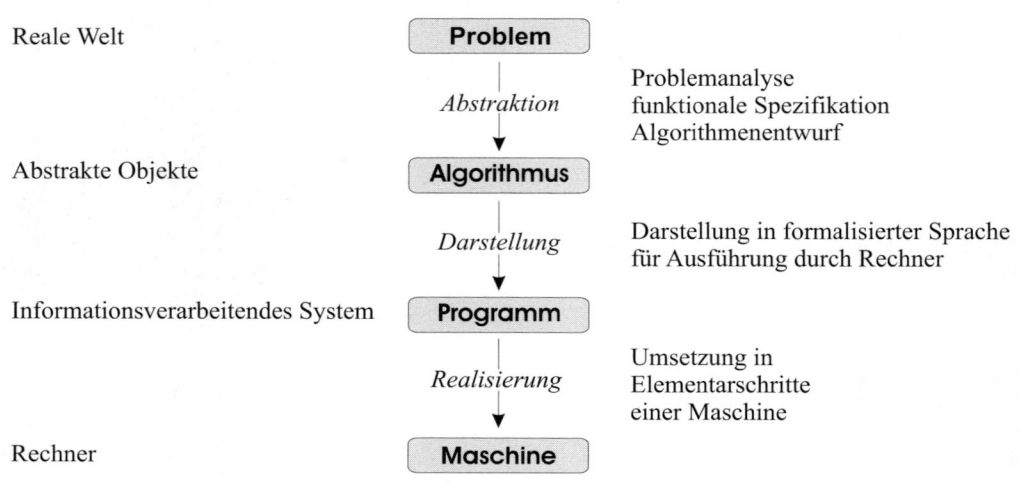

Abbildung 2.1: Vorgehensweise zur Lösung von Problemen in der Informatik

Aufgaben der **Abstraktion** sind die Problemanalyse, funktionale Spezifikation und der Algorithmenentwurf. Innerhalb der funktionalen Spezifikation wird beschrieben, „*was*" der Algorithmus genau leisten soll. Im Anschluss wird festgelegt „*wie*" er zu realisieren ist. Der Übergang vom Algorithmus zum Programm, die so genannte **Darstellung**, bedeutet Beschreibung in formalisierter Sprache zur Ausführung durch den Rechner. Die letzte Stufe, der Übergang vom Programm zur Maschine, **Realisierung** genannt, besteht in der Umsetzung des Programms in Elementarschritte einer Maschine.

2.2   Algorithmen

Das zentrale Konzept bei dieser Vorgehensweise ist offensichtlich der Algorithmus. Ein **Algorithmus** ist eine endliche Vorschrift zur eindeutigen Überführung von Eingabegrößen zu Ausgabegrößen in einer endlichen Zahl von Schritten. Diese Definition hört sich möglicherweise etwas abstrakt an, solche Vorschriften sind jedoch im täglichen Leben durchaus gebräuchlich. Betrachten wir beispielsweise einmal das folgende Backrezept für einen Marmorkuchen:

Beispiel: Backrezept für einen Marmorkuchen

Zutaten:

300g Mehl, 1 TL Backpulver, 300g Butter, 5 Eier, 250g Zucker,
1 Prise Salz, 3 EL ungesüßtes Kakaopulver, 1 guter El Schokocreme

Abbildung 2.2: Algorithmische Beschreibung für das Backen eines Marmorkuchens

Zubereitung:

- Butter mit Zucker und Salz schaumig rühren.

- Eier vorsichtig zugeben.

- Backpulver zum Mehl geben und über die Eier-Buttermasse sieben.

- Kastenkuchen oder Kranzkuchenform gut ausfetten und eventuell mit Semmelbrösel oder Gries ausstreuen.

- Die Hälfte des Teiges einfüllen. Unter die andere Hälfte das Kakaopulver und Schokocreme rühren.

- Auf den hellen Teig geben und mit einer Gabel spiralförmig durch den Teig ziehen. Oberfläche glatt streichen.

- Im Backofen bei 180 Grad 50-60 Minuten backen.

- Kuchen 10 min in der Form auskühlen lassen.

- Den fertigen Marmorkuchen aus der Form stürzen und auf einem Kuchengitter vollständig erkalten lassen.

Das Backrezept weist tatsächlich die wesentlichen Eigenschaften eines Algorithmus auf: die **Endlichkeit der Länge der Beschreibung**, die **Terminierung**, d.h. die Beendigung nach endlich vielen Operationen sowie die **eindeutige Reihenfolge der Operationen**. Allein die **eindeutige Wirkung der Anweisungsfolge** mag beim Backen nicht immer gegeben sein: die resultierenden Kuchen könnten durchaus etwas unterschiedlich aussehen und schmecken.

Zusammenfassung 2.1: Algorithmus

Ein **Algorithmus** ist eine Folge „einfacher" Anweisungen, die folgende Eigenschaften aufweisen:

- **Endlichkeit:** Die Beschreibung ist endlich lang.
- **Terminierung:** Nach Durchführung endlich vieler Operationen kommt das Verfahren zum Stillstand.
- **Eindeutige Reihenfolge:** Die Reihenfolge, in der die Operationen anzuwenden sind, ist festgelegt.
- **Eindeutige Wirkung:** Die Wirkung jeder Anweisung der Anweisungsfolge und damit der gesamten Folge ist eindeutig festgelegt.

2.3   Beispiel: Jüngster Studierender

Wir wollen nun die oben geschilderte Vorgehensweise zur Lösung von Programmierproblemen an einem Beispielproblem illustrieren. Aufgabe ist es, in einer Menge von Studierenden den jüngsten zu finden. Bei der Lösung gehen wir wie folgt vor:

1. **Problem formulieren**

   Wir wollen den jüngsten Studierenden in einer Vorlesung finden.

2. **Problemanalyse, Problemabstraktion, Problemspezifikation**

   Eine wesentliche Frage bei der **Problemanalyse** ist, ob es überhaupt eine Lösung gibt. Für unser Problem ist dies klar, es gibt eine Lösung. Es stellt sich hierbei allerdings die Frage, ob es genau eine Lösung gibt. Wenn man etwas genauer darüber nachdenkt, kommt man zu dem Schluss, dass es keine eindeutige Lösung gibt. Es könnte sein, dass es mehrere Studierende gibt, bei denen die Anforderungen erfüllt sind.

   Die **Problemabstraktion** wirft ebenfalls einige Fragen auf, die im Folgenden zu behandeln sind. Eine erste Frage ist sicherlich: Was ist Alter? Alter kann als ganze positive Zahl verstanden werden. Wenn es allerdings mehrere Studierende mit der gleichen ganzen positiven Zahl als Alter gibt, könnte man auf die Idee kommen, auch gebrochene Zahlen zu berücksichtigen. Eine andere Möglichkeit wäre, das Alter in Jahren, Monaten und Tagen zu messen. Wir werden uns bei dem gegebenen Problem des *„jüngsten Studierenden"* für die Version der ganzen positiven Zahl entscheiden.

   Eine weitere Frage ist: Was ist „jüngster"? Hierzu ist es notwendig, eine Ordnungsrelation zu haben. Diese ist auf ganzen positiven Zahlen natürlich durch die übliche <-Relation gegeben.

   Die letzte Frage, die wir uns stellen, ist: Müssen Personenangaben über die Studierenden vorhanden sein und in welcher Form? Eine Möglichkeit ist, dass die Studierenden anwesend sind, etwa während einer Vorlesung in einem Hörsaal. Eine andere Version ist, dass eine Liste mit Personenangaben von Studierenden vorliegt, die natürlich eine Altersangabe, aber auch weitere Kennzeichen wie den Namen enthalten kann. Abhängig von der Gegebenheit ist das Problem in recht unterschiedlicher Weise lösbar. Wir entscheiden uns hier für die Möglichkeit mit der Liste von Personenangaben, da sie sich für die rechnerbasierte Lösung besser eignet.

Man kann sich nun überlegen, ob tatsächlich der Name des jüngsten Studierenden gesucht werden soll. Vielleicht ist es zunächst einmal ratsam, sich nur mit dem Problem des Auffindens des Alters des jüngsten anwesenden Studierenden zu befassen. Dies führt zu einer Überarbeitung der Problemformulierung: „Finde das Alter des jüngsten Studierenden." Solche Entscheidungskorrekturen über die Problemstellung sind tatsächlich auch in der Praxis üblich, sie erfolgen dann normalerweise in Rücksprache mit dem Kunden, der von der Notwendigkeit zu überzeugen ist.

Ausgehend von diesen Überlegungen können wir nun unser Problem in abstrahierter Form spezifizieren:

Problem: Minimum einer Menge von Zahlen

Gegeben: Eine Folge $a_0, \dots, a_{n-1}$ von positiven ganzen Zahlen, $n > 0$.

Gesucht: Der kleinste Wert a der gegebenen Zahlen, d.h. $a = \min(a_0, \dots, a_{n-1})$.

3. **Algorithmenentwurf**
Für den Entwurf von Algorithmen zur Lösung eines Problems stehen eine Reihe von Vorgehensweisen zur Verfügung. Zwei weitverbreitete Strategien sind:

Top-Down-Strategie: Das gegebene Gesamtproblem wird in möglichst einfache Teilprobleme zerlegt, die dann einzeln gelöst werden. Aus den Lösungen dieser Teilprobleme wird dann die Lösung des Gesamtproblems abgeleitet. Diese Strategie wird auch als „Divide and Conquer"-Strategie bezeichnet. Wir werden auf diese Herangehensweise im Abschnitt 6 „Rekursion" zurückkommen.

Bottom-Up-Strategie: Hierbei besteht das Gesamtproblem aus mehreren Teilproblemen. Diese Teilprobleme werden geeignet zusammengefügt, um eine Lösung des Gesamtproblems zu generieren.

Das Minimum einer Menge von Zahlen lässt sich jedoch einfacher finden. Eine sicherlich naheliegende Strategie ist, die Menge Element für Element durchzugehen und sich das kleinste bisher gesehene Element zu merken. Dies ist die Vorgehensweise, der auch im Pseudocode in Abbildung 2.3 gefolgt wird. **Pseudocode** ist eine leicht formalisierte, aber noch nahe an der üblichen Sprache durchgeführte Formulierung eines Algorithmus, von der aus der Schritt zu einem Programm nicht mehr sehr groß ist. Der Pseudocode wird in Kapitel 3, das den Algorithmenentwurf zum Thema hat, erklärt.

4. **Nachweis der Korrektheit (Semantik, Verifikation)**
Fragen, die im Zusammenhang mit dem Nachweis der Korrektheit gestellt werden, sind: Terminiert der Algorithmus, d.h., hört er irgendwann einmal auf zu arbeiten? Liefert er immer das richtige Ergebnis? Um solche Fragen zu beantworten, gibt es spezielle Formalismen und Mechanismen. Eine Vorgehensweise besteht darin, die Wirkung von Einzelschritten eines Algorithmus zu spezifizieren. Dies kann über Aussagen geschehen, die den Zustand der

---

Setze *merker* auf a_0;
Setze *i* auf 1;
Solange $i < n$ ist, **fuehre aus**:
    Wenn $a_i <$ *merker*, **dann**
        Setze *merker* auf a_i;
    Erhoehe *i* um 1;
Gib *merker* **zurueck**;

Abbildung 2.3: Pseudocode für den Algorithmus Minimumsuche

Berechnung nach Ausführung des Einzelschrittes in Abhängigkeit des Zustandes vor Ausführung von Einzelschritten beschreiben. Durch Zusammensetzen der Aussagen entlang der Einzelschritte eines Algorithmus ist es dann möglich, eine Aussage über den Zustand der Berechnung nach Abarbeiten des Algorithmus treffen, d.h des Ergebnisses, in Abhängigkeit des Zustandes der Berechnung vor der Ausführung des Algorithmus, der Eingabe, zu machen. Auf diese Weise wird dem sprachlichen Aufbau eines Algorithmus, der so genannten Syntax, eine inhaltliche Bedeutung, eine so genannte Semantik zugeordnet.

Wir werden uns in Kap. 18 „Compiler und formale Sprachen" mit Syntax und Semantik befassen, dabei allerdings die Frage des Nachweises der Korrektheit nicht mehr aufgreifen. Dieser ist einer der Schwerpunkte des Informatikstudiums.

5. **Aufwandsanalyse**

Durch Aufwandsanalyse soll herausgefunden werden, welche Rechnerressourcen bei der Abarbeitung des Algorithmus gebraucht werden. Rechnerressourcen sind beispielsweise der Bedarf an Speicher zur Ablage der benötigten Daten und der Zeitbedarf für die Ausführung des Algorithmus. Der Algorithmus zur Minimumsuche ist in beiderlei Hinsicht recht genügsam. Die Anzahl der Schritte, die bei n gegebenen Zahlen auszuführen ist, ist offensichtlich proportional zu n: jedes Element wird genau einmal angesehen und die Anzahl der Aktionen für jedes Element ist konstant, da nur ein Vergleich des aktuellen Wertes mit dem gemerkten Minimum und möglicherweise eine Aktualisierung des gemerkten Minimums durchzuführen sind.

Dies ist im Prinzip optimal, denn jedes Element der Menge muss mindestens ein Mal angesehen werden, da es sonst sein könnte, dass sich das minimale unter den nicht betrachteten befindet. Auch der Bedarf an Speicher ist proportional zu n, da neben den n Elementen im Wesentlichen nur das gemerkte Minimum gespeichert werden muss.

Wir werden in Kapitel 12, das sich mit der Analyse des asymptotischen Aufwands von Algorithmen befasst, genauer auf die Aufwandsanalyse des Minimumsuche-Algorithmus eingehen.

6. **Programmierung**

Bei der Programmierung geht es darum, den Algorithmus in einer Programmiersprache zu formulieren, sodass er letztendlich durch einen Rechner ausführbar wird. Der Quellcode in Abbildung 2.4 zeigt ein Java-Programm, das den Algorithmus aus Pseudocode 2.3 realisiert. Offensichtlich ist diese Darstellung recht formal und für den menschlichen Leser mit

```
class ProgrammMinSuche{
    public static void main(String[] args){
        int[] a = 11,7,8,3,15,13,9,19,18,10,4;
        int merker = a[0];
        int i = 0;
        int n = a.length;
        while (i < n){
            if (a[i]<merker)
                merker = a[i];
            i = i+1;
        }
        System.out.println(merker);
    }
}
```

Abbildung 2.4: Java-Programm zur Minimumsuche

scheinbar überflüssigen Dingen versehen. Dieser Formalismus erlaubt es jedoch dem Rechner, das Programm automatisch zu analysieren und auszuführen. Das gezeigte Programm soll nur zur Illustration dienen und muss an dieser Stelle nicht verstanden werden. Es wird in Kapitel 4 „Grundkonzepte der Programmierung" besprochen, mit dem die Einführung in die Programmierung beginnt.

Zusammenfassung 2.2:   Vorgehensweise bei der Lösung von Programmierproblemen
Bei der Lösung eines algorithmisch orientierten Programmierproblems sind im Allgemeinen folgende Schritte durchzuführen:

1. Problem formulieren

2. Problemanalyse, Problemabstraktion, Problemspezifikation

3. Algorithmenentwurf

4. Nachweis der Korrektheit, Verifikation

5. Aufwandsanalyse

6. Programmierung

Aufgabe 2.1:
Geben Sie analog zum Backrezept weitere Beispiele für algorithmenartige Anweisungen aus dem täglichen Leben an.

Aufgabe 2.2:
Wir wollen feststellen, ob sich in einer Liste von Studierenden eine Person mit dem Alter „19" befindet. Spezifizieren Sie das Problem in abstrahierter Form analog zur Vorgehensweise beim Problem „Jüngster Studierender".

Aufgabe 2.3:

Geben Sie abstrahierte Formulierungen für die folgenden Probleme an:

a) Gibt es in der Vorlesung einen Teilnehmenden mit dem Namen „Müller"?

b) Überprüfen Sie, ob sich innerhalb der Veranstaltung zwei Personen mit gleichem Nachnamen befinden.

3

Algorithmenentwurf

Dieses Kapitel führt in Grundkonzepte zur Formulierung von Algorithmen ein. Abschnitt 3.1 präsentiert einen Algorithmus für das Problem der Suche nach dem kleinsten Wert in einer endlichen Menge von Zahlen, der solche Grundkonzepte exemplarisch verwendet. Seine Funktionsweise wird an einem Beispiel verdeutlicht. Abschnitt 3.2 stellt dann diese Grundkonzepte im Einzelnen vor, beispielsweise die Verwendung von Variablen, bedingten Anweisungen und Schleifen. Er schließt mit einer grafischen Alternative zur sprachlichen Formulierung von Algorithmen, der Darstellung durch Ablaufdiagramme, die am Beispiel des Algorithmus für die Minimumsuche demonstriert wird.

3.1 Beispiel: Minimum einer Menge von Zahlen

Zur Erinnerung sei zunächst das Problem „Minimum einer Zahlenmenge" noch einmal formuliert.

Problem: Minimum einer Menge von Zahlen

Gegeben: Eine Folge $a_0, \ldots, a_{n-1}$ von n positiven ganzen Zahlen, $n > 0$.

Gesucht: Der kleinste Wert a der gegebenen Zahlen, d.h. $a = \min(a_0, \ldots, a_{n-1})$.

3.1.1 Darstellung als Pseudocode

Ein Algorithmus zur Lösung des Problems „Minimum einer Menge von Zahlen" könnte auf folgender Strategie beruhen:

Durchlaufe die Elemente der Menge und merke den bisher kleinsten Wert.

In dieser Form wird der Algorithmus für einen Rechner kaum ausführbar sein. Überlegen wir uns einmal genauer, wie man (als Mensch) an die Lösung dieses Problems herangehen würde. Eine Möglichkeit besteht darin, die Folge $a_0, \ldots, a_{n-1}$ Zahl für Zahl von vorne nach hinten durchzugehen. Nach jeder betrachteten Zahl merkt man sich die bis dahin gefundene kleinste Zahl. Am Anfang ist diese kleinste Zahl die Zahl a_0, weil sie ja die einzig bisher „gesehene" Zahl ist. Kommt man zur Zahl a_1, vergleicht man a_1 mit der aktuell gemerkten Zahl. Ist a_1 kleiner, wird die gemerkte Zahl durch a_1 ersetzt, anderenfalls bleibt die gemerkte Zahl unverändert. In dieser Weise wird bis zum Ende der Folge verfahren und dann die gemerkte Zahl ausgegeben.

Diese Vorgehensweise lässt sich etwas formaler in einem so genannten **Pseudocode** formulieren, welcher von der textuellen Beschreibung abstrahiert, um eine dem Rechner verständliche Form zu erreichen. Pseudocode 3.1 zeigt eine solche Formulierung des Algorithmus Minimumsuche. Vergleichbar zu einer Programmiersprache, wie wir sie in den folgenden Kapiteln kennenlernen werden, basiert auch diese Schreibweise auf eindeutigen Schlüsselwörtern, z.B. „*Setze*" oder „*Solange*". Der Vorteil von Pseudocode besteht darin, dass er sich sowohl leicht aus einer textuellen Beschreibung ableiten, aber auch vergleichsweise einfach in eine rechnerverständliche Form als Programm überführen lässt.

1 **Setze** *merker* auf a_0;	1 *merker* := a_0;
2 **Setze** *i* auf 1;	2 *i* := 1;
3 **Solange** $i < n$ ist, **fuehre aus**:	3 **Solange** $i < n$ ist, **fuehre aus**:
4 **Wenn** $a_i < $ *merker*, **dann**	4 {**Wenn** $a_i < $ *merker*, **dann**
5 **Setze** *merker* auf a_i;	5 *merker* := a_i;
6 **Erhoehe** *i* um 1;	6 *i* := $i + 1$; }
7 **Gib** *merker* **zurueck**;	7 **Gib** *merker* **zurueck**;

Pseudocode 3.1: Algorithmus Minimumsuche   Kurzschreibweise 3.2: Algorithmus Minimumsuche

Da die Informatik in ihren Anfängen stark von der Mathematik geprägt war, haben Informatiker sich angewöhnt, die Sprache der Mathematik zu nutzen. Diese zeichnet sich sowohl durch die Verwendung von Symbolen, als auch durch eine besondere Knappheit aus. Hierzu nutzt die so genannte „**Kurzschreibweise**" symbolische Mechanismen der Mathematik, um eine kompaktere Darstellung des Algorithmus zu erreichen. Die Kurzschreibweise 3.2 wird hierbei dem entsprechenden Pseudocode 3.1 gegenübergestellt. Beide Darstellungen repräsentieren die Lösung des Problems „Minimum einer Zahlenmenge".

3.1.2   Ablaufbeispiel

In beiden vorgestellten Schreibweisen wird jeweils die gemerkte Zahl durch *merker* repräsentiert. *merker* ist eine so genannte **Variable**, eine „Speicherzelle" für unterschiedliche Werte. In diesem Fall verändert die Variable *merker* ihren Wert über den Ablauf des Algorithmus. Abbildung 3.1 stellt diese Änderung für eine gegebene Beispielzahlenfolge dar. In der Abbildung ist zunächst einmal die Eingabezahlenfolge aufgeführt. Ferner gibt es eine Tabelle mit drei Spalten. Die erste Spalte, mit *i* überschrieben, zeigt den aktuellen Wert der so genannten „Hilfsvariablen" *i*, die die Elemente der Folge durchzählt und zu jedem Schritt angibt, welches Element zur Zeit bearbeitet *gegebene Folge:* 11,7,8,3,15,13,9,19,18,10,4

i	a_i	merker
	11	11
1	7	7
2	8	7
3	3	3
4	15	3
5	13	3
6	9	3
7	19	3
8	18	3
9	10	3
10	4	3
11		

Abbildung 3.1: Ablauf der Minimumsuche an einem Beispiel

wird. Die zweite Spalte, mit a_i überschrieben, gibt die aktuell bearbeitete Zahl der Folge an. In der dritten Spalte, *merker*, wird der gemerkte Wert nach Ausführung dieses Schritts aufgeführt.

Der Algorithmus beginnt bei der ersten Zahl, die den Wert 11 hat. Dies entspricht der ersten Zeile der Tabelle. Das Ergebnis ist 11, was in der *merker*-Spalte dieser Zeile vermerkt wird. Danach wird die solange-Schleife ausgeführt, da die Bedingung $i < n$ für $i = 1$ und $n = 11$ erfüllt ist. Der aktuelle Wert a_1 ist gleich 7, wie dies korrekt in der zweiten Zeile der Tabelle aufgeführt wird. Nun wird das Minimum von 11 und dem Wert a_1, also 7 gebildet, was 7 ist. Die 7 wird in der Spalte *merker* aufgenommen. Durch Erhöhen von i um 1 kommt man zum nächsten Schritt, der in Zeile drei der Tabelle dargestellt ist. Der aktuelle Folgewert ist nun $a_2 = 8$. Das Minimum von a_2 und *merker* aus Zeile zwei ist 7, sodass *merker* unverändert bleibt. Auf diese Weise wird bis zum Ende der Folge verfahren, d.h. $i = 10$. Im nächsten Schritt wird i um 1 erhöht, somit $i = 11$ und zur Bedingung der solange-Schleife gesprungen. Diese Bedingung $i < n$ ist nun nicht mehr erfüllt, da $i = 11 \not< n = 11$ ist. An dieser Stelle endet der Algorithmus mit dem Ergebnis, dass das gefundene kleinste Element der Folge „3" ist – was offensichtlich korrekt ist.

Aufgabe 3.1:

Gegeben sei die Zahlenfolge 8, 5, 3, 6, 4. Führen Sie den Minimum-Algorithmus für diese gegebene Folge aus, indem Sie eine Auflistung analog zur Tabelle 3.1 aufstellen.

Aufgabe 3.2:

Vergleichbar zur Suche des Minimums ist es auch möglich, das Maximum, d.h. die größte Zahl, einer gegebenen Zahlenfolge zu bestimmen.

a) Wie müsste der Pseudocode 3.1 modifiziert werden, sodass das Maximum gesucht wird?

b) Erstellen Sie den Maximum-Algorithmus in Kurzschreibweise (vgl. Kurzschreibweise 3.2).

Wertzuweisungen an Variable	$merker := a_0;$	
	$i := 1;$	
	Solange i < n ist, **fuehre aus**:	Schleife
	{	
Block	**Wenn** a_i < $merker$, **dann**	Bedingte Anweisung
	$merker := a_i;$	
	$i := i+1;$	
	}	
	Gib $merker$ **zurueck**;	Rückgabeanweisung

Abbildung 3.2: Zentrale Begriffe von Algorithmen

Aufgabe 3.3:

Wir wollen feststellen, ob sich in einer Folge von Zahlen eine gegebene Zahl a befindet. Entwerfen Sie hierfür einen Algorithmus analog zum Minimum-Algorithmus. Der Algorithmus soll „ja" zurückgeben, wenn dies der Fall ist, sonst „nein".

Aufgabe 3.4:

Wir nehmen nun an, dass wir anstelle einer Folge von Zahlen eine Folge von Nachnamen gegeben haben.

  a) Entwerfen Sie einen Algorithmus, der herausfindet, ob sich der Name „Müller" in der Folge befindet.

  b) Entwerfen Sie einen Algorithmus, der herausfindet, ob sich zwei gleiche Namen in der Folge befinden.

3.2   Grundkonzepte von Algorithmen

Anhand der Kurzdarstellung des Algorithmus der Minimumsuche führen wir nun die wichtigsten Grundkonzepte zur Formulierung von Algorithmen ein (Abbildung 3.2).

Wie schon erwähnt, handelt es sich bei *merker*, aber auch bei i, die zu Beginn des Algorithmus auftreten, um so genannte **Variablen**. Variablen können als Behälter angesehen werden, die einen Wert enthalten, der sich von Zeit zu Zeit ändern kann. Derartige Änderungen eines Wertes geschehen über so genannte **Wertzuweisungen**, für welche die ersten beiden Zeilen des Algorithmus Beispiele liefern. Die Variable *merker* erhält den Wert von a_0. Notiert wird dieses durch :=, gefolgt von dem Wert, der der Variablen zugewiesen wird. Auf der linken Seite des Zuweisungssymbols := steht die Variable, die den Wert der rechten Seite zugewiesen bekommt.

Das nun folgende Konstrukt im Algorithmus, das mit „Solange" eingeleitet wird, ist eine so genannte „**Schleife**". Schleife bedeutet, dass die darauf folgende Anweisung mehrmals ausgeführt wird. Wie oft dies geschieht, hängt von der Abbruchbedingung der Schleife ab, die hinter

„Solange" steht und in diesem Beispiel die Bedingung $i < n$ beinhaltet. Welche Anweisungen innerhalb der Schleife ausgeführt werden sollen, wird hinter dem Schlüsselwort „fuehre aus" angegeben. In diesem Fall ist diese Anweisung ein so genannter „Block".

Ein **Block** ist eine Zusammenfassung mehrerer Anweisungen. Ausgedrückt wird diese Zusammenfassung von mehreren Anweisungen dadurch, dass diese durch geschweifte Klammern eingefasst werden. In dem Beispiel handelt es sich um zwei Anweisungen, von denen die zweite $(i := i + 1)$ eine Wertzuweisung ist.

Bei der ersten Anweisung handelt es sich um eine „**bedingte Anweisung**". Bedingte Anweisungen werden durch „wenn" und eine Bedingung eingeleitet. Falls diese Bedingung erfüllt ist, wird die hinter „dann" folgende Anweisung durchgeführt, sonst nicht.

Die letzte Anweisung des Algorithmus, die mit „gib" beginnt, ist eine so genannte **Rückgabeanweisung**. Sie liefert den Wert, der in der Variablen *merker* gespeichert ist, zurück.

Ausgehend von diesem Beispiel können wir nun definieren, was ein Algorithmus in einer etwas formaleren Notation ist. Ein Algorithmus besteht aus einer Folge von Anweisungen, die durch Semikolons „ ; " getrennt bzw. abgeschlossen sind.

3.2.1   Variable

Eine Variable kann als Behälter oder auch „Speicherzelle" verstanden werden, die zur Aufnahme eines Wertes dient. Allgemein wird sie dazu genutzt, unterschiedliche Typen von Informationen zu speichern. Um eine eindeutige Zuordnung zwischen Variable und gespeicherter Information zu gewährleisten, hat eine Variable einen eindeutigen Namen, über den sie angesprochen wird. Beispiele in dem Algorithmus zum Auffinden des Minimums sind

   merker, a_c, i oder n.

Auf die in einer Variablen gespeicherten Informationen wird über den Variablennamen zugegriffen. An einer Stelle, an der ein so genannter „lesender" Zugriff auf eine Variable geschieht, wird der Variablenname durch die gespeicherte Information ersetzt. Beispiele in dem Algorithmus sind

   $i < n$ und $i <$ *merker*.

Im ersten Durchlauf der Schleife (s. Abbildung 3.2) speichert *merker* den Wert von a_0 und i den Wert 0. Im Wesentlichen kann zunächst einmal festgehalten werden, dass alle Zugriffe auf eine Variable lesend sind, wenn die Variable nicht auf der linken Seite einer Wertzuweisung steht.

Zusammenfassung 3.1: Variable

   Variablen dienen dazu, Daten zu speichern, und haben einen eindeutigen Namen, über den sie angesprochen werden. Bei einem „lesenden" Zugriff auf eine Variable, wird der Variablenname durch die in der Variablen gespeicherten Daten ersetzt.

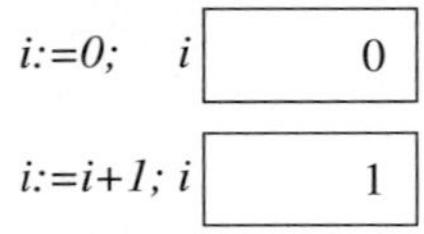

$$i:=0; \quad i \quad \boxed{0}$$

$$i:=i+1; \ i \quad \boxed{1}$$

Abbildung 3.3: Prinzip der Wertzuweisung in einer grafischen Darstellung

3.2.2   Wertzuweisung

Bei einer **Wertzuweisung** handelt es sich um eine Anweisung, mit der einer Variablen ein Wert zugeordnet wird. Die Variable, an die der Wert zugewiesen wird, steht auf der linken Seite des Wertzuweisungssymbols „:=". Auf der rechten Seite steht ein so genannter Ausdruck, dessen Wert der Variablen zugewiesen wird. Bei dem Ausdruck handelt es sich üblicherweise um eine Formel, welche wiederum auch Variablennamen enthalten kann. Wird innerhalb einer Wertzuweisung ein derartiger Ausdruck ausgewertet, werden die Variablennamen durch den aktuellen Inhalt der Variablen ersetzt. Beispiele in dem Minimum-Algorithmus sind:

$merker := a_0;$
$i := 0;$
$merker := a_i;$
$i := i + 1;$

Hierbei wird *merker* der Wert von a_0 zugewiesen, i erhält den Wert 0 und schließlich erhält *merker* den aktuellen Wert von a_i zugewiesen. In der vierten Zeile wird zuerst der Ausdruck auf der rechten Seite $i+1$ ausgewertet und das Ergebnis dann im zweiten Schritt in der Variablen der linken Seite i gespeichert. Abbildung 3.3 verdeutlicht diese Vorgehensweise am Beispiel zweier Wertzuweisungen an die Variable mit Namen i grafisch.

In der ersten Wertzuweisung ist die rechte Seite die Zahl „0". Im Anschluss an die Auswertung der Zahl „0", die natürlich „0" ist, wird der Variablen i der Wert zugewiesen. In Abbildung 3.3 ist die Speicherzelle der Variable durch einen Kasten repräsentiert, der den Wert aufnimmt. In der zweiten Wertzuweisung erhält die Variable i den Wert von „$i+1$". Diese Auswertung ergibt sich dadurch, dass, wie zuvor beschrieben, zunächst die rechte Seite ausgewertet wird. Dazu wird i durch den aktuellen Wert „0" ersetzt, wodurch der Ausdruck dann „$0+1$" lautet und seine Auswertung somit „1" ergibt. Dieser Wert „1" wird der Variablen i durch die Wertzuweisung zugewiesen. Schließlich steht in dem Kasten, der die Variable i repräsentiert, nun der Wert „1".

Zusammenfassung 3.2:   Wertzuweisung

Eine **Wertzuweisung** ist eine Anweisung, um einer Variablen einen Wert zuzuweisen.

- Schreibweise: *Variablenname := Ausdruck;*

- Ausführung einer Wertzuweisung:

    1. Werte den Ausdruck auf der rechten Seite aus.
    2. Speichere den Wert in der Variablen der linken Seite.

Aufgabe 3.5:

a) Geben Sie an, welchen Wert die Variablen a und b nach Ausführung jeder der folgenden Zeile haben:

$a := 3;$
$b := 1;$
$a := a + 2;$
$b := a + 2;$
$a := a + b;$

b) Stellen Sie den Zustand von a und b jeweils grafisch durch entsprechende Kästchen dar (s. Abbildung 3.3).

Aufgabe 3.6:

Ist die Anweisung $a < b$ nach Ausführung der beiden Anweisungen

$a := 3;$
$b := 3 - a;$

richtig oder falsch?

3.2.3   Block

Durch Verwendung eines Blocks wird eine Folge von Anweisungen zu einer funktionalen Einheit zusammengefasst, sie fungiert als eine einzige Anweisung. Die Schreibweise ist:

```
{
  Anweisung 1
  ...
  Anweisung n
}
```

Ein Beispiel eines Blocks im Minimum-Algorithmus ist

```
{
  Wenn a_i < merker, dann merker := a_i;
  i := i + 1;
}
```

Ein Block wird dadurch ausgeführt, dass seine Anweisungen nacheinander in der angegebenen Reihenfolge abgearbeitet werden. Es besteht zudem die Möglichkeit, mehrere Blöcke ineinander zu verschachteln.

Zusammenfassung 3.3:   Block

Ein **Block** fasst eine Folge von Anweisungen zu einer einzigen Anweisung zusammen.
Schreibweise: {*Anweisung 1*; .... *Anweisung n*;}

3.2.4   Bedingte Anweisung

Mit der **bedingten Anweisung** ist ein Befehlskonstrukt gegeben, mit dem Alternativen in einem
Algorithmus formuliert werden können. Sie besteht aus einer Bedingung, die dem Schlüsselwort
„wenn" folgt. Abhängig von der Gültigkeit der Bedingung wird dann eine von zwei Anweisungen
ausgeführt, die ebenfalls Bestandteile der bedingten Anweisung sind.

Wenn *Bedingung*, dann *Anweisung 1;*
Sonst *Anweisung 2;*

Die Auswertung der bedingten Anweisung geschieht folgendermaßen. Sollte die *Bedingung* erfüllt sein, wird *Anweisung 1*, die auf das Schlüsselwort „dann" folgt, ausgeführt. Im konträren
Fall, dass die Bedingung nicht erfüllt ist, wird die *Anweisung 2*, die auf das Schlüsselwort
„sonst" folgt, ausgeführt. Betrachten wir auch in diesem Fall ein Beispiel aus dem Minimum-
Algorithmus:

Wenn $a_i <$ *merker*, dann *merker* $:= a_i$;

Wie man an diesem Beispiel sieht, ist es nicht notwendig, dass eine „sonst" Anweisung aufgeführt wird. In diesem Fall wird *merker* nur der Wert von a_i zugewiesen, wenn a_i kleiner als
merker ist. Sollte die Bedingung nicht gelten, wird mit der nächsten Anweisung des Algorithmus
fortgefahren. Allgemein wird, wenn der Sonst-Teil fehlt, so verfahren, als wäre er da, aber als ob
Anweisung 2 keine Auswirkung auf den Programmablauf hat („leere Anweisung").

Neben der Textdarstellung hat sich auch eine grafische Darstellung von Algorithmen eingebürgert, die in der Abbildung 3.4 zu sehen ist. Diese Darstellung wird *Ablaufdiagramm* genannt.
Die einzelnen Anweisungen werden in Kästchen aufgeführt, welche durch Pfeile verbunden sind,
um die Reihenfolge der Abarbeitung zu kennzeichnen. Abbildung 3.4 a zeigt ein erstes einfaches
Diagramm, eine Folge von zwei Anweisungen.

Für die bedingte Anweisung gibt es ebenfalls eine Darstellung in Form eines Ablaufdiagramms,
die in Abbildung 3.4 b dargestellt ist. Die Bedingung ist in einem rautenförmigen Kasten aufgeführt und wird durch den gerichteten Pfeil, der auf den Kasten zeigt, repräsentiert. Abhängig von
der Bedingung kann die Ausführung einen von zwei Wegen nehmen. Ist die Bedingung erfüllt,
d.h. „wahr", wird der linke Weg genommen. Im anderen Fall, „falsch", wird der rechte Weg ein-
geschlagen. Entsprechend ist auf dem linken Weg der Kasten mit *Anweisung 1* zu finden, auf
dem rechten Weg ein Kasten mit *Anweisung 2*. Am Ende der bedingten Anweisung erfolgt die
Zusammenführung beider Wege. Die Fortsetzung erfolgt längs des Pfeils am unteren Ende des
Diagramms. Sofern es sich bei den Anweisungen wieder um komplexere Anweisungen handelt,
werden diese Kästen durch die entsprechenden Unterdiagramme ersetzt.

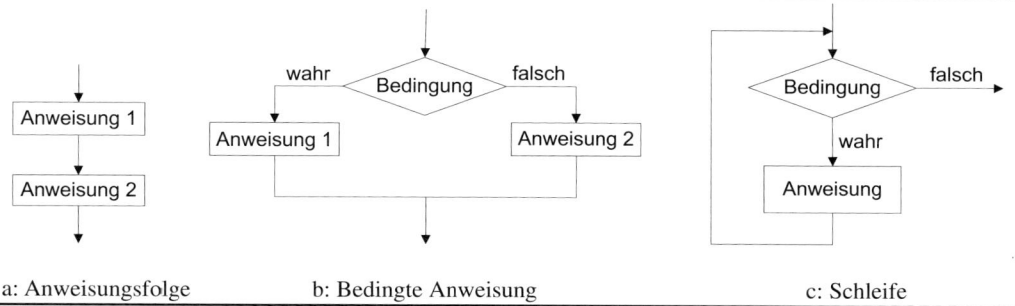

a: Anweisungsfolge   b: Bedingte Anweisung   c: Schleife

Abbildung 3.4: Ablaufdiagramme, eine grafische Darstellung zur Funktionsweise von Algorithmen

Zusammenfassung 3.4:   Bedingte Anweisung
Eine **bedingte Anweisung** ist ein Konstrukt, mit dem man Alternativen in einem Algorithmus formulieren kann.

- Schreibweise: Wenn *Bedingung*, dann *Anweisung 1*; sonst *Anweisung 2*;
- Ausführung einer bedingten Anweisung:
    1. Werte die *Bedingung* aus.
    2. Wenn die *Bedingung* erfüllt ist, dann führe *Anweisung 1* aus.
    3. Wenn die *Bedingung* nicht erfüllt ist, dann führe *Anweisung 2* aus.
- Der *sonst*-Teil kann auch fehlen.

Aufgabe 3.7:

Welchen Wert haben *a* und *b* nach Ausführung dieses Algorithmus:

a := 1;
b:= 3;
Wenn b < 2, dann a := a - 1;
sonst a := a + 1;

Aufgabe 3.8:

Gegeben sei folgender Algorithmus:

a := 2;
b := 5;
*Wenn b < 3 * a, dann a := a - 1;*
sonst a := a + 1;

a) Welchen Wert hat *a* nach Ausführung des Algorithmus?
b) Zeichnen Sie ein Ablaufdiagramm analog zur Abbildung 3.4 b.

3.2.5   Schleife

Das nächste wesentliche Konstrukt von Algorithmen ist die **Schleife**. Eine Schleife ermöglicht es, einen Algorithmenteil mehrmals zu wiederholen. Hierbei wird die Häufigkeit der Wiederholung durch eine Bedingung festgelegt. Allgemein sieht der Aufbau einer Schleife wie folgt aus:

Solange *Bedingung*, führe aus: *Anweisung*

Die Schleife im Minimum-Algorithmus illustriert diese Struktur:

Solange $i < n$ ist, fuehre aus:
{
   Wenn $a_i <$ *merker*, dann *merker* $:= a_i$;
   $i := i + 1$;
}

Die Ausführung einer Schleife besteht aus drei Schritten. Zunächst wird die *Bedingung* ausgewertet. Wenn die *Bedingung* erfüllt ist, wird die *Anweisung* der Schleife ausgeführt. Anschließend wird an den Anfang der Schleife zurückgekehrt und analog verfahren. Sollte die *Bedingung* nicht erfüllt sein, dann wird die Schleife beendet und der Algorithmus wird mit der ersten Anweisung nach der Schleife fortgesetzt. In dem Fall, dass die Ausführung des Algorithmus zum Anfang der Schleife zurückkehrt, wird wieder auf die gleiche Weise verfahren, d.h. die Anweisung wird iteriert.

Betrachten wir auch für die Schleife die grafische Darstellung als Ablaufdiagramm (s. Abbildung 3.4 c). Vergleichbar zur bedingten Anweisung erfolgt der Eintritt über den Pfeil von oben und wird mit einer Bedingung innerhalb einer Raute fortgesetzt. Sollte die Bedingung nicht erfüllt sein, d.h. falsch, so wird die Schleife nach rechts verlassen und zur nächsten Anweisung übergegangen. Ist die Bedingung wahr, wird die Anweisung der Schleife ausgeführt und an die Stelle vor der Bedingung zurückgekehrt. Auch grafisch ist hier eine Schleife wahrnehmbar.

Zusammenfassung 3.5:   Schleife

Unter einer **Schleife** ist eine Anweisung zu verstehen, mit der man eine andere Anweisung mehrmals wiederholen kann.

- Schreibweise: Solange *Bedingung*, führe aus: *Anweisung*
- Ausführung einer Schleife:
    1. Werte die *Bedingung* aus.
    2. Wenn die *Bedingung* erfüllt ist, dann führe *Anweisung* aus und fahre mit 1. fort.
    3. Wenn die *Bedingung* nicht erfüllt ist, dann beende die Schleife.

Aufgabe 3.9:

Welchen Wert hat i nach Ausführung des folgenden Algorithmus?

> $i := 0;$
> Solange $i < 5$, fuehre aus
> > $i := i + 2;$

Aufgabe 3.10:

Stellen Sie eine Tabelle auf, in der Sie für folgenden Algorithmus die Werte von a und b nach jedem Durchlauf der Schleifen auflisten.

> $a := 1;$
> $b := 0;$
> Solange $a < 5$, fuehre aus
> {
> > wenn a gerade, dann $b := b + 1;$
> > $a := a + 1;$
> }

3.2.6 Ausgabeanweisung

Eine **Ausgabeanweisung** dient dazu, einen Wert auszugeben. Bei einem Programm, das von einem Rechner ausgeführt wird, kann die Ausgabe zum Beispiel auf dem Bildschirm stattfinden. Die Ausgabeanweisung wird in der algorithmischen Notation durch das Konstrukt

> Gib *Ausdruck* zurueck;

ausgedrückt. Das entsprechende Beispiel aus dem bekannten Algorithmus lautet entsprechend:

> Gib *merker* zurueck;

3.2.7 Darstellung von Algorithmen durch Ablaufdiagramme

Bisher haben wir nur die Einzeldarstellung der Anweisung in Form eines Ablaufdiagramms gesehen. Abbildung 3.5 zeigt nun das Ablaufdiagramm des gesamten Minimum-Algorithmus. Das Ablaufdiagramm setzt sich aus den Einzeldiagrammen zusammen. Es beginnt mit einem Start-Kasten und endet mit einem Ende-Kasten zur Markierung der entsprechenden Stellen des Ablaufs. Der wesentliche Teil wird von der Schleife gebildet, die mit der ersten Raute beginnt. In der Anweisung der Schleife fällt insbesondere die bedingte Anweisung auf, die durch die zweite Raute charakterisiert ist. Für den Fall, dass Entscheidung „wahr" resultiert, folgt ein Kasten mit einer weiteren Wertzuweisung ($merker := a_i$).

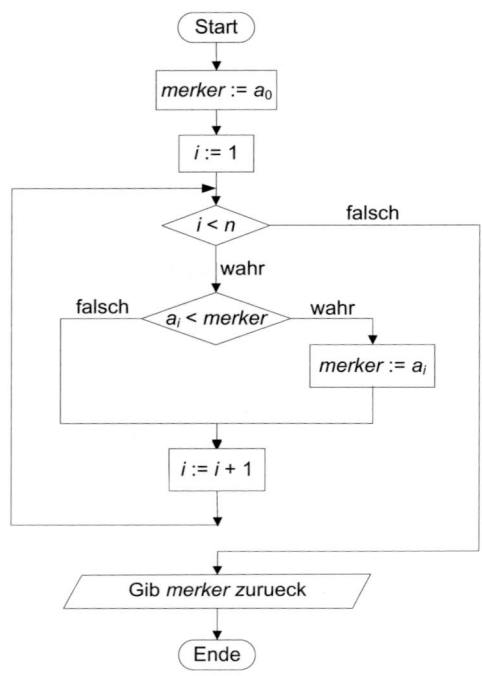

Abbildung 3.5: Ablaufdiagramm für den Algorithmus „Minimumsuche"

Aufgabe 3.11:

Zeichnen Sie für die Algorithmen der Aufgaben 3.9 und 3.10 die zugehörigen Ablaufdiagramme entsprechend zur Abbildung 3.5.

Aufgabe 3.12:

Schreiben Sie einen Algorithmus, der „ja" ausgibt, wenn sich in der Eingabefolge zwei Zahlen befinden, die beide minimal sind. Ansonsten soll der Algorithmus „nein" ausgeben.

Aufgabe 3.13:

Gegeben sei das Problem, für eine Eingabefolge zu überprüfen, ob sich in dieser zwei identische Zahlen, d.h. zwei Zahlen mit dem gleichen Wert, befinden.

a) Entwerfen Sie einen Algorithmus, der „ja" ausgibt, falls zwei identische Zahlen vorhanden sind, ansonsten „nein".

b) Stellen Sie den Algorithmus als Ablaufdiagramm dar.

Aufgabe 3.14:

Schreiben Sie einen Algorithmus, der die Summe der Zahlen von *1* bis *n* berechnet, wobei *n* eine ganzzahlige Variable unbekannten Wertes ist.

Grundkonzepte der Programmierung

Nach der Einführung in den Algorithmenentwurf des vorigen Kapitels befassen wir uns nun mit der Überführung von Algorithmen in Programme, die auf Computern ausführbar sind. Zur Formulierung von Programmen verwenden wir Elemente der Programmiersprache Java.

Die Darstellung beginnt mit dem Grundkonzept eines einfachen Java-Programms vom Typ „Applikation" in Abschnitt 4.2. Abschnitt 4.3 illustriert dann das Grundkonzept an einem Java-Programm, das auf dem Algorithmus zur Minimumsuche aus dem vorigen Kapitel beruht. Ausgehend von dem Beispielprogramm behandeln die folgenden Abschnitte die Grundelemente der Programmierung im Einzelnen: Variablen (Abschnitt 4.4), Datentypen (Abschnitt 4.5), Operatoren und Ausdrücke (Abschnitt 4.6), Typkonvertierung (Abschnitt 4.7) sowie Anweisungen und Kontrollstrukturen (Abschnitt 4.8). Abschnitt 4.9 präsentiert Konventionen zur „optischen" Gestaltung von Programmen. Zum Abschluss dieses Kapitels erklärt Abschnitt 4.10 die Anwendung der Grundelemente anhand eines weiteren Beispiels, einem Java-Programm zur Berechnung des Mittelwertes einer Zahlenfolge.

4.1   Programmierung und Programmiersprache Java

Programmierung im hier verwendeten Sinne bedeutet die Überführung eines Algorithmen- oder Systementwurfs in eine maschinenverständliche Form durch Formulieren in einer Programmiersprache[1]. Es gibt eine Vielzahl von Programmiersprachen, die für verschiedene Zwecke entwickelt wurden. Wir werden die Programmiersprache Java als ein Beispiel verwenden, da diese eine große Verbreitung gefunden hat.

Die Programmiersprache Java wurde Ende der 1990er Jahre von der Firma Sun entwickelt. Sie ist objektorientiert. Objektorientierung ist eine Vorgehensweise beim Software-Entwurf, die

---

1 Ein anderes Verständnis von Programmierung ist es, den Problemlösungsprozess mit einzuschließen.

heute weit verbreitet ist. Auf diesen Ansatz wird später genauer eingegangen (s. Abschnitt 7 „Objektorientierte Programmierung", Seite 109). Eine ganz wesentliche Eigenschaft von Java ist, dass sie so genannte rechnerplattform-unabhängige Programme ermöglicht. Das bedeutet, dass es ohne großen Aufwand möglich ist, Java-Programme auf Rechnern mit unterschiedlichen Betriebssystemen, wie MS Windows, Unix oder Mac OS laufen zu lassen. Ferner gibt es außerordentlich umfangreiche Klassenbibliotheken für zahlreiche Anwendungen. Klassenbibliotheken sind Programmsammlungen, die im Rahmen eigener Programme verwendet werden können. Schließlich ist die Programmiersprache Java zur Entwicklung von Internet-Anwendungen besonders geeignet.

Wir werden uns im Folgenden mit den Grundprinzipien der Programmiersprache Java soweit befassen, dass wir im Anschluss in der Lage sind, auch schon umfangreichere Aufgaben selbstständig in Java zu programmieren. Da es das Ziel dieses Buches ist, eine Einführung in die Informatik aus theroretischer und praktischer Sicht und nicht nur eine reine Programmiereinführung zu geben, werden nicht alle Programmierkonzepte von Java behandelt. Zum Verständnis von Konzepten, die über den Umfang dieses Buches hinausgehen, sei auf das Literaturverzeichnis ab Seite 325 verwiesen. In diesem ist eine Auswahl von Büchern angeführt, die sich ausführlich mit der Programmiersprache Java befassen.

Aufgabe 4.1:

Zur Ausführung der Beispielprogramme aus dem Buch und zur Durchführung der Programmieraufgaben am Rechner ist ein PC mit einer Java-Programmierumgebung erforderlich. Diese steht auf der beiliegenden CD zur Verfügung. Sofern der von ihnen verwendete Rechner noch nicht über eine entsprechende Java-Programmierumgebung verfügt, sollten Sie die Installation entsprechend der Anleitung in Anhang B.1 durchführen.

4.2   Grundstruktur von Java-Programmen

```
1  class Programm{
2
3      // hier koennen noch Variablen und Funktionen deklariert werden
4
5      public static void main(String[] args){
6
7              // hier steht der Text des Hauptprogramms, der aus
8              // Anweisungen besteht, die mit ; enden.
9      }
10 }
```

4_1

Quellcode 4.1: Einfaches Java Programm

Bei Java-Programmen gibt es zwei wesentliche Typen von Programmen: den Typ „Applikation" und den Typ „Applet". Im Folgenden werden wir zunächst nur Java-Programme vom Typ „Applikation" betrachten. Zum Verständnis von „Applets" werden Kenntnisse benötigt, die erst in

Kapitel 7 „Klassen und Objekte" beziehungsweise Kapitel 8 „Objektorientierte Programmierung" behandelt werden. Nachdem diese Grundlagen geschaffen worden sind, werden im Abschnitt 9.2 „Applets" vorgestellt und ihre Handhabung erläutert.

Alle in diesem Buch abgedruckten Java-Quellcodes müssen nicht abgetippt werden, sie sind auf der beiliegenden CD enthalten. Zur besseren Orientierung, wo genau sich der Java-Quellcode auf der CD befindet, gibt die Zahl unterhalb des CD-Symbols das entsprechende Unterverzeichnis auf der CD an. So befindet sich beispielsweise der Java-Quellcode 4.1 im Unterverzeichnis „Quellcodes/4_1" der CD.

4.2.1   Applikationen

Der Java-Quellcode 4.1 zeigt die Struktur eines relativ einfachen Java-Programms vom Typ „Applikation". Hierbei wird der Rahmen des Programms durch den Block gebildet, welcher der Anweisung `class Programm` folgt. Während `class` fest vorgeschrieben ist, kann `Programm` durch einen beliebigen Namen ersetzt werden. Der fest vorgeschriebene Bezeichner `class` ist ein Vertreter der reservierten Schlüsselwörter innerhalb der Programmiersprache Java. Das bedeutet, dass sie weder mit einer neuen Bedeutung belegt werden dürfen, noch dass sie als Bezeichner, z. B. den Namen einer Variablen, Anwendung finden. Eine Auflistung aller reservierten Schlüsselwörter findet sich im Anhang A „Schlüsselwörter im Sprachumfang von Java", auf Seite 309. Zum leichteren Verständnis werden in diesem Buch alle Java-Anweisungen im so genannten `Teletype-Zeichensatz` dargestellt. Eine weitere Konvention bezüglich der Notation ist, dass zusätzlich alle reservierten Schlüsselwörter innerhalb der Java-Programme (vgl. Quellcode 4.1) „**fett**" gedruckt werden.

In dem Block hinter `class Programm` folgt nun das eigentliche Programm. Dieser Block wird auch Rumpf der Klasse genannt. Ein solches Programm setzt sich aus Deklarationen von Variablen und so genannten Funktionen oder Methoden zusammen. In dem Programmrahmen ist nur eine Funktion aufgeführt, nämlich `main`, die wiederum von einem Block gefolgt wird. Dieser beinhaltet den Text des so genannten Hauptprogramms, welcher im Allgemeinen aus einer Folge von Anweisungen besteht. Betrachten wir diesen Aufbau eines Java-Programms, so ist erkennbar, dass er dem eines allgemeinen Algorithmus entspricht (s. Kapitel 3 „Algorithmenentwurf"). Zu beachten ist hierbei, dass in diesem Programmrahmen nur die Zeilen relevant sind, die nicht mit einem doppelten Schrägstrich beginnen. Alles, was auf einer Zeile hinter den doppelten Schrägstrich („//") steht, wird vom Rechner ignoriert. Sie dienen der Kommentierung von Programmtexten durch Programmierende. In dem Programmrahmen beschreiben die Kommentare, was an diesen Stellen stehen könnte.

4.2.2   Syntaxdiagramme

Für eine Beschreibung des Aufbaus von Programmen ist auch eine grafische Darstellung in Form von so genannten Syntaxdiagrammen gebräuchlich. Abbildung 4.1 zeigt das Syntaxdiagramm für ein allgemeines Java-Programm vom Typ Applikation. Die unbekannten Java-Befehle sollten

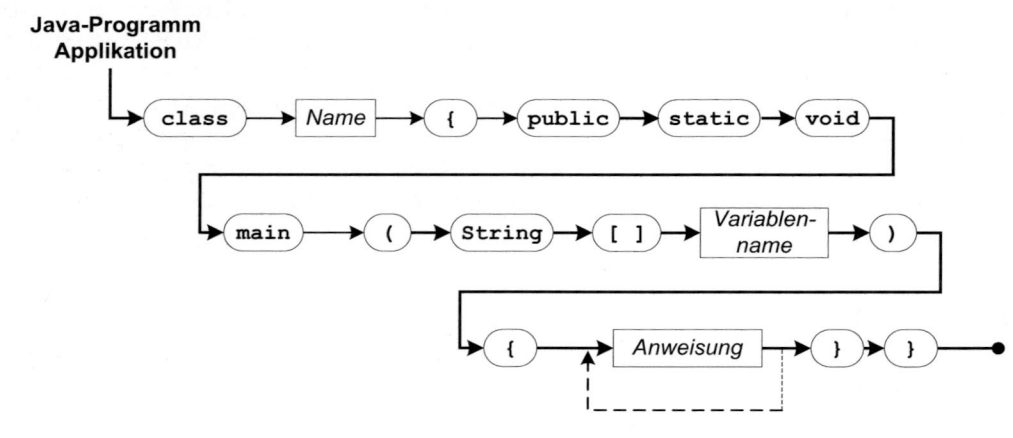

Abbildung 4.1: Syntaxdiagramm für Java-Programme vom Typ Applikation

zunächst ignoriert werden, sie werden in den folgenden Abschnitten erläutert. Wichtig ist es, sich das Grundprinzip eines Java-Programms vom Typ „Applikation" bewusst zu machen.

Elemente mit abgerundeten Ecken, deren Text zusätzlich im Teletype-Zeichensatz geschrieben ist, repräsentieren so genannte „Endzeichen"(„Terminalzeichen", „Terminale"). Dieses sind feste, exakt in das Programm zu übernehmende Zeichen oder Wörter. In Abbildung 4.1 sind das beispielsweise die Elemente class oder main. Alle anderen Elemente weisen eine eckige Form auf, und der enthaltene Text ist im so genannten Zeichensatz *Sans Serif*[2] geschrieben. Sie werden als „Nicht-Endzeichen" bezeichnet. Bei diesen handelt es sich um beschreibende Begriffe oder Platzhalter für ausführlichere Beschreibungen im Text (z.B. Elemente „*Name*" oder „*Anweisung*"). Auch Verweise auf andere Syntaxdiagramme, die für diese Elemente eingesetzt werden können, sind in dieser Form notiert. Werden „Nicht-Endzeichen" im Fließtext angegeben, sind diese auch durch den Zeichensatz „Sans Serif" hervorgehoben.

Gelesen werden die Syntaxdiagramme, indem bei der jeweiligen Bezeichnung beginnend (hier: Java-Programm Applikation), den durchgezogenen Linien in Pfeilrichtung gefolgt wird. Immer wenn während des Durchlaufs auf eines der beschrifteten Elemente getroffen wird, ist ein Sprachelement des Typs, welches das Element bezeichnet, auszugeben. Diese Sprachelemente werden in der Ausgabereihenfolge zu einem Textstück zusammengefügt. Bei Verzweigungen kann genau längs einer der Alternativen weitergegangen werden. Verweist ein Element auf ein anderes Syntaxdiagramm, wird zu diesem übergegangen und nach seiner Abarbeitung mit dem Element fortgesetzt, dass dem verweisenden Element folgt. Alle Textstücke, die sich auf diese Weise ergeben, wenn der Endpfeil, der auf kein weiteres Element verweist, erreicht wird, gehören zu den Textstücken, die durch das Syntaxdiagramm definiert sind.

---

2 Sans Serif, rundbogige Schrift ohne Serifen. Serifen sind die An- und Abstriche eines Buchstabens.

Im Syntaxdiagramm aus Abbildung 4.1 tritt eine Verzweigung erst kurz vor Ende auf, davor gibt es keine Auswahlmöglichkeiten. Nach dem Element *Anweisung* ist es möglich, auf dem durchgezogenen Pfeil weiter zu gehen und so nach Ausgabe von zwei geschweiften Klammern an das Ende zu kommen. Die andere Alternative ist, längs des gestrichelten Pfeils fortzufahren und so wieder zum Element *Anweisung* zu gelangen, was die Ausgabe einer weiteren Anweisung bewirkt. Damit wird die Verzweigung noch einmal erreicht und auf dieselbe Weise verfahren. Das bedeutet, dass an dieser Stelle in einem Java-Programm eine beliebige, aber endliche Anzahl von Anweisungen stehen kann.

Zusammenfassung 4.1:   Java-Programm vom Typ Applikation

Ein minimales Java-Programm vom Typ **Applikation** hat folgenden allgemeinen Aufbau:

```
class Programm{
    public static void main(String[] args){
        // Hier stehen die Anweisungen des Hauptprogramms.
    }
}
```

Der doppelte Schrägstrich // markiert einen **Kommentar**. Kommentare werden bei der Ausführung eines Programms ignoriert, helfen jedoch, die Lesbarkeit für Programmierende zu verbessern.

Aufgabe 4.2:

In Abbildung 4.2 ist ein Syntaxdiagramm zur Bildung von einfachen Sätzen dargestellt. „Mein", „Name", „Vorname", „ist" und der „." sind in diesem Fall Endzeichen. Der Begriff „*Wort*" ist ein Nicht-Endzeichen.

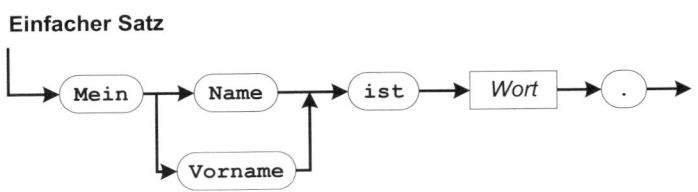

Abbildung 4.2: Syntaxdiagramm für einen einfachen Satz

a) Mit dem in Abbildung 4.2 dargestellten Syntaxdiagramm kann beispielsweise der Satz „*Mein Vorname ist Frank.*" gebildet werden. Schreiben Sie drei weitere Sätze auf, die durch das Syntaxdiagramm definiert sind.

b) Erweitern Sie das Syntaxdiagramm derart, dass auch der Satz „*Mein Name ist Frank Weichert.*" erzeugt werden kann.

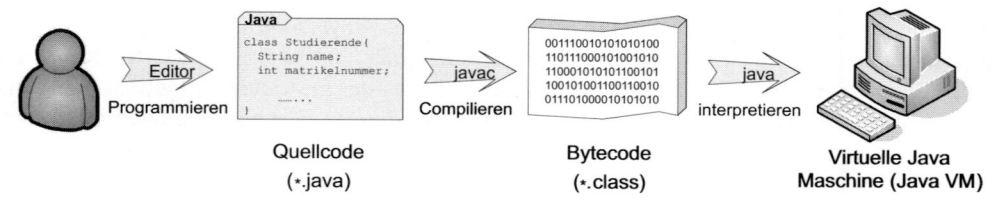

Abbildung 4.3: Schematische Darstellung „Vom Quellcode zum ausführbaren Programm"

4.2.3   Kompilieren und Ausführen eines Java-Programms

Bevor die Besprechung von weiteren Details der Java-Programmierung fortgesetzt wird, soll am Beispiel des ersten Java-Programms 4.1 die Übersetzung eines Java-Quelltexts in ein ausführbares Programm thematisiert werden.

Um die Programme, die im Verlaufe des Buches besprochen werden, ausprobieren zu können, sollte ein spezielles Verzeichnis auf der Festplatte dafür angelegt werden. Alle Java-Quellcodes, die in diesem Buch abgedruckt sind, befinden sich auf der beiliegenden CD. Trotzdem müssen die Programme erst auf der Festplatte abgespeichert werden, bevor sie kompiliert und ausgeführt werden können.

Für dieses erste Beispiel ist es notwendig, die Java-Quelldatei `JavaProgramm.java` von der CD in das eigene Arbeitsverzeichnis zu kopieren. Obwohl unter Windows die Groß- und Kleinschreibung bei Dateinamen prinzipiell nicht beachtet wird, ist hier auf die korrekte Schreibweise zu achten, da die Java-Laufzeitumgebung zwischen Groß- und Kleinbuchstaben unterscheidet. Ebenfalls ist zu beachten, dass der Dateiname genau mit dem Klassennamen, dem Wort hinter dem Schlüsselwort `class`, übereinstimmt und mit der Endung „`.java`" versehen wird. In diesem Fall ist hinter `class` das Wort `JavaProgramm` angeordnet. Somit ergibt sich der Dateiname aus `JavaProgramm` plus der Endung „`.java`", also `JavaProgramm.java`.

Aus der Java-Quellcode-Datei `JavaProgramm.java` ist zunächst mit dem Java-Compiler `javac` eine Byte-Code-Datei zu erzeugen (vgl. Abbildung 4.3):

```
javac JavaProgramm.java
```

Neben „*erzeugen*" sind auch die Begriffe „*übersetzen*" und „*kompilieren*" für diesen Vorgang gebräuchlich. Sollte es hierbei keine Fehlermeldungen gegeben haben, befindet sich in dem Verzeichnis die Byte-Code-Datei `JavaProgramm.class`. Die Namensgebung folgt einer vordefinierten Konvention, die Endung `.java` wird zu `.class`. Ausgeführt werden kann die Byte-Code-Datei `JavaProgramm.class` mit dem Java-Interpreter `java`. In dem vorliegenden Beispiel lautet der Aufruf:

```
java JavaProgramm
```

```
JavaSpass.java - Editor                                    _|□|×|
Datei  Bearbeiten  Format  Ansicht  ?
public class JavaSpass{

    public static void main(String[] args){

        System.out.println("Viel Spass mit dem Vorkurs-Informatik...");

    }
}
```

Abbildung 4.4: Ansicht des Editors mit dem Java-Quelltext 4.2

Zu beachten ist, dass die Endung `.class` beim Aufruf des Java-Interpreters `java` nicht mit angegeben werden darf, da diese Ergänzung automatisch erfolgt. Für den Java-Interpreter `java` ist auch die Bezeichnung „*Virtuelle Java Maschine*"(Java VM) gebräuchlich. Sofern alle Befehle korrekt abgearbeitet wurden, ist das Java-Programm erfolgreich übersetzt und ausgeführt. Abbildung 4.3 fasst diesen Prozess der Übersetzung schematisch zusammen.

Eine ausführlichere Beschreibung der Aufrufsyntax befindet sich im Kapitel „Aufrufsyntax des Java-Compilers und Java-Interpreters" (siehe Anhang B.2 „Java Aufrufsyntax", Seite 319).

> **Zusammenfassung 4.2:   Java Quelltextdateien**
> Für **Java-Quelltextdateien** sind folgende Regeln zu beachten:
> - Groß- und Kleinschreibung ist relevant
> - Dateinamen von Java-Quelltextdateien ergeben sich aus dem Klassennamen, dem Wort hinter dem Schlüsselwort `class`, ergänzt um die Endung `.java`.
> - Byte-Code-Dateinamen ergeben sich aus dem Namen der Java-Quelltextdatei gemäß der Konvention, dass die Endung `.java` durch `.class` ersetzt wird.

Aufgabe 4.3:

Ziel der Aufgabe ist es, das in Quellcode 4.2 gezeigte Java-Programm zu übersetzen und auszuführen.

```
1  class JavaSpass{
2    public static void main(String[] args){
3        System.out.println("Viel Spass mit dem Vorkurs
                Informatik.");
4    }
5  }
```

Quellcode 4.2: Einfaches Java-Programm mit einer Ausgabeanweisung

4_2

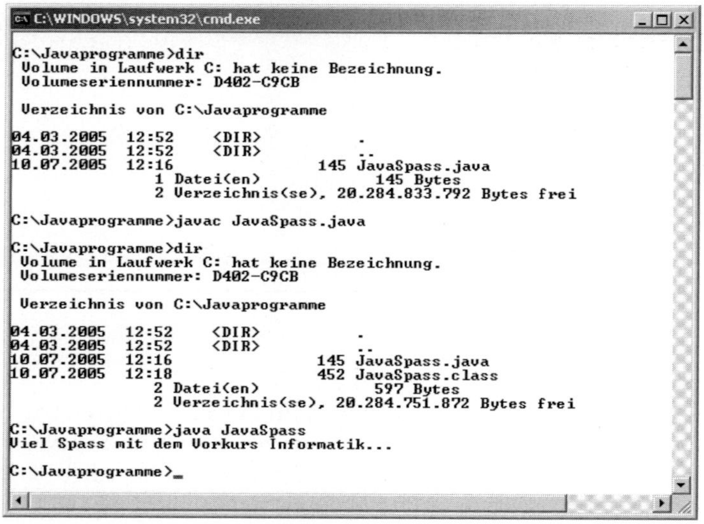

Abbildung 4.5: Übersetzen und Ausführen eines Java-Programms über die Eingabeaufforderung

a) Starten Sie den Windows-Editor Ihrer Wahl und öffnen Sie den Quellcode 4.1. Vergessen Sie nicht, den „*Dateityp*" auf „*Alle Dateien*" umzustellen. Im nächsten Schritt ergänzen Sie den Quellcode um die folgende Zeile:

```
System.out.println("Viel Spass mit dem Vorkurs Informatik.");
```

Sie sollten nun eine Darstellung vergleichbar zur Abbildung 4.4 sehen[3]. Diese zusätzliche Anweisung sollten Sie zunächst einmal ohne weitere Erklärung übernehmen. Im weiteren Verlauf des Kapitels wird dessen Syntax noch eingehender thematisiert. Anschließend speichern Sie den veränderten Quellcode unter dem Namen JavaSpass.java in Ihrem Arbeitsverzeichnis ab.

b) Öffnen Sie nun über

Startmenü → *Ausführen* → *cmd*

eine Eingabeaufforderung (DOS-Kommando-Eingabe) und wechseln Sie in das Verzeichnis, in welchem Sie die Java Quelltextdatei abgespeichert haben. Im Fall, dass sich das Programm im Verzeichnis c:\Javaprogramme befindet, führt dieses der Befehl

```
cd Javaprogramme
```

innerhalb der Eingabeaufforderung durch.

---

3 Die Bildschirmfotos in diesem Buch stammen von einem Rechner mit dem Betriebssystem Windows XP.

Gemäß der Vorgaben aus dem vorhergehenden Kapitel sollten Sie jetzt das Java-Programm 4.2 übersetzen und ausführen. Falls Sie sich noch unsicher fühlen, können Sie sich an den Angaben in Abbildung 4.5 orientieren.

Sofern alle Befehle korrekt abgearbeitet wurden, erfolgt die Ausgabe

```
Viel Spass mit dem Vorkurs Informatik.
```

4.3 Beispiel: Minimum einer Menge von Zahlen

Als weitergehendes Beispiel für eine Applikation betrachten wir das Java-Programm 4.3, welches das Minimum der uns schon bekannten Eingabefolge „$11, 7, 8, 3, 15, 13, 9, 19, 18, 10, 4$“ nach dem Minimum-Algorithmus aus Abschnitt 3.1 berechnet.

Gemäß der Vorgabe zum Aufbau eines Java-Programms vom Typ „Applikation" ist auf der ersten Zeile der Name des Programms zu sehen – er lautet in diesem Beispiel ProgrammMinSuche. Darauf folgt in der zweiten Zeile, vergleichbar zum Rahmenprogramm 4.1, das Hauptprogramm.

```
1  class ProgrammMinSuche{
2     public static void main(String[] args){
3        int[] a = {11,7,8,3,15,13,9,19,18,10,4};
4        int merker = a[0];   // damit hat merker den Wert 11
5        int i = 1;
6        int n = a.length;   // Laenge der Folge a
7        while (i < n){
8           if (a[i]<merker)
9              merker = a[i];
10          i = i+1;
11       }
12       System.out.println(merker);   // druckt das Ergebnis
13    }
14 }
```

Quellcode 4.3: Java-Quellcode zur Minimumsuche

4_3

In diesem werden zunächst drei Variablen, a in Zeile 3, merker in Zeile 4 und i in Zeile 5 deklariert. In Java ist es, wie in vielen anderen Programmiersprachen auch, notwendig, eine Variable vor ihrer Verwendung zunächst zu deklarieren. „Deklarieren" einer Variablen bedeutet, dass der Name und (Daten-)Typ festgelegt wird. Eine Variablendeklaration besteht in der Angabe des Typs und des Namens der Variablen, und wird durch ein Semikolon ; abgeschlossen. Der Typ von merker ist beispielsweise int. int steht für „integer", das bedeutet eine ganze Zahl. Demgemäß ist die Variable i ebenfalls vom Typ „ganze Zahl".

Bei der Variablen a ist auch der Typ int angefügt, jedoch in einer etwas abweichenden Bedeutung, da die Variable a eine Folge von ganzen Zahlen, die Eingabefolge, repräsentiert. Gekennzeichnet wird dieses innerhalb der Variablendeklaration durch die eckigen Klammern hinter dem int. Ergänzend zur Deklaration der Variablen a sind die Werte der Eingabefolge „11, 7, 8, 3, 15, 13, 9, 19, 18, 10, 4" in geschweiften Klammern { } hinter dem Gleichheitszeichen aufgeführt. Das Gleichheitszeichen steht für die Wertzuweisung, es entspricht somit dem := in der Algorithmennotation (s. Abschnitt 3.2 „Grundkonzepte von Algorithmen"). Dies ist von zentraler Bedeutung für das Verständnis eines Java-Programms. In einem Java-Programm bedeutet ein einzelnes Gleichheitszeichen „=" stets eine Wertzuweisung. Das eigentliche Gleichheitszeichen im Sinne eines Vergleiches wird durch zwei Gleichheitszeichen „==" beschrieben, also z.B. 3 == 3.

Eine weitere Variable wird in Zeile 6 des Programms deklariert. Es handelt sich hier um die Variable n, die den Index des letzten Elements der Folge a angibt. Zum leichteren Verständnis wird dieses auch im Kommentar ausgedrückt, der hinter den „//" auf der Zeile folgt. Die Länge der Folge a kann über eine Anweisung a.length herausgefunden werden. Auf die Elemente von a kann über einen Index zugegriffen werden, der in eckigen Klammern [] auf das a folgt. So wird der Variablen merker auf Zeile 4 das erste Element der Folge, nämlich 11, zugewiesen. Da die Folgen in Java stets von 0 an indiziert werden, ist dieses Element das Element a[0].

Nun sind alle Dinge bekannt, die für den Rest des Programms benötigt werden. Dieses besteht aus einer Schleife, die mit dem Schlüsselwort while eingeleitet wird. while entspricht dem „*solange*" in der Algorithmennotation. Die Bedingung wird in runden Klammern „( )" hinter while aufgeführt, hier i < n. Darauf folgt der Block, mit einer durch das Schlüsselwort if gekennzeichneten bedingten Anweisung, die dem „*wenn*" in der Algorithmennotation entspricht. Auch hierbei ist die Bedingung wieder in runden Klammern aufgeführt. In dieser Zeile 8 wird das i-te Element der Folge a mit dem merker verglichen. Liefert der Vergleich ein korrektes Ergebnis, wird der Wert von a[i] der Variablen merker zugewiesen. Es folgt die Wertzuweisung i = i + 1, in geschweiften Klammern { }. Auch hier muss wieder beachtet werden, dass es sich um eine Wertzuweisung und nicht um ein Gleichheitszeichen handelt.

Nach Beendigung der while-Schleife erfolgt die Rückgabe des Ergebnisses durch eine Druckanweisung. Zu diesem Zweck wird von Java die Methode System.out.println angeboten. Sie gibt den in runden Klammern angegebenen Wert, hier den Wert der Variablen merker, auf dem Bildschirm aus und wechselt dann auf die nächste Bildschirmzeile.

Zusammenfassung 4.3:   Notationsregeln in Java

Zur Programmierung in Java sind die folgenden **Notationsregeln** zu beachten:

- Anweisungen werden durch ein Semikolon ; abgeschlossen.
- Alles, was hinter dem Kommentarzeichen // bis zum Zeilenende steht, wird ignoriert.
- Groß- und Kleinschreibung ist zu beachten.
- Reservierte Schlüsselwörter der Programmiersprache Java dürfen nicht als Bezeichner in einem anderen Zusammenhang deklariert werden.

Dieses Beispielprogramm 4.3 verdeutlicht den engen Zusammenhang zwischen Algorithmen und Programmen. Auffallend an dem Programm ist, dass viel mehr Details als bei der Beschreibung des Algorithmus angegeben werden müssen. Dies liegt daran, dass das Programm von einem Computer „verstanden" werden muss, der weniger flexibel als ein menschlicher Leser ist und ungenaue Angaben nicht selbständig ergänzen kann. In den folgenden Abschnitten gehen wir auf die Konzepte, die wir in dem Beispiel im Zusammenwirken gesehen haben, im Einzelnen ein.

Aufgabe 4.4:

Sie sollten das Programm 4.3 jetzt einmal selbst auf Ihrem Computer übersetzen und es dann auch ausführen. Falls Sie Java auf Ihrem Rechner noch nicht installiert haben oder es bei der folgenden Übersetzung und Ausführung des Programms Probleme gibt, lesen Sie bitte noch einmal die Kapitel „Installation der Java-Programmierumgebung"(s. Abschnitt B.1, Seite 313) und „Kompilieren und Ausführen eines Java-Programms"(s. Abschnitt 4.2.3, Seite 42). Nachdem Sie das Programm 4.3 mit den Anweisungen

1. Kompilieren: `javac ProgrammMinSuche.java`

2. Ausführen: `java ProgrammMinSuche`

kompiliert und übersetzt haben und es zu keiner Fehlermeldung gekommen ist, sollte das Minimum der Zahlen, bei der gegebenen Zahlenfolge „3", auf dem Bildschirm ausgegeben werden.

Aufgabe 4.5:

Ändern Sie eine Kopie des Programms `ProgrammMinSuche` in ein Programm mit Namen `ProgrammMaxSuche` um, dass das Maximum anstelle des Minimums ausgibt.
Übersetzen Sie das Programm `ProgrammMaxSuche` und führen Sie es aus.
Bemerkung: Das Auffinden eines Algorithmus für die Maximumsuche war Gegenstand der Aufgabe 3.2, Seite 25.

4.4   Variablen

Eine **Variable** bezeichnet eine Speichereinheit zur Aufnahme von Daten. Mittels einer Wertzuweisung ist es möglich, einen Wert in die Speichereinheit zu schreiben. Der gespeicherte Wert kann in einem Programm dadurch verwendet werden, dass der Variablenname an die Stelle geschrieben wird, an welcher der Wert benötigt wird. Eine Variable muss vor ihrer ersten Verwendung deklariert worden sein. Bei der Deklaration ist der Typ der Daten anzugeben, der in der Variablen zu speichern ist, beispielsweise `int` für ganze Zahlen.

Zusammenfassung 4.4:   Variablen

Variablen bezeichnen Speichereinheiten zur Aufnahme von Datenwerten. Sie haben einen Namen und einen Datentyp, der angibt, welcher Typ von Werten in ihr gespeichert werden kann. Über den Namen der Variablen kann auf den Wert der Variablen zugegriffen oder dieser neu festgelegt werden.

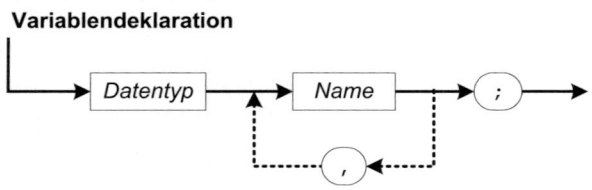

Variablendeklaration

Abbildung 4.6: Syntaxdiagramm für Variablendeklarationen

4.4.1   Variablendeklaration

Eine **Variablendeklaration** besteht aus der Angabe des Namens der Variablen und eines Datentyps. Zwei Beispiele aus dem Programm `ProgrammMinSuche` sind

```
int merker; und
int i;
```

In diesen Beispielen bezeichnet `int` den Datentyp, in diesem Fall die Menge der ganzen Zahlen
(„integer"). `merker` beziehungsweise `i` sind die Namen der Variablen.

Diese Deklarationen sind auch gemäß dem Syntaxdiagramm in Abbildung 4.6 wohldefiniert. Um
dies für

```
int merker;
```

zu demonstrieren, starten wir links, am Eingang des Syntaxdiagramms und stoßen dann zunächst
auf das Element „Datentyp". Dort geben wir das Sprachelement „`int`" aus. Beim Weitergehen
erreichen wird das Element „Variablennamen". Hier geben wird das Sprachelement „`merker`"
zurück. Gehen wir weiter, treffen wir auf eine Verzweigung: wir können in Richtung von „`;`" oder
in Richtung von „`,`" weitergehen. Wir entscheiden uns für „`;`" und geben dieses Sprachelement
aus. Damit haben wir die Deklaration `int merker;` konstruiert.

Offensichtlich definiert das Syntaxdiagramm noch andere Möglichkeiten des Aussehens von Variablendeklarationen, da Verzweigungen auftreten. So ist es möglich, gleich mehrere Variablennamen gleichen Typs hinter einer Typangabe aufzuführen, also beispielsweise

```
int merker, i;
```

Dies ist äquivalent zum obigen Beispiel und reduziert den Schreibaufwand.

Variablennamen dürfen im Prinzip frei gewählt werden, wobei jedoch einige Regeln zu beachten sind. Es dürfen keine reservierten Wörter der Programmiersprache Java als Name für eine

Variable verwendet werden, wie zum Beispiel `class` oder `if` (s. Abschnitt A „Schlüsselwörter im Sprachumfang von Java"). Zusätzlich müssen Variablennamen stets mit einem Buchstaben beginnen, also beispielsweise nicht mit „+". Zu beachten ist auch, dass `a` und `A` zwei verschiedene Variablen bezeichnet, da Java bei Bezeichnern die Groß- und Kleinschreibung beachtet.

Alle in einem Programm verwendeten Variablen müssen deklariert werden, und zwar bevor sie zum ersten Mal verwendet werden. Sie können im Verlauf des Programms nur Werte aufnehmen, die den in der Deklaration festgelegten Datentyp haben.

Zusammenfassung 4.5: Deklaration von Variablen

Eine **Variablendeklaration** bewirkt die Erzeugung der Variablen im Speicher. Die Deklaration legt den *Datentyp* und den *Namen* der Variablen fest und hat im einfachsten Fall die Form

- *Datentyp Name;*

Die Variablendeklaration ist die Voraussetzung dafür, dass eine Variable in einem Programm verwendet werden kann.

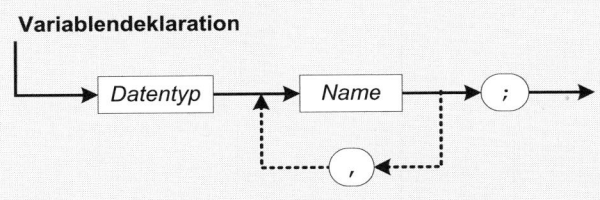

4.4.2 Wertzuweisung

Die **Wertzuweisung** ist eine Operation, die dazu dient, einen Wert in die Speichereinheit zu schreiben, die durch eine Variable gegeben ist. Beispiele für Wertzuweisungen sind

```
i=0;
merker=a[0];
```

Das Zeichen „=" bezeichnet den Wertzuweisungsoperator, es entspricht dem „:=" bei den Algorithmen. Auf der linken Seite von „=" steht der Name der Variablen, welcher der Wert zugewiesen werden soll, der rechts von „=" steht. Dabei kann der Wert ein Ausdruck sein, der vor der Wertzuweisung ausgewertet werden muss. Gelesen werden die beiden Wertzuweisungen im Beispiel als „`i` ergibt sich zu 0" und „`merker` ergibt sich zu a[0]".

Der Wert einer Variablen wird verwendet, indem der Variablenname dort eingesetzt wird, wo der Wert benötigt wird. Ein Beispiel ist

```
int a,b;
```

```
a=2;
b=a+5;
```

In der ersten Zeile werden zwei ganzzahlige Variablen a und b deklariert. In der zweiten Zeile erhält die Variable a den Wert 2. Auf der rechten Seite der Anweisung in der dritten Zeile wird der Wert der Variablen a benötigt. Dieser Wert, nämlich 2, wird anstelle von a eingesetzt, 2+5, und dieser Ausdruck dann berechnet, 7. Durch die Wertzuweisung erhält dann b diesen Wert.

Die Verwendung einer Variablen setzt voraus, dass zuvor eine Wertzuweisung stattgefunden hat. Dies macht es naheliegend, die Möglichkeit anzubieten, einer Variablen schon bei ihrer Deklaration einen Wert zuweisen zu können. In Java geschieht dies, indem auf den Variablennamen in der Deklaration der Zuweisungsoperator, gefolgt von einem Wert, aufgeführt wird, z.B.

```
int a = 2;
```

Diese Möglichkeit ist in dem erweiterten Syntaxdiagramm für Variablendeklarationen innerhalb der Zusammenfassung 4.5 dargestellt. Das Beispiel ergibt sich aus dem Diagramm, indem wir bei dem ersten Element, *Datentyp*, int ausgeben. Anschließend folgt das Element *Variablenname*, das zur Ausgabe von a führt. Wenn wir uns nun an der Verzweigung entscheiden geradeaus weiter zu gehen, ergibt sich die Ausgabe von „=", danach „2" und schließlich „;".

Zusammenfassung 4.6:   Wertzuweisung an eine Variable

Die **Wertzuweisung** ermöglicht, einen Wert in die Speichereinheit zu schreiben, die durch die Variable bezeichnet ist. Sie hat die Form

- *Name = Ausdruck;*

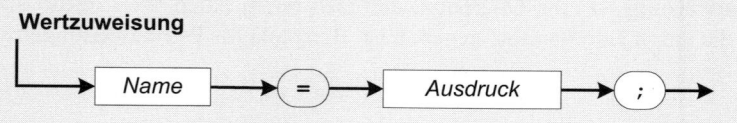

Es besteht auch die Möglichkeit, einer Variablen bereits bei ihrer Deklaration einen Wert zuzuweisen. Dies hat die Form

- *Datentyp Name = Ausdruck;*

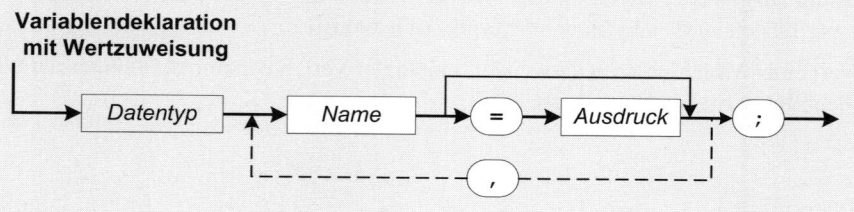

Aufgabe 4.6:

Beschreiben Sie jeweils einen Durchlauf durch das Syntaxdiagramm für Variablendeklarationen, der den Deklarationen

- `int i=5;`
- `int a, i=7;`

entspricht. Begründen Sie, warum

- `int a,;`

keine zulässige Variablendeklaration ist.

4.5 Datentypen

Unter einem **Datentyp** wird eine Menge von Daten gleicher Art verstanden. Ein Beispiel ist der Ganzzahldatentyp `int`, den wir bisher bevorzugt verwendet haben. Daneben gibt es in Programmiersprachen wie Java üblicherweise noch weitere direkt verfügbare Datentypen, auf die wir im Folgenden eingehen. Dabei behandeln wir zunächst die weiteren Datentypen `byte`, `short` und `long` für ganze Zahlen, `float` und `double` für Gleitkommazahlen, `char` für Zeichen und `boolean` für Wahrheitswerte. Diese Datentypen werden in Java als **primitive Datentypen** bezeichnet. Danach gehen wir auf die direkt verfügbaren zusammengesetzten Datentypen der Arrays und Zeichenketten `String` ein.

Über die direkt verfügbaren Datentypen hinaus besteht die Möglichkeit zur Definition eigener Datentypen. Darauf wird später in Kapitel 7 eingegangen.

Zusammenfassung 4.7: Datentyp

Ein **Datentyp** ist eine Menge von Daten gleicher Art.
Beispiele für direkt verfügbare Datentypen in Java sind

- ganze Zahlen: `byte`, `short`, `int`, `long`
- Fließkommazahlen: `float`, `double`
- Zeichen: `char`
- boolescher Wert: `boolean`.

Diese Datentypen werden als **primitive Datentypen** bezeichnet. Daneben gibt es direkt verfügbare zusammengesetzte Datentypen. Beispiele sind **Arrays** und **Zeichenketten**.
Es besteht auch die Möglichkeit, neue Datentypen zu deklarieren, siehe Kapitel 7.

4.5.1 Ganze Zahlen

Wie wir schon wissen, wird der Datentyp der ganzen Zahlen bei Variablendeklarationen durch das Schlüsselwort `int` angegeben. Bei der Verwendung von ganzen Zahlen ist allerdings die

Daten	Typ	Wertebereich
ganze Zahlen	`byte`	$-2^7 \ldots (+2^7 - 1)$
	`short`	$-2^{15} \ldots (+2^{15} - 1)$
	`int`	$-2^{31} \ldots (+2^{31} - 1)$
	`long`	$-2^{63} \ldots (+2^{63} - 1)$
Fließkommazahlen	`float`	$\pm 3.4 * 10^{38}$
	`double`	$\pm 1.8 * 10^{108}$
Zeichen	`char`	Unicode-Zeichen
boolescher Wert	`boolean`	`true` oder `false`

Abbildung 4.7: Übersicht über die primitiven Datentypen der Programmiersprache Java

Beschränktheit im Speicher von Rechnern zu beachten. Da für eine Speichereinheit zur Aufnahme einer ganzen Zahl nur beschränkt viele Informationseinheiten, so genannte „Bit", zur Verfügung stehen, ist der Wertebereich der verwendbaren Zahlen begrenzt. Der Wertebereich von `int`-Zahlen ist das Intervall ganzer Zahlen von $-2^{31} = -2\,147\,483\,648$ bis $2^{31} - 1 = 2\,147\,483\,647$ (s. Abbildung 4.7). Wir werden in Kapitel 17, das sich mit dem inneren Aufbau von Rechnern befasst, weiter darauf eingehen (vgl. auch Tabelle 17.2).

Die zur Verfügung gestellte Anzahl von Bits hat zur Folge, dass es neben `int` noch weitere Datentypen gibt, die Teilmengen der Menge der ganzen Zahlen bezeichnen: `byte`, `short` und `long`. Der Wertebereich des Typs `byte` reicht von $-2^7 = -128$ bis $2^7 - 1 = 127$, der von `short` von $-2^{15} = -32\,768$ bis $2^{15} - 1 = 132\,767$ und der von `long` von -2^{63} bis $2^{63} - 1$. Bei einer Zahlangabe kann der Datentyp `long` durch Anhängen von `l` oder `L` kenntlich gemacht werden, zum Beispiel

```
long x = 24L;
```

Ein Grund für die Verfügbarkeit mehrerer Datentypen für ganze Zahlen ist die Möglichkeit, durch Auswahl eines passenden Typs Speicherplatz zu sparen, sofern der entsprechende Wertebereich für die Anwendung ausreichend ist. Der Typ `int` stellt in diesem Sinne einen Kompromiss dar.

4.5.2   Gleitkommazahlen

Weitere zahlenbezogene Datentypen sind `double` und `float`. Diese sind den **Gleitkommazahlen**, manchmal auch **Fließkommazahlen** genannt, zugeordnet. Gleitkommazahlen sind Zahlen der Form 1.73 oder auch $1.71 \cdot 10^{15}$. Durch

```
float a;
```

wird eine Gleitkommavariable `a` vom Typ `float` deklariert.

Gleitkommazahlen lassen sich in Java von ganzen Zahlen, die beispielsweise die Form 8 oder -5 haben, anhand ihres Aufbaus unterscheiden. Eine Zahl ist eine Gleitkommazahl, wenn sie eine der folgenden Eigenschaften besitzt:

- Es existiert ein Exponent, z.B. $1E13$ oder $1.71E15$.

- Die Grundzahl enthält einen Dezimalpunkt, also beispielsweise 1.73.

- Ein f (für „float") oder d (für „double") ist angefügt.

Besonders beachtet werden sollte, dass anstelle des Dezimalkommas ein Punkt verwendet wird.

double und float unterscheiden sich im Wertebereich, wobei der von double größer als der von float ist. Der Grund ist die höhere Anzahl von Bits, die für eine double-Speichereinheit zur Verfügung gestellt werden (s. auch Kapitel 17, Tabelle 17.2).

4.5.3   Zeichen

Computer werden auch zur Textverarbeitung verwendet. Aus diesem Grund ist es nicht überraschend, dass Programmiersprachen auch Datentypen zur Speicherung und Verarbeitung von Zeichen zur Verfügung stellen. Der Datentyp char von Java repräsentiert die Menge von Zeichen. Eine Zeichenkonstante wird durch Angabe des Zeichens in Hochkommata repräsentiert, zum Beispiel 'a' für das Zeichen a oder ',' für ein Komma.

Variablen zur Speicherung von Zeichen werden durch Angabe des Typs über das Schlüsselwort char deklariert. Ein Beispiel ist

```
char z = 'W';
```

Diese Anweisung bewirkt, dass eine Zeichenvariable z angelegt wird, die als Wert den Buchstaben W erhält.

4.5.4   Wahrheitswerte

Wie wir wissen, kann die Bedingung in einer wenn-Anweisung entweder richtig oder falsch sein. „Richtig" und „falsch" sind so genannte Wahrheitswerte. Java stellt den Datentyp boolean zur Verfügung, der genau diese zwei Wahrheitswerte umfasst. Entsprechend der englischsprachigen Ausrichtung werden diese beiden Werte durch true und false repräsentiert. true und false gehören zwar nicht zu den Schlüsselwörtern von Java, sie werden aber durch Java eindeutig belegt und dürfen durch den Programmierenden nicht als Bezeichner in Deklarationen verwendet werden.

Variablen zur Speicherung von Wahrheitswerten werden durch Angabe des Typs über das Schlüsselwort boolean deklariert. In diese Bezeichnung geht der Name des französischen Mathematikers Boole[4] ein, der sich mit der Mathematik von Wahrheitswerten befasst hat. Ein Beispiel für eine Deklaration einer Booleschen Variablen ist

---

4 George Boole, englischer Mathematiker und Philosoph, 1815 - 1864.

```
boolean b = true;
```

Diese Anweisung bewirkt, dass eine Wahrheitswertvariable b angelegt wird, die als Wert den Wahrheitswert true erhält.

Aufgabe 4.7:

Welche der folgenden Anweisungen sind zulässig?

1. `double wert = 6;`

2. `int wert = 4L;`

3. `double wert`

4. `char name = 'A';`

5. `int long = 2;`

6. `int ein Wert;`

Aufgabe 4.8:

Von welchem Datentyp sind die folgenden Ausdrücke:

`6.5, -5, 8L, L, l, true, 'L'`

4.5.5   Arrays

Die bisher beschriebenen Datentypen werden in Java, wie wir wissen, als primitive Datentypen bezeichnet. Daneben gibt es weitere Datentypen. Unter diese fallen solche, die aus mehreren elementaren Datenelementen zusammengesetzt sind, wie z.B. Arrays, die im Folgenden vorgestellt werden.

Der Datentyp **Array** repräsentiert die Menge der endlichen Folgen aus Werten eines gegebenen Datentyps. Die Werte der Folge sind, stets beginnend mit 0, aufsteigend durchindiziert. Ein Beispiel für eine Folge aus ganzen Zahlen ist 11, 7, 8, 3, 15, 13, 9, 19, 18, 10, 4, die wir aus dem vorigen Kapitel über Algorithmen kennen. Zum Beispiel ist der Wert 11 der Folge mit 0 indiziert, der Wert 4 mit 10.

Eine Variable vom Datentyp Array zu einem gegebenen Datentyp wird dadurch deklariert, dass ihrem Namen der Name des Datentyps, gefolgt von einem Paar eckiger Klammern, [ ], vorangestellt wird. Ein Beispiel für die Deklaration einer Array-Variablen ist

```
int[] a;
```

Wie bei Variablen anderen Typs kann auch einer Array-Variablen bei der Deklaration ein Wert zugewiesen werden. Dies wird beispielsweise in der Form

```
int[] a = {11,7,8,3,15,13,9,19,18,10,4};
```

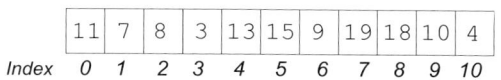

Abbildung 4.8: Darstellung eines Arrays durch Speicherzellen

innerhalb des Java-Quellcode 4.3 implementiert. Hierbei werden die Werte der Array-Elemente, getrennt durch Kommata und eingeschlossen in geschweifte Klammern, aufgelistet.

Häufig wird von einer Array-Variablen auch einfach als „Array" gesprochen. Wir werden dies hier auch tun.

Aus Speichersicht kann ein Array als eine Folge von Speichereinheiten gleichen Grundtyps verstanden werden. Die Kästchen in Abbildung 4.8 repräsentieren diese Speichereinheiten. Ein einzelnes Array-Element kann wie eine einfache Variable des Grundtyps angesprochen werden, indem der Name des Arrays, gefolgt von dem entsprechenden Index in eckigen Klammern, verwendet wird. Im vorgehenden Beispiel steht im Array-Element a[0] der Wert 11, im Array-Element a[1] der Wert 7 und in a[10] der Wert 4.

Die **Länge des Arrays** ist die Anzahl der Elemente, die es umfasst. Im Verlauf eines Programms kann die Länge eines Arrays durch Anfügen von .length an den Namen des Arrays herausgefunden werden, also a.length im Falle der Variablen a. Für die Anweisung

```
wert = a.length;
```

liefert a.length im Beispiel den Wert 11 und dieser wird der Variablen wert zugewiesen. Beachtet werden sollte, dass die Indizierung des Arrays von 0 beginnend bis zur Speicherzelle 10 erfolgt (vgl. Abbildung 4.8), die Länge des Arrays aber den Wert 11 hat.

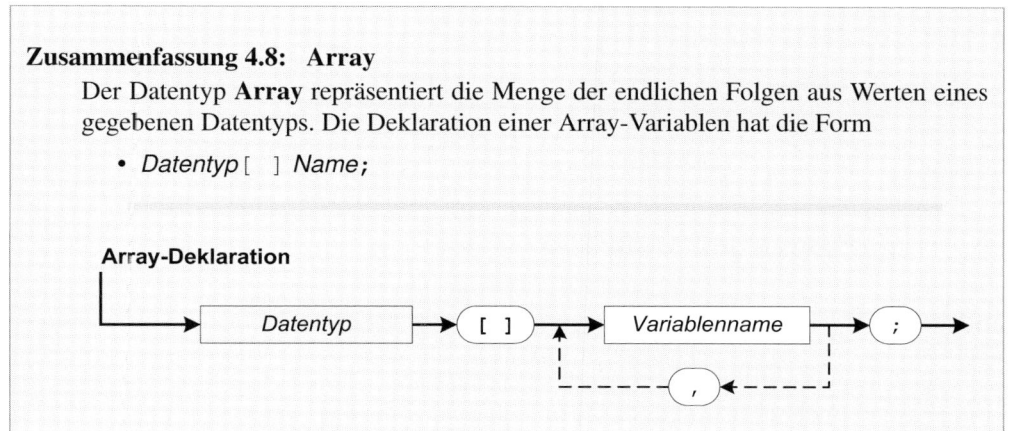

Zusammenfassung 4.8: Array

Der Datentyp **Array** repräsentiert die Menge der endlichen Folgen aus Werten eines gegebenen Datentyps. Die Deklaration einer Array-Variablen hat die Form

• *Datentyp*[ ] *Name*;

Array-Deklaration

4.5.6   Zeichenfolgen

Eine Zeichenfolge setzt sich aus einer Folge von Zeichen zusammen, also beispielsweise „abcd",
„Sebastian Maier", „a+b". Die Menge aller Zeichenfolgen definiert einen Datentyp, der in Java
`String` genannt wird. Eine Zeichenfolge wird in Java durch die Folge der Zeichen, in Anfüh-
rungszeichen geschrieben dargestellt, also `"abcd"` , `"Sebastian Maier"` oder `"a+b"`.

Die Deklaration einer Variablen vom Typ `String` geschieht durch Voranstellen des Schlüsselwortes `String`, also etwa

```
String name = "Sebastian Maier";
```

In diesem Beispiel wird der neu angelegten `String`-Variablen `name` die Zeichenfolge `"Se-
bastian Maier"` als Wert zugewiesen.

Aufgabe 4.9:

Gegeben sei die Deklaration eines Arrays:

```
double[] daten = {4.5, 7, 8.5, -2.1, 0.7};
```

a) Welche der folgenden Anweisungen sind zulässig?

1. `double wert = daten[0];`

2. `double wert = daten[-1];`

3. `int wert = daten[4];`

4. `double wert = daten[6*2/4];`

5. `double wert = daten[2.5];`

b) Welchen Wert liefern die folgenden Anweisungen?

1. `daten[3];`

2. `daten[0];`

3. `daten.length;`

4. `daten[5-2];`

5. `daten[daten.length-1];`

4.6   Operatoren und Ausdrücke

Ausdrücke sind Formeln zum Berechnen von Werten, deren Operanden mittels **Operatoren** verknüpft werden. In Programmiersprachen wird zwischen verschiedenen Typen von Ausdrücken
unterschieden, abhängig davon, welchen Wert sie am Ende liefern. Beispiele sind arithmetische
Ausdrücke und Boolesche Ausdrücke, die im Folgenden behandelt werden.

Operator	Ausdruck	Beschreibung
$+$	$x+y$	Addition
$-$	$x-y$	Subtraktion
$*$	$x*y$	Multiplikation
$/$	x/y	Division
$\%$	$x\%y$	Modulo, Restwert

Operator	Ausdruck	liefert `true` wenn
$>$	$x>y$	x größer als y
$>=$	$x>=y$	x größer oder gleich y
$<$	$x<y$	x kleiner als y
$<=$	$x<=y$	x kleiner oder gleich y
$==$	$x==y$	x gleich y
$!=$	$x!=y$	x ungleich y

Abbildung 4.9: Arithmetische Operatoren   Abbildung 4.10: Vergleichsoperatoren

4.6.1 Arithmetische Ausdrücke

Arithmetische Ausdrücke ähneln Formeln aus Zahlenwerten in der Mathematik, die unter anderem die üblichen Operationen (`+`, `-`, `*`, `/`) verwenden und geklammert sein können. Beispiele sind:

```
i+1,  3*(2+i),  3/(2*i+5),  (5+2)/(-3).
```

Bei den Operatoren, also +, – usw., gelten die üblichen Regeln der Bindungsstärke, also „Punkt vor Strich". Das bedeutet, dass das Multiplikationszeichen stärker als das Additionszeichen bindet. Der Wert des Ausdrucks `3*2+1` entspricht also dem geklammerten Ausdruck `(3*2)+1`. Die wichtigsten arithmetischen Operatoren sind in Abbildung 4.9 zusammengefasst.

Die Auswertung von arithmetischen Ausdrücken erfolgt unter Beachtung dieser Regel von links nach rechts. In dem Ausdruck

```
(3 + 9) + 4 * (5 + 3)
```

wird demgemäß zuerst `(3 + 9)` berechnet, was `12` ergibt. Aufgrund der „Punkt- geht vor Strichrechnung" folgt die Auswertung des Ausdrucks `4 * (5 + 3)`. Innerhalb dieses Ausdrucks wird dann die Klammer berechnet, deren Ergebnis `8` mit der `4` multipliziert und die Zwischensumme `32` zur `12` addiert. Das Ergebnis ist `44`.

Falls ein Ausdruck auf der rechten Seite einer Java-Wertzuweisung auftritt, wird er auf diese Weise ausgewertet und sein Wert der Variablen auf der linken Seite zugewiesen.

```
int a = (3 + 9) + 4 * (5 + 3);
```

bewirkt also, dass das Ergebnis `44` der rechten Seite der Variablen `a` zugewiesen wird.

Innerhalb eines Ausdrucks können auch Variablen verwendet werden. Dann wird bei der Auswertung des Ausdrucks anstelle der Variablen deren aktueller Wert eingesetzt. Ein Beispiel ist

```
int a = 3;
int b = a * (5 + 3);
```

Da a zum Zeitpunkt der Auswertung des Ausdrucks auf der rechten Seite der Wertzuweisung an b den Wert 3 hat, ergibt sich $3*(5+3) = 24$. Die Variable b bekommt also den Wert 24 zugewiesen.

Zusammenfassung 4.9:   Arithmetische Ausdrücke

Ein **arithmetischer Ausdruck** entspricht Formeln in der Mathematik, in denen Zahlenwerte unter anderem durch die üblichen Operationen +, −, *, / verknüpft werden. Die Zahlenwerte können dabei auch in Form von Variablen oder auf andere Weise auftreten.

Die Auswertung von arithmetischen Ausdrücken in Java geschieht nach folgenden Regeln:

- Die Priorität der Auswertungsreihenfolge entspricht den Regeln der Mathematik, z.B. „Punkt- geht vor Strichrechnung".

- Ausdrücke in Klammern werden zuerst ausgewertet.

- Unter Beachtung der ersten beiden Regeln erfolgt die Auswertung von Ausdrücken von links nach rechts.

Aufgabe 4.10:

Berechnen Sie den Wert der folgenden arithmetischen Ausdrücke.

1. `67 - 16 / 2`
2. `16 - 4 * 2 + 8`
3. `16 / 4 * 2 - 8`
4. `(16 - 4) * 2 + 8`
5. `16 / 4 + 8 % 2`

Aufgabe 4.11:

Überführen Sie die angeführten mathematischen Ausdrücke in eine zulässige Java-Notation.

1. x^3
2. $2a + 7b$
3. $(2a + 3)^2$
4. $\frac{x^2 - 4}{-3}$

4.6.2   Boolesche Ausdrücke

Boolesche Ausdrücke sind Formeln, in denen Operanden durch Boolesche Operatoren verknüpft werden, und die als Ergebnis einen Wahrheitswert „richtig" (true) oder „falsch" (false) liefern. Die Operanden können unter anderem die Wahrheitswerte true oder false, Vergleiche zwischen arithmetischen Ausdrücken oder Boolesche Variablen sein. Beispielsweise hat 3 < 7 den Wert `true`, da ja 3 wirklich kleiner als 7 ist.

Boolesche Ausdrücke werden beispielsweise als Bedingungen bei bedingten Anweisungen oder Schleifen verwendet. Wie wir uns erinnern, hat eine Bedingung dort die Eigenschaft, richtig (`true`) oder falsch (`false`) zu sein.

Beispiele für Ausdrücke, die Vergleichsoperatoren enthalten, sind:

```
3 == 7 (hat den Wert false)
3 != 7 (hat den Wert true)
a[i] < merker
i < n
```

Die typischen Vergleichsoperatoren, die auch relationale Operatoren genannt werden, sind in Abbildung 4.10 zusammengefasst.

Logische Verknüpfungen werden mit **Booleschen Operatoren** durchgeführt. Boolesche Operatoren haben Wahrheitswerte als Operanden. Die bekanntesten Booleschen Operatoren sind ! (nicht), && (und), || (oder) mit den in Abbildung 4.11 dargestellten Verknüpfungsregeln.

Die Abbildung 4.11a zeigt die nicht-Operation. In der linken Spalte, überschrieben mit x, sind die möglichen Operandenwerte, also `true` oder `false` aufgeführt. In der rechten Spalte, überschrieben mit !x, also „nicht x", ist der entsprechende Wahrheitswert von „nicht x" aufgeführt. Das Ergebnis einer nicht-Operation ist somit genau der gegenteilige Wert des Operanden, also `true` wird `false` und `false` wird `true`.

In der Tabelle 4.11b wird die und-Verknüpfung dargestellt. Da die und-Verknüpfung zwei Operanden hat, sind in den beiden linken Spalten der Tabelle x und y alle vier möglichen Kombinationen von Wahrheitswerten, die die Operanden x und y annehmen können, aufgeführt. Die rechte Spalte zeigt auch hierbei das Ergebnis der jeweiligen Verknüpfung. Beispielsweise ist „`false` und `false`" gleich `false` oder „`true` und `true`", die letzte Zeile der Tabelle, gleich `true`. Es ist sicher einsichtig, dass eine Aussage, die sich als Verknüpfung zweier anderer Aussagen durch „und" ergibt, genau dann wahr ist, wenn beide Aussagen wahr sind. Dies gibt die Tabelle wieder: nur die letzte Zeile mit zwei wahren Argumenten liefert wieder wahr.

Die dritte Tabelle 4.11c bezieht sich auf die oder-Verknüpfung. Auch hier sind in den linken beiden Spalten wieder alle Möglichkeiten der Wertebelegungen von x und y angegeben. Die rechte Spalte zeigt das Ergebnis der oder-Verknüpfung. Hier ist einsichtig, dass wenn beide Aussagen einer oder-Verknüpfung falsch sind, die gesamte Aussage falsch sein muss. Ferner ist sicherlich nachzuvollziehen, dass eine Aussage, die durch oder-Verknüpfung einer wahren und einer falschen Aussage entsteht, wahr ist, da ja eine der beiden Aussagen wahr ist. Schließlich ist eine durch oder-Verknüpfung entstehende Gesamtaussage auch dann richtig, wenn beide gegebenen Aussagen wahr sind. Das mag auf den ersten Blick etwas erstaunen, jedoch bedeutet „oder" nicht „entweder oder".

Ein Beispiel für einen Booleschen Ausdruck, der Boolesche Operatoren und Vergleiche umfasst, ist:

```
(3 < 7) && (3==7).
```

x	!x
true	false
false	true

a: nicht (!)

x	y	x&&y
false	false	false
false	true	false
true	false	false
true	true	true

b: und (&&)

x	y	x||y
false	false	false
false	true	true
true	false	true
true	true	true

c: oder (\|\|)

Abbildung 4.11: Boolesche Operatoren (Logische Operatoren)

Dieser Ausdruck hat den Wert `false`. Die erste Aussage des Ausdrucks $3 < 7$ ist richtig, also `true`, wohingegen die zweite Aussage $3 == 7$ eine falsche Aussage ist, also `false`. Die Verknüpfung von `true` und `false` mit dem und-Operator liefert laut der und-Tabelle 4.11b den Wert `false`.

Schauen wir uns noch ein zweites, etwas komplizierteres Beispiel an:

```
((3 == 7) || (3 != 7)) && (2 <= 2).
```

Dieser Boolesche Ausdruck hat den Wert `true`. Er besteht aus einer und-Verknüpfung von zwei Aussagen. Die erste Aussage ist eine oder-Verknüpfung, nämlich die von $(3 == 7)$ und $(3 != 7)$. In dieser oder-Verknüpfung hat die erste Aussage den Wert `false` und die zweite Aussage ((3 != 7)) den Wert `true`. Das oder-verknüpfte Ergebnis ist also `true`. Der zweite Operand der und-Verknüpfung ist $2 <= 2$. Auch dieser Operand ist `true`. Wir haben also eine und-Verknüpfung mit zwei Operanden mit Wert `true`, sodass der Gesamtausdruck laut der und-Tabelle 4.11b `true` ist.

Das Ergebnis eines Booleschen Ausdrucks kann einer Booleschen Variablen zugewiesen werden. Ein Beispiel ist

```
boolean w = ((3 == 7) || (3 != 7)) && (2 <= 2)
```

Die Auswertung des Booleschen Ausdrucks auf der rechten Seite ergibt, wie wir schon wissen, den Wert `true`. Also wird der Variablen w der Wert `true` zugewiesen.

Boolesche Variablen können auch in Booleschen Ausdrücken verwendet werden. Im Beispiel

```
boolean v = (3 == 7);
boolean w = (v || (2 <= 2));
```

wird zunächst v der Wert `false` zugewiesen. Im Ausdruck auf der rechten Seite der Wertzuweisung an w ist damit der Wert des linken Operanden `false`, der Wert des rechten Operanden (2 <= 2) jedoch `true`. Somit ergibt sich für den Ausdruck gemäß der oder-Verknüpfung der Wert `true`. Die Variable w erhält damit den Wert `true`.

Schließlich sei noch erwähnt, dass Boolesche Operatoren auch Gegenstand der Aussagenlogik in der Mathematik sind. Dort werden sie üblicherweise durch die Symbole und ∧, oder ∨, nicht ¬ bezeichnet. Der zu Anfang ausgewertete Ausdruck (3 < 7) && (3==7) lautet demnach in der mathematischen Notation:

```
(3 < 7) ∧ (3 = 7)
```

In dieser mathematischen Schreibweise ist das „Doppelgleichheitszeichen" durch das übliche Gleichheitszeichen der Mathematik ersetzt worden.

Zusammenfassung 4.10: Boolesche Ausdrücke

Ein **Boolescher Ausdruck** ist eine Formel, in der Operanden durch Boolesche Operatoren verknüpft werden. Die Operanden können unter anderem die Wahrheitswerte true oder false, Vergleiche zwischen arithmetischen Ausdrücken oder Boolesche Variablen sein. Ein Boolescher Ausdruck liefern als Ergebnis einen Wahrheitswert true oder false.

Die Auswertung von Booleschen Ausdrücken in Java geschieht nach folgenden Regeln:

- Ausdrücke in Klammern werden zuerst ausgewertet.
- Unter Beachtung der ersten Regel erfolgt die Auswertung von Ausdrücken von links nach rechts.

Aufgabe 4.12:

In einem Java-Programm sind die beiden Variablendeklarationen

```
double a = 4.0;
double b = 6.4;
```

vorgegeben. Überprüfen Sie zunächst, ob die folgenden Ausdrücke zulässig sind und bestimmen Sie gegebenenfalls den Wahrheitswert.

1. a < b
2. a != b
3. a = 4
4. 6.4 == b

Aufgabe 4.13:

Ermitteln Sie den Wahrheitswert der angeführten Booleschen Ausdrücke.

1. ((8 - 2) < 6) && (7 != 3)
2. (8 > 2) || (7 <= 3)

   3. `(8 == 8) && (16 % 2 == 3)`

   4. `(8 != 4) || (-1 < 2 && 7 > 3)`

Aufgabe 4.14:

Stellen Sie für die folgenden Booleschen Ausdrücke die zugehörigen Verknüpfungstabellen auf (vgl. Abbildung 4.11).

   1. `x && !y`

   2. `x || (x && y)`

4.7   Typkonvertierung

Die strenge Einteilung von Daten in Datentypen ist manchmal etwas unbequem, insbesondere dann, wenn ein Datentyp eigentlich aus Sicht der Anwendung eine Teilmenge eines anderen ist. So sind die ganzen Zahlen in der Mathematik eine Teilmenge der reellen Zahlen, und eine Addition der Form $10 + 0.9$ daher zulässig. Es könnte auch sein, dass es sich in einer Anwendung ergibt, eine Rechnung in ganzen Zahlen und eine andere in Gleitkommazahlen durchzuführen, obwohl die Ergebnisse später einmal verknüpft werden müssen. Hier stellt sich die Frage, ob es eine Möglichkeit gibt, die Typen anzugleichen, oder ob die Ganzzahlrechnung doch von Anfang durch eine Gleitkommarechnung zu ersetzen ist. Zum Umgang mit solchen Problemen bieten Programmiersprachen wie Java das Konzept der **Typkonvertierung** (engl. **type casting**) an.

Grundlage der Typkonvertierung für primitive Datentypen ist die Erweiterungsbeziehung zwischen Datentypen, die in Abbildung 4.12 grafisch dargestellt ist. Die Datentypen mit Ausnahme von `boolean` und `char` sind in einer waagerechten Kette angeordnet. Zwei Datentypen sind durch einen Pfeil verbunden, wenn der Datentyp an der Spitze des Pfeils eine Erweiterung des Datentyps am Anfang des Pfeils ist. Intuitiv ist etwa die Menge der ganzen Zahlen vom Typ `int` eine Erweiterung, d.h Obermenge, der ganzen Zahlen vom Typ `short`, oder die Zahlen vom Typ `float` eine Erweiterung der ganzen Zahlen vom Typ `long`. In Pfeilrichtung ist eine unmittelbare Konvertierung möglich, die praktisch keine Wertveränderung hervorruft. Entgegen der Pfeilrichtung ist die Konvertierung problematischer. Wie soll beispielsweise eine Gleitkommazahl `2.5` in eine ganze Zahl konvertiert werden? Eine Möglichkeit ist Abrunden, womit jedoch im Allgemeinen ein Fehler verbunden ist.

Die Konsequenz aus dieser Beobachtung ist, dass Java eine **automatische Konvertierung** in Pfeilrichtung vornimmt. Hingegen muss ausdrücklich angegeben werden, falls eine Konvertierung entgegen der Pfeilrichtung gewünscht wird. Dies wird als „explizite Konvertierung" bezeichnet.

Im folgenden Beispiel werden zwei automatische Typkonvertierungen durchgeführt:

```
int x = 3;
long y = x;
double z = x;
```

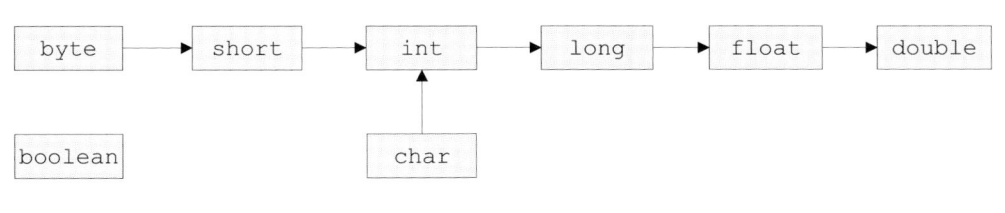

Abbildung 4.12: Typkonvertierung bei primitiven Datentypen

In der zweiten Zeile wird der ganzzahlige Wert der Variablen x automatisch in eine ganze Zahl vom Typ long konvertiert und diese wertmäßig gleiche Zahl der Variablen y vom Typ long zugewiesen. In der dritten Zeile wird der Wert von x automatisch nach double konvertiert, wodurch die Zuweisung an die double-Variable möglich wird. All dies ist gemäß der Pfeilrichtung in Abbildung 4.12 möglich. Wie die Konvertierung von int nach double zeigt, genügt es, dass die beiden Datentypen durch eine Folge von Pfeilen verbunden sind, eine unmittelbare Verbindung ist nicht notwendig.

Zur ausdrücklich gewünschten **expliziten Typkonvertierung** stellt Java einen **Typkonvertierungsoperator** zur Verfügung. Er hat zwei Operanden, den in runden Klammern eingefassten Zieldatentyp und den Wert, der zu konvertieren ist:

(*Zieldatentyp*) *Wert*

So erfolgt in den folgenden Beispielen eine explizite Typkonvertierung:

```
double x = 2.0;
int y = (int) x;
int z = (int)(x/3);
```

Um der Variablen y vom Typ int in der zweiten Zeile den Wert der Variablen x vom Typ double zuzuweisen, wird der Wert von x nach int konvertiert. Dies geschieht durch den Konvertierungsoperator (int). Auf der rechten Seite der Zuweisung in der dritten Zeile wird zuerst der Ausdruck „x/3" ausgewertet; es ergibt sich der Wert $0.\overline{6}$. Durch die anschließende Anwendung des Konvertierungsoperators (int) werden die Nachkommastellen ignoriert, wodurch z schließlich der Wert 0 zugewiesen wird. Dieses Beispiel zeigt, dass mit einer expliziten Typkonvertierung ein Informationsverlust verbunden sein kann.

Wenn in dem vorigen Beispiel die Konvertierungsoperatoren weggelassen werden, hat dies eine Fehlermeldung zur Folge.

Wie Abbildung 4.12 zeigt, ist der Typ boolean mit keinem anderen Datentyp durch einen Pfeil verbunden. Der Grund ist, dass der Typ boolean weder Erweiterung eines der anderen Datentypen noch einer der anderen Datentypen eine Erweiterung des Typs boolean ist. Daher ist es nicht möglich, eine Typkonvertierung von einem anderen Datentyp nach boolean oder von `boolean` zu einem anderen Datentyp durchzuführen.

In Abbildung 4.12 ist schließlich noch der Datentyp `char` mit dem Datentyp `int` durch einen Pfeil verbunden. Dies bewirkt nach dem bisher Beschriebenen, dass Zeichen automatisch in ganze Zahlen vom Typ `int` und `long` sowie die beiden Gleitkommatypen konvertiert werden, sofern es die Gegebenheit erfordert.

Zusammenfassung 4.11: Typkonvertierung

Typkonvertierung bedeutet die Überführung des Werts eines Datentyps in einen Wert eines anderen Datentyps. Ein Datentyp kann somit in einen anderen Datentyp konvertiert werden, wenn letzterer eine Erweiterung, d.h. eine Obermenge, des ersten ist.

Sofern der Zieldatentyp eine Erweiterung des Datentyps eines zu konvertierenden Wertes ist, erfolgt eine Typkonvertierung an Stellen, an denen dies notwendig ist, automatisch.

Ferner kann eine Typkonvertierung auch durch Angabe eines Typkonvertierungsoperators ausgeführt werden. Diese Vorgehensweise wird **explizite Typkonvertierung** genannt. Ein Typkonvertierungsoperator besteht aus der Angabe des Zieldatentyps in runden Klammern und steht vor dem zu konvertierenden Ausdruck:

- *(Zieldatentyp) Ausdruck*

Typkonvertierung

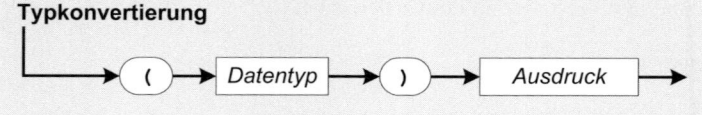

4.8   Anweisungen und Ablaufstrukturen

Anweisungen und **Ablaufstrukturen** dienen dazu, die Reihenfolge festzulegen, in der Programme abgearbeitet werden. Zum Beispiel kann angegeben werden, dass Programmteile nur ausgeführt werden sollen, wenn bestimmte Bedingungen erfüllt sind, oder dass Programmteile wiederholt abgearbeitet werden sollen. Diese, den Ablauf beeinflussenden Befehle werden auch **Kontrollstrukturen** genannt.

4.8.1   Blöcke

Wie bei den Algorithmen fasst ein **Block** eine Folge von Anweisungen zu einer Einheit zusammen. Ein Block in Java hat die gleiche Form wie bei den Algorithmen, d.h. die Anweisungsfolge wird in geschweiften Klammern { und } eingefasst.

Innerhalb eines Programms können Blöcke an allen Stellen verwendet werden, an denen auch eine einzelne Anweisung stehen kann.

Ein Beispiel aus dem `ProgrammMinSuche` ist:

```
{
  if (a[i]<merker)
    merker = a[i];
  i = i + 1;
}
```

In diesem Beispiel werden zwei Anweisungen zu einem Block zusammengefasst.

Zusammenfassung 4.12: Block

Ein **Block** ist die Zusammenfassung einer Folge von Anweisungen. Innerhalb eines Programms können Blöcke an allen Stellen verwendet werden, an denen auch eine einzelne Anweisung stehen kann.

In Java werden die Anweisungen eines Blocks durch geschweifte Klammern eingefasst:

```
{
  Anweisung 1
  ...
  Anweisung n
}
```

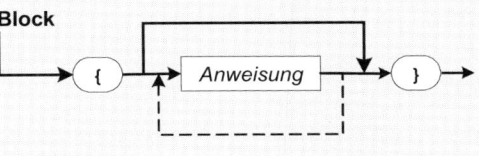

4.8.2   Bedingte Anweisung

Bedingte Anweisungen, auch **Verzweigungen** genannt, dienen dazu, Anweisungen nur dann auszuführen, wenn eine Bedingung erfüllt ist.

Die einfachste bedingte Anweisung in Java, die `if`-Anweisung, hat die Form

```
if (Bedingung)
    Anweisung
```

Hierbei wird zuerst die *Bedingung*, die als Ergebnis einen Wahrheitswert, d.h. einen Wert vom Datentyp `boolean` liefern muss, ausgewertet. Sollte sie wahr (`true`) sein, wird die *Anweisung* ausgeführt, andernfalls wird die *Anweisung* übergangen und das Programm mit der ersten Anweisung nach der `if`-Anweisung fortgesetzt. Ein Beispiel für eine bedingte Anweisung haben wir bereits im `ProgrammMinSuche` kennengelernt:

```
if (a[i]<merker)
   merker = a[i];
```

Die *Anweisung* kann auch ein Block sein, was bedeutet, dass auch eine Folge von Anweisungen ausgeführt werden kann, falls die *Bedingung* wahr ist.

Bei der bedingten Anweisung „*wenn ... dann ... sonst*" von Algorithmen aus Kapitel 3.2 gab es noch den „*sonst*"-Fall. Dem entspricht in Java die if-else-Anweisung. Sie hat die Form

```
if (Bedingung)
    Anweisung 1
else
    Anweisung 2
```

Falls die *Bedingung* wahr (true) ist, wird die *Anweisung 1* ausgeführt, ansonsten die *Anweisung 2*.

Zusammenfassung 4.13: Bedingte Anweisung

Eine **bedingte Anweisung** erlaubt, eine Anweisung nur dann ausführen zu lassen, wenn eine Bedingung erfüllt ist. Java stellt als bedingte Anweisung die if-else-Anweisung zur Verfügung, die wie folgt aufgebaut ist:

```
if (Bedingung)
    Anweisung 1
else
    Anweisung 2
```

Falls die *Bedingung* wahr (true) ist, wird die *Anweisung 1* ausgeführt, ansonsten die *Anweisung 2*. Der else-Fall kann auch weggelassen werden, wodurch sich die if-Anweisung ergibt.

In dem Beispiel

```
if (a<4){
   b=3;
} else {
   b=0;
}
```

wird der Variablen b der Wert 3 zugewiesen, falls a kleiner 4, also die Bedingung a < 4 wahr (true) ist. Im Falle, dass a größer oder gleich 4 ist, wird der Wert der Variablen b auf 0 gesetzt, da die Bedingung a<4 dann nicht erfüllt ist.

Aufgabe 4.15:

Gegeben sei folgendes Java-Programm:

```
class JavaProgramm{
  public static void main(String[] argv){
    int wert = 8;
    int a = 1;
    if (wert % a == 2){
      wert = wert + a;
    } else {
      a = a + 3;
    }
  }
}
```

a) Zeichnen Sie das zugehörige Ablaufdiagramm (vgl. Abbildung 3.5).
b) Welchen Wert hat die Variable wert nach Ausführung des Java-Programms, wenn Sie für die Variable a nacheinander die Zahlen von 1 bis 5 einsetzen?

Hinweis: % bezeichnet den Modulo-Operator, d.h. *a%b* ist der Rest der ganzen Zahl *a* bei einer ganzzahligen Division durch die ganze Zahl *b*, siehe auch Abbildung 4.9.

4.8.3   while-Schleife

Die while-**Schleife** entspricht der Schleife „*solange ... führe aus ...*" bei den Algorithmen (vgl. Abschnitt 3.2.5). Sie hat die Form

```
while (Bedingung)
     Anweisung
```

Die Ausführung der while-Schleife beginnt mit der Auswertung der Bedingung *Bedingung*. Sollte diese wahr (true) sein, wird die Anweisung *Anweisung* ausgeführt, an den Anfang der Schleife zurückgegangen und auf dieselbe Weise verfahren. Andernfalls ist die Ausführung der while-Schleife abgeschlossen. Das Programm wird dann mit der ersten Anweisung nach der while-Schleife fortgesetzt.

Anstelle einer einzelnen Anweisung kann auch ein Block stehen, was bedeutet, dass auch eine Folge von Anweisungen mehrmals ausgeführt werden kann. Das folgende Beispiel zeigt die while-Schleife aus dem Beispiel ProgrammMinSuche:

```
while (i < n){
      if (a[i] < merker)
         merker = a[i];
      i = i + 1;
}
```

Zusammenfassung 4.14: while-Schleife

Eine **Schleife** erlaubt, eine Anweisung oder einen Block mehrmals ausführen zu lassen.

Ein von Java zur Verfügung gestellter Schleifentyp ist die `while`-**Schleife**. Sie hat die Form

> `while` (*Bedingung*)
>   *Anweisung*

Zuerst wird die Bedingung *Bedingung* ausgewertet. Sollte diese wahr (`true`) sein, wird die Anweisung *Anweisung*, auch **Rumpf** der Schleife genannt, ausgeführt, an den Anfang der Schleife zurückgegangen und auf dieselbe Weise verfahren. Andernfalls ist die Ausführung der `while`-Schleife abgeschlossen und es wird mit der ersten Anweisung nach der `while`-Schleife fortgefahren.

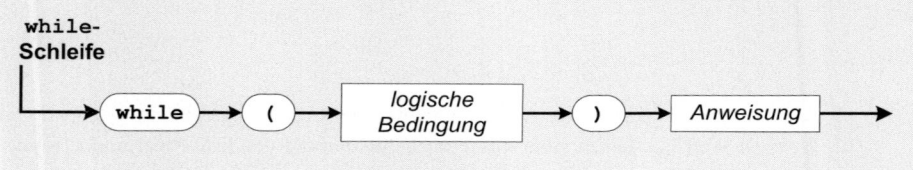

Aufgabe 4.16:

Programmieren Sie eine `while`-Schleife, in welcher die Zahlen von 1 bis 10 addiert werden.

Aufgabe 4.17:

Gegeben ist folgendes Java-Programm:

```java
class JavaProgramm{
  public static void main(String[] argv){
    int summe = 0;
    int zaehler = 1;
    while (zaehler < 4){
        summe = summe - zaehler;
        zaehler = zaehler + 1;
    }
  }
}
```

a) Zeichnen Sie das zugehörige Ablaufdiagramm (vgl. Abbildung 3.5).

b) Welchen Wert haben die Variablen `zaehler` und `summe` am Ende eines jeweiligen Durchlaufs der `while`-Schleife?

Aufgabe 4.18:

Ändern Sie das Java-Programm aus Aufgabe 4.15 mit Hilfe einer `while`-Schleife so ab, dass die bedingte Anweisung nacheinander für die Werte 1 bis 5 für a ausgeführt wird.

4.8.4   Ausgabe

Ausgabe bedeutet, Information auf einem dem Benutzer zugänglichen Medium des Rechners, zum Beispiel auf dem Bildschirm oder Drucker, darzustellen. In Java gibt es unter anderem die Möglichkeit, sich Zeichen oder Zahlen auf einer „Standardausgabe" ausgeben zu lassen. Die Standardausgabe ist üblicherweise der Bildschirm. Die Ausgabe geschieht durch

```
System.out.println(Ausgabetext);
```

Ausgabetext steht für eine beliebige Zeichenfolge vom Datentyp `String`, welche auf der Standardausgabe ausgegeben wird. An diese Form der Ausgabe schließt sich automatisch ein Zeilenumbruch an.

Ein Beispiel für eine Ausgabe ist

```
System.out.println("Sebastian Maier");
```

Ein weiteres Beispiel liefert das Programm 4.3:

```
System.out.println(merker);
```

Dies scheint auf den ersten Blick im Widerspruch zu dem bisher Gesagten zu stehen, da `merker` eine int-Variable und keine `String`-Variable ist. Die Lösung besteht jedoch darin, dass Java den Wert der Variablen `merker` an dieser Stelle in eine Zeichenfolge konvertiert und dann ausgibt. Eine derartige Konvertierung findet auch bei der Ausgabe von anderen Datentypen statt.

Neben der Ausgabe einer einzelnen Zeichenfolge ist es auch möglich, Verkettungen von Zeichenfolgen auszugeben. Die **Verkettung** zweier Zeichenfolgen ist eine neue Zeichenfolge, die sich durch Aneinandersetzen der beiden Zahlenfolgen ergibt. Zur Verkettung von Zeichenfolgen steht der so genannte **Verkettungsoperator** zur Verfügung, der als +-Zeichen geschrieben wird. So liefert `"Sebastian "+"Maier"` das Ergebnis `"Sebastian Maier"`. Das Beispiel

```
int a = 3;
System.out.println("Variable a = " + a);
```

bewirkt auf diese Weise die Bildschirmausgabe

```
Variable a = 3
```

Zusammenfassung 4.15: Ausgabe

Ausgabe bedeutet, Information auf einem dem Benutzer zugänglichen Medium des Rechners, zum Beispiel dem Bildschirm oder dem Drucker, darzustellen.

In Java gibt es unter anderem die Möglichkeit, Zeichen oder Zahlen auf einer so genannten „Standardausgabe" auszugeben, die üblicherweise der Bildschirm des Computers ist. Die Ausgabe geschieht in der Form

```
System.out.println(Text);
```

Dabei steht *Text* für eine Zeichenfolge vom Datentyp `String`, die ausgegeben wird. An die Ausgabe schließt sich automatisch ein Zeilenumbruch an.

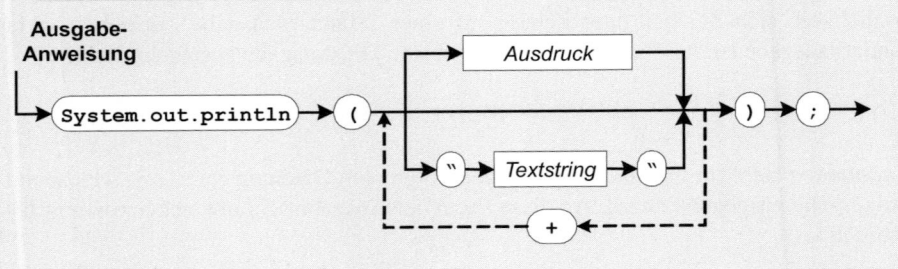

Aufgabe 4.19:

a) Ergänzen Sie die Java-Programme aus Aufgabe 4.16, 4.17 und 4.18 durch Ausgabeanweisungen, die es erlauben, die Fragen dieser Aufgaben durch Ausführen des Programms zu beantworten.

b) Führen Sie die veränderten Programme am Rechner aus.

4.8.5   Eingabe

Eingabe bedeutet, einem Programm „von außen" Daten zu übergeben, also Daten, die direkt durch Angabe von Werten im Programm zur Verfügung stehen. Die Dateneingabe geschieht über Eingabemedien des Computers wie die Tastatur oder die Maus.

```
1 class Eingabe{
2   public static void main(String[] args){
3     System.out.println(args[0]);
4   }
5 }
```

4_4

Quellcode 4.4: Einfaches Java-Programm zur Auswertung von Übergabeparametern

Eine Möglichkeit, die Java zur Eingabe bietet, besteht darin, die Werte gleich beim Programmaufruf zu übergeben. Betrachten wir dazu das Java-Programm 4.4.

Die Übergabe von Werten geschieht über das `String`-Array `args` der Methode `main`. Werden beim Aufruf des Programms mit dem Java-Interpreter zusätzlich noch Werte, so genannte **Aufrufparameter** mit angegeben, so werden diese als Zeichenfolge (`String`) in dem Array `args` gespeichert. In unserem Beispielprogramm bewirkt die Anweisung

```
java Eingabe Hallo
```

eine Übergabe des Wortes `Hallo` an die erste Speicherstelle des Arrays `args`. Somit gibt die Ausgabeanweisung auch das Wort `Hallo` auf dem Bildschirm aus.

Aufgabe 4.20:

Ändern Sie das Programm Quellcode 4.4 so ab, dass bei Eingabe von „`java Eingabe Hallo Du`" der Text „`Hallo Du`" auf dem Bildschirm erscheint. Führen Sie das Programm am Rechner aus.

4.9 Konventionen

Dieser Abschnitt widmet sich nicht syntaktischen Vorschriften von Java-Programmen, sondern Empfehlungen, wie ein Programm „optisch" dargestellt sein sollte. Ein Beispiel sind die Einrückungen von Blöcken, die in den Programmtexten in diesem Buch praktiziert werden. Die Notwendigkeit, bestimmte Konventionen beim Schreiben von Programmen einzuhalten, dient dazu, den Programm-Code von anderen, aber auch den eigenen besser verstehen zu können. In der Praxis wird häufig in Teams programmiert, deshalb sind gewisse Regeln einzuhalten, damit jeder und jede den Code des anderen nachvollziehen kann. Die folgenden Regeln sind aber nur als Hinweise zu verstehen, sie sind keine Grundlage für ein funktionierendes Java-Programm.

1. **Layout:**
   - Jede Zeile sollte nur eine Anweisung beinhalten und nicht länger als 80 Zeichen sein.
   - Inhaltliche Blöcke sollten durch Leerzeilen getrennt werden.
   - Anweisungen in Blöcken sollten entsprechend der Schachtelungstiefe eingerückt werden.

2. **Namenskonventionen:**
   - Bezeichner sollten einen Bezug zur Bedeutung der Variablen haben.
   - Bezeichner sollten möglichst aussagekräftig sein.
   - Namen von Klassen beginnen mit einem Großbuchstaben.
   - Variablen und Methoden beginnen mit einem Kleinbuchstaben.
   - Bei zusammengesetzten Bezeichnern werden die Anfangsbuchstaben der weiteren Teilwörter groß geschrieben.

- Variablen, die einen konstanten Wert speichern, daher auch kurz Konstanten genannt, sollten durchgängig groß geschrieben werden.

3. **Kommentare:**

- Wichtige Programmabschnitte sind mit Kommentaren zu versehen.

Die offizielle Zusammenstellung der Java-Konventionen der Firma Sun „*Code Conventions for the Java^{TM} Programming Language*" befindet sich auf der beiliegenden CD oder im Internet[5].

4.10   Beispiel: Mittelwert einer Folge von Zahlen

Wir wollen nun die bisher dargestellten Konzepte anhand der Lösung eines weiteren Problems nochmals anwenden. Bei diesem Problem geht es darum, den Mittelwert einer Folge von Zahlen zu berechnen. Wir beginnen dazu, wie üblich, mit der Formulierung des Problems, präsentieren dann einen Algorithmus und leiten aus diesem dann ein Programm ab.

4.10.1   Problem und Algorithmus

Das im Folgenden behandelte Problem, die Berechnung des Mittelwertes einer Zahlenfolge, stellt sich wie folgt dar:

Problem: Mittelwert einer Folge von Zahlen

Gegeben: $a_0, a_1, \ldots, a_{n-1}$

Gesucht: $(a_0 + \ldots + a_{n-1})/n.$

Ein Lösungsalgorithmus lässt sich analog zum Minimumsuche-Problem (s. Abschnitt 3.2 Grundkonzepte von Algorithmen, Seite 26) wie folgt skizzieren:

> *Durchlaufe die Elemente der Menge und addiere sie dabei auf. Teile das Ergebnis durch die Anzahl der Elemente.*

Die prinzipielle Idee des Algorithmus ist, vergleichbar zum Minimumsuche-Algorithmus, die Elemente der Folge zu durchlaufen. Allerdings werden sie nun während dieses Durchlaufs aufaddiert. Das Ergebnis wird am Ende durch die Anzahl der Elemente geteilt und dann ausgegeben. Diese Vorgehensweise ähnelt wieder der, die wahrscheinlich auch die meisten Menschen anwenden. Der Pseudocode 4.5 formuliert diese Vorgehensweise mit den bekannten Schlüsselwörtern. Die wesentliche Änderung gegenüber der Minimumsuche besteht darin, dass nun eine so genannte Hilfsvariable ak eingeführt wird. Diese Variable ak dient dazu, die bisher berechnete Summe

---

5 Sun Developer Network, http://java.sun.com/docs/codeconv

```
1 Setze ak auf a₀;
2 Setze i auf 1;
3 Solange i < n ist, fuehre aus:
4       addiere aᵢ zu ak;
5       Erhoehe i um 1;
6 Setze m auf ak/n;
7 Gib m zurueck;
```

Pseudocode 4.5: Mittelwert einer Menge von Zahlen

```
1 ak := a₀;
2 i := 1;
3 Solange i < n ist, fuehre aus:
4       { ak := ak + aᵢ;
5         i := i + 1; }
6 m := ak/n;
7 Gib m zurueck;
```

Kurzschreibweise 4.6: Mittelwert einer Menge von Zahlen

zu merken. Zu Beginn wird ak auf a_0 gesetzt. In jedem Durchlauf der *solange*-Schleife wird ak um den neu hinzugekommenen Folgewert erhöht, also im i-ten Durchlauf wird a_i zu ak addiert. In der vorletzten Zeile des Algorithmus wird eine Variable m für den Mittelwert eingeführt, die auf ak/n gesetzt wird. Dieser Wert m wird in der letzten Zeile zurückgegeben.

In der ebenfalls gezeigten Kurzschreibweise 4.6 sieht der Algorithmus etwas kompakter aus. Auffallend ist hier die Zeile $ak := ak + a_i;$. Dies bedeutet, dass zunächst die rechte Seite ausgewertet wird, also a_i zum Wert von ak addiert wird. Der resultierende Wert wird dann ak zugewiesen, also in dieser Variablen gespeichert.

Abbildung 4.13 illustriert den Ablauf des Algorithmus „Mittelwert" an einem Beispiel. Die Tabelle besteht aus drei Spalten. In der ersten Spalte, mit i überschrieben, wird der Wert von i während des Durchlaufs der Schleife angezeigt. Die zweite Spalte, mit ak überschrieben, gibt die Werte wieder, die ak in jedem Schleifendurchlauf annimmt. Schließlich ist die dritte Spalte mit m überschrieben, wobei m während des Schleifendurchlaufs undefiniert bleibt. Erst nach Abbruch der Schleife wird m der Wert ak/n zugewiesen. Der Wert des Ergebnisses, auf zwei Nachkommastellen gerundet, ist 10,64.

Vor Durchlauf der Schleife wird ak auf a_0 gesetzt. Dies ist in der ersten Zeile der Tabelle wiedergegeben. $n = 11$ ist gleich der Größe der Menge, somit $n - 1 = 10$ der letzte Index der Folge und für $i = 1$ wird in die Schleife eingetreten.

Im ersten Durchlauf wird ak um den Wert a_i erhöht. Das geschieht in der Anweisung $ak := ak + a_i$. Wiedergegeben ist dies in der zweiten Spalte der zweiten Zeile, wo nun der Wert $11 + 7 = 18$ steht. Dann wird i um 1 erhöht, d.h. der Wert ist nun 2. Damit ist der Block der Schleife durchgeführt und es wird am Beginn der Schleife fortgefahren. Der Test $i < n$, also $2 < 11$, ist wiederum richtig, sodass der Block der Schleife nochmals durchgeführt wird. Nun wird die dritte Zahl der Folge, nämlich 8, zum aktuellen Wert ak addiert, woraus sich der Wert 26 in der dritten Zeile der Tabelle ergibt. Auf diese Weise wird fortgefahren bis i im Block der Schleife auf 11 gesetzt wird. Die Rückkehr zur Bedingung der Schleife ergibt nun $11 < 11$, was nicht richtig ist, sodass die Durchführung der Schleife beendet wird. Nun wird der schon erwähnte Mittelwert in der Anweisung $m := ak/n$ berechnet. Dazu wird zunächst die rechte Seite ausgewertet, d.h. ak/n, also $117/11$. Der Ergebniswert wird der Variablen m zugewiesen. Die letzte Anweisung des Algorithmus gibt schließlich den Wert von m zurück.

gegebenefolge: 11,7,8,3,15,13,9,19,18,10,4

i	ak	m
	11	
1	18	
2	26	
3	29	
4	44	
5	57	
6	66	
7	85	
8	103	
9	113	
10	117	
11		10.64

Abbildung 4.13: Ablauf der Berechnung des Algorithmus „Mittelwert" an einem Beispiel

4.10.2   Realisierung als Java-Programm

Der Quellcode 4.7 ist eine Realisierung des Algorithmus „Mittelwert' aus dem vorigen Abschnitt in Java. Das Programm beginnt mit der üblichen `class`-Zeile. Der Programmname ist nun `ProgrammMittelwert`. In den geschweiften Klammern, dem so genannten Rumpf der Klasse, wird auf der zweiten Zeile die Funktion `main` definiert. Im Rumpf dieser Funktion wird zunächst wiederum die Variable a deklariert, die ein integer-Array aus unserer Zahlenfolge ist. In der nächsten Zeile folgt die Deklaration der Variablen `ak`. Sie erhält sofort den Wert `a[0]`, d.h. den ersten Wert der Folge zugewiesen. Hier fällt auf, dass der Datentyp von `ak` gleich `float` ist, der von `a[0]` aber vom Typ integer (`int`). Das hat zur Folge, dass eine ganze Zahl in `a[0]` automatisch in eine Gleitpunktzahl konvertiert wird, also `11` in `11.0`.

```
1  class ProgrammMittelwert{
2    public static void main(String[] args){
3      int[] a = {11,7,8,3,15,13,9,19,18,10,4};
4      float ak = a[0];   // damit hat ak den Wert 11.0
5      int i = 1;
6      int n = a.length; // Groesse der Menge a
7      while (i < n){
8        ak = ak + a[i];
9        i = i + 1;
10     }
11     float m = ak/n;
12     System.out.println("Mittelwert "+m);   // druckt das Ergebnis
13   }
14 }
```

Quellcode 4.7: Mittelwert einer Menge von Zahlen

Auf der nächsten Zeile 5 wird die Variable `i` auf `1` gesetzt, die in der Schleife (Zeile 7-10) als Index für das Array dient. Wie schon in den vorhergehenden Java-Programmen geschieht in der darauf folgenden Zeile 26 die Initialisierung von `n` auf die Länge des Arrays `a`, `a.length`. Also ist der Wert des letzten Index von `a` gleich $n-1$. Innerhalb des Anweisungsblocks der `while`-Schleife folgt die Aufsummierung der Werte des gegebenen Arrays `a`. In der ersten Anweisung nach der Schleife (Zeile 11) wird nun eine Variable `m` deklariert, die wiederum vom Typ `float` ist. Sie erhält den Wert `ak/n` zugewiesen. Die letzte Anweisung des Programms ist die schon bekannte Ausgabeanweisung, welche in diesem Beispiel etwas komfortabler gestaltet ist. Diese besteht aus der Zeichenfolge „`Mittelwert`", auf die der Ergebniswert in der Variablen `m` folgt. Realisiert wird diese Verkettung von zwei Zeichenfolgen durch das Pluszeichen. Die erste Zeichenfolge ist „`Mittelwert`", die zweite Zeichenfolge die Ziffern des Wertes, der in `m` steht. An dieser Stelle geschieht eine automatische Konvertierung des Wertes vom Typ `float` in eine Zeichenkette vom Datentyp `String`.

Aufgabe 4.21:

    Schreiben Sie ein Java-Programm „`ProgrammFlaeche`", das die Fläche eines Rechtecks berechnet. Dazu seien im Programm zunächst zwei Gleitpunktzahlvariablen (`laenge`, `breite`) deklariert und ihnen dann zwei Werte zugewiesen. Der berechnete Flächeninhalt soll in einer Variablen `flaeche` vom Typ `double` abgespeichert und auf dem Bildschirm ausgegeben werden.

Aufgabe 4.22:

    Eine Tabelle zur Darstellung von Quadrat- und Kubikzahlen könnte folgendermaßen in der Bildschirmansicht aussehen:

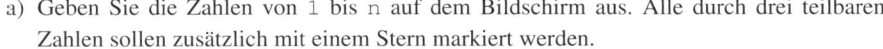

```
    n                 n^2             n^3
++++++++++++++++++++++++++++++++++++++
    1                 1               1
    2                 4               8
    3                 9               27
```

  a) Schreiben Sie ein Programm, das die dargestellte Tabelle auf dem Bildschirm ausgibt. Die Quadrat- und Kubikzahlen sollen hierbei noch nicht berechnet werden.

  b) Erweitern Sie ihr Java-Programm aus Aufgabenteil a) derart, dass die Werte für die Quadrat- und Kubikzahlen durch ihr Programm berechnet werden.

  c) Testen Sie ihr Programm mit unterschiedlichen Werten. Funktioniert Ihr Programm mit der Zahl Null?

Aufgabe 4.23:

    Realisieren Sie ein Java-Programm, das alle durch drei teilbaren Zahlen von `1` bis einschließlich `n` bestimmt.

  a) Geben Sie die Zahlen von `1` bis `n` auf dem Bildschirm aus. Alle durch drei teilbaren Zahlen sollen zusätzlich mit einem Stern markiert werden.

b) Erweitern Sie nun das Programm aus Aufgabenteil a) derart, dass Sie die Anzahl der durch drei teilbaren Zahlen für ein gegebenes Intervall bestimmen.

Aufgabe 4.24:

a) Schreiben Sie ein Java-Programm, das Ihren Vornamen als Parameter beim Programmaufruf übergeben bekommt und ihn dann wieder formatiert auf dem Bildschirm ausgibt. Beispiel:

> Programmaufruf:
>
> `java einProgramm Frank`
>
> Ausgabe:
>
> `Hallo, mein Name ist Frank.`

b) Ergänzen Sie ihr Programm derart, dass Sie ihren Vor- und Nachnamen mit <space> getrennt eingeben können.

c) Erweitern Sie die Lösung zur Aufgabe 4.21 derart, dass die Länge und Breite des Rechtecks über die Kommandozeile eingegeben werden kann.

Aufgabe 4.25:

Gegeben sei die quadratische Funktion $y = 4x^2 + 5x - 3$.

a) Realisieren Sie ein Java-Programm, das für einen gegebenen Wert von x den berechneten y-Wert auf dem Bildschirm anzeigt. x und y seien vom Datentyp `double`. Für x gleich 3 könnte z.B. folgende Bildschirmausgabe erscheinen:

> Für $x = 3$ ergibt sich $4 * (3)^2 + 5 * (3) - 3 = 48$.

b) Führen Sie das Programm mit unterschiedlichen Werten aus. Verwenden Sie sowohl positive als auch negative Dezimalzahlen.

c) Erweitern Sie Ihr Programm zu einem Funktionsplotter, bei dem die Funktionswerte für ein Intervall von x-Werten berechnet und als x-y-Tabelle ausgegeben werden. Definieren Sie zwei Variablen `xAnfang` und `xEnde`, als auch eine Variable `step`, welche die Schrittweite festlegt.
Bei `xAnfang=1.0`, `xEnde=1.4` und `step=0.1` soll für die x-Werte `1.0`, `1.1`, `1.2`, `1.3`, `1.4` der entsprechende y-Wert berechnet werden.

d) Überprüfen Sie ihr Programm mit unterschiedlichen Intervallgrenzen. Wie lautet die Ausgabe bei `xAnfang=-1.0`, `xEnde=1.0` und `step=0.3`?

Funktionen

Dieses Kapitel erweitert die uns bisher bekannten Möglichkeiten des Algorithmenentwurfs und der Programmierung um ein weiteres Konzept: die Funktionen. Wir demonstrieren zunächst die Nützlichkeit von Funktionen an Algorithmen zum Sortieren einer endlichen Menge von Zahlen. Bei den Algorithmen handelt es sich um Varianten der Idee des Sortierens durch Minimumsuche, die in den Abschnitten 5.1, 5.1.1 und 5.1.2 vorgestellt werden. Abschnitt 5.2 beschreibt das Konzept der statischen Methoden von Java, die in dieser Programmiersprache die Rolle von Funktionen übernehmen. Die Deklaration von Funktionen, die auch als Unterprogramme verstanden werden können, wirft die Frage nach der Abhängigkeit des Ortes der Verwendbarkeit von Elementen eines Programms auf. Beispielsweise ist in diesem Zusammenhang der Ort einer Variablendeklaration von Interesse. Dies führt zum Begriff des Gültigkeitsbereichs von Deklarationen, der Gegenstand von Abschnitt 5.3 ist.

5.1 Beispiel: Sortieren einer Menge von Zahlen durch Minimumsuche

Ein häufig auftretendes Problem in Rechneranwendungen ist das Sortieren. Das Sortierproblem lässt sich in einfacher Weise wie folgt definieren:

Problem: Sortieren einer Zahlenfolge

Gegeben: Eine Zahlenfolge $a_0, a_1, ..., a_{n-1}$.

Gesucht: Eine Anordnung der Eingabewerte nach steigendem Wert.

Eine Anordnung nach steigendem Wert bedeutet, dass $a_i \leq a_{i+1}$ ist, d.h. auch gleiche Zahlen sind möglich. Unsere Beispielfolge 11,7,8,3,15,13,9,19,18,10,4 sieht nach Sortierung wie folgt aus: 3,4,7,8,9,10,11,13,15,18,19.

5.1.1 Sortieren durch Minimumsuche mit Hilfsfolge

Eine mögliche Lösung für das Sortierproblem beruht auf dem bekannten Algorithmus zur *Minimumsuche* (vgl. Abschnitt 3.1, Seite 23). Wie bei den anderen Algorithmen wollen wir die Vorgehensweise zunächst verbal beschreiben:

Suche die kleinste Zahl in der gegebenen Folge. Füge die Zahl an das Ende einer neuen Folge an, die am Anfang leer ist. Entferne die kleinste Zahl aus der gegebenen Folge und wiederhole das Verfahren so lange, bis die Eingabefolge leer ist.

Das bedeutet, dass in jedem Durchlauf die kleinste Zahl gesucht wird, diese an das Ende der bereits konstruierten Ausgabefolge angefügt und aus der Eingabefolge entfernt wird. Dies wird so lange iteriert, bis die Eingabefolge vollständig abgearbeitet ist.

Kompakt zusammengefasst wird also folgendes getan:

Algorithmus MinSort($a_0, a_1, \ldots, a_{n-1}$)

* Suche ein Element a_k der Folge mit dem kleinsten Wert.

* Füge a_k an das Ende einer neuen Folge an, die am Anfang leer ist.

* Entferne a_k aus der Eingabefolge und verfahre mit der Restfolge genauso.

Pseudocode 5.1 zeigt einen ausformulierten Algorithmus, der dementsprechend arbeitet. In dem Algorithmus wird zunächst eine Variable *restfolge* definiert, welche die Eingabefolge als Wert erhält. Die darauf folgende *solange*-Schleife in Zeile 2 wird iteriert durchlaufen, solange der Wert von *restfolge* nicht leer ist. Innerhalb der Schleife wird jeweils ein Element a_k mit kleinstem Wert in *restfolge* gesucht. Dieser Wert wird an eine zweite Variable, eine Folge namens *ergebnisfolge* angefügt. Ferner wird a_k aus der *restfolge* eliminiert. In dem Fall, dass die *restfolge* leer ist, erfolgt der Abbruch der Schleife und der Wert der Variablen *ergebnisfolge*, die nun das sortierte Ergebnis enthält, wird zurückgegeben.

```
1 Weise restfolge die gegebene Folge zu;
2 Solange restfolge nicht leer ist, fuehre aus:
3     suche ein Element a_k mit dem kleinsten Wert in restfolge;
4     fuege a_k an ergebnisfolge an;
5     entferne a_k aus restfolge;
6 Gib ergebnisfolge zurueck;
```

Pseudocode 5.1: Algorithmus Sortieren durch Minimumsuche

Sehen wir uns die Funktionsweise des Algorithmus einmal am Beispiel der bekannten Zahlenfolge 11,7,8,3,15,13,9,19,18,10,4 an. Abbildung 5.1 zeigt in bildlicher Darstellung die Arbeitsweise des Algorithmus am Beispiel der Folge, angegeben unter der Bezeichnung *gegebenefolge*. Jede Zeile entspricht einem Durchlauf der *solange*-Schleife. In der ersten Spalte der Tabelle ist die fortlaufende Nummer des Durchlaufs angegeben. Die weiteren Spalten, überschrieben mit *restfolge*, a_k und *ergebnisfolge*, geben den Wert der Variablen *restfolge* vor Beginn des Durchlaufs, den am Anfang des Durchlaufs bestimmten Wert a_k und den sich ergebenden Wert der Variable *ergebnisfolge* an. Wenden wir den Algorithmus an, weist dieser zunächst der Variablen *restfolge* die *gegebenefolge* zu, wodurch sich der Wert von *restfolge* in der ersten Zeile der Tabelle ergibt. In der Spalte a_k ist das Ergebnis der Minimumsuche bezüglich der jeweils aktuellen *gegebenefolge*: 11, 7, 8, 3, 15, 13, 9, 19, 18, 10, 4

Durchlauf	*restfolge*	a_k	*ergebnisfolge*
1	11, 7, 8, 3, 15, 13, 9, 19, 18, 10, 4	3	3
2	11, 7, 8, 15, 13, 9, 19, 18, 10, 4	4	3, 4
3	11, 7, 8, 15, 13, 9, 19, 18, 10	7	3, 4, 7
4	11, 8, 15, 13, 9, 19, 18, 10	8	3, 4, 7, 8
5	11, 15, 13, 9, 19, 18, 10	9	3, 4, 7, 8, 9
6	11, 15, 13, 19, 18, 10	10	3, 4, 7, 8, 9, 10
7	11, 15, 13, 19, 18	11	3, 4, 7, 8, 9, 10, 11
8	15, 13, 19, 18	13	3, 4, 7, 8, 9, 10, 11, 13
9	15, 19, 18	15	3, 4, 7, 8, 9, 10, 11, 13, 15
10	19, 18	18	3, 4, 7, 8, 9, 10, 11, 13, 15, 18
11	19	19	3, 4, 7, 8, 9, 10, 11, 13, 15, 18, 19

Abbildung 5.1: Ablauf der Sortierung einer Folge von Zahlen durch Minimumsuche

restfolge angegeben. Für die erste Zeile ergibt sich somit der Wert 3. Die dritte Spalte *ergebnisfolge* enthält das Ergebnis, nachdem a_k an die existierende Folge angefügt wurde. Zu Beginn wird 3 an die leere *ergebnisfolge* angefügt, sodass in der ersten Zeile eine 3 unter *ergebnisfolge* steht.

```
1  restfolge := gegebenefolge;
2  Solange restfolge nicht leer ist, fuehre aus:
3      {
4      a_k := minSuche(restfolge);
5      fuegeAn (a_k, ergebnisfolge];
6      entferne (a_k, restfolge);
7      }
8  gib ergebnisfolge zurueck;
```

Kurzschreibweise 5.2: Algorithmus Sortieren durch Minimumsuche

Schließlich entfernt der Algorithmus die 3 noch aus der *restfolge*, wodurch sich die neue *restfolge* der zweiten Zeile ergibt. Nun wird analog verfahren, indem das Minimum der *restfolge*, aktuell die Zahl 4, bestimmt wird und entsprechend in der zweiten Zeile der Spalte a_k zu finden ist. Gemäß der Anweisung in Zeile 4 des Pseudocodes wird die 4 an *ergebnisfolge* angefügt, wodurch die Folge 3,4 entsteht. Schließlich wird 4 aus der *restfolge* entfernt, wodurch sich der Eintrag der dritten Zeile der Tabelle unter *restfolge* ergibt. Damit wird solange fortgefahren, bis am Ende das Verfahren mit dem Anhängen der letzten Zahl in *restfolge*, nämlich 19, an *ergebnisfolge* endet.

Die Kurzschreibweise 5.2 entspricht dem Algorithmus aus Pseudocode 5.1. In der Kurzschreibweise fallen die Anweisungen im Block der *solange*-Schleife auf. Diese sind in Form von so genannten **Funktionen** geschrieben. In der ersten Anweisung, „a_k := minSuche(*restfolge*)" wird die verbale Ausführung der Suche nach dem kleinsten Element durch die Schreibweise *minSuche*, angewandt auf *restfolge*, abgekürzt. In der zweiten Anweisung wird die *Anfüge*-Operation in Form einer Anweisung *fuegeAn* mit den Parametern a_k und *ergebnisfolge* dargestellt. Die dritte Zeile beschreibt die verbale Ausführung, „entferne a_k aus *restfolge*", durch die Anweisung „entferne(a_k, *restfolge*);". Die neuen Anweisungen stehen jeweils für den Aufruf eines ganzen Unterprogramms.

Aufgabe 5.1:

Stellen Sie für die Zahlenfolge 19, 18, 15, 13, 6, 8 den Ablauf des Algorithmus „Sortieren durch Minimumsuche"(Pseudocode 5.1) gemäß Abbildung 5.1 dar.

Aufgabe 5.2:

Vergleichbar zur Minimumsuche lässt sich auch eine Maximumsuche realisieren.

- a) Schreiben Sie, analog zum Pseudocode 5.1, einen Pseudocode für das Sortieren durch Maximumsuche.
- b) Testen Sie ihren Pseudocode für die Maximumsuche an der bekannten Zahlenfolge 19, 18, 15, 13, 6, 8, indem Sie eine entsprechende Tabelle wie Abbildung 5.1 aufstellen.

5.1.2   Sortieren durch Minimumsuche ohne Hilfsfolge

Etwas nachteilig bei dem Sortierverfahren aus dem vorigen Abschnitt ist, dass sowohl eine Variable für die *restfolge* als auch eine Variable für die *ergebnisfolge* verwendet wird. Die nun folgende Version des Sortierverfahrens kommt durch einen Trick mit nur einer Folge aus.

Der Trick besteht darin, dass die Elemente in der gegebenen Folge vertauscht werden. Verbal lässt sich der Algorithmus *MinSort2* wie folgt beschreiben:

Algorithmus MinSort2($a_0, a_1, \ldots, a_{n-1}$)

- Suche ein Element der Folge mit dem kleinsten Wert. Vertausche das erste Element der Folge mit diesem Element.

- Suche in der Restfolge ab dem zweiten Element ein Element mit kleinstem Wert. Vertausche das zweite Element der Folge mit diesem Element.

- Führe dieses Verfahren mit der Restfolge ab dem dritten Element, dem vierten Element und so weiter bis zum vorletzten Element aus.

Zum besseren Verständnis, wenden wir den Algorithmus *MinSort2* auf unsere bekannte Beispielfolge an – illustriert in Abbildung 5.2. Die Abbildung zeigt eine Tabelle mit drei Spalten. Die *gegebene Folge*: 11,7,8,3,15,13,9,19,18,10,4

Durchlauf	folge											a_k
1	11,	7,	8,	3,	15,	13,	9,	19,	18,	10,	4	3
2	3,	7,	8,	11,	15,	13,	9,	19,	18,	10,	4	4
3	3,	4,	8,	11,	15,	13,	9,	19,	18,	10,	7	7
4	3,	4,	7,	11,	15,	13,	9,	19,	18,	10,	8	8
5	3,	4,	7,	8,	15,	13,	9,	19,	18,	10,	11	9
6	3,	4,	7,	8,	9,	13,	15,	19,	18,	10,	11	10
7	3,	4,	7,	8,	9,	10,	15,	19,	18,	13,	11	11
8	3,	4,	7,	8,	9,	10,	11,	19,	18,	13,	15	13
9	3,	4,	7,	8,	9,	10,	11,	13,	18,	19,	15	15
10	3,	4,	7,	8,	9,	10,	11,	13,	15,	19,	18	18
11	3,	4,	7,	8,	9,	10,	11,	13,	15,	18,	19	19
12	3,	4,	7,	8,	9,	10,	11,	13,	15,	18,	19	

Abbildung 5.2: Ablauf der Sortierung einer Menge von Zahlen durch Minimumsuche ohne Hilfsfolge

erste Spalte gibt den Durchlauf, die zweite Spalte den aktuellen Zustand der Folge und die dritte Spalte, überschrieben mit a_k, das jeweils kleinste Element der Restfolge an. In der ersten Zeile ist das kleinste Element der Eingabefolge die 3. Diese Zahl 3 wird mit der 11 vertauscht, sodass sich die Folge in der zweiten Zeile ergibt. Zur leichteren Orientierung innerhalb der Folge ist die jeweils aktuelle Restfolge grau hinterlegt. In der nun mit der Zahl 7 beginnenden aktuellen Restfolge, ist das kleinste Element 4. Nun wird die 4 entsprechend mit der 7 vertauscht und die Restfolge identifiziert, die bei 8 beginnt. Dies zeigt die zweite Spalte in der dritten Zeile der Tabelle. Die Restfolge beginnt jetzt bei der 8. Nun ist das kleinste Element die 7, sodass die 7 mit 8 vertauscht wird und die Restfolge nun bei 11 beginnt (s. Zeile 4). Der Rest der Tabelle entsteht auf analoge Weise.

Aufgabe 5.3:

Stellen Sie für die Zahlenfolge 19, 18, 15, 13, 6, 8 den Ablauf des Algorithmus „Sortieren durch Minimumsuche ohne Hilfsfolge" wie in Abbildung 5.2 dar.

Aufgabe 5.4:

Durch Suchen des größten Wertes anstelle des kleinsten Wertes in dem Algorithmus „MinSort2" lässt sich die gegebene Folge nach fallenden Werten sortieren. Wenden Sie den so veränderten Algorithmus auf die Zahlenfolge 8, 6, 13, 15, 18, 19 an, indem Sie eine Tabelle entsprechend zu Abbildung 5.2 aufstellen.

5.1.3   Java-Programm

Quellcode 5.3 realisiert den Algorithmus „Minimumsuche ohne Hilfsfolge" aus dem vorigen Abschnitt als Java-Programm. Dieses Programm „ProgrammMinSort" besteht aus zwei Funktionen: der Funktion `minSuche2` und der Funktion `main`, die, wie bekannt, das Hauptprogramm darstellt.

```
 1  class ProgrammMinSort{
 2
 3      static int minSuche2(int[] r, int s){
 4          // gibt den Index eines Elements von r mit kleinstem
 5          // Wert im Bereich ab Index s zurueck
 6          int wmerker = r[s];  // merkt den kleinsten Wert
 7          int imerker = s;     // merkt einen Index zum kleinsten Wert
 8          int i = s;
 9          int n = r.length;
10          while (i < n){
11              if (r[i] < wmerker){
12                  wmerker = r[i];
13                  imerker= i;
14              }
15              i = i+1;
16          }
17          return imerker;
18      }
19
20      public static void main(String[] args){
21          int[] a = {11,7,8,3,15,13,9,19,18,10,4};
22          int n = a.length;
23          int i = 0;
24          int k;    // speichert den Minimumindex
25          while (i < n-1){
26              k = minSuche2(a,i);
27              int merker = a[i]; //
28              a[i] = a[k];        // vertausche a[k] und a[i]
29              a[k] = merker;      //
30              i=i+1;
31          }
32          i=0;
33          while (i < n){
34              System.out.println(a[i]);
35              i=i+1;
36          }
37      }
38  }
```

Quellcode 5.3: Sortierung durch Minimumsuche ohne Hilfsfolge

5_3

Wenden wir uns zunächst dem Hauptprogramm zu. Dieses stellt nun ein Unterprogramm im Sinne des Funktionenkonzepts dar. Es zeichnet sich, wie wir schon wissen, dadurch aus, dass es das Unterprogramm ist, mit dem die Ausführung des gesamten Java-Programms startet. Im

Verlauf eines Hauptprogramms werden möglicherweise andere Funktionen aufgerufen, die dann ausgeführt werden.

Zu Beginn des Hauptprogramms wird wie üblich die Array-Variable a deklariert und mit unserer Beispielfolge initialisiert. Ebenso wird auch wieder die Größe n des Arrays berechnet und die Durchlaufvariable i auf 0 gesetzt. Ferner wird eine Variable k deklariert, die zur Speicherung des Index des kleinsten Elements der Restfolge dient. Anschließend folgt in Zeile 25 die while-Schleife. Die erste Anweisung im Block der while-Schleife besteht in der Berechnung des Index k für das kleinste Element der Folge. Dies geschieht durch Aufruf des Unterprogramms namens minSuche2 mit zwei Parametern, dem Array a und dem Index i. Hierbei repräsentiert das Array a die Folge, in der das Minimum zu bestimmen ist, und i den Index, ab dem innerhalb der Folge das Minimum gesucht werden soll. Resultierend liefert dieses Unterprogramm den Index zurück, der durch die Wertzuweisung der Variablen k zugewiesen wird. Das Unterprogramm minSuche2 stellt hierbei den ersten Teil des Programms ProgrammMinSort dar. Auf dieses Unterprogramm gehen wir genauer ein, nachdem wir die Besprechung des Hauptprogramms abgeschlossen haben.

Die nächsten drei Anweisungen des Blocks der Schleife, Zeile 27, 28 und 29, führen die Vertauschung des minimalen Elements mit dem ersten Element der Restfolge aus. Das erste Element der Restfolge hat den Index i, das minimale Element den Index k. Die Aufgabe besteht darin, dem Element a[i] den Wert von a[k] zuzuweisen und dem Element a[k] den Wert von a[i]. Um einen Verlust des Wertes zu vermeiden, ist es notwendig, einen der beiden Werte zwischenzuspeichern. Für den Wert in a[i] geschieht das mit einer int-Variablen merker, die in Zeile 27 deklariert und mit a[i] initialisiert wird. In der Zeile 28 wird der Wert von a[k] in das Element a[i] geschrieben. Da der Wert von a[i] im merker gerettet ist, steht er nun in der dritten Anweisung (Zeile 29) weiterhin zur Verfügung. Der Wert von merker wird hier dem Element a[k] zugewiesen. Diese drei Zeilen 27-29 stellen die Standardanweisung für das Vertauschen zweier Elemente eines Arrays dar.

Nachdem dieser Tausch durchgeführt wurde, kann mit der neuen Restfolge fortgefahren werden, was programmintern in Zeile 30 durch Erhöhung des Indexes i um 1 realisiert wird. Das Programm endet mit der Ausgabe der Folge a. Dies geschieht durch eine zweite while-Schleife, in der wiederum i als Zählindex verwendet wird (Zeile 33). Vorher wird i auf 0 gesetzt und dann die Schleife durchlaufen, wobei bei jedem Durchlauf das Element a[i] zum aktuellen Index i ausgegeben und der Index i anschließend um 1 erhöht wird.

Kommen wir nun zur Funktion minSuche2. Die Deklaration der Funktion geschieht analog zum Unterprogramm main. Sie beginnt mit einem Schlüsselwort static, das wir schon von der Hauptprogrammdeklaration kennen und auf dessen Bedeutung später eingegangen wird. Darauf folgt der so genannte Rückgabetyp der Funktion, der in diesem Fall ganzzahlig ist, also int. Der Rückgabewert ist in unserem Fall der Index des kleinsten Elements. Anschließend folgt der eigentliche Name des Unterprogramms, minSuche2. In den runden Klammern hinter minSuche2 werden Parameter deklariert, die dazu dienen, Werte an das Unterprogramm zu übergeben. Für diese Funktion sind es ein integer-Array r und eine int-Variable s, wobei r eine Folge ist und s ein Index, der angibt, von welcher Stelle an das Minimum gesucht werden soll.

Die Arbeitsweise der Funktion minSuche2 wird im nun folgenden Block, dem so genannten **Funktionsrumpf**, festgelegt. Er beginnt mit der Deklaration von zwei Merker-Variablen, einer

Variablen `wmerker` und einer Variablen `imerker`, in den Zeilen 6 und 7. In der Variablen `wmerker` wird das bisher kleinste Element der Teilfolge ab s gespeichert. `imerker` repräsentiert den Index, unter dem der kleinste Wert der Folge zu finden ist.

Der Durchlauf beginnt, indem der Startindex `i` auf s gesetzt wird. Ferner wird wie üblich n als der letzte Index der Variablen deklariert. Nun folgt ab Zeile 10 die `while`-Schleife, die im üblichen Stil abläuft, wobei in jedem Durchlauf `i` um 1 erhöht wird. In Zeile 11 erfolgt die Überprüfung, ob `r[i]` kleiner als der bisher gemerkte kleinste Wert `wmerker` ist. Falls dies der Fall ist, wird im Block der bedingten Anweisung `wmerker` mit dem Wert von `r[i]` aktualisiert. Ferner wird der entsprechende aktuelle Index `i` in der Variablen `imerker` gespeichert. Damit wird der neue kleinste Wert und der entsprechende Index offensichtlich korrekt gemerkt. Nach Ausführung der Schleife wird in einer so genannten `return`-Anweisung (Zeile 17) der Wert `imerker` zurückgegeben. Diese Anweisung sorgt dafür, dass `minSuche2` den dort gespeicherten Wert an die Aufrufstelle im Hauptprogramm `main` zurückgibt.

Der folgende Abschnitt stellt das Konzept von Funktionen in allgemeiner Form vor.

Aufgabe 5.5:

    a) Schreiben Sie einen Algorithmus „Sortieren mit Maximumsuche ohne Hilfsfolge". Dieser soll die Maximumsuche anstatt der Minimumsuche verwenden. Die sortierte Folge soll vom Ende des Arrays her aufgebaut werden, analog wie bei der Minimumversion. Dort erfolgte der Array-Aufbau vom Anfang her.

    Folgendes Beispiel zeigt die bekannte Eingabefolge nach drei Schritten:

    $11, 7, 8, 3, 13, 9, 10, 4 \mid 15, 18, 19$

    b) Stellen Sie den Ablauf des Algorithmus für die Zahlenfolge 19, 18, 15, 13, 6, 8 analog zu Abbildung 5.2 dar.

5.2   Funktionen

Funktionen sind Programmstücke, die abhängig von Eingabewerten einen Rückgabewert bestimmen und an mehreren Stellen eines Programms ausgeführt werden können. Funktionen müssen vor ihrer Verwendung deklariert werden. Eine deklarierte Funktion kann dann im Rahmen eines Programmstücks, d.h. einer Funktion, aufgerufen, d.h. ausgeführt werden.

5.2.1   Deklaration von Funktionen

Die **Deklaration von Funktionen** in einem Java-Programm geschieht im Rumpf einer Klasse, die bisher nur aus dem Hauptprogramm `main` bestand. Auch `main` ist eine Funktion, zu der nun weitere hinzu kommen können.

In Java werden zwei Typen von Funktionen unterschieden: Methoden und statische Methoden. „Methode" ist ein Begriff aus der objektorientierten Programmierung. Auf ihn werden wir in Kapitel 7.2.4 eingehen. Bei der nicht-objektorientierten Programmierung, mit der wir uns gerade befassen, werden die statischen Methoden als eine eingeschränkte Art von Methoden verwendet. Diese sind dadurch gekennzeichnet, dass der Funktionsdeklaration das Schlüsselwort `static` vorangesetzt wird. Dieses Schlüsselwort ist uns bereits von der Deklaration des Hauptprogramms `main` bekannt. Die statischen Methoden entsprechen den Funktionen in nicht objektorientierten Programmiersprachen.

Eine Funktionsdeklaration ist im Wesentlichen auf die gleiche Weise wie das Hauptprogramm `main` aufgebaut. Sie besteht aus der Angabe eines Rückgabedatentyps, dem Funktionsnamen, einer Liste von formalen Parametern, einem Block, der auch als Rumpf der Funktion bezeichnet wird, und dem vorangestellten `static`, sofern es sich um eine statische Methode handelt. Ein Beispiel für eine Funktionsdeklaration aus dem vorangegangenen Programm ist

```
static int minSuche2(int[] r, int s) {...}
```

Der Rumpf ist hier durch die geschweiften Klammern angedeutet.

Der **Rückgabetyp** vor dem Funktionsnamen gibt an, welchen Typs der von der Funktion zurückgegebene Wert ist. Im Beispiel ist der Rückgabetyp `int`, also eine ganze Zahl.

Es ist nicht notwendig, dass eine Funktion einen Wert zurückgibt. Ist kein Rückgabewert vorgesehen, wird dieses durch das Schlüsselwort `void` anstelle eines Rückgabedatentyps ausgedrückt, also beispielsweise `void eineFunktion(int n){...}`.

Der **Funktionsname** bezeichnet die Funktion und dient zum Aufruf der Funktion an der Stelle, an der sie verwendet werden soll. Für seine Wahl gelten dieselben Regeln wie für Variablennamen.

An Funktionen können Eingabewerte übergeben werden, die in die Berechnung der Funktion eingehen. Die **formalen Parameter** definieren die Schnittstelle der Funktion zur Übergabe von Eingabewerten, d.h. die Möglichkeit, die die Funktion zur Übernahme von Eingabewerten bietet. Die Deklaration eines formalen Parameters sieht praktisch wie eine Variablendeklaration aus, d.h. sie besteht aus dem Namen des Parameters und einem vorangestellten Datentyp. Die Parameterdeklarationen werden durch Komma getrennt in Klammern nach dem Funktionsnamen angeordnet. Diese Folge von Deklarationen wird **Parameterliste** genannt.

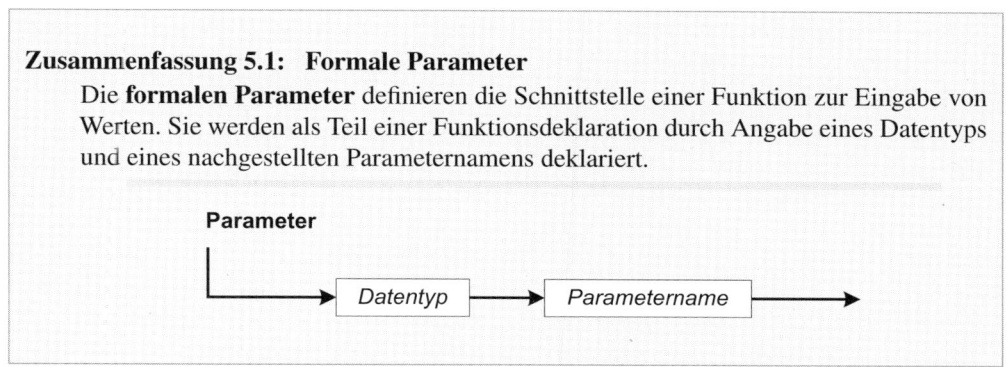

Zusammenfassung 5.1:   Formale Parameter

Die **formalen Parameter** definieren die Schnittstelle einer Funktion zur Eingabe von Werten. Sie werden als Teil einer Funktionsdeklaration durch Angabe eines Datentyps und eines nachgestellten Parameternamens deklariert.

Im Beispiel der oben genannten Methode „`static int minSuche2(int[] r, int s)`" sind `int[] r` und `int s` die formalen Parameter. Diese gliedern sich auf in die Parameternamen, hier r bzw. s und den Datentyp. Für den ersten Parameter ist er vom Typ `int[]`, für den zweiten vom Typ `int`.

Soll der Funktion kein Wert übergeben werden, wird der Platz zwischen den Klammern leer gelassen, also beispielsweise `int eineFunktion( ) {...}`. Dies wird auch als `leere Parameterliste` bezeichnet.

Der **Rumpf einer Funktion** besteht aus Deklarationen von Variablen und aus Anweisungen, so wie dies im Hauptprogramm `main` der Fall ist. Außer den im Rumpf deklarierten Variablen können nun aber auch die formalen Parameter analog wie Variablen verwendet werden. Im Unterschied zu Variablen muss formalen Parametern vor der Verwendung jedoch kein Wert zugewiesen werden. Der Grund ist, dass sie, wie wir in Abschnitt 5.2.2 sehen werden, beim Funktionsaufruf einen Wert erhalten.

Um den Rückgabewert an das aufrufende Unterprogramm zurückzugeben muss der Rumpf einer Funktion eine so genannte `return`-Anweisung enthalten. Diese hat die Form

    return *Rückgabewert;*

Eine erste Wirkung der `return`-Anweisung ist die Rückgabe des Wertes, der sich durch Auswertung des Ausdrucks *Rückgabewert* ergibt. Eine weitere Wirkung der `return`-Anweisung ist, dass die Abarbeitung des Funktionsrumpfs unmittelbar nach ihrer Auswertung beendet und an der Aufrufstelle der Funktion im aufrufenden Unterprogramm fortgefahren wird.

Ein Beispiel für eine `return`-Anweisung im obigen Programm ist

    return imerker;

Mit diesem Aufruf endet die Ausführung des Rumpfes der Funktion `minSuche2`. Das bedeutet, dass an der Aufrufstelle der Wert der Funktion der Wert von `imerker` ist, der k zugewiesen wird.

Falls eine Funktion keinen Wert zurückgibt, d.h. der Rückgabetyp `void` ist, wird `return` an der gewünschten Endstelle der Funktion ohne Angabe eines Rückgabewerts aufgerufen. Die `return`-Anweisung kann in diesem Fall auch weggelassen werden. Dann wird die Funktion komplett in der von `main` bekannten Weise abgearbeitet und anschließend zur Aufrufstelle zurückgekehrt.

Ein Beispiel für eine Funktion ohne Rückgabewert ist die Hauptprogrammfunktion `main`. In den bisherigen Beispielen stand in korrekter Weise jeweils vor `main` das Rückgabeschlüsselwort `void`.

Zusammenfassung 5.2:   Deklaration von Funktion

Unter einer **Funktion** wird eine Folge von Anweisungen, zusammengefasst zu einem Block, dem so genannten **Rumpf** der Funktion, verstanden. Im Rahmen einer **Funktionsdeklaration** wird ihr ein eindeutiger Funktionsname, eine Liste von formalen Parametern und ein Ausgabewert zugeordnet.

Funktionen können neben `main` als weitere Unterprogramme eines Java-Programms deklariert werden.

Funktionsdeklarationen haben die Form

> `static` *Rückgabetyp Funktionsname* (*Param 1, ..., Param n*) {
>> *Anweisung 1*
>>
>> . . .
>>
>> *Anweisung n*
> }

oder die Form

> *Rückgabetyp Funktionsname* (*Param 1, ..., Param n*) {
>> *Anweisung 1*
>>
>> . . .
>>
>> *Anweisung n*
> }

Funktionen der ersten Art werden als **statische Methoden**, Funktionen der zweiten Art als **Methoden** bezeichnet. Auf Verwendung nichtstatischer Methoden wird in Kapitel 7.2.4 eingegangen.

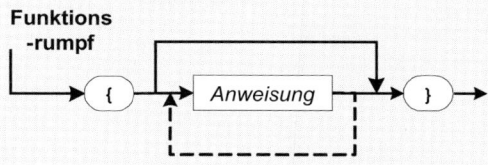

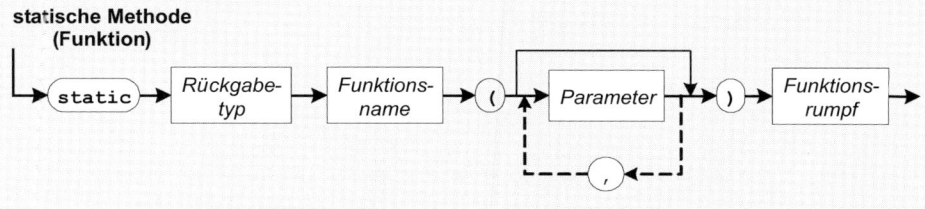

5.2.2   Aufruf von Funktionen

Der **Aufruf einer Funktion** geschieht durch Angabe ihres Namens, gefolgt von einer Liste aktueller Parameterwerte, die in Klammern gesetzt ist. Der Funktionsaufruf

```
k = minSuche2(a, i);
```

in unserem Beispielprogramm hat genau diese Form.

Beim Funktionsaufruf wird also die Liste der formalen Parameter der Funktionsdeklaration durch eine Liste **aktueller Parameterwerte** ersetzt. In der Deklaration

```
static int minSuche2(int[] r, int s)...
```

sind `int[]` `r` und `int` `s` die formalen Parameter, für die nun als Wert die Werte der Array-Variablen `a` und der `int`-Variablen `i` verwendet werden. Dies kann wie eine Wertzuweisung verstanden werden, durch die den formalen Parametern `r` und `s` die Werte von `a` beziehungsweise `i` zugewiesen werden.

Als aktuelle Parameter kann im Prinzip alles eingesetzt werden, was auf der rechten Seite einer Wertzuweisung stehen kann, also beispielsweise Zahlen wie 5 oder auch Ausdrücke wie `a+b-7`, wobei `a` und `b` `int`-Variable sind. Natürlich ist dabei zu beachten, dass der Typ des aktuellen Werts mit dem Typ des formalen Parameters übereinstimmt. Ferner ist für jeden formalen Parameter der Parameterliste ein aktueller Wert anzugeben.

Zusammenfassung 5.3:   Aufruf von Funktionen

Funktionen können durch Angabe des Funktionsnamens und einer Liste aktueller Parameterwerte aufgerufen werden. Der **Funktionsaufruf** bewirkt, dass die Anweisungen des Funktionsrumpfs ausgeführt werden.

Dabei wird an Stellen, an denen im Rumpf der Funktion Parameter verwendet werden, der aktuelle Wert des Parameters verwendet. Im Rumpf befindet sich eine Rückgabeanweisung, die den Rückgabewert zurückgibt und die Ausführung des Unterprogramms beendet. Es besteht die Möglichkeit, auch Funktionen ohne Rückgabewert zu deklarieren. In diesem Fall fehlt die Rückgabeanweisung.

Funktionsaufrufe haben die Form:

- *Funktionsname* (*aktuelle Parameter*) ;

Funktionsaufruf

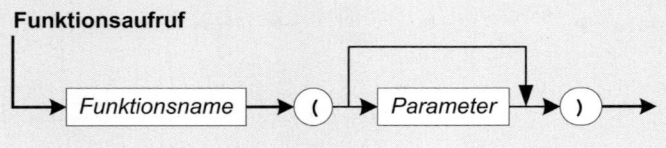

Ein Funktionsaufruf bewirkt die Ausführung des Rumpfes der Funktion. Dies geschieht dadurch, dass zunächst die formalen Parameter den Wert der entsprechenden aktuellen Parameter zugewiesen bekommen. Damit sind die Eingabewerte an die Funktion übergeben und die formalen Parameter haben an den Verwendungsstellen im Rumpf einen definierten Wert. Die Ausführung des Rumpfes endet, wenn eine `return`-Anweisung erreicht wird. Der sich dort ergebende Rückgabewert wird an die Aufrufstelle im aufrufenden Programm zurückgegeben und dort verwendet. Üblicherweise findet der Funktionsaufruf innerhalb eines Ausdrucks statt. Der zurückgegebene Wert wird zur Auswertung des Ausdrucks verwendet. Im Beispiel `k = minSuche2(a,i)` bedeutet dies, dass der durch Aufruf von `minSuche2(a,i)` erhaltene Wert der Variablen `k` zugewiesen wird.

Funktionen, die keinen Wert zurückgeben, werden als alleinstehende Anweisung aufgerufen.

Aufgabe 5.6:

Realisieren Sie nun die Aufgaben 4.22 und 4.25 mittels Funktionen.

a) Für Aufgabe 4.22 sollen dazu die zwei Java-Funktionen `static int hochZwei(int n)` und `static int hochDrei(int n)` geschrieben werden, die n^2 beziehungsweise n^3 berechnen und als Wert zurückgeben. Diese Funktionen sollen dann beim Aufbau der Tabelle an den Stellen aufgerufen werden, wo entsprechende Funktionswerte benötigt werden.

b) Für Aufgabe 4.25 soll eine Java-Funktion `static double qFunktion(double x)` geschrieben werden. Sie soll überall dort aufgerufen werden, wo Funktionswerte dieser Funktion benötigt werden.

Aufgabe 5.7:

Implementieren Sie den Algorithmus „Sortieren mit Maximumsuche ohne Hilfsfolge" aus Aufgabe 5.5 als Java-Programm, analog zum Programm „Sortieren mit Minimumsuche ohne Hilfsfolge" (s. Quellcode 5.3).

5.3   Gültigkeitsbereich von Deklarationen

Bei der Deklaration von Funktionen ergibt sich eine Schwierigkeit. Funktionen sind im Prinzip voneinander unabhängige Unterprogramme, in denen somit auch Variablen deklariert werden können. Durch diesen Umstand kann es nun passieren, dass eine Variable mit gleichem Namen in zwei unterschiedlichen Unterprogrammen deklariert wird. Hierbei stellen sich die Fragen: Ist dies erlaubt? Und wenn ja, welche Variable ist wo gültig?

Vereinfacht lassen sich die Fragen wie folgt beantworten. Es ist erlaubt Variablen gleichen Namens in unterschiedlichen Blöcken zu deklarieren. Eine Variable ist in dem Block, in dem sie deklariert ist, sowie in allen Unterblöcken dieses Blocks gültig, d.h. verwendbar, oder wie häufig gesagt wird, **sichtbar**. Unter einem **Unterblock** eines Blocks versteht man einen zweiten Block, der zwischen den geschweiften Klammern des ersten Blocks auftritt. Dieses Prinzip der Schachtelung kann in Programmen auch mehrmals wiederholt auftreten.

So ist in den bisherigen Beispielen der Block der `while`-Schleife ein Unterblock des Blocks des Hauptprogramms `main`. Alle Variablen, die in diesem Hauptprogramm deklariert sind, können auch im Block der Schleife verwendet werden. Allerdings ist es *nicht* möglich, Variablen, die im Block der Schleife möglicherweise deklariert werden, im umgebenden Block, also hier im Block des Hauptprogramms zu verwenden.

```java
1  class Testprogramm{
2      public static void main(String[] argv){
3          int x = 0;
4          while(x < 4){
5              int y = 1;
6              x = x + 1;
7              y = y + 1;
8          }
9      }
10 }
```

Quellcode 5.4: Java-Programm zur Verdeutlichung der Gültigkeitsbereiche von Variablen

5_4

Betrachten wir das Beispielprogramm 5.4. Das Programm weist den bekannten Aufbau mit der Hauptmethode `main` auf. Innerhalb dieser wird in Zeile 3 die Variable `x` deklariert und ihr der Wert 0 zugewiesen. Innerhalb der anschließenden `while`-Schleife erfolgt die Deklaration einer weiteren Variablen `y`. Welche Gültigkeitsbereiche ergeben sich aus dieser Konstellation für die beiden Variablen `x` und `y`? Da die Variable `x` im Block der `main`-Methode deklariert wurde, ist sie auch im Unterblock, also im Block der `while`-Schleife und nach Beendigung der Schleife, beginnend mit Zeile 9, gültig. Für die Variable `y` ist der Gültigkeitsbereich auf den Block der `while`-Schleife begrenzt, da die Variable innerhalb dieses Blocks deklariert wurde. Der Versuch, auf die Variable `y` außerhalb des Blocks der `while`-Schleife zuzugreifen, würde eine Fehlermeldung hervorrufen.

Zusammenfassung 5.4:   Gültigkeitsbereich

Der **Gültigkeitsbereich** einer Variablen bezeichnet die Abschnitte eines Programms, in dem die Variable genutzt werden darf.

Eine Variable ist in dem Block, in dem sie deklariert ist, sowie in allen Unterblöcken dieses Blocks gültig, d.h. verwendbar, oder wie auch gesagt wird, **sichtbar**.

Variablen, die innerhalb eines Blocks deklariert werden, bezeichnet man als **lokal** bezüglich dieses Blocks.

Aufgabe 5.8:

Bestimmen Sie für den Quellcode 5.3 die Gültigkeitsbereiche aller Variablen. Erstellen Sie hierzu eine Tabelle, die horizontal mit den Variablen und vertikal mit den Programmblöcken beschriftet ist. Betrachten Sie folgende fünf Blöcke: `minSuche2`, `while`-Schleife innerhalb `minSuche2`, `main`-Methode und die beiden `while`-Schleifen innerhalb dieser.

Aufgabe 5.9:

Im Abschnitt 5.1.1 wurde der Algorithmus „Sortieren durch Minimumsuche mit Hilfsfolge" beschrieben und der zugehörige Pseudocode 5.1 angegeben.

a) Überführen Sie den Pseudocode in eine Java-Funktion, welche die Sortierung realisiert.

b) Fügen Sie die in Teilaufgabe *a)* programmierte Funktion in ein Rahmenprogramm, vergleichbar zum Java-Programm 5.3, ein.

6

Rekursion

Rekursion ermöglicht es, Algorithmen für viele Probleme besonders kurz und elegant zu formulieren, indem der Algorithmus, angewendet auf reduzierte Problemversionen, sich wieder selbst verwendet. Abschnitt 6.1 führt das Prinzip der Rekursion anhand eines weiteren Algorithmus zum Sortieren einer Folge von Zahlen, dem Sortieren durch Mischen, ein. Abschnitt 6.1.2 zeigt, wie dieser Algorithmus als Java-Programm unter Verwendung von Funktionen realisiert werden kann. Dem Sortieren durch Mischen liegt das allgemeine Prinzip des „Divide and Conquer" zugrunde, das in Abschnitt 6.2 vorgestellt wird. Algorithmen, die diesem Prinzip folgen, lassen sich häufig in natürlicher Weise rekursiv formulieren.

6.1 Beispiel: Sortieren einer Menge von Zahlen durch Mischen

6.1.1 Algorithmus

Die Idee des Sortierens durch Mischen besteht darin, das gegebene Problem in kleinere Probleme einzuteilen, diese dann zu lösen und die Lösung der kleineren Probleme zu einer Gesamtlösung zusammenzufügen. Mit den beiden Teilproblemen wird analog verfahren, solange die zu sortierende Folge mehr als ein Element enthält. Wird eine Folge mit nur einer Zahl erreicht, ist die Lösung trivial: die Ergebnisfolge ist einfach die Folge, die aus dieser Zahl besteht.

Der in Abbildung 6.1 gezeigte Algorithmus *mischSort* realisiert diese Idee. Die Eingabe ist wie bei den schon behandelten Sortieralgorithmen eine Folge $a_0, a_1, \ldots, a_{n-1}$ von Zahlen. Gesucht ist eine Anordnung der Eingabewerte nach steigendem Wert, also $a_0 \leq a_1 \leq \ldots \leq a_{n-1}$. Wie bereits angesprochen besteht der Algorithmus *mischSort* zur Handhabung dieser Aufgabe aus drei Schritten.

Im ersten Schritt wird getestet, ob die Eingabefolge nur aus einem Element besteht, d.h. $n = 1$ ist. In diesem Fall wird die Eingabefolge unverändert zurückgegeben, da eine einelementige Folge im Sinne der Problemstellung bereits sortiert ist.

Der zweite Schritt ist das „Zerlegen", welches bedeutet die Eingabemenge in zwei etwa gleich große Teilmengen aufzuteilen. Dies kann recht einfach dadurch geschehen, dass die Folge etwa in der Mitte geteilt wird. Für die uns schon bekannte Eingabefolge 11,7,8,3,15,13,9,19,18,10,4

Algorithmus: *mischSort*($a_0, \ldots, a_{n-1}$)

- Wenn die Menge nur ein Element hat ($n = 1$), dann gib die Menge unverändert zurück.
- Sonst zerlege die Menge in zwei Teilmengen, die beide etwa gleich groß sind, und sortiere beide Teilmengen nach diesem Verfahren.
- Mische die sortierten Teilmengen und gib das Ergebnis zurück.

Abbildung 6.1: Algorithmus zum Mischen von zwei sortierten Teilfolgen

liegt die ungefähre Mitte zwischen 15 und 13, sodass die beiden Teilfolgen 11,7,8,3,15 beziehungsweise 13,9,19,18,10,4 lauten. Diese beiden Teilfolgen werden nun nach dem gleichen Verfahren sortiert.

Für den dritten Schritt kann damit angenommen werden, dass das Sortierergebnis für diese beiden Teilfolgen vorliegt, also 3,7,8,11,15 beziehungsweise 4,9,10,13,18,19. Aus diesen beiden Teilfolgen ist nun das sortierte Endergebnis herzuleiten. Dies geschieht durch „Mischen". Mischen bedeutet, dass die beiden Teilfolgen quasi parallel von vorne nach hinten betrachtet werden. Dazu wird das erste Element der ersten Folge mit dem ersten Element der zweiten Folge verglichen und das kleinere Element in die Ausgabefolge eingefügt. Ferner wird dieses Element aus der entsprechenden Folge gestrichen. Die nun führenden Elemente beider Folgen werden wieder verglichen und das kleinere Element an die Ausgabefolge eingefügt. Abbildung 6.2 zeigt die beiden sortierten Teilfolgen sowie das Ergebnis dieses Mischvorgangs.

```
 1 mischen(folge1, folge2)
 2
 3 n := Laenge von folge1 plus Laenge von folge2;
 4 folge := eine leere Folge;
 5
 6 Solange folge1 und folge2 nicht leer sind, fuehre aus:
 7
 8     Wenn das erste Element f1 von folge1 nicht groesser als
 9     das erste Element f2 von folge2 ist, dann
10         fuege f1 an folge an und entferne f1 aus folge1;
11     sonst
12         fuege f2 an folge an und entferne f2 aus folge2;
13
14 Wenn folge1 leer ist, dann
15     fuege folge2 an folge an;
16
17 Wenn folge2 leer ist, dann
18     fuege folge1 an folge an;
```

Pseudocode 6.1: Algorithmus „Sortieren durch Mischen"

Im Pseudocode 6.1 ist dieser Algorithmus zum Mischen zweier Folgen ausformuliert. Der Name des Algorithmus ist *mischen*, die Eingabe besteht aus zwei sortierten Folgen *folge1* und *folge2*,

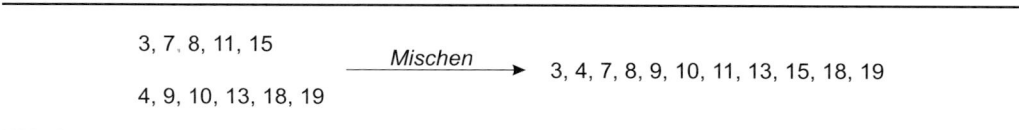

3, 7, 8, 11, 15

4, 9, 10, 13, 18, 19

Mischen →

3, 4, 7, 8, 9, 10, 11, 13, 15, 18, 19

Abbildung 6.2: Mischen von zwei sortierten Teilfolgen

die als Parameter hinter dem Algorithmusnamen *mischen* in runden Klammern aufgeführt sind. Zunächst werden zwei Variablen initialisiert. Die erste Variable, *n*, wird auf die Summe der Längen von *folge1* und *folge2* gesetzt. Die zweite Variable namens *folge* dient zur Konstruktion des Ergebnisses und besteht zu Beginn aus der leeren Folge.

Der Kern des Algorithmus ist eine *solange*-Schleife. In der Schleifenbedingung wird zunächst geprüft, ob *folge1* und *folge2* beide nicht leer sind (Zeile 6). In diesem Fall wird wie bereits beschrieben verfahren. In einer bedingten Anweisung wird untersucht, ob das erste Element von *f1* von *folge1* nicht größer als das erste Element *f2* von *folge2* ist. In diesem Fall wird *f1* an die Ergebnisfolge *folge* angefügt und *f1* aus *folge1* entfernt (Zeile 10). Anderenfalls wird *f2* an *folge* angefügt und aus *folge2* entfernt (Zeile 12). Die Schleife endet, wenn *folge1* oder *folge2* leer ist.

Die erste bedingte Anweisung nach der Schleife überprüft in der Bedingung, ob *folge1* leer ist. In diesem Fall wird die ganze restliche Folge *folge2* an *folge* angefügt (Zeile 15). Falls *folge1* nicht leer ist, wird in der zweiten bedingten Anweisung überprüft, ob *folge2* leer ist. In diesem Fall wird *folge1* an *folge* angefügt. Der Fall, dass beide Folgen leer sind, der jetzt noch übrig ist, muss nicht weiterbehandelt werden, da sich bereits alle Eingabeelemente in *folge* befinden. Das Anfügen von *folge1* beziehungsweise *folge2* an *folge* ist offensichtlich korrekt, da ja *folge1* beziehungsweise *folge2* als bereits sortiert angenommen werden.

Abbildung 6.3 illustriert dieses Verfahren an unserer Beispielfolge, die Zeilen der Tabelle entsprechen aufeinanderfolgenden Durchläufen der *solange*-Schleife. Die erste Spalte, überschrieben mit „Durchlauf", nummeriert die Durchläufe. Drei weitere Spalten repräsentieren den aktuellen Zustand von *folge1*, *folge2* und *folge*. In der ersten Zeile der Tabelle stehen die beiden Eingabefolgen sowie die Ergebnisfolge nach dem ersten Schritt. Da *folge1* und *folge2* beide nicht leer sind, wird der Rumpf der solange-Schleife ausgeführt. In der bedingten Anweisung im Rumpf wird getestet, ob das erste Element von *folge1* nicht größer als das erste Element von *folge2* ist. Dies trifft offensichtlich in unserem Beispiel zu, da 3 nicht größer als 4 ist. Daher wird die Aktion der bedingten Anweisung durchgeführt, d.h. das erste Element von *folge1*, also 3, an die Ergebnisfolge angefügt. Dies ergibt die Folge, bestehend aus 3, die in der ersten Zeile der vierten Spalte in Abbildung 6.3 aufgeführt ist. Ferner gibt die durchzuführende Aktion der bedingten Anweisung an, dass *f1*, also 3, aus *folge1* zu entfernen ist. Damit erhalten wir die Restfolgen in der zweiten und dritten Spalte der zweiten Zeile in Abbildung 6.3. Da beide Folgen immer noch nicht leer sind, wird die solange-Schleife erneut ausgeführt. Der Vergleich der beiden ersten Elemente von *folge1* und *folge2* zeigt, dass 4 kleiner als 7 ist, sodass 4 an die Ergebnisfolge angefügt werden muss. Dieses Ergebnis ist in der vierten Spalte auf Zeile zwei dokumentiert. Ferner muss nun 4 entfernt werden, wodurch sich die beiden Folgen in der dritten Zeile der Tabelle ergeben.

Durchlauf	*folge1*	*folge2*	*folge*
1	3, 7, 8, 11, 15	4, 9, 10, 13, 18, 19	3
2	7, 8, 11, 15	4, 9, 10, 13, 18, 19	3, 4
3	7, 8, 11, 15	9, 10, 13, 18, 19	3, 4, 7
4	8, 11, 15	9, 10, 13, 18, 19	3, 4, 7, 8
5	11, 15	9, 10, 13, 18, 19	3, 4, 7, 8, 9
6	11, 15	10, 13, 18, 19	3, 4, 7, 8, 9, 10
7	11, 15	13, 18, 19	3, 4, 7, 8, 9, 10, 11
8	15	13, 18, 19	3, 4, 7, 8, 9, 10, 11, 13
9	15	18, 19	3, 4, 7, 8, 9, 10, 11, 13, 15
10		18, 19	3, 4, 7, 8, 9, 10, 11, 13, 15, 18

Abbildung 6.3: Ablauf des Mischvorgangs bei zwei bereits sortierten Teilfolgen

Offensichtlich liegt nun wiederum der gleiche Fall wie zuvor vor, sodass analog verfahren wird.

Gehen wir nun zur vorletzten Zeile des Beispiels. Die dort verbliebenden Eingabefolgen bestehen aus 15 beziehungsweise 18 und 19. Beide Eingabefolgen haben also noch nicht die Länge 0. Daher muss 15 mit 18 verglichen werden. Hier ist 15 der kleinere Wert, sodass 15 an die Ergebnisfolge angefügt wird (siehe die Ergebnisfolge *folge* in der vierten Spalte) und aus *folge1* entfernt wird. Die letztgenannte Aktion führt dazu, dass *folge1* leer ist und *folge2* unverändert bleibt. Dies ist die Ausgangssituation in der letzten Zeile der Tabelle. Auch für diese ist wiederum die *solange*-Schleife auszuführen. Allerdings trifft nun die Bedingung der solange-Schleife nicht mehr zu, da nun *folge1* leer ist. Der Algorithmus fährt daher mit der ersten bedingten Anweisung nach der *solange*-Schleife fort (Zeile 14), die untersucht, ob *folge1* leer ist. Da der Fall in unserem Beispiel tatsächlich gegeben ist, wird nun die Aktion der bedingten Anweisung ausgeführt. Diese besteht darin, *folge2* an *folge* anzufügen. Daraus ergibt sich das Ergebnis in der vierten Spalte der letzten Zeile der Tabelle, das zugleich das Resultat des gesamten Mischverfahrens ist.

Aufgabe 6.1:

Stellen Sie den Ablauf des Algorithmus mischen (Pseudocode 6.1) analog zur Tabelle in Abbildung 6.3 für die diese beiden Folgen dar.

folge1:   15, 18, 19
folge2:   6, 8, 13

Durchlauf	*folge1*	*folge2*	*folge*
1	3, 7, 8, 11, 15	4, 9, 10, 13, 18, 19	3
2	3, 7, 8, 11, 15	4, 9, 10, 13, 18, 19	3, 4
3	3, 7, 8, 11, 15	4, 9, 10, 13, 18, 19	3, 4, 7
4	3, 7, 8, 11, 15	4, 9, 10, 13, 18, 19	3, 4, 7, 8
5	3, 7, 8, 11, 15	4, 9, 10, 13, 18, 19	3, 4, 7, 8, 9
6	3, 7, 8, 11, 15	4, 9, 10, 13, 18, 19	3, 4, 7, 8, 9, 10
7	3, 7, 8, 11, 15	4, 9, 10, 13, 18, 19	3, 4, 7, 8, 9, 10, 11
8	3, 7, 8, 11, 15	4, 9, 10, 13, 18, 19	3, 4, 7, 8, 9, 10, 11, 13
9	3, 7, 8, 11, 15	4, 9, 10, 13, 18, 19	3, 4, 7, 8, 9, 10, 11, 13, 15
10	3, 7, 8, 11, 15	4, 9, 10, 13, 18, 19	3, 4, 7, 8, 9, 10, 11, 13, 15, 18
11	3, 7, 8, 11, 15	4, 9, 10, 13, 18, 19	3, 4, 7, 8, 9, 10, 11, 13, 15, 18, 19
	i1	i2	i

Abbildung 6.4: Ablauf des Mischvorgangs aus Sicht der Implementierung

6.1.2   Java-Programm

Nachdem wir das Prinzip des Mischens eingehender besprochen haben, wollen wir den Algorithmus nun in ein Java-Programm überführen. Die genutzten Folgen *folge1*, *folge2* und *folge* sollen dazu wie zuvor als Arrays repräsentiert werden. Hier ergibt sich allerdings die Schwierigkeit, dass sich offensichtlich die Längen der Folgen im Verlauf des Algorithmus ändern (vgl. Abbildung 6.3). *folge1* und *folge2* werden kürzer, während *folge* im Verlauf des Algorithmus länger wird. Andererseits kann ein Array seine Länge während des Verlaufs eines Programms nicht ohne weiteres ändern. Aus diesem Grund ist es notwendig, Arrays der maximal möglichen Länge der Folgen während des Verlaufs eines Algorithmus anzulegen. Im Fall unseres Beispiels sind dies ein Array der Länge 5 für *folge1*, ein Array der Länge 6 für *folge2* und ein Array der Länge 11 für die Ergebnisfolge.

Wie in Abbildung 6.4 gezeigt, werden die Arrays von *folge1* beziehungsweise von *folge2* mit den Werten der Eingabefolgen initialisiert. Das Verkürzen der Folge geschieht nun virtuell dadurch, dass über einen Index gemerkt wird, welcher Teil der Folge bereits abgearbeitet ist. In Abbildung 6.4 ist das Element des Arrays, welches aktuell von dem Index angesprochen wird, grau unterlegt. Zu Beginn sind dies natürlich die jeweils ersten Elemente des Arrays, d.h. in beiden Fällen der Index 0. Nun findet der übliche Vergleich statt und 3 wird aus *folge1* entfernt und an die Ergebnisfolge angefügt. Das aktuelle Ende der Ergebnisfolge im Array *folge* wird wiederum über einen Index gemerkt. Nach dem ersten Schritt ist dieser Index gleich 0, was durch die grau hinterlegte 3 deutlich gemacht wird. Da die Eingabefolge *folge1* um 1 verkürzt wird, indem 3 eliminiert wird, muss der entsprechende Index $i1$ nun auf 1 gesetzt werden. Dies wird durch die Markierung der 7 in dem Array visualisiert. Nun werden 7 und 4 verglichen. Das Ergebnis ist 4, somit wird 4 in das Array-Element mit dem Index 1 geschrieben und der Index i um 1 erhöht. Da

4 nun aus der Folge entfernt wird, ist der Index *i2* von *folge2* auf 1 zu erhöhen, was die Markierung der 9 auf der dritten Zeile der Abbildung wiedergibt.

```java
1  static int[] mische(int[] f1, int[] f2){
2    int n1 = f1.length;
3    int n2 = f2.length;
4    int n = n1+n2;
5    int[] f = new int[n];
6    int i1,i2,i;
7    i=0;
8    i1=0;
9    i2=0;
10   while (i1<n1 & i2<n2){    // f1 und f2 nicht leer:
11     if (f1[i1] <= f2[i2]){  // erstes Element aus f1
12       f[i] = f1[i1];        // uebernehmen
13       i1 = i1+1;
14       i = i+1;
15     }
16     else {                  // erstes Element aus f2
17       f[i] = f2[i2];        // uebernehmen
18       i2 = i2+1;
19       i = i+1;
20     }
21   }
22   if (i1==n1){              // f1 leer:
23     while (i2<n2){          // f2 anfuegen
24       f[i] = f2[i2];
25       i2 = i2+1;
26       i = i+1;
27     }
28   }
29   if (i2==n2){              // f2 leer:
30     while (i1<n1){          // f1 anfuegen
31       f[i] = f1[i1];
32       i1 = i1+1;
33       i = i+1;
34     }
35   }
36   return f;
37 }                          // mische
```

Quellcode 6.2: Funktion mische zum Mischen zweier sortierter Zahlenfolgen

6_2

Durch die Indizes *i1*, *i2* und *i* wird quasi wie mit den Fingern auf die jeweils aktuellen Stellen in den beiden Eingabefolgen sowie in der Ausgabefolge hingedeutet.

Der Quellcode 6.2 zeigt nun die Java-Implementierung dieses Algorithmus in Form einer Funktion mit Namen mische. Sie hat zwei Parameter, nämlich int[] f1 und int[] f2. Die beiden Parameter entsprechen unseren Eingabefolgen *folge1* und *folge2*. Ferner hat sie einen Rückgabewert vom Typ integer-Array, was durch `int[]` unmittelbar vor `mische` angegeben wird.

Nun werden drei Variablen deklariert und initialisiert: `n1`, die Länge der Folge `f1`, `n2`, die Länge der Folge `f2`, und `n`, die Summe der beiden Längen. Es folgt die Deklaration einer Array-Variablen namens `f`, die die Ergebnisfolge *folge* aufnimmt und die mit einem Array der Länge `n` initialisiert wird. Diese Initialisierung geschieht durch die Anweisung `new int[n]` auf der rechten Seite der Wertzuweisung (Zeile 5). Diese Anweisung bewirkt, dass der entsprechende Speicherplatz zur Verfügung gestellt wird und so tatsächlich auf das Array zugegriffen werden kann.

Anschließend werden drei Zählvariablen deklariert (Zeile 6) und initialisiert (Zeile 7,8 und 9). Nachdem nun die notwendigen Variablen deklariert und initialisiert sind, folgt die Übertragung der *solange*-Schleife des Algorithmus in eine `while`-Schleife. Wie in den Kommentaren zu sehen ist, entsprechen die einzelnen Teile des Blocks der `while`-Schleife genau den einzelnen bedingten Anweisungen des Blocks der *solange*-Schleife des Algorithmus. Da `i1` und `i2` die „Finger-Indizes" von `f1` und `f2` sind, die den aktuellen Fortschritt der Bearbeitung wiedergeben, kann über den Test `i1 < n1` beziehungsweise `i2 < n2` herausgefunden werden, ob das Ende von `f1` beziehungsweise `f2` noch nicht erreicht ist (Zeile 10). In der bedingten Anweisung (Zeile 11) wird der Wert des Arrays `f1` an der Stelle `i1` mit dem Wert von `f2` an der Stelle `i2` verglichen. Wenn `f1[i1] <= f2[i2]`, wird durch die Wertzuweisung `f[i] = f1[i1]` der Wert von `f1` an die Folge `f` angefügt. `i` ist der Index auf das erste noch nicht belegte Element der Folge `f`. Das Entfernen des aktuellen ersten Elements aus der Restfolge von `f1` beziehungsweise das Weiterschalten auf das nächste freie Element in `f` geschieht durch Erhöhen der Indizes `i1` beziehungsweise `i` um 1. Der `else`-Teil der bedingten Anweisung verfährt entsprechend für das erste Element der Restfolge `f2` (Zeile 17-19).

Die Übertragung der beiden bedingten Anweisungen am Ende des Pseudocodes 6.1 (vgl. Zeilen 14/15 und 17/18) ist etwas aufwändiger. Zunächst wird getestet, ob `f1` leer ist (Zeile 22). Sollte diese Bedingung erfüllt sein, was bedeutet, dass `i1` gleich `n1` ist (`i1 == n1`), wird die `while`-Schleife in Zeile 23 ausgeführt. Im Verlauf der `while`-Schleife wird der Anfangs-Index `i2` der Restfolge `f2` sukzessive um 1 erhöht, ebenso wie der Index `i` der Ergebnisfolge `f`. Für die jeweils aktuellen Indizes wird dann in der Wertzuweisung `f[i] = f2[i2]` der entsprechende Wert in das Array `f` übertragen (Zeile 24). Für die zweite bedingte Anweisung des Algorithmus, die dem Fall gewidmet ist, dass die Folge `f2` leer ist, geschieht die Übertragung in analoger Weise (s. Zeilen 29-35).

Anschließend kann das Ergebnis des Algorithmus, die Ergebnisfolge `f`, zurückgegeben werden. Dieses ist die letzte Anweisung der Funktion `mische` in Zeile 36, `return f`.

Erinnern wir uns nun an den Ablauf des Sortierens durch Mischen, wie es am Anfang des Kapitels beschrieben wurde. Zunächst wird überprüft, ob die gegebene Eingabefolge die Länge 1 hat. In diesem Fall kann das Ergebnis sofort in Form dieser Folge zurückgegeben werden. Anderenfalls wird die Eingabefolge in zwei Teilfolgen etwa gleicher Länge zerlegt. Beide Teilfolgen werden dann in der gleichen Weise sortiert und durch Mischen zu einer sortierten Folge zusammengefügt. Zur Umsetzung dieses Prinzips bieten Programmiersprachen wie Java die Möglichkeit, Funktionen rekursiv zu formulieren, um diese Vorgehensweise genauso in einer Programmform fassen zu können. Die Umsetzung als Java-Programm ist im Quellcode 6.3 mittels der Funktion `mischSort` dargestellt. Sie hat als Eingabeparameter ein `int`-Array `f`, in dem die zu sortierende Folge steht. Der Ausgabewert ist ebenfalls ein `int`-Array, ausgedrückt durch „[ ]" vor dem Funktionsnamen `mischSort`. Dieses Array enthält nach Ausführung von `mischSort` die sortierte Folge.

```
1   static int[] mischSort(int[] f){
2     int n = f.length;
3     if (n>1){
4       int nl = n/2;
5       int nr = n-nl;
6       int[] hlinks = new int[nl];
7       int i=0;
8       while (i<nl){
9          hlinks[i]=f[i];
10         i=i+1;
11      }
12      int[] flinks = mischSort(hlinks);     // Rekursion
13      int[] hrechts = new int[nr];
14      i=0;
15      while (i<nr){
16         hrechts[i]=f[nl+i];
17         i=i+1;
18      }
19      int[] frechts = mischSort(hrechts);   // Rekursion
20      return mische(flinks,frechts);
21    }
22    else return f;
23 } // mischSort
```

Quellcode 6.3: Funktion `mischSort` zum Sortieren einer Folge von Zahlen durch Mischen

6_3

Zu Beginn der Funktion wird zunächst die Länge `f` in einer Variablen `n` gespeichert. Die darauf folgende bedingte Anweisung (Zeile 3) unterscheidet den Fall `n > 1` von dem dann nur noch verbleibenden Fall `n = 1`. Letzterer wird im `else`-Teil der bedingten Anweisung abgehandelt und besteht in der Anweisung `return f` (Zeile 22), d.h. die Folge `f` wird unverändert zurückgegeben. Dieses stimmt offensichtlich mit unserem Algorithmus überein.

Für den Fall, dass `n > 1` ist, beginnt der Anweisungsblock mit der Längenberechnung der beiden Teilfolgen, in die `f` zerlegt wird. Die Längen sind `nl` und `nr`. Durch ganzzahlige Division von `n` durch 2, ausgedrückt durch `n/2`, ergibt sich `nl`. Ganzzahlige Division bedeutet, dass das Ergebnis auf die nächste ganze Zahl abgerundet wird. Für `n = 4` bedeutet dies `nl = 2`, für n

= 5 ergibt sich ebenfalls `nl` = 2 als Resultat. `nr` ergibt sich als Differenz zwischen `n` und `nl`, also `n` − `nl`.

In der nächsten Anweisung (Zeile 6) wird ein Array deklariert und initialisiert, das die erste Teilfolge von `f` aufnimmt. Dieses Array heißt `hlinks` und bekommt die Länge `nl`. In der darauf folgenden `while`-Schleife werden die ersten `nl` Elemente von `f` in das Array `hlinks` kopiert (Zeile 9). Dieses Array wird nun sortiert, in dem die Funktion `mischSort` mit `hlinks` als Parameter aufgerufen wird (Zeile 12). Das Resultat wird in einem neuen Array `flinks` gespeichert, das auf der Zeile des Aufrufs deklariert wird.

Analog wird mit dem Rest der Eingabefolge `f` verfahren. Diese wird in einem Array `hrechts` gespeichert, das zunächst deklariert wird. In der darauf folgenden `while`- Schleife erfolgt das Kopieren des Rests von `f` nach `hrechts`. Hierbei ist zu beachten, dass in der Anweisung `hrechts[i]` = `f[nl+i]` mit `f[nl]` begonnen wird (Zeile 16). Nach dem Kopieren wird wiederum `mischSort`, angewandt auf den Parameter `hrechts`, aufgerufen (Zeile 19). Das sortierte Ergebnis wird in einem neu deklarierten Array `frechts` gespeichert. Damit sind beide Teilfolgen sortiert.

Die letzte Anweisung des `if`-Teils besteht im Mischen der beiden Folgen. Dies geschieht durch Aufrufen der Funktion `mische` mit den beiden Parametern `flinks` und `frechts` (Zeile 20). Das Resultat wird durch `return` an die Aufrufstelle von `mischSort` zurückgegeben.

In dem Programm wird also das Sortieren der beiden Teilfolgen durch den Aufruf der Funktion `mischSort` für die beiden Teilfolgen geleistet. Die Programmierenden müssen sich hier keine weiteren Gedanken dazu machen, da die weitere Ausführung durch das Java-System übernommen wird. Die Abbildungen 6.5 und 6.6 visualisieren, was dabei vom Rechner geleistet werden muss. Ganz oben steht die unsortierte Eingabefolge, mit der die Funktion `mischSort` aufgerufen wird. Das Ergebnis dieses Aufrufs ist die sortierte Folge (Abbildung 6.5 a). Um diese zu erhalten, zerlegt `mischSort` die Eingabefolge in zwei Teilfolgen, 11,7,8,3,15 und 13,9,19,18,10,4, und ruft sich für beide erneut auf (Abbildung 6.5 b). Die Aufrufe geben die sortierten Teilfolgen zurück, die dann gemischt und anschließend zurückgegeben werden.

Die Aufrufe von `mischSort` für 11,7,8,3,15 und 13,9,19,18,10,4 werden entsprechend abgearbeitet. Für die erste Teilfolge geschieht dies durch Zerlegen in zwei Teilfolgen 11,7 und 8,3,15, mit denen `mischSort` jeweils wieder aufgerufen wird (Abbildung 6.5 c). Die beiden Aufrufe liefern die sortierten Teilfolgen, die dann gemischt werden.

Entsprechend ist mit allen Aufrufen von `mischSort` zu verfahren. Falls die Eingabefolge bei einem Aufruf die Länge 1 hat, wird sie direkt zurückgegeben. Abbildung 6.6 zeigt die Eingaben und Ausgaben aller Aufrufe von `mischSort` auf einen Blick.

Das Bild sieht recht komplex aus. Für Programmierende ist es jedoch nicht wichtig, den genauen Ablauf zu kennen. Sie können davon ausgehen, dass ein Aufruf einer Funktion, in unserem Fall `mischSort`, das korrekte Ergebnis zurückliefert.

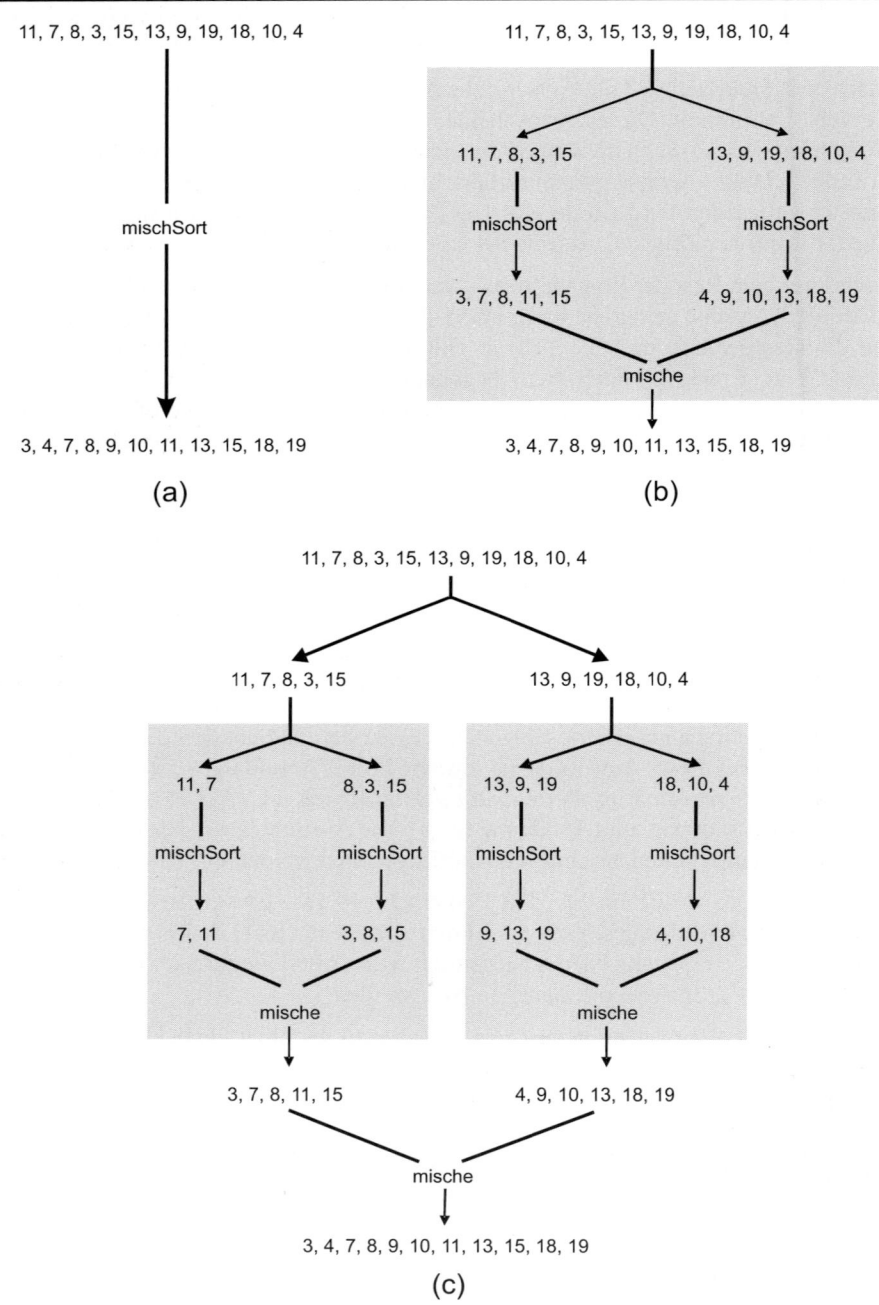

Abbildung 6.5: Sukzessive Expansion der rekursiven Aufrufe beim rekursiven Sortieren einer Folge von Zahlen durch Mischen

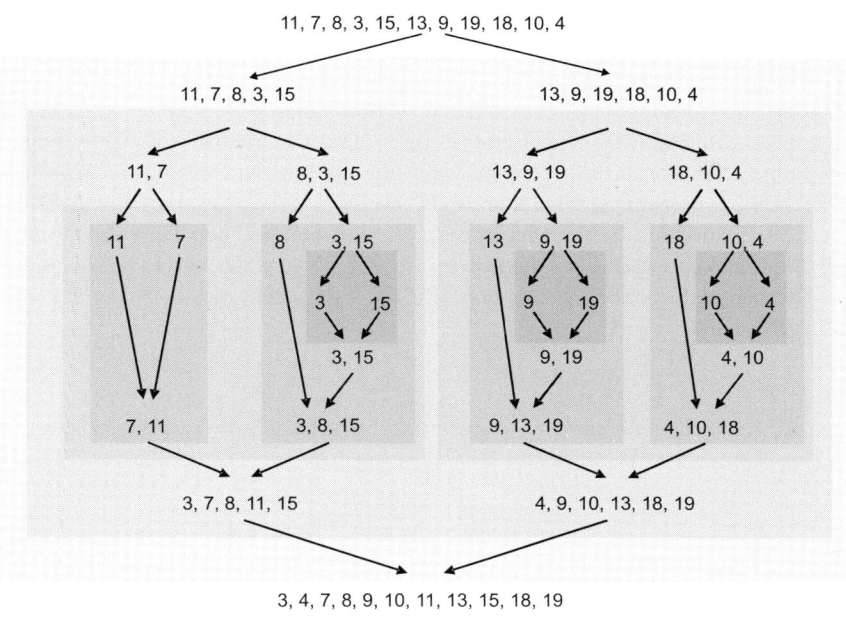

Abbildung 6.6: Vollständige Expansion der rekursiven Aufrufe beim rekursiven Sortieren einer Folge von Zahlen durch Mischen

Um ein insgesamt ausführbares Programm zu erhalten, fehlt noch das Hauptprogramm `main`. Dieses bildet den letzten Bestandteil des Programms `ProgrammMischSort` (Quellcode 6.4). Die Blöcke der beiden Funktionen `mische` und `mischSort` sind aus Gründen der Übersichtlichkeit nur angedeutet, sie müssen aus den entsprechenden Quellcodes 6.2 und 6.3 übernommen werden, um das vollständige Programm zu erhalten.

```
1 class ProgrammMischSort{
2     static int[] mische(int[] f1, int[] f2){...}
3     static int[] mischSort(int[] f){...}
4     public static void main(String[] args){
5         int[] a = {11,7,8,3,15,13,9,19,18,10,4};
6         int n = a.length;
7         int[] b = mischSort(a);
8         int i = 0;
9         while (i<n){
10             System.out.println(b[i]);
11             i=i+1;
12         }
13     } // main
14 } // ProgrammMischSort
```

Quellcode 6.4: Testprogramm `ProgrammMischSort`

6_4

Der vollständige Quellcode des Programms `ProgrammMischSort` mit seinen beiden Funktionen `mische` und `mischSort`, als auch dem Hauptprogramm `main`, ist auf der beiliegenden CD vorhanden.

Zu Beginn der `main`-Methode wird, wie schon in den anderen Beispielen, eine Variable a deklariert, die unsere Beispielfolge aufnimmt (Zeile 5). Danach erhält die Variable n den Wert der Länge der Folge. Das Sortieren geschieht durch die nächste Anweisung, indem die Funktion `mischSort` mit a als aktuellen Parameter aufgerufen und das Ergebnis der Ausführung von `mischSort` der Variablen b zugewiesen wird, die auf der gleichen Zeile deklariert ist (Zeile 7). Gemäß dem Rückgabewert der Funktion `mischSort` wird die Variable b als integer-Array deklariert. Die darauf folgende `while`-Schleife ab Zeile 9 gibt die im Array b gespeicherten Werte als Ergebnis aus.

Aufgabe 6.2:

Stellen Sie den inneren Ablauf der Funktion `mische` in Quellcode 6.2 für folgenden Aufruf dar:

```
int[] folge1 = {15, 18, 19};
int[] folge2 = {6, 8, 13};
int[] folge3 = mische(folge1, folge2);
```

Dies soll mit einer Tabelle geschehen, welche die Werte der Variablen vor jedem Durchlauf der großen `while`-Schleife (`while (i1<n & i2<n){...}`) wiedergibt. Der Tabelleneintrag vor dem ersten Durchlauf sieht so aus:

i	i1	i2	f[0]	f[1]	f[2]	f[3]	f[4]	f[5]
0	0	0	undef.	undef.	undef.	undef.	undef.	undef.
⋮	⋮	⋮	⋮	⋮	⋮	⋮	⋮	⋮

Aufgabe 6.3:

Im Programm `ProgrammMischSort` wird auf der Folge

$$11, \ 7, \ 8, \ 3, \ 15, \ 13, \ 9, \ 19, \ 18, \ 10, \ 4$$

die Funktion `mischSort` durch den Aufruf `mischSort(a)` angewendet.

Bei der Ausführung ruft sich diese Funktion wieder rekursiv auf. Geben Sie die Folge der Werte des jeweils übergebenen Parameters in der Aufruffolge über die gesamte Programmausführung an, wenn man annimmt, dass stets der erste rekursive Aufruf zu Ende geführt wird, bevor der zweite durchgeführt wird. Diese Folge beginnt so:

Aufruf	Parameterwert
1	11, 7, 8, 3, 15, 13, 9, 19, 18, 10, 4
2	11, 7, 8, 3, 15
3	11, 7
4	?

6.2 Prinzip der Rekursion

Im letzten Abschnitt haben wir das Beispiel des mischSort-Algorithmus besprochen und wie folgt dargestellt:

1. Zerlege die gegebene Menge von Zahlen in zwei Teilmengen etwa gleicher Größe und sortiere die beiden Teilmengen auf die gleiche Weise.

2. Mische die beiden sortierten Teilfolgen.

3. Falls die gegebene Menge nur ein Element umfasst, gib die einelementige Folge, bestehend aus diesem Element, zurück.

Dieses Lösungsprinzip ist in der Informatik unter dem Begriff **Divide and Conquer** oder „Teile und Beherrsche" bekannt. Es kann auf intuitive Weise wie folgt beschrieben werden:

1. Zerlege ein großes Problem in kleinere Versionen des Problems.

2. Falls die kleineren Versionen noch zu groß sind, löse sie auf die gleiche Weise.

3. Falls die kleineren Versionen hinreichend klein sind, löse sie direkt.

4. Füge die Lösung kleinerer Versionen des Problems zu einer Lösung des großen Problems zusammen.

Das „Divide and Conquer"-Prinzip in dieser Formulierung ist ein Beispiel für Rekursion. **Rekursion**[1] kann als die Rückführung einer Berechnung auf Berechnungen einer bezüglich einer Ordnung kleineren Eingabe verstanden werden. Mit diesen wird auf dieselbe Weise verfahren. Die Rückführung bricht ab, wenn Eingaben erreicht werden, die bezüglich der Ordnung überschaubar klein sind. Auf diesen Eingaben findet die Berechnung direkt statt. Damit die Rekursion endet, ist es notwendig, dass die Ordnung von unten beschränkt ist, d.h. es gibt keine beliebig kleinen Eingaben.

Die Ordnung kann ein vielfältiges Aussehen haben. Beim Sortieren durch Mischen legt die Länge der Eingabefolgen eine Ordnung fest: eine Eingabefolge ist kleiner als eine andere, wenn sie kleinere Länge hat. In der rekursiven Definition

$$f_1 = 1, f_n = f_{n-1} + n \text{ falls } n > 1$$

einer Zahlenfolge ist die Ordnung über den Index n gegeben. Für einen gegebenen Wert von n, zum Beispiel 4, lässt sich f_n durch sukzessives Einsetzen, analog zum sukzessiven Aufruf von mischSort in den Abbildungen 6.5 und 6.6, auswerten:

$$f_4 = f_3 + 4 = (f_2 + 3) + 4 = (((f_1 + 2) + 3) + 4) = (((1 + 2) + 3) + 4) = 10.$$

Das Prinzip der Rekursion steht im Gegensatz zur Iteration. Bei der **Iteration** wird ebenfalls ein Verfahren mehrfach ausgeführt, jedoch in Form einer Schleife. Die while-Schleife ist ein typisch iteratives Konzept. Grundsätzlich lassen sich rekursive Formulierungen systematisch in iterative umwandeln.

---

1 Rekursion, vom lat. recurrere, zurücklaufen

Als weiteres Beispiel für eine rekursiv formulierte Funktion soll nun noch eine rekursive Version des Mischens zweier Folgen vorgestellt werden, welches im Quellcode 6.3 iterativ gelöst wurde. Pseudocode 6.5 zeigt diese rekursive Version. Der Abbruch der Rekursion geschieht, wenn eine der beiden Folgen leer ist, in diesem Fall wird die andere Folge in eine Variable *ergebnisfolge* zurückgegeben. Anderenfalls wird das kleinere der ersten Elemente der Teilfolgen *folge1* und *folge2* bestimmt. Dieses wird aus seiner entsprechenden Teilfolge entfernt. Es wird eine Variable *ergebnisfolge* deklariert und *f* als einelementige Folge in *ergebnisfolge* übernommen.

```
 1 mischen(folge1, folge2)
 2
 3 Wenn eine der beiden Folgen leer ist, gib die andere als
 4 ergebnisfolge zurueck. Sonst fuehre Folgendes aus:
 5
 6 Wenn das erste Element f von folge1 kleiner oder gleich dem
 7 ersten Element von folge2 ist, dann entferne es aus folge1.
 8 Sonst entferne das erste Element f von folge2 aus folge2.
 9
10 Setze ergebnisfolge als einelementige Folge mit dem entfernten
11 Element f.
12
13 Wende den Algorithmus rekursiv auf die entstandenen folge1 und folge2
14 an, wodurch sich eine sortierte Folge ergebnisrestfolge ergibt.
15
16 Fuege ergebnisrestfolge an ergebnisfolge an.
17
18 Gib ergebnisfolge zurueck.
```

Pseudocode 6.5: Algorithmus für das rekursive Mischen zweier sortierter Folgen

Nun wird der Algorithmus „*mischen*" rekursiv auf die entstandenen Folgen *folge1* und *folge2* angewendet. Der Algorithmus liefert eine sortierte Folge zurück, die in *ergebnisrestfolge* gespeichert wird. *ergebnisrestfolge* wird dann an *ergebnisfolge* angefügt. Schließlich wird *ergebnisfolge* zurückgegeben. Auch hier ist gegeben, dass das Aufrufen von *mischen* auf die veränderten *folge1* und *folge2* das korrekt gemischte Ergebnis zurückliefert.

In Abbildung 6.7 wird der rekursive Ablauf des Mischens am Beispiel der beiden bekannten Teilfolgen 3,7,8,11,15 und 4,9,10,13,18,19 dargestellt. Die erste Spalte nummeriert die rekursiven Aufrufe in der Reihenfolge, in der sie stattfinden. Die zweite und dritte Spalte repräsentieren die Folge *folge1*, respektive *folge2*, die vierte Spalte die jeweils aktuelle *ergebnisfolge*.

Der erste Aufruf geschieht mit den beiden gegebenen Eingabefolgen. Das Ergebnis dieses Aufrufs ist in der Spalte *ergebnisfolge* aufgeführt. Zu seiner Berechnung entfernt die aufgerufene Funktion *mischen* das kleinere Anfangselement von *folge1* und *folge2*, nämlich 3, und ruft mit den Restfolgen *mischen* erneut auf. Diesem zweiten Aufruf ist die zweite Zeile der Tabelle zugeordnet. Er gibt die gemischte Folge zurück, die unter *ergebnisfolge* (grau hinterlegt) aufgeführt ist. Sie wird wiederum vom ersten Aufruf von *mischen* mit der 3 kombiniert, was zu dem Ergebnis in der ersten Zeile der Spalte *ergebnisfolge* führt. Der zweite Aufruf wird nun analog abgearbeitet, indem zunächst das kleinere Anfangselement von *folge1* und *folge2*, die 4, abgetrennt wird, dann mit den Restfolgen der rekursive Aufruf 3 durchgeführt wird, dessen Ergebnis (grau hinterlegt)

Durchlauf	*folge1*	*folge2*	*ergebnisfolge*
1	3, 7, 8, 11, 15	4, 9, 10, 13, 18, 19	3, 4, 7, 8, 9, 10, 11, 13, 15, 18, 19
2	7, 8, 11, 15	4, 9, 10, 13, 18, 19	4, 7, 8, 9, 10, 11, 13, 15, 18, 19
3	7, 8, 11, 15	9, 10, 13, 18, 19	7, 8, 9, 10, 11, 13, 15, 18, 19
4	8, 11, 15	9, 10, 13, 18, 19	8, 9, 10, 11, 13, 15, 18, 19
5	11, 15	9, 10, 13, 18, 19	9, 10, 11, 13, 15, 18, 19
6	11, 15	10, 13, 18, 19	10, 11, 13, 15, 18, 19
7	11, 15	13, 18, 19	11, 13, 15, 18, 19
8	15	13, 18, 19	13, 15, 18, 19
9	15	18, 19	15, 18, 19
10		18, 19	18, 19
			3, 4, 7, 8, 9, 10, 11, 13, 15, 18, 19

Abbildung 6.7: Rekursiver Ablauf des Mischvorgangs von zwei bereits sortierten Teilfolgen

dann mit 4 kombiniert wird (Spalte *ergebnisfolge* in Zeile 2). Das Verfahren endet beim zehnten rekursiven Aufruf, der die nicht leere Ergebnisfolge *folge2* = 18,19 in *ergebnisfolge* ausgibt, jedoch keinen rekursiven Aufruf mehr ausführt.

Zusammenfassung 6.1: Rekursion

Rekursion ist ein allgemeines Prinzip zur Lösung von Problemen, bei der die Berechnung auf die eigene Berechnung direkt oder indirekt zurückverweist. Mit dieser wird auf dieselbe Weise verfahren. Die Rückführung bricht ab, wenn eine vorgegebene Abbruchbedingung erreicht wird. Ein Beispiel für die natürliche Anwendbarkeit von Rekursion ist das „Divide and Conquer-Prinzip".

Zusammenfassung 6.2: Divide and Conquer

„**Divide and Conquer**"-Prinzip:

1. Zerlege ein großes Problem in kleinere Versionen des Problems.

2. Falls die kleineren Versionen noch zu groß sind, löse sie auf die gleiche Weise.

3. Falls die kleineren Versionen hinreichend klein sind, löse sie direkt.

4. Füge die Lösung kleinerer Versionen des Problems zu einer Lösung des großen Problems zusammen.

Aufgabe 6.4:

Programmieren Sie eine Funktion `static int summe(n)`, um die Summe der Zahlen von 1 bis einschließlich n berechnet. `summe(3)` liefert beispielsweise den Wert 6 als Ergebnis von $1+2+3$.

   a) Realisieren Sie die Funktion `summe` iterativ als Java-Programm.

   b) Formulieren Sie eine rekursive Lösung zunächst als Pseudocode und dann als Java-Programm.

Aufgabe 6.5:

Bei der Implementierung der Funktion `mischen`, gegeben durch Pseudocode 6.5, führt das Umkopieren von Arrays, wie dies für den rekursiven Aufruf von `mischSort` in Quellcode 6.3 getan wurde, zu einer ineffizienten Lösung. Ein Ausweg besteht darin, durch Angabe eines Indexes den Teil eines Arrays zu beschreiben, der aktuell noch von Interesse ist. Seien $i1$, $i2$ und i solche Indizes für die Arrays *folge*1, *folge*2 und *folge*. Diese Indizes gehen neben den Arrays in die Parameterliste der Funktion `mischen` ein:

```
static void mischen(int[] folge1, int i1, int[] folge2,
int i2, int[] ergebnisfolge, int i3).
```

Diese Funktion mischt die Teilfolgen

folge1[i1], ... folge1[folge1.length-1]

beziehungsweise

folge2[i2], ... folge2[folge2.length-1]

und gibt das Ergebnis in dem Teil-Array

ergebnisfolge[i3], ... ergebnisfolge[ergebnisfolge.length-1]

zurück. Demgemäß sieht ein Aufruf in einem Testhauptprogramm so aus:

mischen(testfolge1,0,testfolge2,0,testergebnis,0).

Dabei ist *testergebnis* ein Array der Länge *testfolge1.length + testfolge2.length*.

   a) Schreiben Sie ausgehend vom Pseudocode 6.5 diese rekursiv arbeitende statische Java-Funktion `mischen`.

   b) Schreiben Sie ein Java-Rahmenprogramm zum Testen der Funktion `mischen`. Erproben Sie es mit $= 3,7,8,11,15$ und $= 4,9,10,13,18,19$ als *testfolge1* beziehungsweise *testfolge2*.

Klassen und Objekte

Wie wir bereits wissen, bezeichnet ein Datentyp eine Menge von Daten gleicher Art. Beispiele sind die ganzen Zahlen, reelle Zahlen, Wahrheitswerte oder Zeichenketten. Diese Datentypen sind für den Einsatz eines Computers als „Rechenmaschine" ausreichend. Es fällt jedoch schwer, damit in intuitiver Weise nichtnumerische Daten zu handhaben. Daher bieten höhere Programmiersprachen die Möglichkeit zur Deklaration eigener, komplexerer Datentypen, die es erlauben, Datensätze oder Objekte anzulegen, die sich aus anderen Daten zusammensetzen.

Abschnitt 7.1 führt anhand eines Beispiels in die Schematik zusammengesetzter Datentypen ein. Das Prinzip führt zu dem Konzept der Klasse, welches in Abschnitt 7.2 behandelt wird, und zu dem Konzept des Objekts, das Gegenstand von Abschnitt 7.3 ist. Zum Abschluss dieses Kapitels zeigt Abschnitt 7.3.4 die Anwendung der Konzepte an einem komplexeren Beispiel: der Suche in einer verzeigerten linearen Liste.

7.1 Beispiel: Suchen in einem Datenbestand

Das Problem, dem wir uns nun zuwenden, besteht darin, Informationen über Studierende zu speichern und auf diese dann selektiv zugreifen zu können. Die Information, durch die wir Studierende in dem Datenbestand repräsentieren, besteht aus dem Namen, der Matrikelnummer und dem Geburtsjahr. Hierbei ist die Matrikelnummer eine Zahl, die Studierende bei der Einschreibung an der Universität zugewiesen bekommen und die eine eindeutige Identifizierung erlaubt. Aus Sicht der Programmierung ist der Name vom Datentyp String, die Matrikelnummer vom Datentyp int und das Geburtsjahr ebenfalls vom Datentyp int. In dem Datenbestand werden diese drei Daten jedes Studierenden zu einem Datensatz oder Objekt zusammengefasst und als Einheit verwaltet.

Eine Möglichkeit der Verwaltung von Studierendenobjekten ist, sie in einem Array zu speichern. Dies ist in Abbildung 7.1, oben, dargestellt. Die Abbildung zeigt ein Array mit drei Elementen. Jedes Array-Element enthält ein Studierendenobjekt, bestehend aus drei Datenkomponenten.

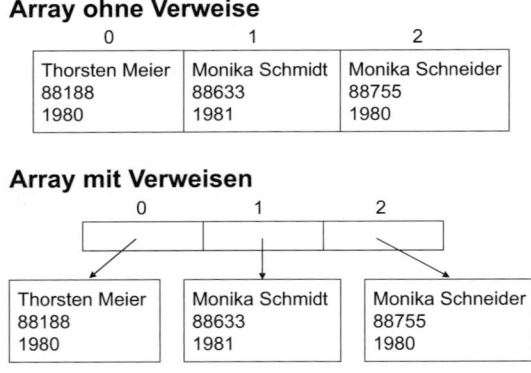

Abbildung 7.1: Verwaltung eines Studierenden-Datenobjekts in Array-Form, mit und ohne Verweise

Eine Alternative, die etwa in Java zur Anwendung kommt, besteht darin, die Objekte in einem eigenen Speicherbereich abzulegen und sie in dem Array nur durch Angabe des Orts zu repräsentieren, an dem sie abgelegt sind. In einem Array-Element wird dann ein Verweis, auch Referenz oder Zeiger genannt, auf das entsprechende Objekt gespeichert. In Abbildung 7.1, unten, sind diese Verweise durch Pfeile dargestellt.

Wie wir später noch genauer sehen werden, sind Daten im Rechner in einem Speicher abgelegt. Der Ort der Ablage ist durch eine so genannte Adresse, ähnlich einer Hausnummer, beschrieben. Die Verweise in den Array-Elementen kann man sich als solche Adressen vorstellen. Bei der Verarbeitung eines Array-Elements findet der Rechner dort zunächst die Adresse, die er dann verwendet, um auf die eigentlichen Daten zuzugreifen.

Ein Grund für die Verwendung von Verweisen ist die Möglichkeit, unterschiedlich große Datenobjekte zu verwalten. Dies ist bei einem Array problematisch, da es vorteilhaft ist, dass jedes Element möglichst gleich viel Platz im Speicher einnimmt, um durch einfache Rechnung aus dem Index die Adresse eines Array-Elements im Speicher zu finden. Falls die Elemente des Arrays unterschiedlichen Speicherbedarf hätten, würde diese Rechnung komplizierter und damit langsamer werden.

Die Verwendung von Referenzen erlaubt es ferner, die Bewegung von Datenobjekten im Speicher zu vermeiden, falls ein Datenobjekt etwa einer anderen Variablen zugewiesen wird. In diesem Fall genügt es, nur die Adresse in die neue Variable zu schreiben. Diese Vorgehensweise ist auch in anderen Zusammenhängen gebräuchlich. So geschieht die Planung einer Zimmereinrichtung häufig dadurch, dass verschiedene Alternativen durch Versetzen der Einrichtungsgegenstände erprobt werden. An Stelle des Verschiebens realer Möbel kann ein Grundrissplan des Raumes hergenommen werden, auf dem Papierrepräsentanten für die Einrichtungsgegenstände wie Schrank, Hocker, Stuhl und Tisch im entsprechenden Maßstab auf dem Plan platziert werden (s. Abbildung 7.2). Die Aufschrift „Schrank", „Hocker", „Stuhl" oder „Tisch" auf den Papierrepräsentanten geben eine Referenz auf die echten Einrichtungsobjekte. Auf diese Art und Weise

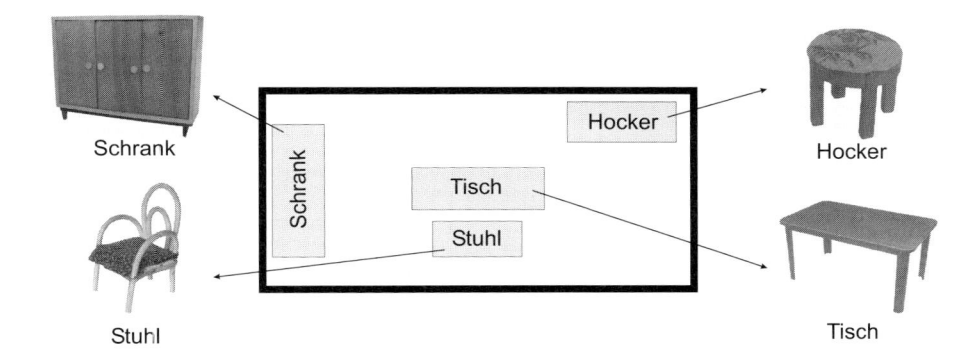

Abbildung 7.2: Planung einer Zimmereinrichtung

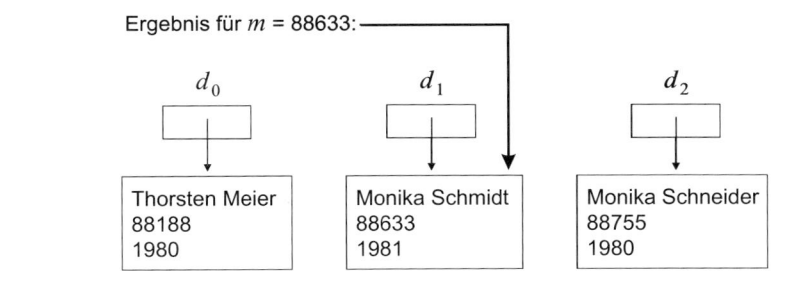

Abbildung 7.3: Drei Datenobjekte vom Typ `Studierende`

ist es offensichtlich erheblich einfacher, eine Planung der Einrichtung durchzuführen.

Nachdem wir nun die Repräsentation des Datenbestandes festgelegt haben, können wir uns dem Problem des Suchens in dem Datenbestand zuwenden. Wir formulieren es wie folgt:

Problem: Suchen in einem Studierendendatenbestand

Gegeben: Eine Folge $d_0, d_1, ..., d_{n-1}$, wobei d_i auf ein ausgezeichnetes Studierenden-Datenobjekt verweist, und eine zu suchende Matrikelnummer m.

Gesucht: Ein Verweis auf dasjenige Datenobjekt, dessen Matrikelnummer mit der zu suchenden Matrikelnummer m übereinstimmt. Falls es ein solches Datenobjekt nicht gibt, wird ein leerer Verweis zurückgegeben.

Algorithmus: suche($d_0, d_1, \ldots, d_{n-1}, m$)

- Durchlaufe die Elemente der Menge und vergleiche die Komponente „Matrikelnummer" des aktuellen Datenobjektes mit m.

- Wenn beide übereinstimmen, dann gib den Verweis auf das aktuelle Element zurück und breche die Suche ab.

- Falls bei keinem Datenobjekt Gleichheit gefunden wurde, gib einen leeren Verweis zurück.

Abbildung 7.4: Algorithmus zur Suche in einem Datenbestand von Studierendenobjekten

Betrachten wir dieses Problem an einem Beispiel. Abbildung 7.3 zeigt ein Datenobjekt mit drei Studierenden. Die Matrikelnummer, mit der die Suche erfolgen soll, ist 88633. Offensichtlich existiert diese Matrikelnummer, sodass ein entsprechender Verweis zurückgegeben werden kann. Um zu testen, ob die Suche erfolgreich war, bieten Programmiersprachen üblicherweise ein Schlüsselwort für den **leeren Verweis** an, z.B. *nil* oder *null*. Anhand des Ergebnisses, `true` oder `false`, eines Vergleiches des zurückgegebenen Verweises mit `nil` oder `null` auf Gleichheit kann entschieden werden, ob die Suche erfolgreich war.

Abbildung 7.4 skizziert einen Algorithmus zur Lösung des Suchproblems. Der Algorithmus „suche" mit den Parametern $d_0, d_1, \ldots, d_{n-1}$ sowie mit der Matrikelnummer m durchläuft die Elemente der Folge und vergleicht die Komponente „Matrikelnummer" des Datenobjektes von einem jeweils aktuellen Element mit m. Wenn beide übereinstimmen, gibt er den Verweis auf das aktuelle Element zurück und bricht die Suche ab. Falls bei keinem Datenobjekt Gleichheit gefunden wird, gibt er einen leeren Verweis zurück. Umgesetzt wird diese Idee in der Pseudocode-Darstellung 7.1.

In der Bedingung der *solange*-Schleife wird getestet, ob $i < n$ und die Matrikelnummer ungleich m ist. Ist dies der Fall, wird i um 1 erhöht und damit zum nächsten Element weitergegangen.

```
1  suche (d_0, d_1, ..., d_{n-1}, m) {
2      i := 0;
3      Solange i<n und d_i.gibMatrikelnummer()!= m, fuehre aus: {
4          i := i+1;
5      }
6      Wenn i<n, dann
7          Gib d_i zurueck;
8      Sonst
9          Gib null zurueck;
10 }
```

Pseudocode 7.1: Suche in einem Datenbestand von Studierendenobjekten

---

Für den Zugriff auf die Matrikelnummer im Datenobjekt, auf den d_i verweist, wird eine Notation verwendet, die in Java gebräuchlich ist. Hierbei wird eine so genannte **Methode** des Datenobjekts aufgerufen. In diesem Fall lautet der Name der Methode, welche die Matrikelnummer zurückgibt, „gibMatrikelnummer". Nach Durchführung der *solange*-Anweisung wird untersucht, ob $i < n$ ist. Im aktuellen Beispiel wurde in der Eingabefolge ein Element gefunden, das die gewünschte Matrikelnummer hat. Daher wird dieses Element d_i zurückgegeben. Anderenfalls erfolgt die Ausgabe „*null*".

Aufgabe 7.1:

Entwerfen Sie einen Algorithmus „sucheStudierende" in Pseudocode-Schreibweise, vergleichbar zum Algorithmus 7.1, der aus einer Folge von Studierendendatenobjekten die Namen der Studierenden zurückgibt, die älter als eine vorgegebene Jahreszahl sind. Als Eingabe erhält der Algorithmus die Parameter $d_0, d_1, \ldots, d_{n-1}$ vom Typ „Studierende" sowie eine Jahreszahl j.

7.2 Klassen

Um Objekte wie die Studierendenobjekte aus dem vorhergehenden Abschnitt in einem Programm verwenden zu können, bieten höhere Programmiersprachen die Möglichkeit zur Deklaration eigener, komplexerer Datentypen, die es erlauben, Datensätze oder Objekte anzulegen, die sich aus anderen Daten zusammensetzen. Solche Mechanismen sind in Programmiersprachen unter den Namen „record", „struct" oder „class" bekannt und unterscheiden sich in ihrer Leistungsfähigkeit. Wir konzentrieren uns im Folgenden auf das Klassen- und Objektkonzept, welches die Grundlage der objektorientierten Programmierphilosophie bildet.

Eine **Klasse** ist ein Datentyp, der festlegt, wie alle Objekte einer Klasse aufgebaut sind. Innerhalb der Klasse wird festgelegt, aus welchen Datenkomponenten, so genannten **Attributen**, ein Objekt besteht und welche Operationen zur Manipulation der Datenkomponenten, so genannte **Methoden**, zur Verfügung stehen. Zusätzlich bietet sie Möglichkeiten zur Instantiierung von Objekten durch so genannte **Konstruktoren** an.

> **Zusammenfassung 7.1: Klasse**
>
> Eine **Klasse** ist ein Datentyp, der sich aus Datenkomponenten, so genannten **Attributen**, zusammensetzt und der Operationen zur Manipulation der Datenkomponenten, so genannte **Methoden**, anbietet. Zusätzlich gibt es Operationen zur Erzeugung von Objekten, so genannte **Konstruktoren**.

7.2.1 Beispiel: Studierende

Quellcode 7.2 zeigt eine Klassendeklaration für die Studierendenobjekte aus Abschnitt 7.1 in Java. Die Klassendeklaration beginnt mit dem Schlüsselwort `class`, gefolgt von dem Klassennamen, in unserem Fall `Studierende`. Der darauf folgende Rumpf der Klassendeklaration, der durch geschweifte Klammern „{... }" eingeschlossen wird, umfasst die drei Gruppen von Bestandteilen, durch welche die Funktionalität der Objekte der Klasse festlegt wird: Attribute, Konstruktoren und Methoden.

```
1  class Studierende
2  {
3    // --- Attribute ---
4    String studname;
5    int matrikelnummer;
6    int geburtsjahr;
7
8    // --- Konstruktor(en) ---
9    Studierende(String name, int nummer, int jahr){
10         studname = name;
11         matrikelnummer = nummer;
12         geburtsjahr = jahr;
13   }
14
15   // --- Methoden ---
16   String gibStudname(){
17         return studname;
18   }
19
20   void setzeStudname(String name){
21       studname = name;
22   }
23
24   int gibMatrikelnummer(){
25       return matrikelnummer;
26   }
27
28   void setzeMatrikelnummer(int nummer){
29         matrikelnummer = nummer;
30   }
31
32   int gibGeburtsjahr(){
33         return geburtsjahr;
34   }
35
36   void setzeGeburtsjahr(int jahr){
37         geburtsjahr = jahr;
38   }
39
40   int gibAlter(){
41         int aktJahr = Datum.gibJahreszahl();
42         return aktJahr-geburtsjahr;
43   }
44
45 }
```

Quellcode 7.2: Deklaration der Java-Klasse „Studierendendaten" mit Attributen, Konstruktor und Methoden

Üblicherweise beginnt eine Klassendeklaration mit der Auflistung der Attribute. Es folgen die Konstruktoren und schließlich die Methoden. Aus didaktischen Gründen werden wir bei der folgenden Beschreibung des Quellcodes 7.2 die Konstruktoren zuletzt erklären.

Die **Attribute** sind, wie schon festgestellt, die Datenkomponenten, aus denen die Objekte einer Klasse bestehen. Bei den Studierendenobjekten sind dies studname, deklariert als String, sowie matrikelnummer und geburtsjahr, beide deklariert als int. Die Attributdeklarationen sehen also wie normale Variablendeklarationen aus (s. Abschnitt 4.4.1 „Variablendeklaration", Seite 48).

Um auf Daten eines Datenobjektes zugreifen oder diese verändern zu können, werden **Methoden** genutzt, deren Deklaration im Quellcode 7.2 ab Zeile 15 erfolgt. Im Algorithmus zur Suche in einem Datenbestand in Abschnitt 7.1 hatten wir bereits die Methode gibMatrikelnummer verwendet, um die in einem Studierendenobjekt gespeicherte Matrikelnummer zurückzugeben.

Methoden sind nichtstatische Funktionen und werden entsprechend ohne das einleitende Schlüsselwort static deklariert. Die Methode gibStudname() gibt bei ihrem Aufruf den aktuellen Wert des Attributs studname vom Typ String zurück. Hierbei ist studname der Name des entsprechenden Attributs der Klasse. Im Rumpf der Deklaration der Methode setzeStudname(String name) wird dem Attribut studname der Wert ihres Parameters name zugewiesen. setzeMatrikelnummer(int nummer) setzt den Wert des Attributs matrikelnummer auf den Wert des Parameters nummer. Entsprechend verfahren die Methoden gibGeburtsjahr() und setzeGeburtsjahr(int jahr) mit dem Attribut geburtsjahr. Unter dem Rumpf wird, vergleichbar zur Definition von Klassen, der durch geschweifte Klammern eingefasste Block von Anweisungen verstanden. Der Rumpf kann auch leer sein.

Die Methode gibAlter() berechnet aus der aktuellen Jahreszahl und dem Geburtsjahr das Alter des Studierenden und gibt den Wert zurück. In unserem Beispiel wird die Differenz zwischen einer bestimmten Jahreszahl, aktJahr, und dem Wert von geburtsjahr als Rückgabewert berechnet.

Zu beachten ist hierbei, dass die Methode gibJahreszahl() in einer bisher noch nicht benannten Klasse Datum deklariert ist. Diese Methode liefert immer die aktuelle, durch das Java-System bestimmte, Jahreszahl. Entsprechende Methoden zur Abfrage des Datums werden vom Java-System angeboten. Wir werden im Abschnitt 9.3 darauf eingehen.

Es verbleibt die Beschreibung des Konstruktors (Zeile 9). **Konstruktoren** ermöglichen, Objekte einer Klasse, hier für die Klasse Studierende, zu „instanziieren", das heißt anzulegen. Üblicherweise werden in einem Programm mehrere Objekte derselben Klasse verwendet, wie dies mit den Objekten für Thorsten Meier, Monika Schmidt und Monika Schneider beim Suche-Beispiel der Fall ist.

Die Deklaration eines Konstruktors sieht wie die einer Methode aus, allerdings mit zwei Unterschieden. Zunächst wird kein Rückgabedatentyp vor dem Namen des Konstruktors angegeben. Ferner kann der Name von Konstruktoren nicht frei gewählt werden, sie haben stets denselben Namen wie die Klasse. Der Name des Konstruktors im Beispiel ist daher Studierende. Er hat drei Parameter, name, nummer und jahr. Die Werte dieser drei Parameter werden im Block

des Konstruktors den drei entsprechenden Attributen `studname`, `matrikelnummer` und `ge-`
`burtsjahr` zugewiesen. Diese Anweisungen werden ausgeführt, wenn ein Objekt der Klasse
durch Anwendung des Konstruktors erzeugt wird. Dadurch werden die Attribute eines Studierendenobjektes bei seiner Erzeugung auf die bei der Anwendung des Konstruktors übergebenen
Parameterwerte gesetzt. Auf die Erzeugung von Objekten gehen wir später in Abschnitt 7.3 ein.

7.2.2   Deklaration von Klassen

Wie wir an dem Beispiel des vorigen Abschnitts gesehen haben, besteht eine **Klassendeklaration** aus der Angabe eines **Klassennamens**, von **Attributen**, **Konstruktoren** und **Methoden**.
Sie beginnt mit dem Schlüsselwort `class`, dem der Name der Klasse folgt und endet mit dem
Rumpf der Klassendeklaration, der durch geschweifte Klammern eingefasst ist. Der Rumpf der
Klassendeklaration besteht aus drei Teilen, der Attributdeklaration, der Konstruktordeklaration
und der Methodendeklaration. Hierbei ist es nicht notwendig, dass in einer Klasse alle drei Dekla-
rationsformen vorkommen. Eine minimale Klasse könnte auch aus dem Schlüsselwort `class`,
dem eigentlichen Klassennamen und einem leeren Rumpf bestehen.

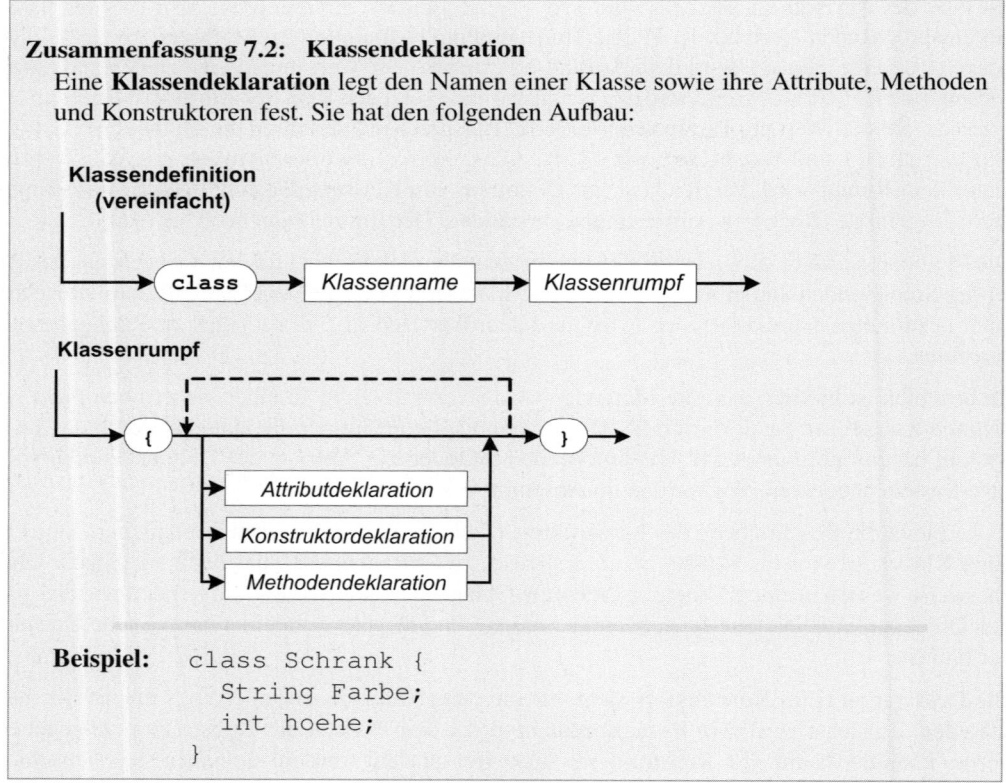

Zusammenfassung 7.2:   Klassendeklaration
Eine **Klassendeklaration** legt den Namen einer Klasse sowie ihre Attribute, Methoden
und Konstruktoren fest. Sie hat den folgenden Aufbau:

**Klassendefinition
(vereinfacht)**

class → Klassenname → Klassenrumpf

Klassenrumpf

{ → Attributdeklaration / Konstruktordeklaration / Methodendeklaration → }

Beispiel:
```
class Schrank {
    String Farbe;
    int hoehe;
}
```

Ein **Java-Programm** besteht im Normalfall aus einer Folge von Klassen, wobei in einer der Klassen die Methode `main` deklariert sein muss. Mit dieser Methode startet die Ausführung des Gesamtprogramms. Die Klasse, in der die Methode `main` deklariert ist, nimmt daher üblicherweise eine Sonderrolle ein, nämlich die der Spezifikation des Hauptprogramms und nicht die der Deklaration des Datentyps einer Klasse von Objekten. Da wir in den Java-Beispielen der vorigen Kapitel keine Objekte verwendet haben, bestanden die Java-Programme nur aus einer Klasse, nämlich dem Hauptprogramm.

Zusammenfassung 7.3: Java-Programm vom Typ Applikation

Ein **Java-Programm** besteht aus einer Folge von Klassen. In einer der Klassen muss die Methode `main` deklariert sein. Mit dieser Methode startet die Ausführung des Gesamtprogramms.

7.2.3   Deklaration von Attributen

Die **Attribute** sind die Datenkomponenten, aus denen die Objekte einer Klasse bestehen. Vergleichbar zur uns bekannten Deklaration von Variablen werden auch die Attribute einer Klasse deklariert. Ein Beispiel ist die Attributdeklaration `int matrikelnummer` in der Klasse `Studierende`.

Zusammenfassung 7.4: Attribute

Attribute sind die Datenkomponenten, aus denen die Objekte einer Klasse bestehen. Sie werden wie Variablen deklariert, siehe Zusammenfassung 4.5 und 4.6.

7.2.4   Deklaration von Methoden

Methoden sind Operationen, die die Funktionalität eines Objektes festlegen. Mit ihnen kann auf die Attribute eines Objektes zugegriffen werden, um deren Werte herauszufinden oder zu ändern.

Methodendeklarationen sehen aus wie Funktionsdeklarationen (s. Abschnitt 5.2 „Funktionen", Seite 84), nur, dass das Schlüsselwort `static` fehlt. In Begriffserklärung 7.5 ist der Aufbau durch ein Syntaxdiagramm beschrieben. Ein Beispiel aus der Deklaration der Klasse `Studierende` ist

```
void setzeStudname(String name){...}
```

Methoden bestimmen wie die Funktionen aufgrund von Eingabeparametern einen Rückgabewert. In dem angeführten Beispiel ist `name` der Eingabeparameter vom Typ `String`. Dass die Methode `setzeStudname` keinen Rückgabewert hat, wird durch das Schlüsselwort `void` zum Ausdruck gebracht.

Die Methode

```
String gibStudname(){...}
```

hat keinen Eingabeparameter, gibt aber einen Wert vom Typ `String` zurück. Wird bei der De-klaration ein Rückgabetyp festgelegt, der nicht vom Typ `void` ist, muss eine explizite Rückgabe mittels einer `return`-Anweisung erfolgen.

Zur Erinnerung sei noch einmal darauf hingewiesen, dass sich eine Parameterdeklaration aus einer Datentypangabe und dem nachgestellten Parameternamen zusammensetzt, vgl. auch Seite 85, Begriffserklärung „Parameter". So hat die Methode `setzeStudname(String name)` einen Parameter mit Namen `name` und Datentyp `String`.

Zusammenfassung 7.5:   Methoden

Methoden sind Operationen, die die Funktionalität eines Objektes festlegen. Mit ihnen kann auf die Attribute eines Objektes zugegriffen werden, um deren Werte herauszufin-den oder zu ändern.

Methoden haben einen **Namen** und können **Parameter** und einen **Rückgabewert** haben. Deklariert werden Methoden gemäß der folgenden Syntaxdiagramme:

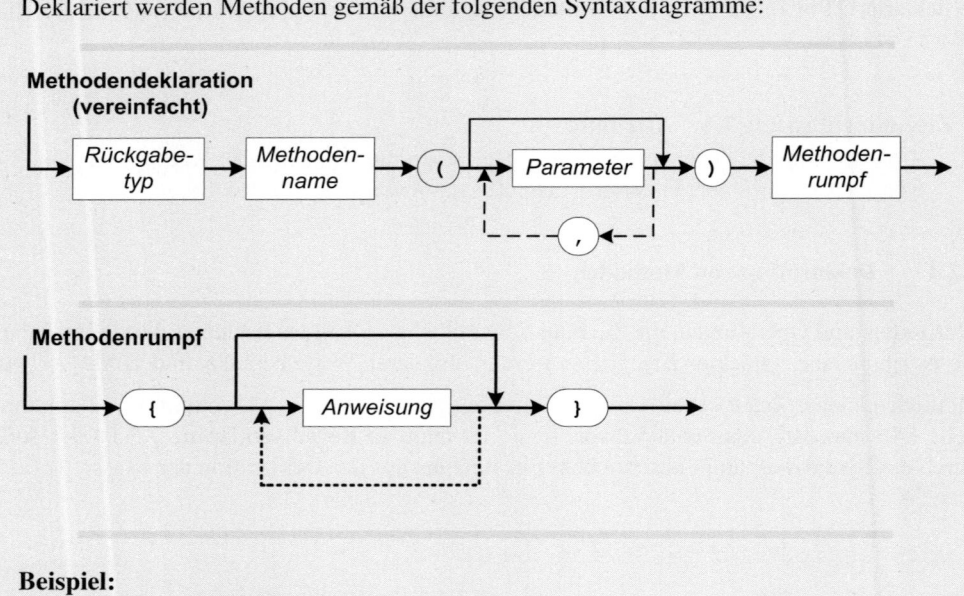

Beispiel:

```
int gibMatrikelnummer(){
    return matrikelnummer;
}
```

7.2.5   Deklaration von Konstruktoren

Konstruktoren sind Operationen, die es ermöglichen, Objekte einer Klasse zu **instantiieren**, das heißt, anzulegen. Eine Konstruktordeklaration ähnelt einer Funktions- oder Methodendeklaration. Sie beginnt mit dem Namen des Konstruktors, der stets identisch mit dem Klassennamen ist. Ferner ist zu beachten, dass eine Konstruktordeklaration keinen Rückgabetyp enthält. Trotz der Tatsache, dass ein Konstruktor keinen Rückgabewert hat, wird das von Methoden bekannte Schlüsselwort `void` bei einem Konstruktor *nicht* vorangestellt. Auf den Klassennamen folgt in Klammern eine formale Parameterdeklaration (Param_1, ..., Param_n), wie dies bei Methoden der Fall ist. Es schließt sich in geschweiften Klammern der Rumpf des Konstruktors an, der aus einer Folge von Anweisungen besteht. Diese Anweisungen werden ausgeführt, wenn ein Objekt des Typs der Klasse instantiiert wird. Ein Beispiel für eine Konstruktordeklaration ist

```
Studierende(String name, int nummer, int jahr){
    studname = name;
    matrikelnummer = nummer;
    geburtstag = jahr;
}
```

aus der Klasse `Studierende`. Sie hat drei Parameter, `name`, `nummer` und `jahr`. Die Werte dieser drei Parameter werden im Rumpf des Konstruktors den drei entsprechenden Attributen `studname`, `matrikelnummer` und `geburtsjahr` der Klasse zugewiesen.

Es ist nicht unbedingt notwendig, dass eine Konstruktordeklaration in einer Klassendeklaration auftritt. Falls kein Konstruktor deklariert ist, stellt das Java-System für die Objekterzeugung einen **vordefinierten Konstruktor** ohne Parameter, auch „default"- oder „leerer" Konstruktor genannt, zur Verfügung. Der vordefinierte Konstruktor führt außer der Erzeugung eines Objektes keine weiteren Operationen aus.

Zusammenfassung 7.6:   Konstruktoren

Konstruktoren sind Operationen, die es ermöglichen, Objekte einer Klasse zu **instantiieren**, das heißt anzulegen.

Alle Konstruktoren einer Klasse haben denselben Namen, nämlich den der Klasse. Zusätzlich können sie Parameter haben.

Deklariert werden Konstruktoren gemäß dem folgenden Syntaxdiagramm:

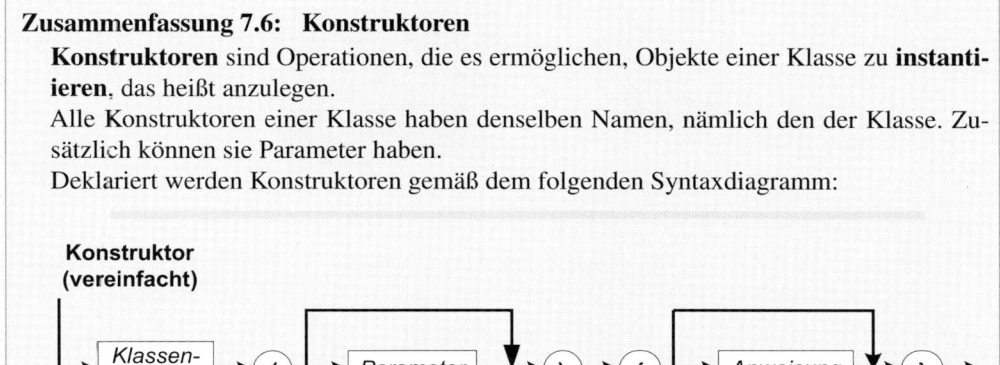

Konstruktor
(vereinfacht)

Konstruktoren dienen dazu, Objekte zu generieren. Es stellt sich hier die Frage, ob Objekte, die nicht mehr benötigt werden, auch entfernt werden können. Eine Möglichkeit hierfür sind **Destruktoren**, die von manchen Programmiersprachen angeboten werden. Java geht hier einen anderen Weg. Ein so genannter **Garbage Collector**[1], der den Speicher eines Programms überwacht, stellt, ohne dass sich Programmierende darum kümmern müssen, fest, ob es Objekte gibt, auf welche nicht mehr durch eine Referenz verwiesen wird. Da auf diese Objekte offensichtlich nicht mehr durch das Programm zugegriffen werden kann, entfernt sie der Garbage Collector aus dem Speicher. Der Vorteil dieser Vorgehensweise ist, dass sich der Programmierende nicht selbst um das Entfernen von Objekten kümmern muss, wie es sonst notwendig wäre, um mit dem verfügbaren Speicher des Rechners auszukommen.

Aufgabe 7.2:

> Erweitern Sie die Klasse `Studierende`, siehe Quellcode 7.2, um ein Attribut, welches die Namen von Prüfungen speichern kann. Das Attribut mit Namen „`pruefungen`" hat den Datentyp `String`-Array.

Aufgabe 7.3:

> Um Verkehrsampeln mit einem Java-Programm steuern zu können, werden Objekte des Typs `Ampel` benötigt. Deklarieren Sie dazu eine Java-Klasse mit Namen `Ampel`, welche die Booleschen Attribute `roteLampe` und `grueneLampe` beinhaltet. `true` repräsentiert eine angeschaltete Lampe, `false` eine ausgeschaltete Lampe.

Aufgabe 7.4:

> Abbildung 7.5 zeigt u.a. die Darstellung eines Stuhls.

Abbildung 7.5: Stuhl und Schrank

> a) Deklarieren Sie eine Klasse `Stuhl`, die aus den Attributen `farbeSitzflaeche` vom Typ `String`, `hoehe` vom Typ `double` und `armlehnen` vom Typ `boolean` besteht.

---

1 engl. garbage = Müll oder wertlose Dinge, engl. collector = Einsammler

b) Ergänzen Sie die Klasse `Stuhl` um eine Methode, mit der abgefragt werden kann, ob der Stuhl Armlehnen hat. Die parameterlose Methode `hatArmlehnen` liefert in Abhängigkeit vom Wert des Attributes `armlehnen` den Wert `true` zurück, falls der Stuhl über Armlehen verfügt, ansonsten `false`.

Aufgabe 7.5:

a) Es soll eine Klasse `Schrank` entworfen werden. Schreiben Sie zunächst die Eigenschaften und Funktionalitäten auf, die grundsätzlich für einen Schrank zu berücksichtigen sind. **Hinweis:** Denken Sie auch daran, dass die Türen eines Schranks beispielsweise geöffnet oder geschlossen werden können. Auch eine Beleuchtung kann unterschiedliche Zustände annehmen.

b) Überlegen Sie sich nun, welche Aspekte aus dem Aufgabenteil a) durch Attribute und welche durch Methoden realisiert werden können. Im Anschluss implementieren Sie eine entsprechende Klasse `Schrank`, die die Attribute und Methoden beinhaltet.

Aufgabe 7.6:

Innerhalb des Quellcodes 7.2 wurde ein Konstruktor mit drei Parametern für die Klasse `Studierende` definiert. Deklarieren Sie einen zweiten Konstruktor, der einen Parameter `jahr` beinhaltet. Bevor der Wert des Parameters `jahr` dem Attribut `geburtsjahr` zugewiesen wird, soll diese Jahreszahl auf Korrektheit überprüft werden. Eine Jahreszahl soll übernommen werden, falls diese nicht vor 1950 liegt. Ansonsten soll das Attribut `geburtsjahr` auf 0 gesetzt werden.

Aufgabe 7.7:

Erweitern Sie die Klasse `Ampel` aus Aufgabe 7.3.

a) Die Klasse soll einen Konstruktor haben, der beide Lampen auf „aus" initialisiert.

b) Ferner soll die Klasse die Methoden `schalteRot` und `schalteGruen`, mit einem Booleschen Parameter `wert`, beinhalten, der den Zustand angibt, auf den das Attribut `roteLampe` bzw. `grueneLampe` durch Anwendung der entsprechenden Methode gesetzt wird. Schließlich soll die Klasse noch eine Methode `druckeZustand` haben, die den Wert der Attribute auf dem Bildschirm ausgibt.

7.3   Objekte

Ein **Objekt** ist eine Datenstruktur, deren Datentyp durch eine Klasse festgelegt ist. Die Klasse beschreibt den Aufbau und die Funktionsweise des Objekts. Bei einem Objekt handelt es sich um eine konkrete Ausprägung einer Klasse, deshalb auch **Instantiierung** einer Klasse oder kurz **Instanz** genannt. Die Klassendeklaration legt fest, welche Attribute und Methoden für ein Objekt der Klasse zur Verfügung stehen und in welcher Form eine Instantiierung stattfinden kann. Somit ist die Klassendeklaration eine Art Schablone oder Maske für das Aussehen der Objekte der Klasse. Durch die Klasse `Studierende` wird beispielsweise festgelegt, dass jedes Objekt der

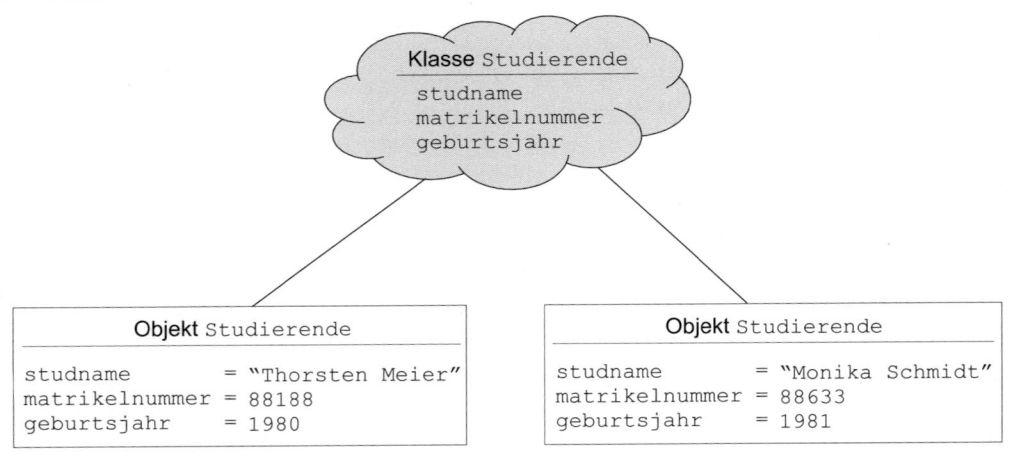

Abbildung 7.6: Darstellung der Beziehung zwischen einer Klasse und den zugehörigen Objekten

Klasse durch die Attribute `studname`, `matrikelnummer` und `geburtsjahr` beschrieben wird (vgl. Abbildung 7.6). Ein (konkretes) Objekt der Klasse `Studierende` ist dasjenige, das *Thorsten Meier* mit der Matrikelnummer *88188* und dem Geburtsjahr *1980* repräsentiert. Ein weiteres Objekt beschreibt beispielsweise *Monika Schmidt*.

> **Zusammenfassung 7.7:   Objekt**
>
> Ein **Objekt** ist eine Datenstruktur, deren Datentyp durch eine Klasse festgelegt ist. Die Klasse beschreibt den Aufbau und die Funktionsweise des Objekts. Bei einem Objekt handelt es sich um eine konkrete Ausprägung einer Klasse, deshalb auch **Instantiierung** einer Klasse oder kurz **Instanz** genannt.

7.3.1   Beispiel: Suchen in einem Array

Wir kommen nun auf das Problem des Suchens in einem Datenbestand aus Abschnitt 7.1 zurück. Der Quellcode 7.3 zeigt ein Programm, in dem der Algorithmus `suche` aus Pseudocode 7.1 als Funktionen in Java realisiert wird. Das Hauptprogramm realisiert hierbei die Suche aus Abbildung 7.3.

Die Funktion `suche` überprüft ein Array von `Studierende`, ob bzgl. einer gegebenen Matrikelnummer eine Übereinstimmung besteht. Sollte dieser Fall erfüllt sein, gibt die Funktion `suche` das entsprechende Ergebnis vom Typ `Studierende` zurück. Dementsprechend ist der

Rückgabewert der Funktion vom Typ Studierende, welches durch die Angabe Studierende vor Suche in der Deklaration der Methode deutlich gemacht wird. Die Parameter der Methode suche sind ein Array d vom Typ Studierende sowie eine ganze Zahl m.

```
1  class Suchprogramm{
2
3      static Studierende suche(Studierende[] d, int m){
4          int i=0;
5          int n = d.length;
6          while ((i<n) && (d[i].gibMatrikelnummer()!=m))
7              i=i+1;
8          if (i<n)
9              return d[i];
10         else return null;
11     }
12
13     public static void main(String[] args){
14
15         Studierende[] testd = new Studierende[3];
16         testd[0] = new Studierende("Thorsten Meier",88188,1980);
17         testd[1] = new Studierende("Monika Schmidt",88633,1981);
18         testd[2] = new Studierende("Monika Schneider",88755,1980);
19         int m = 88633;
20         boolean gefunden = (suche(testd,m)!=null);
21         if (gefunden)
22             System.out.println(m+" gefunden");
23         else System.out.println(m+" nicht gefunden");
24     }
25 }
```

Quellcode 7.3: Suchen in einem Datenbestand

7_3

Zu Beginn der Funktion wird eine Variable i deklariert und auf 0 gesetzt. Ferner wird n mit dem letzten Index des Arrays d initialisiert. Es folgt eine direkte Umsetzung der *solange*-Schleife des Suchalgorithmus (s. Pseudocode 7.1) in eine while-Schleife. Hier beachte man den Zugriff auf die Matrikelnummer von d[i] über die Methode gibMatrikelnummer. Die bedingte Anweisung nach der Schleife (Zeile 8) unterscheidet den Fall, dass ein Element in dem Array mit Matrikelnummer m gefunden wurde von dem Fall, dass dies nicht zutreffend ist. Im ersten Fall wird über „return d[i]" die entsprechende Referenz zurückgegeben. Anderenfalls ist das Ergebnis null, das ebenfalls mit return zurückgegeben wird.

Im Hauptprogramm main wird zunächst ein Array testd vom Typ Studierende angelegt und auf ein Array der Länge 3 initialisiert. In den nächsten Zeilen folgt die Initialisierung der drei Array-Elemente. Dies geschieht durch Aufruf des Konstruktors Studierende nach dem Schlüsselwort new. Durch new wird deutlich, dass es sich um einen Konstruktoraufruf handelt. Zuerst wird durch new Studierende ("Thorsten Meier", 88188, 1980) ein Objekt vom Typ Studierende erzeugt, dessen Attribute mit „Thorsten Meier", „88188"

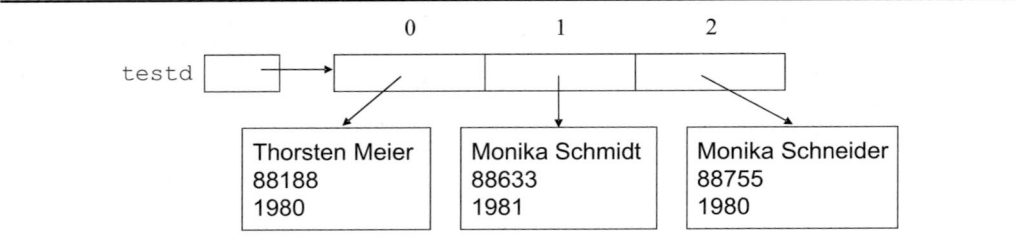

Abbildung 7.7: Grafische Repräsentation des Arrays mit Elementen vom Typ `Studierende`

und „1980" belegt werden. Durch die Wertzuweisung wird `testd[0]` die Referenz auf dieses neue Objekt zugewiesen. Entsprechendes geschieht mit `testd[1]` und `testd[2]` in den nächsten Zeilen.

Die Abbildung 7.7 zeigt die Visualisierung dieser Lösung mit dem Array. Wie wir bereits wissen, besteht das Array aus einer Referenzvariablen `testd`, die auf die eigentlichen Elemente des Arrays verweist, ausgedrückt durch den Pfeil von `testd` auf die Speicherzellen. Die Elemente des Arrays verweisen wiederum auf die einzelnen Objekte.

Nun wird eine Variable m deklariert, die den Wert `88633` erhält. Die eigentliche Suche geschieht in der Zeile 20. Dort wird die Methode `suche` mit dem Array `testd` und der Variablen m als Parameter aufgerufen. In dem Ausdruck hinter der Wertzuweisung wird getestet, ob der Rückgabewert von `suche` ungleich `null` ist. Entsprechend wird der ebenfalls auf der Zeile deklarierten Variablen `gefunden` der Wahrheitswert `true` beziehungsweise `false` zugewiesen.

In der nachfolgenden bedingten Anweisung, innerhalb des Hauptprogramms (Zeile 21), wird abhängig vom Wert von `gefunden` das Ergebnis „`88633 gefunden`" beziehungsweise „`88633 nicht gefunden`" ausgegeben.

7.3.2   Deklaration von Objektvariablen und Instantiierung von Objekten

Analog zur Deklaration von Variablen für primitive Datentypen wie `int` ist es möglich, Variablen für Datentypen zu deklarieren, die durch eine Klassendeklaration definiert sind. Diese so genannten **Objektvariablen** werden grundsätzlich wie Variablen einfachen Datentyps deklariert (s. Abschnitt 4.5 „Datentypen", Seite 51). Der entsprechende Datentyp wird vor dem Variablennamen aufgeführt. In dem Beispiel

```
Studierende a;
```

erfolgt dieses für eine Objektvariable a vom Typ `Studierende`.

Die Wirkung der **Deklaration** einer Objektvariablen besteht darin, dass eine Variable angelegt wird, die einen Verweis (Referenz, Zeiger) auf ein Objekt aufnehmen kann. Deshalb wird eine derartige Variable auch als **Referenzvariable** bezeichnet.

Der Wert der angelegten Variablen ist eine Null-Referenz. Die Null-Referenz zeigt an, dass die Objektvariable nicht auf ein Objekt verweist. Für die Null-Referenz steht das Schlüsselwort `null` zur Verfügung, welches etwa in Vergleichen und Wertzuweisungen verwendet werden kann.

Abbildung 7.8 zeigt eine grafische Darstellung der Wirkung der Deklaration

```
Studierende a;
```

Der rechteckige Kasten repräsentiert die Variable. Sie enthält die Null-Referenz als Wert.

Neben „einfachen" Variablen können auch Arrays Objekte nichtprimitiver Datentypen speichern. So wird in

```
Studierende[] d;
```

eine Array-Variable d deklariert, die ebenfalls Objekte vom Typ `Studierende` speichern kann.

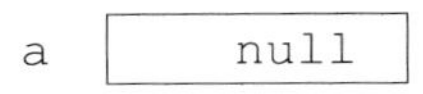

Abbildung 7.8: Grafische Repräsentation einer Objektvariablen

Bei der **Instantiierung** eines Objekts wird das entsprechende Objekt erzeugt, was bedeutet, dass der entsprechende Platz im Speicher reserviert wird. Ferner wird ein Verweis (Referenz, Zeiger) auf dieses Objekt beziehungsweise auf den Speicherbereich zurückgegeben. Die Instantiierung hat die Form `new` gefolgt von einem Konstruktoraufruf. Der Konstruktoraufruf besteht bekanntermaßen aus dem Klassennamen und der Liste der aktuellen Parameter. Ein Beispiel aus der Suche in Studierendendaten ist

```
new Studierende("Thorsten Meier",88188,1980);
```

In dem Beispiel wird ein Objekt der Klasse `Studierende` angelegt, so wie dies in Abbildung 7.9 dargestellt ist. Die Attribute des Objektes bekommen die Werte, die durch die aktuellen Parameter des Konstruktoraufrufs gegeben sind: `studname` den Wert „Thorsten Meier", `matrikelnummer` den Wert „88188" und `geburtsjahr` den Wert „1980". Der rechteckige Kasten repräsentiert das Objekt im Speicher. Der Pfeil auf den Kasten deutet den Verweis an, den die Instantiierung zurückgibt.

Die **Wertzuweisung** hat dasselbe Aussehen wie für Variablen des primitiven Datentyps. Auf der linken Seite des Zuweisungsoperators „=" steht eine Objektvariable, auf der rechten Seite ein Ausdruck, der einen mit der Objektvariablen kompatiblen Klassentyp hat.

In dem Beispiel

```
Studierende a;
a = new Studierende("Thorsten Meier",88188,1980);
```

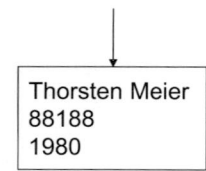

Abbildung 7.9: Grafische Repräsentation der Instantiierung eines Objektes

wird zunächst eine Objektvariable a vom Typ Studierende deklariert. Auf der zweiten Zeile wird a eine Referenz auf das dort neu erzeugte Objekt vom Typ Studierende zugewiesen.

Die Wirkung der Wertzuweisung besteht darin, dass der Verweis, der auf das Objekt der echten Seite der Wertzuweisung verweist, in die Variable der linken Seite übernommen wird. Das Ergebnis des Beispiels ist in Abbildung 7.10 a durch die Objektvariable a dargestellt, von welcher ein Pfeil ausgeht, der auf das Objekt mit Namen Thorsten Meier zeigt.

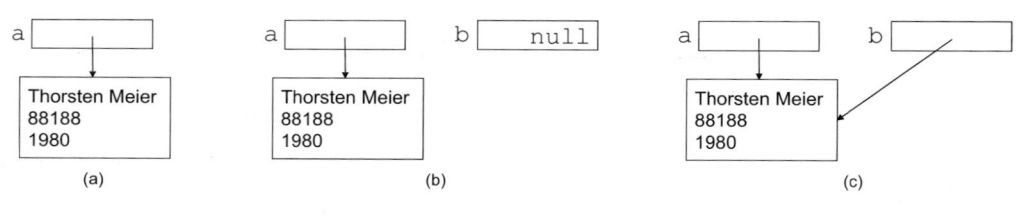

Abbildung 7.10: Wertzuweisung an eine Objektvariable

Es ist auch möglich, eine Variable gleich bei ihrer Deklaration mit der Referenz auf ein Objekt zu initialisieren. Die Anweisung

```
Studierende a = new Studierende("Thorsten Meier",88188,1980);
```

hat dieselbe Wirkung wie das vorhergehende Beispiel.

Anschließend wird durch die Anweisung

```
Studierende b;
```

eine weitere Variable b vom Typ Studierende deklariert, welche durch die mit b bezeichnete Box der Null-Referenz in der Abbildung 7.10 b repräsentiert wird. Die darauf folgende Anwendung der Anweisung

```
b = a;
```

weist den Wert von a der Variablen b zu. Das bedeutet, dass die in a gespeicherte Referenz auch in b steht. Dies ist in der Abbildung 7.10 c durch einen Pfeil von b auf das Objekt von „Thorsten Meier" angedeutet. Der Verweis von a auf „Thorsten Meier" bleibt natürlich nach wie vor bestehen. Somit kann das Objekt über a und b angesprochen werden. Gibt a.gibStudname() in diesem Fall „Thorsten Meier" zurück, liefert b.gibStudname() den selben Wert zurück. Falls die Matrikelnummer von Thorsten Meier über die Variable a geändert wird, würde auch der Zugriff auf das Objekt über die Variable b den neuen Wert zurückgeben.

Es ist wichtig, noch einmal auf den Unterschied zu primitiven Datentypen hinzuweisen. Variablen des primitiven Datentyps speichern den Wert der Variablen direkt. Abbildung 7.11 illustriert dieses. Die Wirkung der Deklaration „int a" besteht darin, den Speicher für a anzulegen. Durch die Wertzuweisung „a = 5" erhält die Variable a den Wert 5. Somit steht der Wert 5 direkt in der mit a bezeichneten Speicherzelle. In der zweiten Anweisung wird eine weitere Variable b deklariert, welcher der Wert von a zugewiesen wird. Nach Ausführung dieser Wertzuweisung hat die Variable b ebenfalls den Wert 5. Sollte a durch eine Wertzuweisung einen neuen Wert bekommen, bliebe aber der Wert von b unverändert.

```
int a = 5;                          a [      5    ]

int b = a;                          b [      5    ]
```

Abbildung 7.11: Wertzuweisung an eine Variable primitiven Datentyps

Bisher wurden zusammengesetzte Datentypen oder Klassendatentypen von uns selbst deklariert. Die Sprache Java verfügt aber zusätzlich auch über Bestandteile, die ebenfalls Klassen sind. Beispiele für derartige Klassen sind die uns bereits bekannten Zeichenfolgen (String) und Arrays (s. Abschnitt 4.5.5, „Arrays", Seite 54).

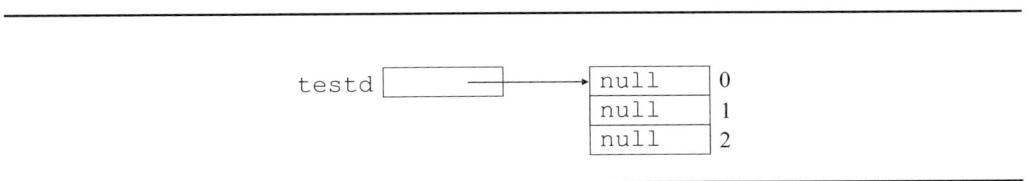

Abbildung 7.12: Wertzuweisung an eine Objektvariable

Abbildung 7.12 stellt die Wirkung der Anweisung

```
Studierende[] testd = new Studierende[3];
```

grafisch dar. Durch die linke Seite wird eine Referenz-Variable testd für Array-Objekte deklariert, deren Elemente den Typ Studierende haben. Das Array selbst wird als Objekt im Speicher abgelegt und besteht aus einer Folge von Speicherzellen, die den Array-Elementen entsprechen. Diese sind Referenzvariable vom Typ Studierende. In testd ist eine Referenz auf das Array-Objekt gespeichert. Die Referenz wird in der Abbildung 7.12 durch den Pfeil von der Referenz-Variable `testd` auf das Array-Objekt dargestellt.

Zusammenfassung 7.8:   Instantiierung von Objekten

- **Instantiierung** bezeichnet die Erstellung eines neuen Objektes einer Klasse. Dies geschieht durch den `new`-Operator, gefolgt von der Angabe eines Konstruktors aus der Klassendeklaration des Objekts mit aktuellen Parameterwerten:

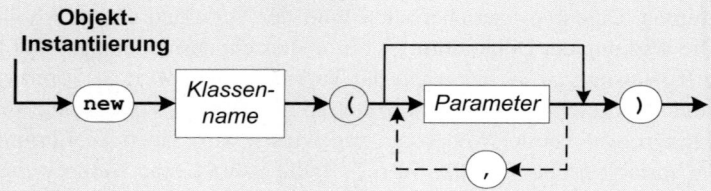

- Objektvariablen können bereits bei ihrer Deklaration mit einem Verweis auf ein Objekt initialisiert werden. Hierbei wird die Variablendeklaration durch eine Wertzuweisung ergänzt:

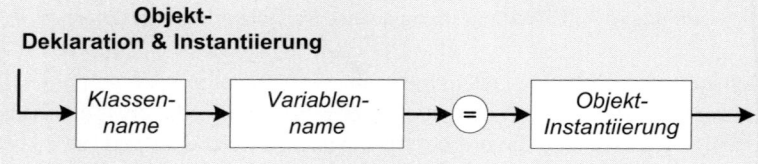

Aufgabe 7.8:

Schreiben Sie eine Java-Klasse mit Namen `Programm`, die ein Hauptprogramm enthält. Im Hauptprogramm soll ein Objekt mit Namen `eineAmpel` vom Typ `Ampel` deklariert und initialisiert werden. Das Objekt `eineAmpel` soll in einer Schleife so geschaltet werden, dass es 20-mal abwechselnd den Zustand „rot an, grün aus" und „rot aus, grün an" annimmt. Dieser Zustand soll jeweils auf dem Bildschirm ausgegeben werden. Zur Realisierung sollen die Methoden des Objektes aus Aufgabe 7.3 bzw. 7.7 verwendet werden.

Aufgabe 7.9:

a) Deklarieren Sie eine Klasse mit Namen `Test`. Die Klasse soll ein `int`-Array a als Attribut haben. Das Array soll nicht instantiiert werden.

b) Schreiben Sie einen Konstruktor für die Klasse `Test`, der einen `int`-Parameter n hat. Der Konstruktor soll das Array a der Klasse Test auf ein Array der Länge n instantiieren.

c) Schreiben Sie eine Methode `void invers()`, die die Elemente im Array a in umgekehrter Reihenfolge in a speichert.

Aufgabe 7.10:

Wie muss die Klasse `Test` aus Aufgabe 7.9 verändert werden, wenn das Array vom Typ `Studierende` ist?

  a) Deklarieren Sie zunächst die entsprechende Klasse mit den entsprechenden Attributen.

  b) Schreiben Sie vergleichbar zur Aufgabe 7.9 c eine Methode `void invers()` bezüglich der Matrikelnummer. Was fällt bei der angepassten Methode auf?

Aufgabe 7.11:

Schreiben Sie eine Java-Klasse mit Namen `Vektor`, die einen Datentyp zum Speichern von Vektoren definiert.

  a) Die Klasse `Vektor` soll einen Konstruktor haben, dem als Parameter die Werte der Komponenten eines Vektors in Form eines `float`-Arrays übergeben werden, mit denen er initialisiert werden soll. Die Dimension des angelegten Vektors soll gleich der Länge des Arrays sein. Natürlich muss die Klasse ein Attribut besitzen, in dem die Komponenten des Vektors gespeichert werden. Dies soll nach Anwendung des Konstruktors ein Array der entsprechenden Dimension sein.

  b) Ergänzen Sie die Klasse `Vektor` um eine Methode `gibWert`, die einen `int`-Parameter `i` hat. `gibWert` soll den Wert der Vektorkomponente mit Index `i` zurückgeben, sofern `i` im Indexbereich des Vektors liegt. Die Komponenten des Vektors sind dabei mit nicht-negativen ganzen Zahlen, beginnend mit 0 indiziert. Falls `i` außerhalb des Indexbereichs des Vektors liegt, soll `-100000F` zurückgegeben werden.

  c) Ergänzen Sie die Klasse `Vektor` um eine parameterlose Methode `gibMinimum`, die den Index einer Komponente des Vektors zurückgibt, die den kleinsten Wert aller Komponenten hat.

  Bemerkung: Falls Sie die Lösung nicht unmittelbar als Java-Programm hinschreiben können, versuchen Sie zuerst, die Lösungsstrategie in Worten zu formulieren.

7.3.3   Methodenaufruf

Der **Methodenaufruf** geschieht analog zu dem schon bekannten Funktionsaufruf durch Angabe des Methodennamens und der Liste der aktuellen Parameterwerte. Zusätzlich muss angegeben werden, zu welchem Objekt die aufgerufene Methode gehört. Dazu wird dem Methodennamen die Angabe des Objekts, getrennt durch einen Punkt, vorangestellt. Dies wird auch als **Punkt-notation** bezeichnet. In dem Java-Programm 7.3 wird dieser Mechanismus innerhalb der Anweisung

```
d[i].gibMatrikelnummer();
```

genutzt. `d[i]` ist eine Referenz auf ein Objekt der Klasse `Studierende` an der Position `i` im Array `d`, dessen Methode `gibMatrikelnummer()` aufgerufen wird.

Neben diesem Methodenaufruf über die Punktnotation können Methoden aber direkt innerhalb der Klasse, in der sie deklariert sind, aufgerufen werden. Beispielsweise lässt sich die Klasse `Studierende` um eine Methode `druckeNamen` erweitern, die wie folgt deklariert ist:

```
void druckeNamen(){
    System.out.println("Name: "+gibStudname());
}
```

Hierbei wird die Methode `gibStudname()` direkt, ohne eine Referenz der Klasse aufgerufen.

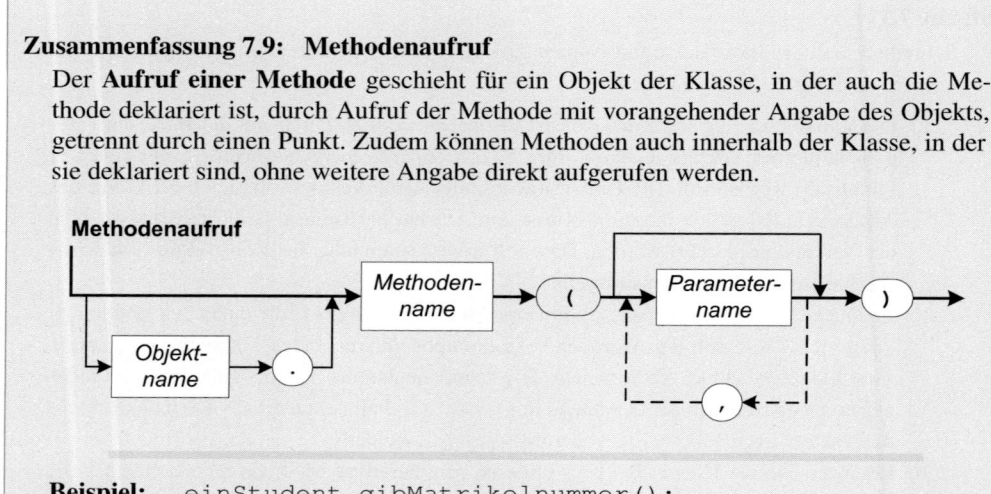

Zusammenfassung 7.9: Methodenaufruf

Der **Aufruf einer Methode** geschieht für ein Objekt der Klasse, in der auch die Methode deklariert ist, durch Aufruf der Methode mit vorangehender Angabe des Objekts, getrennt durch einen Punkt. Zudem können Methoden auch innerhalb der Klasse, in der sie deklariert sind, ohne weitere Angabe direkt aufgerufen werden.

Beispiel: `einStudent.gibMatrikelnummer();`

Aufgabe 7.12:

Ergänzen Sie die Klasse `Suchprogramm` in dem Java-Quellcode 7.3 um eine weitere Methode `druckeNamen`, die, vergleichbar zur Methode `suche`, ein Array von Studierenden d und eine Matrikelnummer m übergeben bekommt. Diese soll die Namen der Studierenden auf dem Bildschirm ausgeben, deren Matrikelnummer kleiner oder gleich m ist.

Aufgabe 7.13:

Schreiben Sie für die Klasse `Vektor` aus Aufgabe 7.11 ein Testprogramm mit Namen `Programm`. In dessen `main`-Methode soll eine Variable `testvektor` vom Typ `Vektor` angelegt werden, die mit dem dreidimensionalen Vektor (2.0, 3.0, -1.7) initialisiert werden soll. Unter Verwendung der Methoden `gibWert` und `gibMinimum` sollen die Komponenten von `testVektor` sowie der Index einer Komponente von `testVektor` mit dem kleinsten Wert auf dem Bildschirm ausgegeben werden.

7.3.4   Beispiel: Suchen in verzeigerten linearen Listen

Wir wollen nun die Aufgabe des Suchens in einem Datenbestand mit einer anderen Datenstruktur als dem Array lösen. Dabei handelt es sich um eine **verzeigerte lineare Liste**. In der folgenden Abbildung 7.13 ist diese Datenstruktur zum besseren Verständnis einmal grafisch dargestellt.

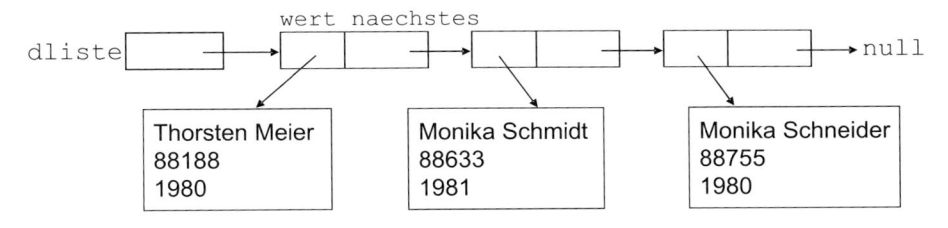

Abbildung 7.13: Grafische Repräsentation einer verzeigerten linearen Liste

Der Name der Liste ist `dliste`. Wie beim Array bezeichnet `dliste` eine Referenzvariable, die auf eine Kette von Objekten verweist. Diese Objekte, **Listenelemente** genannt, haben zwei Attribute. Das erste Attribut „`wert`" ist ein Verweis auf ein Studierendenobjekt. Dies ist in der Abbildung 7.13 auch in dem jeweils ersten Feld des Elements angedeutet. Im zweiten Feld des Elements „`naechstes`" steht ein Verweis auf das nächste Element der Liste. So verweist das Listenelement, das auf „`Thorsten Meier`" zeigt, auf das nächste Listenelement, das auf „`Monika Schmidt`" verweist. Man kann sich eine lineare Liste wie einen Zug vorstellen. Die Lok ist die Variable `dliste`, an der die Einzelelemente als Waggons angekoppelt sind. Der Verweis des letzten Elements ist `null`. Jedes Element hat einen Vorgänger und einen Nachfolger, mit Ausnahme des ersten und letzten Elements.

```
1  class Liste{
2     Studierende wert;
3     Liste naechstes;
4
5     void setzeWert(Studierende einwert){
6          wert = einwert;
7     }
8
9     Studierende gibWert(){
10         return wert;
11    }
12
13
14    Liste gibNaechstes(){
15         return naechstes;
16    }
17
18    void setzeNaechstes(Liste einnaechstes){
19         naechstes = einnaechstes;
20    }
21 }
```

Quellcode 7.4: Deklaration eines Datentyps „`Liste`"

Der Quellcode 7.4 zeigt eine Java-Deklaration einer linearen Liste mit dem Klassennamen `Lis-te`, welche die vorgestellten Eigenschaften umsetzt. Wie wir bereits wissen, hat ein Element zwei Attribute. Das erste Attribut, `wert`, ist vom Typ `Studierende` und verweist auf ein Studierendenobjekt. Das zweite Element, `naechstes`, ist der Verweis auf das nächste Element der Liste und hat daher den Typ `Liste`.

Die Klasse `Liste` stellt Methoden zur Verfügung, um auf diese Attribute zuzugreifen. Die erste Methode, `setzeWert`, weist den Wert ihres Parameters `einwert` dem Attribut `wert` des Elements zu. Entsprechend liefert die Methode `gibNaechstes` den Verweis auf das nächste Listenelement. Des Weiteren gibt es eine Methode `setzeNaechstes`, die eine Referenz auf ein Element dem Attribut `naechstes` zuweist, wodurch dieses Element an das aktuelle Element angefügt wird.

Wir wollen uns nun im Folgenden ein etwas komplizierteres Beispiel zum Aufbau einer linearen Liste anschauen. Zum besseren Verständnis ist neben der textuellen Beschreibung auch die zugehörige grafische Repräsentation angefügt. Die direkten Auswirkungen der jeweiligen Java-Anweisungen sind in den Grafiken grau hinterlegt.

1. **`Liste dliste = new Liste();`**

   Zunächst wird in der Deklarationsanweisung „`Liste dliste = new Liste()`" eine Objektvariable namens `dliste` angelegt (s. nebenstehende Abbildung). Mit „`new Liste()`", dem Aufruf des Konstruktors, wird ein Listenelement generiert und dessen Referenz dann der Variablen `dliste` zugewiesen. Damit verweist `dliste` auf dieses Element. Zu beachten ist, dass die Attribute `wert` und `naechstes` zunächst auf `null` verweisen.

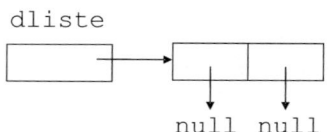

2. **`Studierende a;`**
   `a = new Studierende ("Thorsten Meier", 88188, 1980);`

   Nun wird eine Objektvariable `a` vom Typ `Studierende` deklariert. Dieser Variablen `a` wird ein Studierendenobjekt zugewiesen, nämlich dasjenige von „`Thorsten Meier`". Wie wir bereits wissen, wird dies durch den Aufruf des Konstruktors mit der anschließenden Zuweisung erreicht (s. zweite Anweisung). Die angeführte Abbildung stellt wiederum das Ergebnis dieser beiden Anweisungen dar.

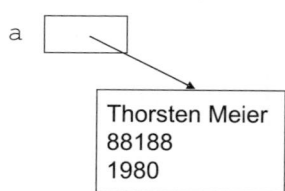

3. **dliste.setzeWert(a);**

Durch diese Anweisung wird nun die Methode
setzeWert des Objekts, auf das dliste verweist, aktiviert. Diese Methode setzt die Referenz von wert auf die Referenz, die in a gespeichert ist. Das bedeutet, dass das Element von
dliste nun auf das gleiche Objekt wie a verweist, und zwar auf das Objekt von „Thorsten
Meier".

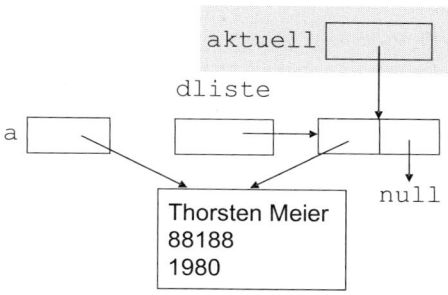

4. **Liste aktuell = dliste;**

Wir führen nun eine weitere Variable aktuell ein. Die Variable aktuell dient
dazu, auf das jeweils letzte Listenelement
zu verweisen. Das bedeutet, dass aktuell in der momentanen Situation auf
das Objekt, das an dliste angehängt
ist, verweisen muss. Dies wird durch die
angeführte Anweisung Liste aktuell
= dliste erreicht. In dieser Anweisung
wird sowohl die Variable aktuell deklariert als auch die Referenz zugewiesen.

5. **dliste.setzeNaechstes(new Liste());**
   aktuell = aktuell.gibNaechstes();

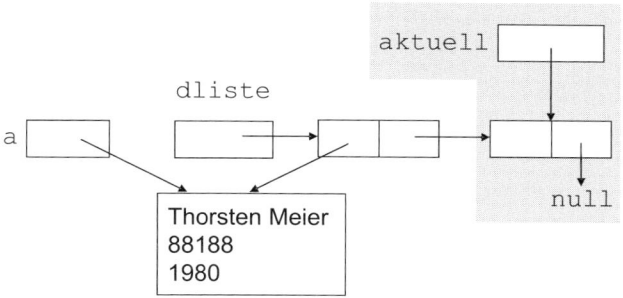

Diese Anweisungen sorgen dafür, dass ein neues Element an die Liste angehängt wird. Das
geschieht dadurch, dass die Methode setzeNaechstes des Objekts, auf das aktuell
verweist, aufgerufen wird.
setzeNaechstes erhält als Parameter eine Referenz auf ein neues Listenelement, das
durch Aufruf des Konstruktors Liste generiert wird. Die Wirkung von setzeNaechstes ist, dass diese Referenz in die Variable naechstes des Elements von aktuell
eingetragen wird. Zum Abschluss dieser Aktion wird aktuell weitergesetzt, sodass es
auf das nun letzte Element der Liste verweist. Dies wird durch die Anweisung „aktuell

`= aktuell.gibNaechstes()`" erreicht. Zunächst wird hierbei die rechte Seite ausgewertet, was bedeutet, dass die Referenz auf das neue Element zurückgegeben wird. Diese Referenz wird nun in `aktuell` eingetragen.

6. **`a = new Studierende ("Monika Schmidt", 88633, 1981);`**
   `aktuell.setzeWert(a);`

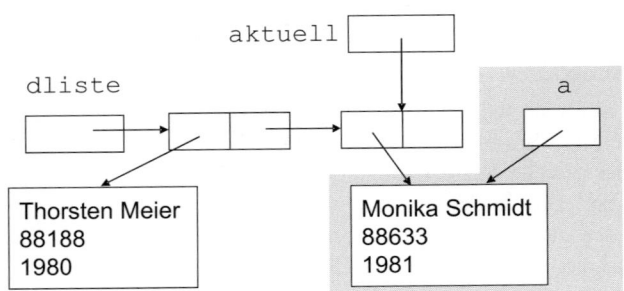

Durch diese Anweisungen erhält das neue Element einen Verweis auf das Studierendenobjekt. Dieses geschieht mit den bekannten Mechanismen wie zuvor. Zunächst wird der Variablen a eine Referenz auf ein neues Objekt, welches jetzt „Monika Schmidt" zugeordnet ist, zugewiesen. Durch die Anweisung „`aktuell.setzeWert(a)`" wird diese Referenz dem Attribut `wert` des letzten Elements der Liste zugewiesen.

7. **`aktuell.setzeNaechstes(new Liste());`**
   `a = new Studierende ("Monika Schneider",88755, 1980);`
   `aktuell = aktuell.gibNaechstes();`
   `aktuell.setzeWert(a);`

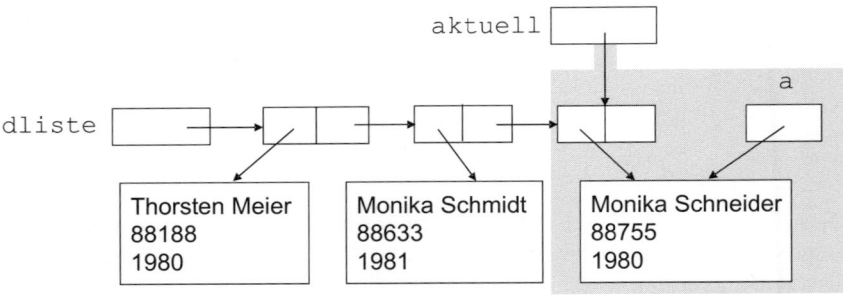

Im nun folgenden letzten Schritt wird auf analoge Weise ein weiteres Element an die Liste angefügt. Dieses Element verweist auf das Objekt von „Monika Schneider".

Aufgabe 7.14:

Die folgende Funktion `lFuegeEin` fügt das Listenelement `einElement` in eine Liste ein, die durch die Objektvariable `eineListe` gegeben ist:

```
static void lFuegeEin(Liste eineListe, Liste einElement){
  if (eineListe == null)
    eineListe = einElement;
  else {
    if (eineListe.gibNaechstes() == null)
      eineListe.setzeNaechstes(einElement);
    else
      lFuegeEin(eineListe.gibNaechstes(), einElement);
  }
}
```

Analysieren Sie die Ausführung dieser Funktion beim Aufruf:

```
lFuegeEin(dliste, neuElement);
```

wobei `dliste` den Zustand von Abbildung 7.13 hat und `neuElement` so definiert ist:

```
Studierende neuStudent;
neuStudent = new Studierende("Hans Otto", 27298, 1985);
Liste neuElement = new Liste();
neuElement.setzeWert(neuStudent);
```

Gehen Sie dabei wie folgt vor. Bei jedem Aufruf von `lFuegeEin` wird eine neue Variable für jeden Parameter angelegt. Diese wird beim Verlassen wieder freigegeben, was für die Bearbeitung jedoch nicht wichtig ist.

Geben Sie in Form einer Tabelle an, auf welches Element die Referenz in den Variablen `eineListe` und `einElement` jeweils zeigt. Möglichkeiten sind `null`, Element mit Referenz auf Thorsten Meier, Element mit Referenz auf Monika Schmidt, Element mit Referenz auf Monika Schneider.

Aufruf	eineListe	einElement
1	Element mit Referenz auf Thorsten Meier	Objekt von Hans Otto
⋮	⋮	⋮

Aufgabe 7.15:

Ergänzen Sie die Klasse `Liste` um eine weitere Methode

```
Studierende gibWert()
```

die die Referenz auf den Studierenden zurückgibt, auf den das Element verweist.

Aufgabe 7.16:

Schreiben Sie eine rekursive Methode

```
static void Studierende lSuche(Liste eineListe, int m)
```

analog zur Methode lFuegeEin der vorigen Aufgabe, die

- null zurückgibt, falls kein Studierender mit Matrikelnummer m in der Liste eineListe enthalten ist,
- eine Referenz auf einen gefundenen Datensatz mit Matrikelnummer m zurückgibt, falls ein solcher in der Liste eineListe enthalten ist.

Verwenden Sie dazu die Methode gibWert aus der vorigen Aufgabe.

8

Objektorientierte Programmierung

Im vorangehenden Kapitel haben wir die Bedeutung des Konzeptes der Klassen und Objekte im Wesentlichen dadurch begründet, dass es durch sie möglich wird, zusammengesetzte Datentypen und Datenstrukturen zu deklarieren und zu verwenden. Diese Datentypen erlauben es, Daten in intuitiverer Weise zu speichern und zu handhaben, als es die primitiven Datentypen vermögen. Klassen und Objekte sind aber auch die Basis eines Ansatzes zur Lösung von Problemen, der sich von dem algorithmischen Grundgedanken unterscheidet, den wir bis jetzt praktiziert haben: dem Ansatz der objektorientierten Modellierung und Programmierung.

Die Abschnitte 8.1, 8.2 und 8.3 führen in die Vorgehensweise der objektorientierten Modellierung ein.

Nachfolgend wird das Konzept von Klassen und Objekten um weitere Mechanismen, die bei der objektorientierten Vorgehensweise Anwendung finden, erweitert. Abschnitt 8.4 beschreibt das Prinzip der Vererbung, Abschnitt 8.5 den Vorgang der Verdeckung oder Geheimhaltung von Information und Abschnitt 8.6 den Mechanismus des Polymorphismus.

8.1   Objektorientierte Modellierung

Abbildung 8.1 zeigt eine Vorgehensweise bei der Lösung eines Problems, die sich leicht von der unterscheidet, die wir von Kapitel 2 kennen (vgl. Abbildung 2.1). Der wesentliche Unterschied besteht darin, dass der Begriff „Algorithmenentwurf" durch „**Systementwurf**" ersetzt wurde. Bei größeren Aufgaben ist es so, dass zunächst das Problem in Teilprobleme und Teilkomponenten strukturiert werden muss. Erst für diese Teilprobleme spielen dann Algorithmen eine Rolle.

Eine Methode des Systementwurfs, die heute weit verbreitet ist, ist der **objektorientierte Entwurf**. Beim objektorientierten Entwurf werden Systeme in Form von miteinander interagierenden Objekten modelliert. Daher wird dieser Vorgang auch als **objektorientierte Modellierung** bezeichnet.

Die objektorientierte Modellierung führt zu einer leicht modifizierten Definition des bisher verwendeten Begriffs „Objekt". Hierbei setzt sich ein **Objekt** aus Attributen und Methoden zusammen. Attribute beschreiben den Zustand des Objektes und Methoden das Verhalten des Objektes.

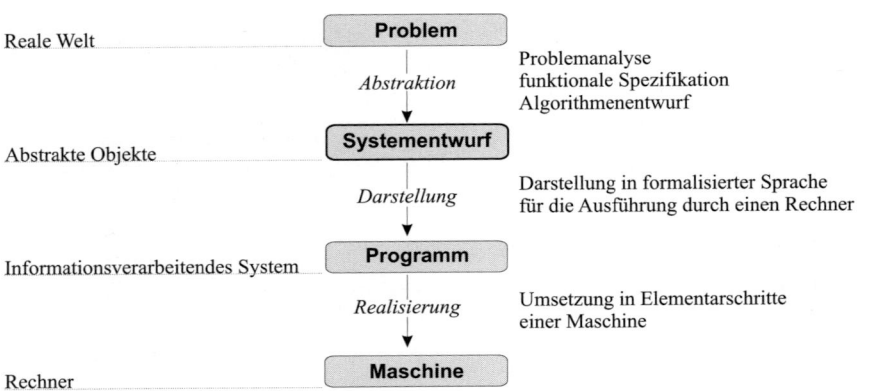

Abbildung 8.1: Vorgehensweise bei der Lösung eines Problems

Demgemäß wird ein Objekt nun nicht nur als Datenstruktur gesehen, sondern als eine handlungsfähige Einheit, die im Rahmen des Systemmodells Handlungen ausführen kann.

Bei der objektorientierten Modellierung wird die Struktur eines Objektes ebenfalls durch die Klasse beschrieben, der es angehört. Eine **Klasse** ist ein Datentyp, der die Struktur einer Menge gleichartiger Objekte beschreibt. Der Unterschied zur bisher verwendeten Definition von „Klasse" ist, dass nun „Klasse" auf Grundlage des Objektbegriffs definiert wird, wohingegen bisher Objekte auf Grundlage des zuvor eingeführten Klassenbegriffs definiert wurden.

Zusammenfassung 8.1:   Objektorientierte Modellierung
Objektorientierte Modellierung beschreibt eine Methode zum Entwurf eines Systems, die an Handlungen ausgerichtet ist und bei der Konzepte mit ihren Daten und den darauf ausführbaren Handlungen zu Einheiten, den Objekten, zusammengefasst werden.

Zusammenfassung 8.2:   Objekt (objektorientierte Sichtweise)
Ein **Objekt** ist eine handlungsfähige Einheit, die

- Attribute besitzt, die den Zustand des Objektes beschreiben
- Methoden besitzt, die das Verhalten des Objektes bestimmen.

Abbildung 8.2: Videorekorder

Zusammenfassung 8.3:   Klasse (objektorientierte Sichtweise)
Eine **Klasse** ist ein Datentyp, der die Struktur einer Menge gleichartiger Objekte beschreibt.

8.2   Beispiel: Steuerung von einem Videorekorder

Sehen wir uns die Vorgehensweise bei der objektorientierten Modellierung einmal an einer vereinfachten Modellierung der Steuerungs-Software eines Videorekorders an. Der in Abbildung 8.2 dargestellte Videorekorder hat als Benutzungsschnittstelle eine Menge von Tasten: play, stop, fwd für vorwärts, rwd für rückwärts spulen, rec für aufnehmen und eject für auswerfen der Kassette. Ferner verfügt er über einen Sensor am Kassettenschacht, über den er feststellt, ob eine Kassette eingelegt wird.

Die *Systemsteuerung* eines Videorekorders muss eine ganze Reihe von Operationen zulassen:

* Kassette einlegen lassen

* Band um Lese-/Schreibkopf wickeln/entwickeln

* nach rechts laufen

* nach rechts/links abspulen

* Schreibkopf/Lesekopf aktivieren

* Kassette auswerfen.

Wir wollen nun die Software eines Videorekorders auf der Grundlage dieser Beobachtung entwerfen. Abbildung 8.3 zeigt deren Struktur. Sie besteht aus zwei Objekten: dem Objekt *Eingabeverarbeitung* und dem Objekt *Laufwerksteuerung*.

Das Objekt *Eingabeverarbeitung* stellt die Verbindung zu den Eingabetasten beziehungsweise dem Sensor am Kassettenschacht dar. Die Aufgabe des Objekts *Eingabeverarbeitung* ist, auf

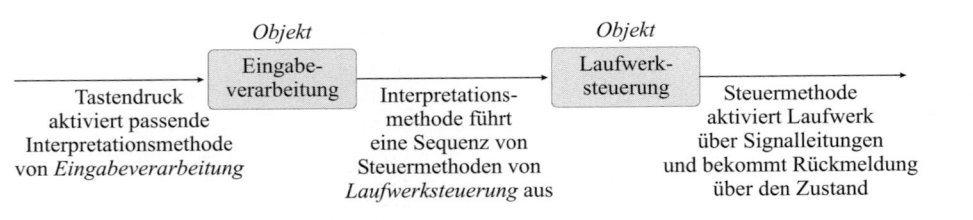

Abbildung 8.3: Struktureller Aufbau einer Software zur Steuerung eines Videorekorders

einen Tastendruck zu reagieren und dem Objekt *Laufwerksteuerung* Anweisungen zu erteilen, die wiederum die Hardware des Kassettenrekorders aktivieren. Dies wird dadurch erreicht, dass jeder Taste beziehungsweise jedem Sensor eine Methode zugewiesen wird. Diese Methode führt eine Sequenz von Steuermethoden des Objekts *Laufwerksteuerung* aus, die von diesem Objekt angeboten werden. Eine Steuermethode des Objekts *Laufwerksteuerung* aktiviert das Laufwerk über Signalleitungen und bekommt Rückmeldungen über den Zustand.

Ein Beispiel für eine Methode des Objekts *Eingabeverarbeitung* ist play. Wird die play-Taste gedrückt, erfolgt der Aufruf der entsprechenden Methode play, die wiederum die Methoden laufe_rechts und aktiviere_lesen des Objekts *Laufwerksteuerung* aufruft. Über Signalleitungen bewirken die Methoden laufe_rechts und aktiviere_lesen dann die entsprechende Reaktion des Laufwerks des Videorekorders.

An diesem Beispiel wird ein wesentlicher Vorteil des objektorientierten Entwurfs deutlich: die direkte Zuordnung von realen Funktionseinheiten zu Programmteilen, den Objekten.

8.3   Beispiel: Verwaltung von Studierenden

Das folgende Beispiel einer objektorientierten Modellierung führt die in Kapitel 7 eingeführte Verwaltung von Studierenden weiter. Wir nehmen nun an, dass die Universität die Studierenden nach Fächern getrennt verwalten möchte. Daher ist es notwendig, dass das Verwaltungsprogramm für jedes Fach einen eigenen Datenbestand beinhaltet, auf dem dann beispielsweise gesucht werden kann.

Eine Lösung zur Realisierung einer derartigen Studierendenverwaltung besteht darin, für jedes Fach ein eigenes Datenverwaltungsobjekt zu schaffen. Hierzu wird zunächst eine Klasse Datenverwaltung deklariert. Die Datenverwaltungsobjekte der einzelnen Fächer ergeben sich dann durch Instantiierung entsprechender Objekte durch das Verwaltungsprogramm. Quellcode 8.1 zeigt die Java-Deklaration der Klasse Datenverwaltung.

Die Klasse Datenverwaltung besitzt ein einziges Attribut, ein Array vom Typ Studierende mit Namen datenbasis. In diesem Array speichern Objekte der Klasse Datenverwaltung die Studierenden, also Objekte vom Typ Studierende. Die Methode suche entspricht der bisherigen Methode gleichen Namens, das heißt, sie durchsucht den Datenbestand nach einem Studierendenobjekt mit m. Hier fällt auf, dass das Array, in dem der Datenbestand gespeichert ist, nicht mehr als Parameter von suche angegeben ist. Dies ist zum einen nicht notwendig, da die Attribute einer Klasse ja in einem Block deklariert sind, der übergeordnet zum Block der Methode ist, wodurch sie dort gültig sind und damit verwendet werden dürfen. Zum anderen kann ein Objekt eine Antwort liefern, ohne dass dem Benutzer bekannt sein muss, dass die Daten in einem Array namens datenbasis gespeichert sind. Dies vereinfacht den Umgang mit Objekten beträchtlich.

```
1  class Datenverwaltung {
2
3      Studierende[] datenbasis;
4
5      Datenverwaltung(int n){
6          datenbasis = new Studierende[n];
7      }
8
9      Studierende suche(int m){
10         int i = 0;
11         int n = datenbasis.length;
12         while(i<n){
13             if(datenbasis[i]!=null && datenbasis[i].gibMatrikelnummer
                   ()==m){
14                 return datenbasis[i];
15             }
16             i = i + 1;
17         }
18         return null;
19     }
20
21     boolean fuegeEin(Studierende einStudent){
22         int i = 0;
23         int n = datenbasis.length;
24         while(i<n){
25             if(datenbasis[i] == null){
26                 datenbasis[i] = einStudent;
27                 return true;
28             }
29             i = i + 1;
30         }
31         return false;
32     }
33 }
```

Quellcode 8.1: Deklaration der Java-Klasse „Datenverwaltung"

8_1

Ferner gibt es eine Funktion fuegeEin, die es ermöglicht, neue Objekte in den Datenbestand aufzunehmen. fuegeEin hat einen Parameter einStudent vom Typ Studierende. Sie fügt das übergebene Objekt einStudent in die Datenverwaltung ein. Über den Rückgabewert vom Typ boolean wird angegeben, ob das Einfügen erfolgreich war. Der Rückgabewert hat den Wahrheitswert true, wenn dies der Fall war, sonst false. Ein Grund für ein nicht erfolgreiches Einfügen ist, dass bereits alle Elemente des Arrays datenbasis belegt sind.

Das Einfügen geschieht wie beim Suchen durch Ablaufen der Elemente des Arrays datenbasis in einer while-Schleife. Wenn vor Ende des Arrays ein Element mit null-Referenz gefunden wird, wird das übergebene Objekt diesem Element zugewiesen. Durch die return-Anweisung wird die Ausführung der Methode abgebrochen und der Wert true zurückgegeben.

```
1  class Verwaltungsprogramm{
2
3      public static void main(String[] args){
4          Datenverwaltung informatikDB = new Datenverwaltung(3);
5          Datenverwaltung mathematikDB = new Datenverwaltung(500);
6          Datenverwaltung medizinDB = new Datenverwaltung(100);
7
8          informatikDB.fuegeEin(new Studierende("Monika Schmidt"
                ,88633,1981));
9
10         int m = 88633;
11         boolean gefunden = (informatikDB.suche(m)!=null ||
12                 mathematikDB.suche(m)!=null ||
13                 medizinDB.suche(m)!=null);
14
15         if (gefunden) System.out.println(m+" gefunden");
16         else System.out.println(m+" nicht gefunden");
17     }
18 }
```

Quellcode 8.2: Deklaration der Java-Klasse „Verwaltungsprogramm"

8_2

Quellcode 8.2 zeigt eine Klasse Verwaltungsprogramm, in der zunächst Datenverwaltungsobjekte für drei Fächer, informatikDB, mathemtikDB und medizinDB, instantiiert werden. Es folgt das Einfügen eines Studierendenobjektes in das Informatikdatenbasisobjekt informatikDB mithilfe der Methode fuegeEin (Zeile 8). Anschließend gibt es drei Suchaufrufe, jeder in einem anderen Datenbestand. Das Verwaltungsprogramm gibt genau dann die Antwort „88633 gefunden" zurück, wenn sich in einem der drei Datenverwaltungsobjekte ein Studierendenobjekt befindet, das die Matrikelnummer 88633 besitzt.

8.4   Vererbung

Bei der objektorientierten Modellierung kann es sich ergeben, dass sich Objektklassen nur wenig voneinander unterscheiden. Erinnern wir uns an die in Abschnitt 8.2 beschriebene Modellierung eines Videorekorders. Sicherlich gibt es nicht nur diesen Typ von Videorekordern. Ein Hersteller kann beispielsweise neben einem „normalen" Videorecorder auch solche mit Longplay-Funktion[1] anbieten. Das hat zur Folge, dass die Steuerungs-Software auch noch ein Objekt *Laufwerksteuerung_mit_Longplay* anbieten muss. Dieses Objekt unterscheidet sich von dem schon vorhandenen Objekt *Laufwerksteuerung* jedoch nur dadurch, dass weitere Attribute und Methoden hinzukommen, die es erlauben, die Longplay-Einrichtung anzusprechen.

Die objektorientierte Modellierung bietet ein Konzept an, das es erlaubt, die Spezialisierungsbeziehung zwischen Klassen auszudrücken. Es wird **Vererbung** genannt. Die Vererbung erlaubt, eine so genannte Unterklasse zu einer gegebenen Klasse zu deklarieren. Hierbei erbt die Unterklasse von der (Ober-)Klasse die Methoden und Attribute, es können aber weitere hinzukommen, die der Spezialisierung dienen. Zudem können aus einer Unterklasse weitere Unterklassen abgeleitet werden, wodurch sich eine **Vererbungshierarchie** ergibt.

Zusammenfassung 8.4: Vererbung

Vererbung ist ein Mechanismus, der das Ableiten von Unterklassen aus einer gegebenen Klasse erlaubt. Dabei werden die Eigenschaften der Klasse, gegeben durch die Attribute und Methoden, von der Unterklasse übernommen.

Aus einer Unterklasse können weitere Unterklassen abgeleitet werden, wodurch sich eine Vererbungshierarchie ergibt.

Zusammenfassung 8.5: Oberklasse und Unterklasse

- Eine **Oberklasse** (Superklasse) beinhaltet die Grundlage für alle von ihr abgeleiteten Unterklassen und ist eine Verallgemeinerung aller ihrer Unterklassen.
- Eine **Unterklasse** (Subklasse) erbt die Attribute und Methoden der Oberklasse, beinhaltet aber noch zusätzliche oder veränderte Eigenschaften der Oberklasse. Die Unterklasse ist eine Spezialisierung der Oberklasse.

8.4.1   Beispiel: Verwaltung von Studierenden

Wir wollen nun die Studierendenverwaltung aus Abschnitt 8.3 weiter ausbauen, indem Studierende nach der Art des angestrebten Studienabschlusses unterschieden werden. Abhängig von der Art des Abschlusses, hier Bachelor, Master und Lehramt, sollen unterschiedliche Informationen gespeichert werden.

Wir erreichen dies, indem zu der bereits bekannten Klasse `Studierende` aus Quellcode 7.2 drei **Unterklassen** deklariert werden, deren Namen `Bachelor`, `Master` und `Lehramt` die

---

1 Longplay bedeutet die Verlängerung der Abspielzeit eines Videobandes, indem die Aufnahme und Wiedergabe bei reduzierter Bandgeschwindigkeit erfolgt.

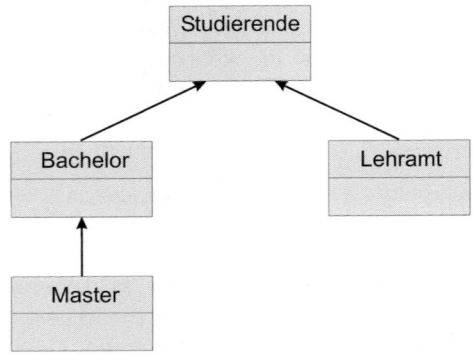

Abbildung 8.4: Die Vererbungshierarchie der Studierendenverwaltung

Art der Verwendung wiedergeben. Abbildung 8.4 zeigt eine grafische Darstellung der Vererbungshierarchie. Diese ähnelt einem Stammbaum, wobei die Wurzel des Stammbaums die Klasse Studierende bildet. Aus dieser werden zwei Unterklassen abgeleitet, Bachelor und Lehramt. Die Klasse Bachelor hat ihrerseits eine Unterklasse, nämlich die Klasse Master.

Die Quellcodes 8.3, 8.4 und 8.5 zeigen entsprechende Klassendeklarationen in Java. Es handelt sich dabei um Unterklassen der schon bekannten Java-Klasse Studierende aus Quellcode 7.2.

```
1  class Bachelor extends Studierende {
2
3      String studienfach;
4
5      void setzeStudienfach(String fach) {
6          studienfach = fach;
7      }
8
9      String gibStudienfach() {
10         return studienfach;
11     }
12
13     Bachelor(String name, int nummer, int jahr, String fach){
14         super(name, nummer, jahr);
15         studienfach = fach;
16     }
17 }
```

Quellcode 8.3: Deklaration der Java-Klasse „Bachelor"

8_3

```
1  class Master extends Bachelor {
2
3      String erststudienfach;
4
5      Master(String name, int nummer, int jahr, String fach, String
           erstfach){
6          super(name, nummer, jahr, fach);
7          erststudienfach = erstfach;
8      }
9
10     void setzeErststudienfach(String fach) {
11         erststudienfach = fach;
12     }
13
14     String gibErststudienfach() {
15         return erststudienfach;
16     }
17 }
```

Quellcode 8.4: Deklaration der Java-Klasse „Master"

8_4

```
1  class Lehramt extends Studierende {
2
3      String fach1, fach2;
4
5      Lehramt(String name, int nummer, int jahr, String f1, String f2){
6          super(name, nummer, jahr);
7          fach1 = f1; fach2 = f2;
8      }
9
10     void setzeStudienfach(String f1, String f2) {
11         fach1 = f1;
12         fach2 = f2;
13     }
14
15     String gibFach1() {
16         return fach1;
17     }
18
19     String gibFach2() {
20         return fach2;
21     }
22 }
```

Quellcode 8.5: Deklaration der Java-Klasse „Lehramt"

8_5

Zunächst fällt auf, dass die Deklaration der (Wurzel-)Klasse der Vererbungshierarchie, Studierende, unverändert bleibt. Ferner sind die Deklarationen der Unterklassen, auch **abgeleiteten Klassen** genannt, fast wie bisher aufgebaut. Die Deklaration einer Unterklasse unterscheidet sich nur in soweit, dass hinter dem Klassennamen das Schlüsselwort extends ergänzt wird, gefolgt von dem Namen der Oberklasse. Hierbei ist die Oberklasse der direkte Vorfahr in der Vererbungshierarchie. Bei den drei Klassen Bachelor, Master und Lehramt ist also an

- `class Bachelor extends Studierende {...}`

- `class Master extends Bachelor {...}`

- `class Lehramt extends Studierende {...}`

erkennbar, dass Bachelor und Lehramt direkte Unterklassen von Studierende sind und Master eine direkte Unterklasse von Bachelor ist.

In einer Unterklassendeklaration werden nur die Attribute und Methoden deklariert, die zu der Menge der Attribute und Methoden der Oberklasse hinzukommen. Im Fall der Klasse Bachelor sind dies das Attribut studienfach sowie die beiden Methoden setzeStudienfach(String fach) und gibStudienfach(). Das bedeutet, dass ein Objekt der Klasse Bachelor zusätzlich zu den von der Oberklasse geerbten Attributen studname, matrikelnummer und geburtsjahr auch noch das Fach des Studierenden im Attribut studienfach speichert. Mit den beiden ebenfalls neuen Methoden kann diese Information gesetzt beziehungsweise abgefragt werden. Dieses erfolgt analog zu den nach wie vor geltenden Methoden der Klasse Studierende in Bezug auf Name, Matrikelnummer und Alter.

Die Klasse Lehramt ist bezüglich der Attribute und Methoden analog zur Klasse Bachelor konstruiert. Sie unterscheidet sich nur darin, dass nun zwei Studienfächer, fach1 und fach2, als Attribute gespeichert werden, die mit entsprechenden Methoden manipuliert werden. Die Klasse Master bekommt zusätzlich zu den Attributen und Methoden, die in ihrer Oberklasse Bachelor zur Verfügung stehen, noch ein Attribut erstStudienfach mit den entsprechenden Methoden. Da das Master-Studium den Abschluss eines anderen Studiums voraussetzt, wird dessen Fach in erststudienfach aufgenommen.

Während also die neu zu einer Unterklasse hinzugefügten Attribute und Methoden wie bisher deklariert werden, gibt es bei den Konstruktoren von Unterklassen einen Unterschied. Hier gibt es die Regel, dass die erste Anweisung im Block eines Konstruktors der Aufruf eines Konstruktors der direkten Oberklasse sein muss. Für die Klasse Master sieht dies so aus:

```
Master(String name, int nummer,
    int jahr, String fach, String erstfach){
    super(name, nummer, jahr, fach);
    erststudienfach = erstfach;
}
```

Der Aufruf des Oberklassenkonstruktors ist gegeben durch super (name, nummer, jahr, fach). Offensichtlich wird anstelle des Namens des Konstruktors der Oberklasse „super" geschrieben, wohingegen die Parameterliste wie üblich aussieht und auch zu dem Konstruktor

```
Bachelor(String name, int nummer, int jahr, String fach){
   super(name, nummer, jahr);
   studienfach = fach;
}
```

der Oberklasse passt. Auch hier wird wieder „super" verwendet, da in diesem Fall der Konstruktor der Oberklasse Studierende aufgerufen wird. Ein Grund für die Verwendung des Schlüsselwortes „super" anstelle des Konstruktornamens ist, dass die direkte Oberklasse einer Unterklasse eindeutig ist, sodass es überflüssig ist, ihn anzugeben. Hingegen kann auf die Parameterliste nicht verzichtet werden, da die entsprechenden Werte zu übergeben sind. In Abhängigkeit des Konstruktors der Oberklasse kann die Parameterliste auch leer sein. Ferner hilft sie in dem Fall, dass eine Oberklasse mehrere Konstruktoren hat, zu erkennen, welcher davon aufgerufen werden soll.

Der Aufruf des Oberklassenkonstruktors im Konstruktor von Master sorgt dafür, dass die geerbten Attribute studname, matrikelnummer, geburtsjahr und studienfach die Werte bekommen, die in den aktuellen Parametern name, nummer, jahr und fach angegeben sind. Die darauf folgende Anweisung

```
erststudienfach = erstfach;
```

setzt dann noch den Wert des vierten Attributes der Klasse Master auf den Wert von erstfach.

Der aufgerufene Oberklassenkonstruktor ist ein Konstruktor der Klasse Bachelor. Er wiederum setzt die Attribute studname, matrikelnummer, und geburtsjahr, indem er durch

```
super(name, nummer, jahr);
```

den Konstruktor der Oberklasse Studierende aufruft. Das Attribut studienfach setzt er direkt durch

```
studienfach = fach;
```

Auf diese Weise ergibt sich eine Aufrufkette von Konstruktoren, die mit dem Aufruf eines Konstruktors der Klasse an der Wurzel der Vererbungshierarchie endet - in diesem Fall mit einem Konstruktor der Klasse Studierende.

An dem Beispiel wird die Sinnhaftigkeit der Begriffe Unterklasse und Oberklasse deutlich. Die Studierenden, die eine Studienfachangabe enthalten, speichern mehr Informationen als die allgemeinen Studierenden. Sie bilden also eine spezialisierte Teilmenge aller Studierenden. Abbil-

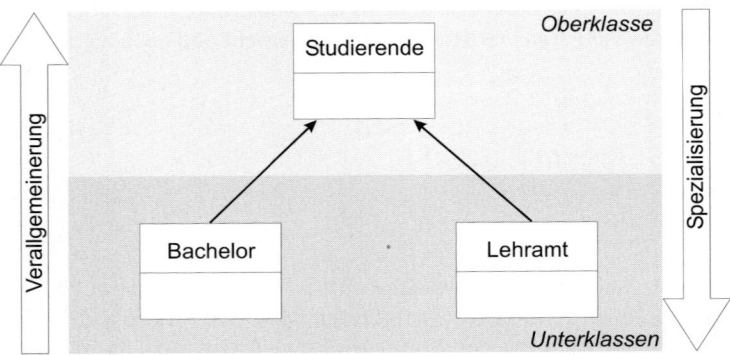

Abbildung 8.5: Darstellung der Vererbung zwischen der Oberklasse `Studierende` und den Unterklassen `Bachelor` und `Lehramt`

dung 8.5 verdeutlicht dieses Prinzip von Spezialisierung und Verallgemeinerung grafisch. Ist die Oberklasse `Studierende` verallgemeinert aufgebaut, enthält beispielsweise die Unterklasse `Lehramt` Ergänzungen, die sie als Spezialisierung der Oberklasse `Studierende` ausweist.

Aufgabe 8.1:

In Aufgabe 7.14 und Aufgabe 7.16 wurde die Listenverwaltung in Sichtweise der imperativen Programmierphilosophie gelöst. Dies soll nun objektorientiert geschehen.

Dazu sei die Klasse `Liste` so erweitert, dass sie sich für die Instantiierung von Objekten als Listenverwalter eignet. Eine Liste wird dadurch als eine Folge von Listenverwaltern realisiert, die jeweils auf einen Nachfolger verweisen.

Die Klasse `ListenVerwalter` soll als Unterklasse der Klasse `Liste` deklariert werden. Sie soll die zusätzlichen Methoden

```
void lFuegeEin(ListenVerwalter einElement);
void Studierendendaten lSuche(int m);
```

anbieten, die dasselbe wie die entsprechenden Methoden der beiden anderen Aufgaben leisten.

a) Eine Möglichkeit, die erste Methode zu realisieren, ist

```
void lFuegeEin(Listenverwalter einElement){
if (gibnaechstes() == null)
  setzeNaechstes(einElement);
else
  gibNaechstes().lFuegeEin(einElement);
}
```

Diese Methode `lFuegeEin` wird durch folgenden Aufruf

```
dliste.lFuegeEin(Neuelement)
```

für ein Objekt

```
Listenverwalter dliste
```

genutzt. Hierbei ist `neuElement` wie in Aufgabe 7.14, Seite 135, deklariert und instantiiert und `dliste` besteht aus den drei Objekten, die in Abbildung 7.13 dargestellt sind. Analysieren Sie diese Methode, indem Sie die Reihenfolge der Objekte angeben, die aufgerufen werden.

b) Realisieren Sie die Methode

```
void Studierende lSuche(int m)
```

wobei angenommen wird, dass die Methode `gibWert` aus Aufgabe 7.15 zur Verfügung steht.

8.4.2   UML-Notation

Eine Schwierigkeit der objektorientierten Modellierung und Programmierung ist, dass die textuelle Beschreibung der Klassenstruktur und der Interaktion der Objekte untereinander, etwa in Form eines Java-Programms, bei großen Software-Systemen sehr unübersichtlich ist. Im Vergleich zu einer rein textuellen Beschreibung erweist sich eine grafische Darstellung, etwa wie die in Abbildung 8.4, als gute Alternative, Zusammenhänge aufzuzeigen. Für die objektorientierte Modellierung steht mit der **Unified Modeling Language**©, kurz UML,[2] eine weit verbreitete standardisierte grafische Beschreibungssprache zur Verfügung.

Die Beschreibungsmöglichkeiten von UML beschränken sich nicht auf die Darstellung von Klassenhierarchien, sondern umfassen weitergehende Einsatzmöglichkeiten im Prozess der Software-Entwicklung. Folgende Typen von Diagrammen sind unter anderem verfügbar:

- **Klassendiagramm**: Darstellung der statischen Struktur eines Software-Systems und der hierarchischen Beziehung zwischen den Klassen.

- **Anwendungsfall-Diagramm** (Use-Case-Diagramm): Beschreibung des geplanten Software-Systems aus Sicht des späteren Nutzers - Modellierung der Systemfunktionalitäten unter verschiedenen Anwendungsszenarien (Use-Cases).

- **Interaktionsdiagramm**: Oberbegriff für Sequenz- und Kollaborations-Diagramme. Visualisierung der Objekte und deren „Kommunikation" untereinander, angeordnet in der chronologischen (zeitlichen) Reihenfolge.

- **Zustandsdiagramm**: Darstellung von Zuständen eines Objektes, unter Einfluss von bestimmten Ereignissen, im Laufe seines „Lebens".

---

2 Begründer von UML sind G. Boch, I. Jacobsen und J. Rumbaugh von der Firma Rational Rose. 1997 wurde die erste Version von UML durch die Object Management Group (OMG) [http://www.uml.org] standardisiert. Die aktuelle UML-Version ist 2.0 [Stand: Juli 2005].

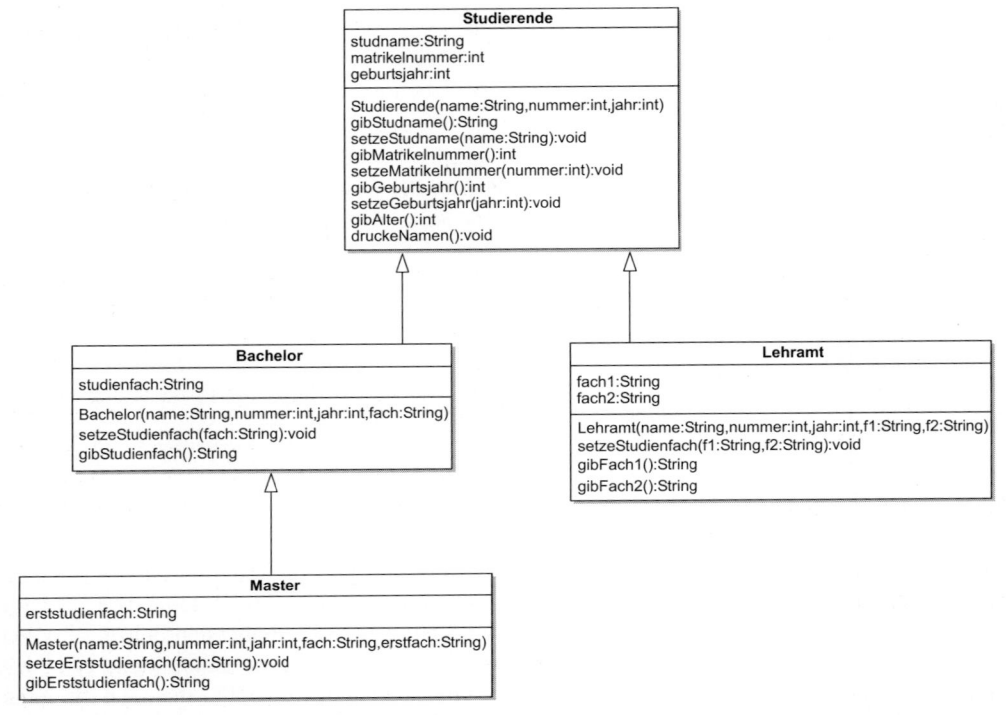

Abbildung 8.6: Darstellung der Vererbungshierachie in Java durch ein UML-Diagramm

Wir wollen uns im Folgenden auf eine exemplarische Erläuterung der UML-Notation am Beispiel des Klassendiagramms beschränken. Abbildung 8.6 zeigt ein einfaches UML-Klassendiagramm, in dem die bereits bekannten Klassen `Studierende` und dessen Unterklassen visualisiert werden. Zentrale Bestandteile in diesem Darstellungstyp sind die Klassen. Eine Klasse wird durch ein Rechteck mit drei Segmenten, abgeteilt durch jeweils eine horizontale Linie, repräsentiert. Entsprechend dem Aufbau einer Klasse, welche die Vorlage für Objekte liefert und Attribute und Methoden definiert, gliedert sich der grafische Aufbau einer Klasse.

Im ersten oberen Segment steht der Name der Klasse. Gemäß der UML-Notation beginnt er mit einem Großbuchstaben und wird im Singular angegeben. Aus optischen Gründen wird er vielfach zentriert und fett geschrieben (s. Klassenname „`Studierende`" in Abbildung 8.6).

Das mittlere Segment repräsentiert die Attribute der Klasse. Im einfachsten Fall besteht ein Attribut aus seinem Namen und Datentyp. Der Datentyp steht hinter dem Attributnamen, getrennt durch einen Doppelpunkt. Ein optional definierter Ausgangswert (Default-Wert) würde im Anschluss an den Datentyp, getrennt durch ein Gleichheitszeichen, folgen.

Im unteren Segment erfolgt die Auflistung der Konstruktoren und Methoden. Eine Vereinbarung ist hierbei, dass zuerst die Konstruktoren und im Anschluss die Methoden genannt werden.

Prinzipiell entspricht die Notation dem gleichen Prinzip wie bei den Attributen. Attribute der Konstruktoren und Methoden werden mit ihrem Namen und Datentyp gemäß dem bekannten Prinzip repräsentiert. Ergänzend erfolgt bei den Methoden, auch wieder abgetrennt durch einen Doppelpunkt, die Bezeichnung des Rückgabewerts. Sehen wir uns beispielsweise die Methodendeklaration

```
setzeMatrikelnummer(nummer:int):void
```

der Klasse `Studierende` genauer an. Der Name der Methode ist `setzeMatrikelnummer`. Anschließend folgt, eingeschlossen in runden Klammern, die Nennung des Attributs mit Namen `nummer`. Durch einen Doppelpunkt getrennt folgt der Datentyp `int` des Attributs. Da die Methode keinen Rückgabewert berechnet, wird in diesem Fall das Schlüsselwort `void`, erneut separiert durch einen Doppelpunkt, aufgelistet.

Am Beispiel dieses Klassendiagramms sollte die grundsätzliche Herangehensweise zur Nutzung Unified Modeling Language aufgezeigt werden. Im Kontext der Software-Entwicklung sind unterschiedliche UML-konforme Programme und Werkzeuge für Software-Entwickelnde verfügbar. Für detailliertere Ausführungen zur UML-Notation und zu den verfügbaren Diagrammen sei auf die Literatur[3] verwiesen.

8.4.3   Deklaration von Unterklassen

Im einleitenden Beispiel zur Vererbung in Abschnitt 8.4.1 haben wir die Grundprinzipien zur **Deklaration von Unterklassen** bereits kennengelernt. Prinzipiell ist sie ähnlich der bekannten Deklaration einer normalen Klasse strukturiert. Sie unterscheidet sich von dieser im Wesentlichen durch die zusätzliche Angabe der Klasse, aus der sie abgeleitet wird. Hierzu wird, wie wir bereits gesehen haben, der Anfang der Klassendeklaration um ein Schlüsselwort `extends` erweitert, gefolgt von dem Namen der Klasse, aus der abgeleitet wird. Ein Beispiel aus der Studierendenverwaltung in Abschnitt 8.4.1 ist

```
class Bachelor extends Studierende {...}
```

In Zusammenfassung 8.6 ist die entsprechende Erweiterung der bisherigen Syntax angegeben.

Die **Deklaration von Konstruktoren** einer Unterklasse unterscheidet sich von dem bisher Bekannten dadurch, dass die erste Anweisung im Block des Konstruktors der Aufruf eines Konstruktors der Klasse, aus der abgeleitet wird, sein muss. Dieser Aufruf sieht wie ein üblicher Methodenaufruf aus, allerdings wird anstelle des Konstruktornamens das Schlüsselwort `super` verwendet. Die Liste der Parameter hat die übliche Form. Ein Beispiel aus Abschnitt 8.4.1 ist

```
Bachelor(String name, int nummer, int jahr, String fach){
   super(name, nummer, jahr);
   studienfach = fach;
}
```

---

3 H. Balzert, *Lehrbuch der Software-Technik*, Spektrum Verlag, 1999
  B. Oestereich, *Analyse und Design mit UML 2.0: Objektorientierte Softwareentwicklung*, 7. Aufl., Oldenbourg, 2004

Eine Interpretationsmöglichkeit für diese Vorgehensweise ist, dass durch den Aufruf des Konstruktors der Oberklasse die nötigen Initialisierungen für das zu konstruierende Objekt der Unterklasse auch bezüglich der geerbten Attribute und Methoden stattfinden. Im Beispiel werden auf diese Weise die geerbten Attribute `studname`, `matrikelnummer` und `geburtsjahr` initialisiert. Ist die Oberklasse wiederum Unterklasse einer anderen Klasse, pflanzt sich die Initialisierung durch erneuten Aufruf eines Oberklassenkonstruktors im Konstruktor der entsprechenden Oberklasse fort.

Zusammenfassung 8.6:   Deklaration von Klassen

Eine Klasse wird durch Angabe ihres Namens sowie ihrer Funktionalität, gegeben durch den Klassenrumpf, deklariert. Sofern es sich bei ihr um die Unterklasse einer anderen Klasse handelt, ist der Name der direkten Oberklasse anzugeben.

Klassendefinition

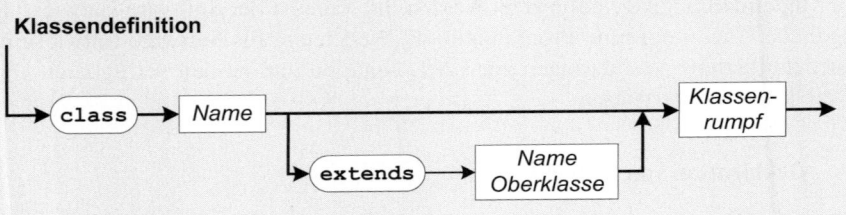

Die Deklaration eines **Unterklassenkonstruktors** geschieht wie die Deklaration eines Konstruktors einer gewöhnlichen Klasse, mit dem Unterschied, dass die erste Anweisung der Aufruf eines Oberklassenkonstruktors ist. Anstatt den Namen des Oberklassenkonstrukors zu verwenden, wird `super` genutzt, gefolgt von einer aktuellen Parameterliste für den Oberklassenkonstruktor.

8.4.4   Instantiierung von Unterklassen und Typkonvertierung

Objekte von Unterklassentypen werden wie andere Objekte instantiiert. Ebenso können Variablen von Unterklassentypen wie bisher deklariert werden. Ferner können Unterklassenobjekte einer Variablen vom gleichen Unterklassentyp zugewiesen werden.

Darüber hinaus ist es aber auch möglich, ein Objekt einer Variablen zuzuweisen, deren Klasse eine direkte oder indirekte Oberklasse der Klasse des Objektes ist. Dies wird als **Zuweisungskompatibilität** bezeichnet. Beim Zugriff über die Objektvariable auf das Objekt sieht das Objekt so aus, als würde es zur Klasse der Objektvariablen gehören. Um der Regel, dass Zuweisungen formal nur zwischen gleichen Datentypen erfolgen dürfen, Rechnung zu tragen, geschieht dabei eine **implizite Typkonvertierung**, analog zu der impliziten Typkonvertierung, die bei der Zuweisung eines `int`-Wertes an eine `float`-Variable stattfindet.

Beispielsweise ist das Folgende zulässig:

```
Studierende a;
Bachelor b = new Bachelor("Paul Meier", 88654, 1982,
                    "Informatik");
a = b;
```

Zuerst wird nach dem uns bereits bekannten Prinzip eine Objektvariable a vom Typ Studie-rende deklariert. Es schließt sich die Deklaration einer Objektvariablen b vom Typ Bache-lor, der auch ein Objekt dieser Klasse zugewiesen wird, an. In der Wertzuweisung a = b sind a und b unterschiedlichen Typs. Da die Klasse von a, Klasse Studierende, eine Oberklasse der Klasse von b, Klasse Bachelor, ist, liegt eine zulässige Wertzuweisung vor.

Ein Vorteil dieser Möglichkeit ist beispielsweise, Objekte unterschiedlicher Klassen nach wie vor in einem gemeinsamen Array verwalten zu können. Die gelingt, indem dem Array der Typ einer gemeinsamen Oberklasse gegeben wird. Bei dem Beispiel der Studierendenverwaltung wird dies durch ein Array

```
Studierende[] A;
```

geleistet. Damit sind etwa folgende Zuweisungen möglich:

```
A[0] = new Master("Thorsten Meier", 88188, 1980,
                "Informatik", "Informatik");

A[1] = new Bachelor("Monika Schmidt", 88633, 1981,
                "Mathematik");

A[2] = new Lehramt("Monika Schneider", 88755, 1980,
                "Mathematik", "Physik");
```

Es stellt sich nun die Frage, wie ein Programm erkennen kann, auf welche Klasse ein Objekt ei-nes Array-Elements gerade verweist. Hierfür stellt die Programmiersprache Java die Anweisung instanceof zur Verfügung. Die Anweisung hat die Form

```
Objektreferenz instanceof Klassenname
```

Sie liefert das Ergebnis true, wenn das referenzierte Objekt der angegebenen Klasse oder einer Unterklasse hiervon angehört. Ein Beispiel ist

```
A[0] instanceof Master
```

Dieser Ausdruck liefert den Wert true, da das Array A vom Typ Studierende und die Klasse mit Namen Master eine Unterklasse dieser Klasse ist.

Neben der Möglichkeit, `instanceof` innerhalb einer bedingten Anweisung zu nutzen, kann der Wahrheitswert auch einer booleschen Variablen zugewiesen werden. So hat die Variable `test1` nach Ausführung der Programmzeile

```
boolean test1 = (A[1] instanceof Bachelor);
```

den Wert `true`. Hingegen haben die Variablen `test2` und `test3` nach Ausführung von

```
boolean test2 = (A[1] instanceof Master);
boolean test3 = (A[1] instanceof Lehramt);
```

beide den Wert `false`.

Kommen wir nun zum Aufruf von Methoden für Objekte einer Unterklasse. Auch in diesen Fällen geschieht der **Aufruf der Methoden** eines Objektes, auf das durch eine Variable verwiesen wird, wie bisher, also beispielsweise

```
String name = A[0].gibStudname();
```

Es stehen dabei die Methoden zur Verfügung, die durch die Klasse der Variablen deklariert sind. In dem vorliegenden Beispiel ist die Methode `gibStudname` der Klasse `Studierende` zugehörig, wie auch die Variable `A[0]`.

Wie wir wissen, kann es nun aber sein, dass eine Objektvariable auf ein Objekt einer Unterklasse verweist, wie in dem Beispiel

```
A[0] = new Master("Thorsten Meier", 88188, 1980,
                  "Informatik", "Informatik");
```

Es stellt sich nun die Frage, ob es möglich ist, auch die Methoden, über die ein `Master`-Objekt zusätzlich zu einem `Studierende`-Objekt verfügt, aufrufen zu können. Hierfür steht in Java das Konzept der **expliziten Typkonvertierung**, auch **Type Casting** genannt, zur Verfügung. Die Notation der expliziten Typkonvertierung ist analog zur Vorgehensweise bei den primitiven Datentypen, siehe Begriffserklärung 4.11, Seite 64. In dem Beispiel

```
String erstfach = ((Master) A[0]).gibErststudienfach();
```

findet eine explizite Typkonvertierung der Variablen `A[0]` statt. Durch den so genannten Casting-Operator „`(Master)`" wird die Variable `A[0]` vom Typ `Studierende` in den Typ `Master` konvertiert. Damit ist es möglich, die Methode `gibErststudienfach` der Klasse `Master` zu nutzen. Die Verwendung der Methode ist jedoch nur dann zulässig, wenn sicher ist, dass das Objekt, auf das die Variable verweist, auch tatsächlich einer Klasse angehört, die über diese Methode verfügt. Mittels `instanceof` kann vor einem entsprechenden Aufruf herausgefunden werden, ob dies tatsächlich der Fall ist.

Zusammenfassung 8.7:   Zuweisungskompatibilität

- Ein Objekt und eine Objektvariable (Referenzvariable) sind **zuweisungskompatibel**, wenn die Klasse der Objektvariablen mit der Klasse des Objektes übereinstimmt oder einer Oberklasse der Klasse des Objektes ist.

- Im Falle einer gegebenen Zuweisungskompatibilität kann ein Objekt der zuweisungskompatiblen Objektvariablen zugewiesen werden. Dabei findet eine **implizite Typkonvertierung** statt. Beim Zugriff über die Objektvariable auf das Objekt sieht das Objekt wie ein Objekt der Klasse der Objektvariablen aus.

- Die Zuweisungskompatibilität kann mittels der Operation `instanceof` herausgefunden werden. Der Ausdruck „Objekt `instanceof` Klassenname" liefert genau dann `true`, wenn das Objekt der Klasse oder einer Unterklasse davon angehört.

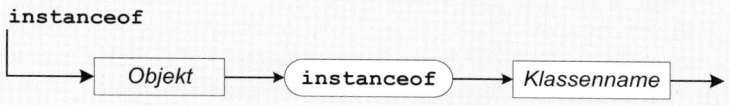

Zusammenfassung 8.8:   Typkonvertierung

- Bei der **impliziten Typkonvertierung** handelt es sich um die Anpassung zweier Datentypen, die automatisch ohne explizite Angabe des Konvertierungswunsches stattfindet, wenn ein schwächerer Datentyp einem stärkeren Datentyp zugewiesen wird. Im Falle von Zuweisungen bei Objekten wird ein Unterklassentyp gegenüber seinem Oberklassentyp als schwächer verstanden.

- Bei der **expliziten Typkonvertierung** wird der Wunsch der Anpassung mittels eines Typkonvertierungsoperators angegeben, der die Zielklasse definiert.

  Im Falle der Zuweisung eines Unterklassentyps an eine Objektvariable eines Oberklassentyps ist es durch explizite Typkonvertierung der Variablen auf den Oberklassentyp möglich, auf Methoden und Attribute des zugewiesenen Objektes zuzugreifen, die in der Unterklasse deklariert sind.

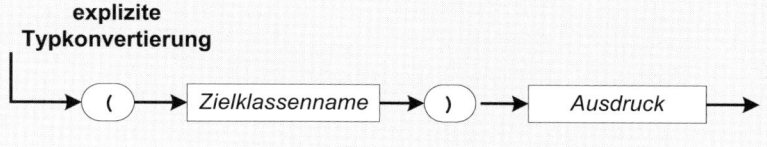

8.5   Sichtbarkeit von Information

Ein Vorteil der objektorientierten Sichtweise ist, dass es genügt, die Methoden des Objektes zu kennen, um mit ihm „umgehen" zu können. Die Implementierungsdetails sind für die Anwendung einer Methode nicht relevant. Man sagt dazu auch, dass sie **verdeckt** beziehungsweise **geheim** sind. Gerade in größeren Software-Projekten, an denen viele Programmierende mitarbeiten, ist vielfach nur wichtig, was ein Objekt leistet, aber nicht, wie es realisiert ist. In diesem Zusammenhang ist es hilfreich, dass der Zugriff auf bestimmte Attribute und Methoden eines Objekts eingeschränkt wird. Betrachten wir beispielsweise die Anweisung

```
Studierende[] datenbasis;
```

innerhalb der Klasse `Datenverwaltung` (s. Quellcode 8.1). Die Klasse stellt die Methoden `fuegeEin` und `suche` zur Verfügung, mit denen auf das Attribut `datenbasis` zugegriffen werden kann. Beim Aufruf dieser Methoden ist es nicht notwendig, zu wissen, dass die Daten in einem Array abgespeichert sind. Es könnte auch eine verzeigerte lineare Liste verwendet worden sein, ohne dass dies Einfluss auf die Rückgabewerte oder die Parameter der Methoden hat. Wenn auf Objekte der Klasse nur über die Methode `fuegeEin` und `suche` zugegriffen wird, ist es etwa möglich, die Art der Abspeicherung der Daten zu ändern, ohne dass dies Auswirkungen auf den Rest des Programms hat. Durch dieses Konzept ist den Entwickelnden der Klasse `Daten-verwaltung` eine gewisse Freiheit bei der Implementierung gegeben. Ferner vereinfacht es den Entwurf des Gesamtsystems, der ein ausgezeichnetes Detail nicht enthalten muss. In diesem Fall ist es also sinnvoll, das Attribut `datenbasis` zu verdecken.

In vielen Programmiersprachen wird dieses Konzept der Verdeckung bereitgestellt, so auch in Java. Hier werden zur individuellen Festlegung der **Sichtbarkeit bei Objekten** spezielle Schlüsselwörter bereitgestellt, nämlich `public` und `private`. Diese Schlüsselwörter werden auch als **Modifikatoren** bezeichnet. Durch Voranstellen eines Modifikators vor eine Methoden- und Attributdeklaration wird der Methode oder dem Attribut ein Grad der Sichtbarkeit (Verdeckung, Zugreifbarkeit) zugeordnet.

Der Modifikator `private` bewirkt, dass auf das betroffene Attribut oder die betroffene Methode eines Objektes nur dann zugegriffen werden kann, wenn das Objekt in seiner eigenen Klasse instantiiert wird. Falls ein Objekt dieser Klasse also in einer anderen Klasse instantiiert wurde, kann auf die Variable oder Methode nicht zugegriffen werden.

Durch den Modifikator `public` wird angezeigt, dass auf das betroffene Attribut oder die betroffene Methode in allen Objekten dieser Klasse zugegriffen werden kann, unabhängig davon, in welcher anderen Klasse sie instantiiert wurden.

Falls kein Modifikator angegeben wird, kann auf Attribute oder Methoden in allen Instantiierungen des Objektes in den Klassen des Programms zugegriffen werden.

Im Beispiel wird daher durch

```
private Studierende[] datenbasis;
```

erreicht, dass das Attribut `datenbasis` bei Objekten der Klasse `Datenverwaltung` nun verdeckt ist. Ein Zugriff auf das Attribut `datenbasis` ist nur für Objekte möglich, die im Programm-Code der Klasse `Datenverwaltung` instantiiert werden. Für Objekte, die in einer anderen Klasse, z.B. einem Hauptprogramm, instantiiert werden, ist ein direkter Zugriff auf `datenbasis` nicht möglich.

Zusammenfassung 8.9: Modifikatoren

Modifikatoren beeinflussen die Sichtbarkeit, d.h. den Zugriff auf Attribute und Methoden von Objekten und in Klassenhierarchien.

- **`private`:** Der Modifikator `private` bewirkt die stärkste Einschränkung der Sichtbarkeit. Betroffene Attribute und Methoden sind bei Objektinstanziierungen und in der Vererbungshierarchie nur in der Klasse verfügbar, in der die Attribute und Methoden deklariert werden.

- **`public`:** Auf Attribute und Methoden der Sichtbarkeit `public` kann bei Objektinstanziierungen in allen Klassen zugegriffen werden.

- **kein Modifikator (Standard)**: Wird kein expliziter Modifikator angegeben, kann auf Attribute und Methoden in allen Instanziierungen des Objektes in den Klassen des Programms zugegriffen werden.

Zusammenfassung 8.10: Erweiterte Syntaxdiagramme

Syntaxdiagramme für die Deklaration von Klassen, Attributen und Methoden, ergänzt um Modifikatoren:

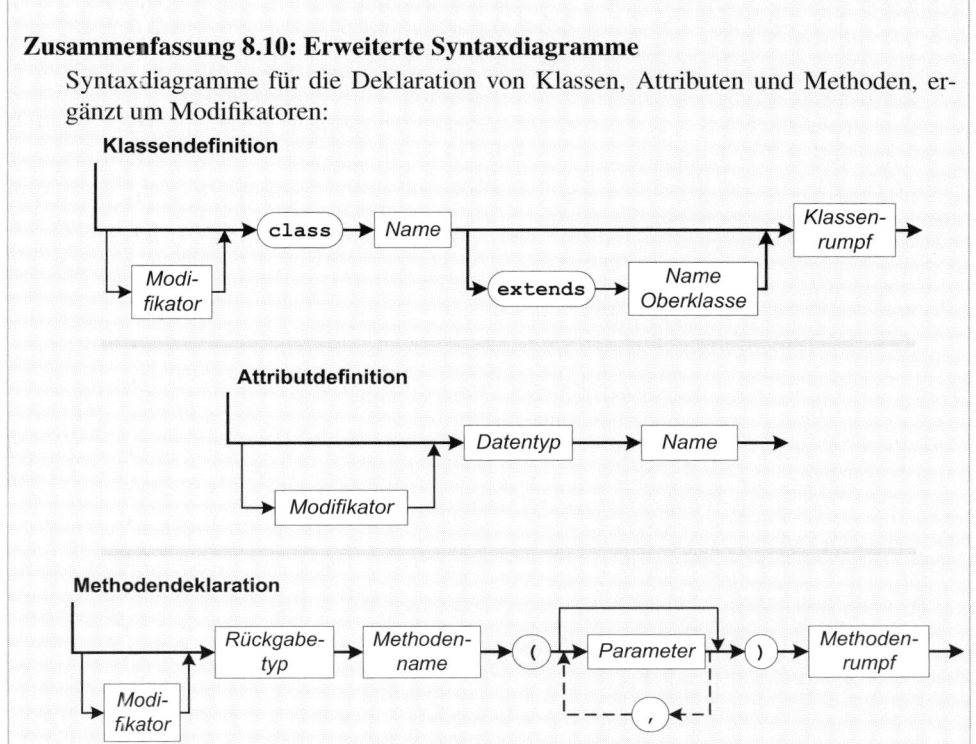

Zusammenfassung 8.10 zeigt die Syntaxdiagramme für die Deklaration von Klassen, Attributen und Methoden, die um Modifikatoren ergänzt wurden.

Wie wir wissen, stehen die Attribute und Methoden einer Klasse auch in ihren Unterklassen zur Verfügung. Auch dies ist eine Art von Sichtbarkeit, die als **Vererbungssichtbarkeit** bezeichnet wird. Die Modifikatoren beeinflussen auch die Vererbungssichtbarkeit.

Der Modifikator `private` bewirkt, dass betroffene Attribute und Methoden in der Vererbungshierarchie nur in der Klasse verfügbar sind, in der die Attribute und Methoden deklariert sind, jedoch nicht in deren Unterklasse. Attribute und Methoden der Sichtbarkeit `public` sind bezüglich der Vererbungshierarchie in der Klasse, in der sie deklariert sind, und in allen von ihr direkt oder indirekt abgeleiteten Klassen sichtbar, d.h. sie können dort zur Programmierung verwendet werden und stehen bei instantiierten Objekten der Unterklassen zur Verfügung.

Wir werden das Konzept der Sichtbarkeit im Abschnitt 9, „Packages", in Form der **Paketsichtbarkeit** wieder aufgreifen. Im Kontext der Paketsichtbarkeit wird auch die Definition der Standardsichtbarkeit (kein Modifikator) noch zu präzisieren sein. Außer den Modifikatoren `private` und `public` gibt es in Java weitere Modifikatoren, die im Anhang A „Schlüsselwörter im Sprachumfang von Java" aufgeführt sind.

8.6   Polymorphismus

Polymorphismus bedeutet, dass eine Erscheinung in vielfacher Gestalt auftritt. Ein Beispiel sind polymorphe Methoden. Polymorphie von Methoden bedeutet, dass Methoden den gleichen Namen haben können, aber etwas Unterschiedliches tun. Ein bekanntes Beispiel sind mathematische Operationen. So ist beispielsweise die Addition „+" für den Datentyp `int` der ganzen Zahlen und den Datentyp `float` der Fließkommazahlen definiert. Grundsätzlich müsste eine Programmiersprache für jeden dieser Operandentypen eine eigene Methode „Addition" anbieten. Andererseits ist es komfortabel, wenn ähnlich, wie in der Mathematik, der gleiche Name, nämlich das Plus-Zeichen, verwendet wird.

> **Zusammenfassung 8.11: Polymorphismus**
> **Polymorphismus** bedeutet, dass eine Erscheinung in vielfacher Gestalt auftritt.

Die Programmiersprache Java erlaubt die Möglichkeit der Deklaration polymorpher Methoden durch das Konzept der **Überladung**. Eine Überladung einer Methode liegt vor, wenn in einem Programmstück mindestens zwei Methodendeklarationen gültig sind, die

- denselben Namen haben

- Parameterlisten haben, in denen sich die Datentypen der Parameter in der aufgelisteten Reihenfolge an mindestens einer Stelle unterscheiden.

Weisen zwei Methoden aus Sicht der Datentypen die gleiche Parameterliste auf, unterscheiden sich aber in ihrem Rückgabewert, handelt es sich nicht um eine Überschreibung, sondern eine fehlerhafte Mehrfachdeklaration. Diese führt zu einer Fehlermeldung durch den Java-Compiler. Das ist insoweit nachvollziehbar, da für den Compiler auf Grundlage der Syntax nicht entscheidbar ist, welche Methode bei einem Aufruf verwendet werden soll.

Im Zusammenhang mit Klassenhierarchien ist eine weitere Art der Realisierung von polymorphen Methoden möglich, die **Überschreibung**. Die Überschreibung einer Methode liegt vor, wenn es zu einer Methode, die in einer Klasse deklariert ist, eine Methode in einer Unterklasse der Klasse gibt, die denselben Namen und dieselbe Parameterliste hinsichtlich der Parametertypen in der Reihenfolge der Liste hat. Der Rückgabewert ist hierbei nicht relevant. In diesem Fall wird bei Anwendung der Methode auf ein Objekt der Unterklasse auch die Methode der Unterklasse verwendet. Sollte aber die Methode auf ein Objekt der Oberklasse angewendet werden, würde die Version der Methode genutzt, die in der Oberklasse deklariert ist.

Polymorphismus durch Überschreiben kann etwa dann Anwendung finden, wenn es die Spezialisierung der Objekte der Unterklasse notwendig macht, dass eine Methode einer Klasse etwa aufgrund von Attributen, die in einer Unterklasse hinzugekommen sind, auch Änderungen an den neuen Attributen vornimmt, wenn sie für ein Objekt der Unterklasse aufgerufen wird. Dies wird möglich, indem dann eine überschriebene Version anstelle der ursprünglichen Version Anwendung findet. Das Prinzip der Überschreibung ist auch auf Attribute anwendbar. Hierbei **verdecken** die Attribute, die überschreiben, entsprechende Attribute der Oberklasse.

```java
1  // --- Klasse Studierende ---
2  class Studierende{
3      String studname = "Mustermann";
4      String adresse = "WoAuchImmerWeg";
5      int studium = 0;
6      // ------ Methoden ----------------------------
7      void info(boolean lang){
8          if(lang){
9              System.out.println(studname+"  "+adresse);
10         } else {
11         System.out.println(studname);
12         }
13     }
14 }
15 // --- Klasse Informatikstudierende ---
16 class Informatikstudierende extends Studierende {
17     int studium = 9;
18     // ------ Methoden ----------------------------
19     void info(){
20         System.out.println("--- Informatikstudierende ---");
21     }
22     // --------------------------------------------
23     void info(boolean lang){
24         System.out.println("Informatikstudierende:");
25         super.info(lang);
26     }
27 }
```

8_6

Quellcode 8.6: Aufbau der Klassen Studierende und Informatikstudierende zur Verdeutlichung des Polymorphismusprinzips in Java

```
public class PolymorphismusKlasse{
  public static void main(String argv[]) {
    Studierende studA = new Studierende();
    Informatikstudierende studB = new Informatikstudierende();
```

`1` `System.out.println("studA - studium: "+studA.studium);`

> studA - studium: 0

`2` `System.out.println("studB - studium: "+studB.studium);`

> studB - studium: 9

`3` `studB.info();`

> --- Informatikstudierende ---

`4` `studA.info(false);`

> Mustermann

`5` `studB.info(false);`
```
  }
}
```

> Informatikstudierende:
> Mustermann

Abbildung 8.7: Testklasse zur Analyse der Konzepte des Überladens und des Überschreibens

Um auch im Rahmen der Vererbungshierarchie die in Unterklassen überschriebenen Methoden und Attribute (aus der Oberklasse) verwenden zu können, bietet Java den **super-Bezug**. Wird einem Methodenaufruf oder einem Attribut bei seiner Verwendung das Schlüsselwort `super`, getrennt durch einen Punkt, vorangestellt, also zum Beispiel `super.a`, wobei `a` das Attribut ist, wird die entsprechende Methode oder das entsprechende Attribut der direkten Oberklasse verwendet. Falls auf eine Methode oder ein Attribut einer indirekten Oberklasse Bezug genommen werden soll, wird `super` so häufig vorangestellt, wie es dem „Abstand der Oberklasse" in der Klassenhierarchie entspricht, also zum Beispiel `super.super.a`.

Wir illustrieren diese Konzepte nun an dem etwas „akademischen" und nicht ganz einfachen Quellcode 8.6. Er besteht aus der Deklaration einer Klasse `Studierende` und einer Unterklasse hiervon, `Informatikstudierende`. Ergänzend ist in der Abbildung 8.7 eine Testklasse zu sehen, in der die Klassen exemplarisch zur Anwendung kommen. Die jeweilige aus der Anweisung resultierende Bildschirmausgabe ist in den grauen Kästen angeführt.

Bezüglich der Attribute beider Klassen fällt auf, dass die Variable `studium` in beiden Klassen deklariert ist. In diesem Fall überschreibt das Attribut `studium` der Klasse `Informatikstudierende` das namensgleiche Attribut in der Oberklasse. Ersichtlich ist dieses auch an der Bildschirmausgabe in Abbildung 8.7 (s. Anweisung 1 und 2). Die Instanzvariable `studium` der Klasse `Studierende` liefert einen Wert von 0, entsprechend 9 der Klasse `Informatikstudierende`.

Innerhalb der Klasse `Informatikstudierende` sind zwei Methoden mit dem gleichen Namen `info` definiert. Trotz der Namensgleichheit sind die beiden Methoden eindeutig aufgrund ihrer Übergabeparameter zu unterscheiden (s. Anweisung 3 innerhalb Abbildung 8.7). Eine Methode mit Namen `info` kann ohne Parameter aufgerufen werden, die zweite benötigt einen Pa-

```
class Studierende
{
    // --- Attribute ---
    String studname;
    int matrikelnummer;
    int geburtsjahr;

    void setzeGeburtsjahr(int geburtsjahr) {
        this.geburtsjahr = geburtsjahr;
    }
}
```

Abbildung 8.8: Konzept der this-Referenz am Beispiel der Methode setzeGeburtsjahr

rameter vom Typ boolean. Hier liegt die Situation des **Überladens** vor.

Das Prinzip des Überladens von Methoden kann auch zwischen Ober- und Unterklasse statt-finden. In unserem Beispiel wird innerhalb der Klasse Informatikstudierende durch die Methode „void info()" die entsprechende Methode „void info(boolean lang)" der Oberklasse Studierende überladen. Es handelt sich hier nicht um ein Überschreiben, da die Parameterlisten beider Methoden unterschiedlich sind.

Dieses Beispiel ist insoweit interessant, als dass die Klasse Studierende nicht nur in der Unterklasse um eine weitere Methode mit Namen info erweitert wird, sondern die void in-fo(boolean lang) der Klasse Studierende innerhalb der Klasse Informatikstu-dierende durch die Methode void info(boolean lang) mit typgleicher Parameter-liste überschrieben wird. Zur Verdeutlichung betrachten wir die Anwendungsbeispiele 4 und 5 in der Abbildung 8.7. Bei einem Aufruf der Methode „void info(boolean lang)" für eine Instanz der Klasse Studierende, wird die Methode auch gemäß der Klasse Studie-rende ausgeführt (s. Anweisung 4). Erfolgt der Aufruf der Methode „void info(boolean lang)" für ein Objekt der Klasse Informatikstudierende, wird ebenfalls die entspre-chende Methode der *eigenen* Klasse aufgerufen (s. Anweisung 5, respektive die zugehörige Pro-grammmausgabe).

Sehen wir uns nun die Methode „void info(boolean lang)" der Klasse Informatik-studierende etwas genauer an. Dort wird mittels eines super-Bezugs super.info(lang) auf die überschriebene Methode void info(boolean lang) der Oberklasse Studie-rende zugegriffen.

Neben super gibt es auch noch den **this-Bezug**. Durch Voranstellung von this wird deut-lich gemacht, dass hiermit ein Attribut aus dieser Klasse gemeint ist. Eine typische Anwendung findet man bei der Deklaration von Methoden. Betrachten wir hierzu die folgende Abbildung 8.8, in der die Methode setzeGeburtsjahr der Klasse Studierende leicht abgewandelt dargestellt ist. Da der Parameter der Methode setzeGeburtsjahr identisch mit dem Attribut geburtsjahr der Klasse ist, wäre die Zuweisung

```
this.geburtsjahr = geburtsjahr;
```

ohne den this-Bezug nicht eindeutig, da auf beiden Seiten der Wertzuweisung ein gleich lautender Variablenname stehen würde. Das Java-System würde dies nicht akzeptieren. Durch das Schlüsselwort this wird deutlich gemacht, dass auf der linken Seite der Zuweisung ein Attribut der Klasse gemeint ist, dem der Wert des Parameters der Methode zugewiesen wird (vgl. Abbildung 8.8). Ein Vorteil dieser Möglichkeit ist, dass für Parameter von Methoden und Konstruktoren, die eine direkte Beziehung zu Attributen haben, keine neuen, möglicherweise künstlich erscheinenden Namen ausgedacht werden müssen.

Zusammenfassung 8.12: Überladen, überschreiben und verdecken

Zur Realisierung von Polymorphismus gibt es verschiedene Mechanismen:

Überladen von Methoden, was bedeutet dass sich namensgleiche Methoden in ihren Parametern bezüglich Typ, Anzahl oder Reihenfolge unterscheiden. Der Rückgabewert ist dabei nicht relevant. Die Definition beinhaltet zudem, dass die Methoden innerhalb einer Klasse oder innerhalb zweier Klassen, die in einer direkten Vererbungshierarchie stehen, definiert sind.

Überschreiben von Methoden in einer Klassenhierarchie bedeutet, dass Methoden gleichen Namens mit typgleicher Parameterliste in einer Klasse und in einer zugehörigen Unterklasse deklariert werden. Man sagt, dass die Methode der Unterklasse die entsprechende Methode der Oberklasse überschreibt.

Verdecken von Attributen bedeutet, dass ein in der Unterklasse deklariertes Attribut den gleichen Namen aufweist wie ein entsprechendes Attribut in der Oberklasse. Hierbei wird innerhalb der Unterklasse das Attribut der Oberklasse durch das namensgleiche Attribut der Unterklasse verdeckt.

Zusammenfassung 8.13: this- und super-Bezug

- Das Schlüsselwort **this** ermöglicht den expliziten Bezug auf Attribute oder Methoden der Klasse, in der es verwendet wird.

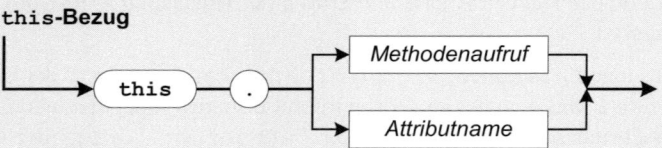

- Das Schlüsselwort **super** ermöglicht den expliziten Bezug auf Attribute oder Methoden der direkten Oberklasse der Klasse, in der es verwendet wird.

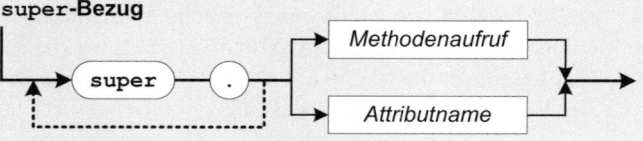

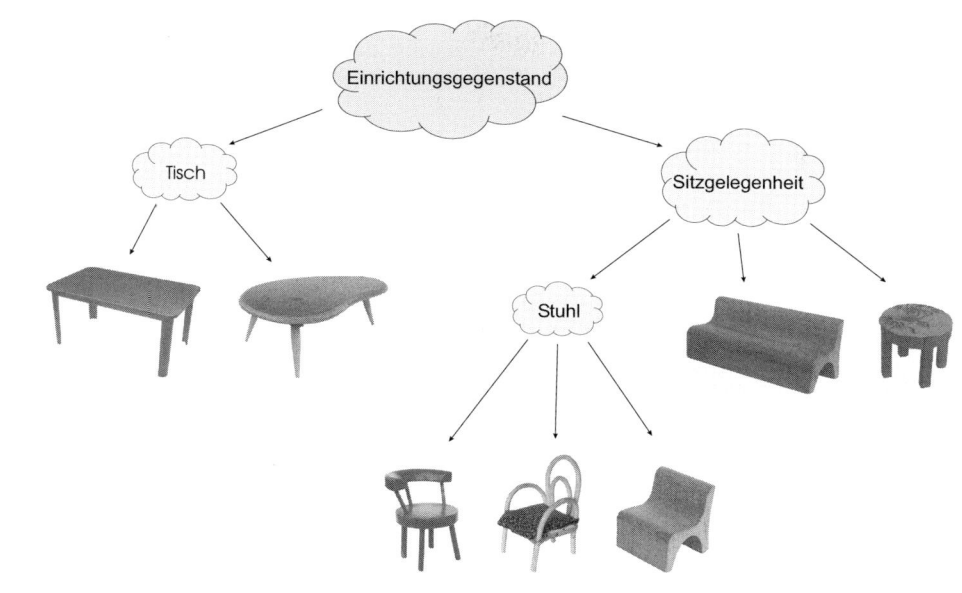

Abbildung 8.9: Vererbungsbaum der Einrichtungsgegenstände

Aufgabe 8.2:

Ein auf besondere Einrichtungsgegenstände spezialisiertes Geschäft möchte seine Daten elektronisch verwalten. Diese Datenbank soll nun realisiert werden. Abbildung 8.9 zeigt schematisch den strukturellen Aufbau der Einrichtungsgegenstände.

Durch Abbildung 8.9 wird bereits die objektorientierte Vererbungshierarchie angedeutet, die es umzusetzen gilt. Die Wurzel der Vererbungshierarchie wird durch die Klasse `Einrichtungs-gegenstand` gebildet. Sie legt die allgemeinen Merkmale aller Einrichtungsgegenstände fest, umgesetzt durch die Attribute `name` vom Typ `String`, `produktionsjahr` vom Typ `int` und `preis` vom Typ `double`.

a) Implementieren Sie die zunächst noch sehr einfache Klasse `Einrichtungsgegen-stand` unter Verwendung der einleitend genannten Eigenschaften.

b) Ergänzen Sie die Klasse `Einrichtungsgegenstand` um zwei Konstruktoren. Der erste Konstruktor soll es ermöglichen, über seine Parameter die Attribute `name`, `pro-duktionsjahr` und `preis` mit Werten zu belegen. Der zweite Konstruktor soll eine leere Parameterliste haben.

c) Im Abschnitt 8.5 hatten wir als Vorteil der objektorientierten Programmierung die Einschränkung der Sichtbarkeit angeführt. Dieses Prinzip soll auch in der Klasse `Einrich-tungsgegenstand` umgesetzt werden. Verändern Sie die Klasse `Einrichtungs-gegenstand` derart, dass die Attribute nur für Objekte der eigenen Klasse sichtbar sind.

Um Objekten einen Zugriff auf die Attribute zu ermöglichen, ist die Klasse um die notwendigen get- und set-Methoden zu erweitern, beispielsweise `setPreis` und `getPreis`.

d) Da das Attribut `preis` nur den Einkaufspreis beinhaltet, soll eine zusätzliche Methode `getVerkaufspreis` implementiert werden. Diese liefert den um 15 Prozent gegenüber dem Preis erhöhten Verkaufspreis.

e) Zur Überprüfung der aktuellen Funktionalität der Klasse `Einrichtungsgegenstand` implementieren Sie eine geeignete Testklasse mit einer `main`-Methode. Innerhalb dieser instantiieren Sie zwei Objekte vom Typ `Einrichtungsgegenstand`. Dem ersten Objekt `gegenstandEins` werden mittels der Parameter des Konstruktors die Werte der Attribute zugewiesen. Der Name des `2004` produzierten Einrichtungsgegenstandes ist „kleinerTisch", bei einem Preis von `569.99` Euro. Der zweite Einrichtungsgegenstand `gegenstandEins` soll mittels des parameterlosen Konstruktors initialisiert werden. Nachfolgend werden die Attribute des Objektes mittels der zugehörigen set-Methoden festgelegt. Der Name sei `runderStuhl`, das Produktionsjahr `2003` und der Preis liege bei `80.00` Euro.

Aufgabe 8.3:

Wie in der Abbildung 8.9 dargestellt, werden von der Oberklasse `Einrichtungsgegenstand` weitere Klassen direkt abgeleitet, `Tisch` und `Sitzgelegenheit`. Die Klasse `Tisch` beinhaltet zusätzlich das „private"- Attribut `anzahlBeine` vom Typ integer und die zugehörigen get- und set-Methoden. Gegenüber der Oberklasse `Einrichtungsgegenstand` ist auch die Klasse `Sitzgelegenheit` erweitert, hierbei um das Attribut `stoffbesatz`. Dieses Boolesche Attribut legt fest, ob die Sitzgelegenheit mit Stoff überzogen ist. Zusätzlich hat die Klasse `Sitzgelegenheit` noch eine Unterklasse `Stuhl` mit dem Booleschen Attribut `armlehne`.

a) Stellen Sie die daraus resultierende Vererbungshierachie in Form eines UML-Diagramms dar.

b) Implementieren Sie nun die weiteren Klassen `Tisch`, `Sitzgelegenheit` und `Stuhl`.

c) Da die Gewinnspanne bei allen Einrichtungsgegenständen nicht identisch ist, sollen die Berechnungen des Verkaufspreises innerhalb der Methode `getVerkaufspreis` entsprechend angepasst werden: 20% bei Tischen, 16% bei Stühlen. Nutzen Sie hierzu das Prinzip der Überschreibung.

Aufgabe 8.4:

Nachdem die Klassenhierachie aus Abbildung 8.9 in Java umgesetzt worden ist, soll nun eine Verwaltung der Einrichtungsgegenstände implementiert werden. Diese soll in Form einer linearen Liste, vergleichbar zur Abbildung 7.13, implementiert werden.

a) Deklarieren Sie eine Klasse `Einrichtungsverwaltung`, bei der Ihnen die Klasse `Liste` gemäß dem Quellcode 7.4 als Vorbild dienen kann.

b) Zur Nutzung der Klasse `Einrichtungsverwaltung` sei eine Objektverwaltung vom Typ `Einrichtungsverwaltung` deklariert und nachfolgend die Objekte aus Aufgabe 8.2 d eingefügt.

c) Ergänzen Sie die Klasse `Einrichtungsverwaltung` um eine Methode, die alle in der Liste gespeicherten Objekte auf dem Bildschirm auflistet. Hierbei sollen neben den Attributbelegungen auch der Einrichtungstyp mit aufgelistet werden. Eine Ausgabezeile sollte beispielsweise wie folgt aussehen:

```
Stuhl - Name: Kuechenstuhl, Jahr: 2003, Preis: 45.87 Euro
```

Klassenbibliotheken

Die Effizienz von Programmiersprachen zur Lösung von Problemen ist insbesondere durch die Verfügbarkeit von Programmstücken zur Lösung immer wieder auftretender Aufgaben bestimmt. Zur Verwaltung und Verwendung existierender Programmstücke bieten manche Programmiersprachen Mechanismen zur Organisation von Programmpaketen an. Abschnitt 9.1 führt in das Konzept der „Packages" von Java ein, die diesem Zweck dienen. Es folgen verschiedene Beispiele der Nutzung: Applets (Abschnitt 9.2), Systemzeit (Abschnitt 9.3) und Streams (Abschnitt 9.4).

9.1 Einbinden von Klassenbibliotheken

Im Folgenden werden wir uns mit einem komfortablen Feature von Java beschäftigen, den Klassenbibliotheken. Klassenbibliotheken, auch Packages[1] genannt, sind Sammlungen von zusammengehörigen Klassen, in denen für unterschiedliche Aufgaben die Quellcodes bereits vorliegen. Jedes Paket besteht aus mindestens einer Oberklasse, die den Namen des Pakets trägt, und eventuell zusätzlichen Unterklassen.

Um auf diese vordefinierten Klassen zugreifen zu können, ist es notwendig, dass zu Anfang eines Java-Programms der benötigte Name des Pakets angegeben wird. Wir sprechen davon, dass ein Paket eingebunden wird. Hierzu stellt die Java-Spezifikation das Schlüsselwort import zur Verfügung. Der Befehl import stellt insoweit eine Ausnahme im Sprachkonzept dar, da er zu Anfang des Quellcodes, außerhalb einer Klasse, angeführt wird.

Der explizite import-Befehl erlaubt es sowohl ganze Pakete oder nur einzelne Klassen eines Pakets einzubinden. So bindet der Befehl

```
import java.awt.Graphics;
```

---

1 Neben dem englischen Begriff „Packages" ist auch der deutsche Begriff „Pakete" gebräuchlich.

aus der Klasse `awt` nur die Unterklasse `Graphics` ein. Sollen alle Klassen eines Pakets importiert werden, ist ein so genanntes Jokerzeichen „`*`" zu verwenden, das für beliebige Klassennamen steht. Um beispielsweise alle Klassen des Pakets `awt` nutzen zu können, müsste folgende Befehlszeile verwendet werden:

```
import java.awt.*;
```

Erwähnt werden muss noch, dass der Punkt „`.`" im Paketnamen der zugrundeliegenden Klassenhierarchie entspricht. Im Beispiel `import java.awt.Graphics` ist `java` die Klasse an der Wurzel der Vererbungshierarchie, `awt` eine direkte Unterklasse. Die Klasse `Graphics` wiederum eine Unterklasse der Klasse `awt`. Nach dieser Einleitung sehen wir uns ein erstes Paket mit Namen „Applet" an, welches von der Internetnutzung bekannt sein dürfte.

Zusammenfassung 9.1: Pakete

Ein **Paket** ist eine Sammlung von zusammengehörigen Klassen, die unter einem eindeutigen Namen angesprochen werden kann. Dieses ist der Paket- oder Klassenbibliotheksname.

Zusammenfassung 9.2: Import von Paketen

Pakete oder einzelne Klassen von Paketen werden zu Anfang eines Java-Quellcodes durch den Befehl `import` in der Form

```
import einPaket;
```

eingebunden. *einPaket* ist der Name des zu verwendenden Pakets.

9.2   Applets

Neben dem Grundtyp „AppliKation" von Java-Programmen, den wir bei allen bisher vorgestellten Programmen vorliegen hatten, ist noch ein zweiter Grundtyp recht verbreitet. Dieser zweite Grundtyp, **Applet**, unterscheidet sich insofern von dem bekannten Typ, dass **Applets** nicht eigenständig ausgeführt bzw. direkt von der Kommandozeile mit dem Java-Interpreter „`java`" gestartet werden können. Eine Hauptanwendung von Java-Applets liegt in der Internet-Nutzung, weshalb Applets auch nur innerhalb einer Internet-Seite (HTML[2]-Seite) ausgeführt werden können. Neben dem eigentlichen Java-Programm „`ProgrammApplet`"(s. Quellcode 9.1) wird auch noch eine HTML-Datei[3] benötigt. Diese HTML-Seite ist die Grundvoraussetzung, um das Java-Applet zu starten.

---

2 HTML, Abkürzung für „Hypertext Markup Language"ist Format für Text und Hypertext (Text mit Querverweisen) im Internet.

3 http://de.selfhtml.org[4]

```
1  import java.applet.Applet;
2  import java.awt.Graphics;
3  public class ProgrammApplet extends Applet {
4      public void paint (Graphics graphics) {
5              graphics.drawString ("Java-Programm vom Typ Applet", 50,
                    50);
6      }
7  }
```

Quellcode 9.1: Einfaches Java-Applet

9_1

Betrachten wir zunächst das Java-Programm 9.1. Die erste Zeile dient dazu, jene für alle Java-Programme vom Typ „Applet" notwendigen Klassen des Pakets `applet` einzubinden. Ergänzend ist es für dieses Applet notwendig, eine Klasse zur Handhabung von Grafik zu importieren. Das hierfür zuständige Paket `awt`, „**Abstract Windows Toolkit**" (kurz AWT), beinhaltet verschiedene Unterklassen, von denen in diesem Beispiel aber nur die Unterklasse `Graphics` benötigt wird (Zeile 2). Ausführlichere Details zur Grafiknutzung werden im Kapitel 10 thematisiert.

Nachdem die Klassenbibliotheken eingebunden wurden, kann die Klasse `ProgrammApplet` von der explizit eingebundenen Oberklasse `Applet` abgeleitet werden (s. Zeile 3). Zur Bedeutung des Schlüsselwortes „`extends`" sei noch einmal auf den Abschnitt 8.4 „Vererbung" verwiesen. Augenfällig ist auch in folgenden Zeile, dass die Methode `paint` aus der Oberklasse `Applet` überschrieben wird:

```
public void paint (Graphics graphics)
```

Das Besondere an dieser Methode `paint` ist, dass sie automatisch durch das Java-System aufgerufen wird, sobald eine (Größen-) Änderung des Fensters der zugehörigen HTML-Seite erfolgt. Neben dem Namen der Methode ist auch durch die Java-Spezifikation festgelegt, dass der Parameter vom Typ `Graphics` ist. Innerhalb der Methode `paint` wird die Methode `drawString` der Klasse `Graphics` aufgerufen (s. Zeile 5). Diese bewirkt, dass die Ausgabe des Textes „Java-Programm vom Typ Applet" ab der Position mit Koordinaten (50,50) innerhalb der HTML-Seite erfolgt.

Vergleichbar zu den Java-Programmen vom Typ „Applikation" kann der Java-Quellcode „`ProgrammApplet.java`" mit dem Java-Compiler übersetzt werden:

```
javac ProgrammApplet.java
```

Zu beachten ist hierbei, dass der resultierende Bytecode „`ProgrammApplet.class`" im Gegensatz zu den bisherigen Java-Programmen nicht durch den Java-Interpreter ausgeführt werden kann. Die Anweisung „`java ProgrammApplet`" würde zu einer Fehlermeldung führen. Zur Ausführung eines Java-Programms vom Typ „Applet" ist eine HTML-Seite notwendig, wie sie beispielsweise der Quellcode 9.2 generiert.

```
 1 <html>
 2   <head>
 3     <title>Java-Applet</title>
 4   </head>
 5   <body>
 6     <h1>Hier kommt das Java-Applet...</h1>
 7     <applet code=ProgrammApplet width=250 height=100>
 8     </applet>
 9   </body>
10 </html>
```

9_2

Quellcode 9.2: HTML-Programmrahmen

Der Aufruf des Java-Programms `ProgrammApplet` erfolgt durch die Anweisung

```
<applet code=ProgrammApplet width=250 height=100>
```

im HTML-Quellcode. Die weiteren Zeilen des HTML-Codes sind für das Verständnis in diesem Zusammenhang nicht relevant und gehen über den Inhalt dieses Buches hinaus. Um das Applet aus Quellcode 9.1 zu starten, kann der HTML-Code 9.2 in einem Browser (z.B. Netscape©, Microsoft Explorer©) geladen oder über den so genannten „Appletviewer" angezeigt werden. Bei dem **Appletviewer** handelt es sich um ein Programm, welches zum Grundpaket des Java-SDK's gehört (vgl. Abschnitt B „Grundlagen der Java-Programmierumgebung", Seite 313). Von der Kommandozeile erfolgt der Aufruf mit:

```
appletviewer einApplet.html
```

Resultierend sollte das in Abbildung 9.1, links, gezeigte Applet zu sehen sein. Falls das HTML-File in einem Internet-Browser gestartet wird, beispielsweise Netscape (s. Abbildung 9.1, rechts) ist ergänzend auch der HTML-Text „`Hier kommt das Java-Applet...`" zu sehen. Der *Appletviewer* ignoriert die HTML-Tags[5] und führt nur das eigentliche Java-Applet aus.

Für weitere Informationen zur Erstellung und Handhabung von HTML-Seiten sei auf die Literatur[6] und die Internetressourcen, z.B. http://de.selfhtml.org[7] oder http://www.w3.org[8] verwiesen.

Aufgabe 9.1:

    a) Führen Sie das HTML-Programm 9.2 auf unterschiedlichen Browsern aus und beschreiben Sie mögliche Unterschiede.

    b) Erstellen Sie ein Java-Applet, dass die in Aufgabe 4.22, Seite 75, beschriebene Tabelle von Quadrat- und Kubikzahlen darstellt.

---

5 Tags: Bezeichnung für (Markup-) Befehle in HTML-Dokumenten, eingefasst durch kleiner- beziehungsweise größer-Zeichen.

6 *HTML kurz & gut*, Jennifer Niederst, O'Reilly, *HTML und XHTML*, Das umfassende Referenzwerk, Chuck Musciano, Bill Kennedy, O'Reilly

7 *SELFHTML*, Stefan Münz, HTML-Dateien selbst erstellen, http://de.selfhtml.org

8 *W3C©*, HyperText Markup Language (HTML), Homepage: http://www.w3.org

Abbildung 9.1: Bildschirmdarstellung des Appletviewers (links) und Netscape© (rechts) mit dem Beispiel-Applet 9.1

9.3   Systemzeit

Kommen wir zu einem weiteren Beispiel, in dem (Hilfs-)Klassen des Javasystems genutzt werden. Im Abschnitt 7.2.4 „Methoden", ab Seite 117, wurde innerhalb der Klasse Studierende (vgl. Java-Quellcode 7.2) das aktuelle Datum über das Javasystem bestimmt. Dort wurde bereits angedeutet, dass zur Abfrage der Systemzeit eine explizite Klasse Datum zur Verfügung steht. Betrachten wir zunächst noch einmal die relevante Zeile:

```
int aktJahr = Datum.gibJahreszahl();
```

Auf der rechten Seite der Zuweisung wird die Methode gibJahreszahl() einer Klasse Datum aufgerufen. Wie aus Abschnitt 5 „Statische Methoden" bekannt, handelt es sich hierbei um den Aufruf einer statischen Methode. Diese kann genutzt werden, ohne ein Objekt der Klasse Datum zu instantiieren. Umgesetzt wird diese Herangehensweise einer statischen Methode innerhalb einer Klasse Datum, gemäß dem Quellcode 9.3.

```
1  import java.util.GregorianCalendar;
2  import java.util.Calendar;
3
4  class Datum {
5
6      static int gibJahreszahl(){
7          GregorianCalendar aktuellesDatum = new GregorianCalendar();
8          int aktuellesJahr=aktuellesDatum.get(Calendar.YEAR);
9          return aktuellesJahr;
10     }
11 }
```

Quellcode 9.3: Klasse Datum zur Bestimmung des aktuellen Datums

Zur Verwaltung von Datumsangaben stellt das Java-System zwei Klassen zur Verfügung, `GregorianCalendar` und `Calendar`. `GregorianCalendar` ist hierbei eine Unterklasse von `Calendar`. Beide Klassen werden zu Anfang gemäß der bekannten Syntax importiert (Zeile 1, 2). Nachfolgend wird ab Zeile 6, wie bereits einleitend angesprochen, die statische Methode `gibJahreszahl()`, mit einem Rückgabewert vom Typ integer, deklariert. Die Abfrage der Systemzeit bzw. des Datums erfolgt indirekt in Zeile 7, durch den Aufruf des leeren Konstruktors der Klasse `GregorianCalendar`. Dadurch, dass der Konstruktor der Klasse `GregorianCalendar` aufgerufen und die Referenz der Variablen `aktuellesDatum` vom Typ `GregorianCalendar` zugewiesen wird, ist in dieser Instanz das aktuelle Datum abgelegt. Neben dem Datum (Tag, Monat, Jahr) wird auch die Uhrzeit (Sekunde, Minute, Stunde) bereitgestellt. Um auf die einzelnen Datumsinformationen zugreifen zu können, wird die Methode `get` auf einem Objekt der Klasse `GregorianCalendar` ausgeführt und als Parameter die gewünschte Information übergeben. In Zeile 8 erfolgt dieser Aufruf. Über den Parameter `Calendar.YEAR` erfolgt ein Zugriff auf die Variable `YEAR` der zugehörigen (Ober-) Klasse `Calendar`. Die Jahreszahl, als integer-Wert, wird der Variablen `aktuellesJahr` zugewiesen und fungiert anschließend als Rückgabewert (Zeile 9).

```
1  class CalendarTest {
2      public static void main(String[] argv){
3          Student studi = new Student("Petra", 56333, 1981);
4          System.out.println(studi.gibStudname()+" ist "+studi.gibAlter
                ()+" Jahre alt.");
5      }
6  }
```

9_4

Quellcode 9.4: Beispielprogramm zur Nutzung der Datumsklasse

Ein einfaches Testprogramm zur Nutzung der Datumsfunktion zeigt der Java-Quellcode 9.4. Da alle weiteren Konzepte des Quellcodes bekannt sein sollten, sei eine weitergehende Beschreibung nicht angeführt.

Aufgabe 9.2:

a) Erweitern Sie die Klasse `Datum` um die integer-Attribute `jahr`, `monat` und `tag`. Zusätzlich sollen die Konstruktoren

   - `Datum()`
   - `Datum(int jahr, int monat, int tag)`

   deklariert werden. Wird der erste, parameterlose Konstruktor aufgerufen, sollen die Attribute mit der aktuellen Systemzeit initialisiert werden. Nutzen Sie hierzu die Klasse `GregorianCalendar`. Mittels des zweiten Konstruktors sollen die Attribute auf die entsprechenden Werte der Parameter gesetzt werden.

b) Implementieren Sie eine Methode

   ```
   int anzahlMonate()
   ```

   Wird die Methode für ein Objekt der Klasse aufgerufen, berechnet sie die Anzahl der Monate, die zwischen dem im Objekt abgelegten Datum und dem aktuellen Datum liegen.

c) Zum Testen der Methode `anzahlMonate` soll eine Klasse `Testprogramm` programmiert werden. In der `main`-Methode wird zunächst ein Objekt `einDatum` instantiiert und auf das Datum 15.05.1989 gesetzt. Anschließend berechnet die Methode `anzahl-Monate` die „Differenz der Monate" und gibt das Ergebnis auf dem Bildschirm aus.

9.4 Streams

Wenn wir einmal alle bisher realisierten Java-Programme rekapitulieren lassen, fällt auf, dass die Eingabewerte für die Programme immer direkt in der `main`-Methode definiert wurden. Um unterschiedliche Werte zu testen, war es notwendig, diese direkt im Quellcode zu ändern, das Programm neu zu kompilieren und dann erneut auszuführen. Diese Handhabung ist offensichtlich unkomfortabel und soll im Folgenden durch eine Dateneingabe zur Laufzeit des Programms ersetzt werden. Eine einfache Möglichkeit, einem Programm Werte zu übergeben, ohne eine erneute Übersetzung durchzuführen, wurde bereits im Abschnitt 4.8.5 beschrieben. Sie bestand darin, Eingabewerte als Parameter beim Programmaufruf mit zu übergeben.

Weitaus komfortabler ist die Eingabe von Daten während der Programmausführung, wenn wir ein Konzept nutzen, das **Streams** genannt wird. Unter einem Stream versteht man im Zusammenhang mit der Programmierung einen „Strom von Daten", genau genommen, eine Folge von Bytes. Dieser Datenstrom kann eine Ausgabe zum Bildschirm oder Drucker, aber auch eine Eingabe von einer CD-Rom oder der Tastatur sein. Wir haben dieses Konzept „Streams" bei der Bildschirmausgabe, mit der Anweisung „`System.out.println`", bereits (selbstverständlicherweise) genutzt, ohne es explizit als Datenstrom zum Bildschirm zu bezeichnen.

```java
 1  import java.io.*;
 2
 3  class TastaturEingabe {
 4
 5      String readLine(){
 6          String eingabeString="";
 7          BufferedReader input = new BufferedReader(new
                 InputStreamReader(System.in));
 8          try{
 9              eingabeString = input.readLine();
10          }
11          catch (IOException e) {
12              e.printStackTrace();
13          }
14          return eingabeString;
15      }
16  }
```

Quellcode 9.5: Einlesen von der Tastatur

Im weiteren Verlauf wollen wir die Funktionalität von Streams nutzen, um Daten über die Tastatur eingeben zu können. Zur Umsetzung steht die Klassenbibliothek (Package) mit Namen `java.io` zur Verfügung. Der Programmcode 9.5 zeigt, wie dieses Paket genutzt werden kann.

Ergänzend zur bekannten `import`-Anweisung für die Java-IO-Klassen (Zeile 1) und dem Rahmen für die Klasse `TastaturEingabe` befindet sich der wesentliche Teil zur Tastatureingabe innerhalb der Methode `readLine()` ab Zeile 5. Neben dem bekannten Ausgabestrom `System.out` stellt das Java-System einen vergleichbaren Stream zur Eingabe bereit, `System.in`. `System` ist hierbei der Klassenname und `in` eine statische Variable, die den Eingabestream (`InputStream`) repräsentiert. Vergleichbar steht `out` für den Ausgabestream (`PrintStream`). Um diesen Eingabestream (von der Tastatur) vernünftig handhaben zu können, steht die Klasse `BufferedReader` zur Verfügung. In Zeile 7 wird ein entsprechendes Objekt der Klasse `BufferedReader` instantiiert, in dem der Konstruktor mit einem Objekt vom Typ `Reader` aufgerufen wird. Anstelle eines Objekts vom Typ `Reader` wird vielfach in Abhängigkeit von der gewünschten Anwendung eine entsprechende Unterklasse übergeben. Da wir eine Eingabe von der Tastatur einlesen wollen, ist die Unterklasse `InputStreamReader` zu nutzen. Parameter für den Konstruktor `InputStreamReader` ist die Bezeichnung des Eingabestreams, `System.in`. Falls diese verkürzte Schreibweise etwas ungewöhnlich erscheint, kann die Anweisung in Zeile 7 auch durch die beiden Zeilen

```
InputStreamReader inputReader=new InputStreamReader(System.in);
BufferedReader input=new BufferedReader(inputReader);
```

ersetzt werden. Vielfach wird aber einfach nur die kompakte Form verwendet. Das Einlesen einer Textzeile von der Tastatur wird durch die Methode `readLine()` der Klasse `BufferedReader` vorgenommen (Zeile 9) und die eingelesenen Zeichen werden der Variablen `eingabeString` vom Typ `String` zugewiesen. Mittels der `return`-Anweisung (Zeile 14) erfolgt die Übergabe an die aufrufende Instanz.

Wissentlich haben wir bei der Besprechung die `try-catch`-Anweisung ignoriert, da das hiermit verbundene Konzept, die so genannten **Exceptions**, bisher noch nicht thematisiert wurde.

Vereinfacht ausgedrückt, verhindert der Mechanismus der Exceptions, dass die Ausführung von Java-Programmen schon bei kleineren Fehlern abgebrochen wird. In der Methode `readLine` kann die Anweisung `eingabeString = input.readLine()` durch die Einbettung innerhalb eines `try`-Blocks überwacht werden. Sollte es zu einem Fehler beim Auslesen der Tastatur kommen, bewirkt der Mechanismus der Exceptions die Ausführung der Anweisung `e.printStackTrace()` innerhalb des `catch`-Blocks. Resultierend erfolgt eine Bildschirmausgabe der Fehlermeldung. Abgefangen werden nur Exceptions vom Typ `IOException`, also Probleme bei der Ein- und Ausgabe. Java stellt für unterschiedliche Ausnahmesituationen entsprechende Exceptions bereit, auf die aber in diesem Buch nicht näher eingegangen werden soll.

Der folgende Quellcode 9.6 zeigt ein einfaches Beispiel zur Nutzung der Klasse `TastaturEingabe`. Sicherlich lässt sich die Klasse `TastaturEingabe` noch um weitere Funktionalitäten ergänzen. Aber das Beispiel sollte einen einleitenden Eindruck von der Verwaltung von Streams und dem damit verbundenen Exception-Handling vermitteln.

```
1 class EingabeTest {
2     public static void main(String args[]){
3         System.out.print("Texteingabe: ");
4         TastaturEingabe textInput = new TastaturEingabe();
5         String eingabe = textInput.readLine();
6         System.out.println("Eingabe = " + eingabe);
7     }
8 }
```

Quellcode 9.6: Beispielprogramm zur Tastatureingabe

9_6

Zusammenfassung 9.3: Exceptions

Unter **Exceptions** (Ausnahmesituationen) werden Fehlersituationen verstanden, die den normalen Programmablauf verhindern und zu einem Programmabbruch führen würden.

Mittels der try-catch-Anweisung können fehlerkritische Programmteile überwacht (try) und im Falle einer Ausnahmesituation ein ausgezeichneter Programmteil (catch) ausgeführt werden, ohne einen Programmabbruch zu verursachen.

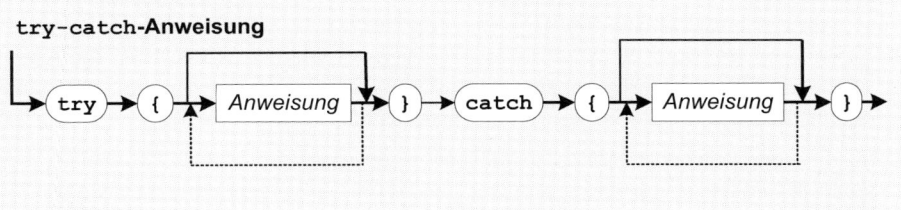

Aufgabe 9.3:

In Aufgabe 4.24, Seite 76 konnten Sätze als Argumente beim Aufruf des Programms übergeben werden.

a) Ändern Sie das Programm einProgramm derart ab, dass die Eingabe zur Laufzeit des Programms erfolgen kann.

b) Ergänzen Sie die Klasse einProgramm um die folgende Methode:

```
int countWords(String eingabe)
```

Die Methode bekommt einen String übergeben und bestimmt die enthaltene Anzahl von Wörtern. Rückgabewert ist die ermittelte Anzahl. Nutzen Sie die neue Methode countWords innerhalb der main-Methode.

Aufgabe 9.4:

a) Erweitern Sie das Java-Programm „programmFlaeche" aus Aufgabe 4.21, Seite 75, um die Funktionalität, die Länge und Breite über die Tastatur eingeben zu können.

b) Falls Sie das Programm „`programmFlaeche`" aus Aufgabenteil a) mit unterschiedlichen Werten starten wollen, ist es notwendig, dass Programm auch mehrmals zu starten. Komfortabler wäre eine ergänzende Abfrage zur erneuten Dateneingabe. Diese sollen Sie nun realisieren.

Hinweis: Nutzen Sie eine `while`-Schleife, um eine erneute Flächenberechnung in Abhängigkeit von einer Tastatureingabe, z.B. `j` oder `n`, zu starten.

9.5   Paketsichtbarkeit

Zum Abschluss dieses Kapitels wollen wir noch einmal auf die Möglichkeit, den Grad der Sichtbarkeit (Verdeckung, Zugreifbarkeit) einzuschränken, zurückkommen. Mit dem Prinzip der Pakete ist auch eine Erweiterung unserer bisher genannten Sichtbarkeitskriterien verbunden (vgl. Abschnitt 8.5). Erinnern wir uns an die Aussage, dass, falls kein expliziter Modifikator angegeben wird, auf die Attribute oder Methoden in allen Instantiierungen des Objektes in den Klassen des Programms zugegriffen werden kann.

Unter Berücksichtigung des Wissens zu Packages kann der Begriff des Programms genauer gefasst werden. Bisher haben wir unter einem Programm immer den Zusammenschluss aller Klassen zu einer gegebenen Aufgabenstellung verstanden. Im Beispiel der Studierendenverwaltung bestand „unser Programm" aus den Klassen `Studierende`, `Bachelor`, `Lehramt`, `Master`, `Datenverwaltung` und `Verwaltungsprogramm`. Hierbei repräsentiert die Klasse `Studierende` mit ihren Unterklassen eine funktionale Einheit, die aus Sicht der objektorientierten Entwicklung zu einem Package zusammengefasst werden sollte.

Klassen, die einem Paket zugeordnet sind, benötigen ein gemeinsames Unterverzeichnis, dass den Namen des Pakets trägt. In unserem Beispiel ist ein Unterverzeichnis mit Namen `Studierende` anzulegen. Nachfolgend kopieren wir die dem Paket zugehörigen Quellcodes, in diesem Beispiel die Klassen `Studierende`, `Bachelor`, `Lehramt` und `Master`, in das gemeinsame Unterverzeichnis.

Die Kennzeichnung der Zugehörigkeit der Klassen zu einem Paket erfolgt mit der Anweisung

```
package Paketname; .
```

Diese Anweisung muss als erste Anweisung im Quellcode, noch vor eventuellen `import`-Anweisungen stehen. Für unser Beispiel lautet sie

```
package Studierende; .
```

Alle vier Klassen des Pakets sind um diese Anweisung zu erweitern. Gemäß der bisherigen Erläuterungen zu Packages müssen Programme, die ein Paket nutzen wollen, dieses mittels der Anweisung

```
import Studierende.*;
```

einbinden. Trotz dieser Importanweisung wären die Klassen, wie beispielsweise `Studieren-de`, in den Klassen `Datenverwaltung` und `Verwaltungsprogramm` in der aktuellen Programmversion nicht zu verwenden. Betrachten wir hierzu den folgenden Ausschnitt aus der Klasse `Studierende` (s. Quellcode 9.7), die um die `package`-Anweisung erweitert wurde.

```
1  package Studierende;
2
3  class Studierende{
4      // --- Attribute ---
5      String studname;
6      int matrikelnummer;
7      int geburtsjahr;
8
9      // --- Konstruktor(en) ---
10     Studierende(String name, int nummer, int jahr){
11             studname = name;
12             matrikelnummer = nummer;
13             geburtsjahr = jahr;
14     }
15
16     // --- Methoden ---
17     String gibStudname(){
18             return studname;
19     }
20
21     ...
22 }
```

Quellcode 9.7: Klasse `Studierende` innerhalb des Package `Studierende`

9_7

Falls, wie in dem Klassenausschnitt gezeigt, kein Modifikator angegeben wird, ist die Sichtbarkeitseinschränkung unter Beachtung der Packages derart definiert, dass die betroffenen Attribute oder Methoden in allen Objekten der eigenen Klasse und in allen Klassen des eigenen Pakets zugreifbar sind. Da diese default-Sichtbarkeit maßgeblich durch das Paket festgelegt wird, hat sich auch der Begriff der **Paketsichtbarkeit** bzw. „package scoped" etabliert.

Neben der Attribut- und Methoden-Sichtbarkeit muss auch die Klassensichtbarkeit beachtet werden. Da weitere Details über den Umfang dieses Buches hinausgehen würden, sollte nur beachtet werden, dass der Modifikator für Konstruktoren ähnliche Einschränkungen der Sichtbarkeit wie bei Attributen und Methoden bewirkt, sich aber in Details unterscheidet. Somit kann auf den Konstruktor der Klasse `Studierende`, beispielsweise in der Klasse `Verwaltung`, nicht zugegriffen werden. Die Befehlszeile

```
informatikDB.fuegeEin(new Studierende("Monika Schmidt",
                                       88633,1981));
```

würde zu einer Fehlermeldung führen.

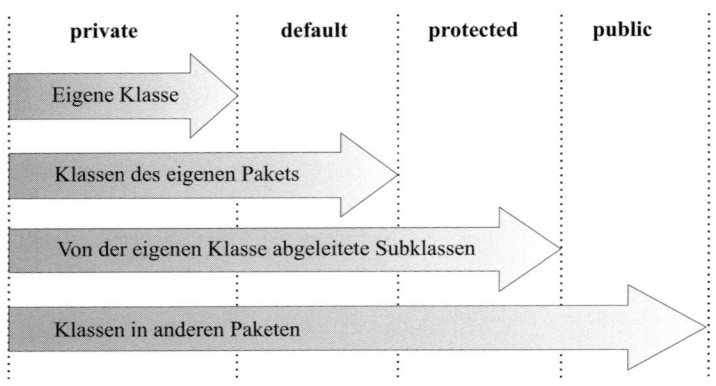

Abbildung 9.2: Einschränkung der Sichtbarkeit durch Modifikatoren für Attribute und Methoden

Für unsere Sichtweise der objektorientierten Programmierung begnügen wir uns damit, die Klassen derart zu modifizieren, dass bereits definierte Attribute innerhalb der Klassen als `private`, Konstruktoren und Methoden als `public` zu deklarieren sind. Möchten wir Attribute oder Methoden in einer Sichtbarkeitseinschränkung deklarieren, dass sie nur innerhalb des Pakets `Studierende` zugreifbar sind, ist der Modifikator `protected` zu verwenden.

Zusammenfassung 9.4:   Modifikatoren

Modifikatoren beeinflussen die Sichtbarkeit, d.h. den möglichen Zugriff von Attribute und Methoden der Objekte und in Klassenhierarchien.

- **`private`:** Der Modifikator `private` bewirkt die stärkste Einschränkung der Sichtbarkeit. Betroffene Attribute und Methoden sind bei Objektinstantiierungen und in der Vererbungshierarchie nur in der Klasse verfügbar, in der die Attribute und Methoden deklariert werden.

- **`protected`:** Attribute und Methoden der Sichtbarkeit `protected` sind bei Objektinstantiierungen und in der Vererbungshierarchie für die Klasse, in der sie deklariert sind, und für alle von ihr direkt oder indirekt abgeleiteten Klassen sichtbar. Ferner sind sie bezüglich Objektinstantiierungen auch für die Klassen desselben Pakets sichtbar.

- **`public`:** Auf Attribute und Methoden der Sichtbarkeit `public` kann bei Objektinstantiierungen in allen Klassen zugegriffen werden. Bezüglich der Vererbungshierarchie sind sie in der Klasse, in der sie deklariert sind, in allen von ihr direkt oder indirekt abgeleiteten Klassen sichtbar.

- **kein Modifikator (Standard)**: Wird kein expliziter Modifikator angegeben, kann auf Attribute und Methoden zugegriffen werden, die sich in dem eigenen Paket befinden. Dieses schließt die eigene Klasse mit ein.

Die Sichtbarkeit lässt sich nach dem bisher Beschriebenen in vier Stufen einschränken (vgl. Abbildung 9.2). Hierbei bewirkt der Modifikator `private` die stärkste Einschränkung der Sichtbarkeit. Attribute und Methoden sind nur in der eigenen Klasse zugreifbar. Wird kein Modifikator angegeben, die default-Einstellung, ist ein Zugriff zusätzlich in Klassen des eigenen Pakets erlaubt. Ergänzend erlaubt der Modifikator `protected`, dass Attribute und Methoden in allen aus der eigenen Klasse abgeleiteten Unterklassen sichtbar sind, unabhängig von der jeweiligen Paketzugehörigkeit. Schließlich wird durch `public` die Sichtbarkeit auch für andere Pakete erlaubt.

Aufgabe 9.5:

Die für die Klassen `Studierende`, `Bachelor`, `Lehramt`, `Master`, `Datenverwaltung` und `Verwaltungsprogramm` angesprochenen Änderungen sollen nun derart umgesetzt werden, dass das Paket `Studierende` in den Klassen `Datenverwaltung` und `Verwaltungsprogramm` genutzt werden kann.

a) Legen Sie eine entsprechende Verzeichnisstruktur zur Nutzung der Klassen `Studierende`, `Bachelor`, `Lehramt` und `Master` als Paket `Studierende` an und kopieren Sie die Quellcodes an die entsprechende Verzeichnisposition.

b) Um das Paket in den Klassen `Datenverwaltung` und `Verwaltungsprogramm` verwenden zu können, sind die Klassen entsprechend anzupassen. Führen Sie die notwendigen Änderungen durch und testen Sie die Anpassung durch Ausführung des Programms `Verwaltungsprogramm`.

10

Grafikprogrammierung mit Swing

Für die Nutzung von Computern hat die Verwendung von Grafik hohe Bedeutung erlangt. Es existieren Programmpakete, die eine effiziente Realisierung von grafischen Benutzungsschnittstellen von Programmen ermöglichen. Dieses Kapitel demonstriert Möglichkeiten solcher Programmpakete anhand des Java-Pakets Swing. Nach einer allgemeinen Einführung in die Grafikprogrammierung mit Java in Abschnitt 10.1 gibt Abschnitt 10.2 Grundlagen zur Implementierung einer einfachen Benutzungsschnittstelle. Die Konzepte werden im Abschnitt 10.3 genutzt, um zwei Beispiele zur Grafikprogrammierung zu realisieren. Den Abschluss des Kapitels bildet ein ausführlicheres Beispielprogramm in Form einer praktischen Aufgabe.

10.1 Grundlagen von grafischen Benutzungsoberflächen

Neben dem Begriff der grafischen Benutzungsoberfläche, wird vielfach auch kurz von einer **GUI** (engl., Abkürzung für **G**raphical **U**ser **I**nterface) gesprochen. Unter einer GUI wird ein Gesamtkonzept verstanden, dass neben den bekannten Fensterstrukturen auch die Interaktion mit der Maus und spezielle Ein- und Ausgabe-Funktionen beinhaltet. Zur Realisierung derartiger Oberflächen stellt Java umfangreiche Pakete und Klassen zur Verfügung, die unter der Bibliothek *Java Foundation Classes* (JFC) zusammengefasst werden. Bedingt durch die Historie von Java liegt aber keine einheitliche Struktur zur Grafik-Programmierung vor. Unterschieden wird zwischen fünf wesentlichen Klassenbibliotheken, die im Folgenden kurz einleitend charakterisiert werden:

- **AWT** (Abkürzung für **A**bstract **W**indowing **T**oolkit) ist das Grafikpaket der Java-Version 1.0. Diese Sammlung von Grafikpaketen, enthalten im Paket **java.awt**, bietet grundlegende Möglichkeiten zur Gestaltung von grafischen Oberflächen sowie unterschiedliche Zeichenfunktionen.

- Unter dem Begriff **Swing** werden die aktuellen Klassen von Grafikbefehlen zusammengefasst. Enthalten sind die ersten Swing-Befehle seit der Version 1.1 von Java. Vorteile von Swing-Elementen sind ein auf allen Betriebssystemen einheitliches Erscheinungsbild und das so genannte „Look & Feel". Look & Feel bedeutet, dass die optische Erscheinung von

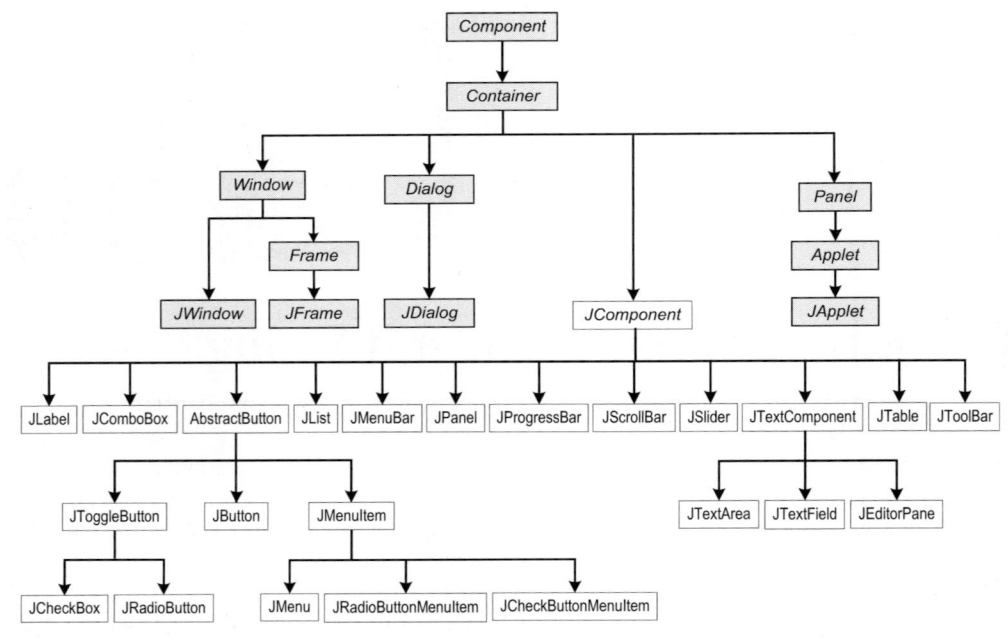

Abbildung 10.1: Anordnung der Swing-Komponenten innerhalb der Klassenbibliothek

grafischen Oberflächen nicht durch das Betriebssystem bestimmt wird, sondern durch die Programmierenden. Verfügbar sind die zugehörigen Klassen im Paket `javax.swing`. Das „`x`" hinter `java` ist kein Tippfehler, sondern steht für Java-Extensions.

- **Java 2D** ist der Oberbegriff für eine umfangreiche Klassenbibliothek zur komfortablen Nutzung hardwarebeschleunigter 2D-Grafikbefehle. Neben unterschiedlichen geometrischen Primitiven (z.B. Polygone) werden spezielle Fülloperationen, sowie Im- und Exportfunktionen für Rastergrafiken angeboten.

- **Drag und Drop** beschreibt die Möglichkeit des Datenaustauschs zwischen unterschiedlichen Programmen.

- Unter **Accessibility** werden Erweiterungen von Java zusammengefasst, die sich speziell um die Bedürfnisse von Sehbehinderten kümmern.

Innerhalb dieses Buches werden wir uns speziell mit exemplarischen Beispielen zur Programmierung von GUI's mit Swing-Elementen befassen. Trotzdem wird sich zeigen, dass die Basis von Swing-Elementen wiederum AWT-Elemente sind und Methoden aus diesen Paketen ergänzend Anwendung finden. Wir werden im weiteren Verlauf nicht von „Elementen", sondern von (Swing-) **Komponenten** sprechen. Bei den Komponenten wird zwischen *leichtgewichtigen* und

schwergewichtigten Komponenten unterschieden. Prinzipiell lässt sich sagen, dass die schwergewichtigen Komponenten AWT-basiert sind und betriebssystemspezifische Objekte nutzen. Die
leichtgewichtigen Swing-Komponenten sind hingegen komplett in Java realisiert. Abbildung
10.1 zeigt den hierarchischen Aufbau der Grafikklassen. Leichtgewichtige Komponenten sind an
den weißen Kästen erkennbar, schwergewichtige Komponenten sind grau hinterlegt. Hierbei bilden die schwergewichtigen Komponenten, auch als **Top-Level-Container** bezeichnet, die Basis
einer grafischen Oberfläche. Bereitgestellt wird z. B. das eigentliche Fenster („Window") innerhalb der Benutzungsoberfläche des jeweiligen Betriebssystems. In schwergewichtige Komponenten können dann unterschiedliche leichtgewichtige Komponenten, wie Regler (engl. sliders) und
Knöpfe (engl. buttons) eingebettet werden.

Zusammenfassung 10.1: Grafische Benutzungsoberfläche

Eine **grafische (Benutzungs-) Oberfläche**, auch **G**raphical **U**ser **I**nterface genannt,
erlaubt die Steuerung eines Programms durch grafische Elemente, die in Fenstern angeordnet sind und auf Maus- und Tastaturaktionen reagieren.

Zusammenfassung 10.2: Komponenten

- Die für Benutzer sichtbaren und auf Interaktionen reagierenden Teile der GUI
  werden als **Komponenten** bezeichnet. Es wird zwischen leichtgewichtigen und
  schwergewichtigen Komponenten unterschieden.

- **Schwergewichtige Komponenten** (AWT) nutzen betriebssystemspezifische Objekte.

- **Leichtgewichtige Komponenten** sind komplett in Java realisiert.

Aufgabe 10.1:

  a) Nennen Sie die wesentlichen Klassenbibliotheken der *Java Foundation Class* und be-
     schreiben Sie ihre wichtigsten Funktionen.

  b) Erläutern Sie die Unterschiede zwischen leichtgewichtigen und schwergewichtigen Kom-
     ponenten

10.2 Einfache Benutzungsoberfläche

In diesem Abschnitt werden wir uns mit der Realisierung einer ersten GUI befassen. Wie aus
dem vorhergehenden Abschnitt bekannt, bildet eine schwergewichtige Komponente die Grundlage einer GUI. Beschränken werden wir uns in diesem Buch auf den Typ **JFrame**. Zusätzlich stehen gemäß der Spezifikation von Swing noch die schwergewichtigen Komponenten (Top-Level-
Container) JDialog, JWindow und JApplet zur Verfügung.

Die Java-Swing Klasse JFrame erzeugt ein „einfaches" Fenster mit

- dem eigentlichen Rahmen und

- einer Titelzeile, welche die bekannten Knöpfe zum Minimieren, Maximieren und Schließen beinhaltet.

Das dem Klassennamen **JFrame** vorangestellte „**J**" ist eine Namenskonvention für alle Swing-Komponenten.

Sehen wir uns dazu ein erstes einfaches Java-Programm (s. Quellcode 10.1) an, welches „nur" ein neues Fenster auf dem Bildschirm erzeugt.

```
1 import java.awt.*;
2 import javax.swing.*;
3
4 public class DrawFrame extends JFrame{
5
6         public DrawFrame() {
7             super("Ein Java-Swing Fenster");
8             setVisible(true);
9         }
10
11        public static void main(String args[]) {
12            DrawFrame einFrame = new DrawFrame();
13            einFrame.setSize(300,200);
14        }
15 }
```

Quellcode 10.1: Einfaches Swing Beispielprogramm

10_1

Die ersten beiden Zeilen beinhalten die uns bekannte import-Anweisung zum Einbinden von Klassenbibliotheken. Obwohl sich dieses primär Buch auf Oberflächen mit Swing-Komponenten beschränkt, werden sowohl Swing-Klassen (import javax.swing.*), als auch die AWT-Klassen (import java.awt.*) eingebunden. Letztere werden speziell für betriebssystemspezifische Funktionalitäten weiterhin benötigt. In Zeile 4 folgt die Deklaration der Klasse DrawFrame. Diese ist, erkennbar an dem Schlüsselwort extends, von der Klasse JFrame abgeleitet und erbt somit auch ihre Funktionalität, also ihre Attribute und Methoden. Unsere Klasse DrawFrame ist somit eine Unterklasse von JFrame. Zum Prinzip der Verarbeitung sei noch einmal auf das Kapitel 8.4 verwiesen. Innerhalb der uns bekannten main-Methode wird zunächst ein neues Objekt der Klasse DrawFrame mit Namen einFrame erzeugt (Zeile 12). Dieses erfolgt über den Aufruf des in den Zeilen 6-9 deklarierten Konstruktors der Klasse DrawFrame. Das eigentliche Fenster wird in Zeile 7 durch Aufruf des Oberklassenkonstruktors der Klasse JFrame erstellt. Parameter ist der Titel des Fensters „Ein Java-Swing Fenster" als String. Obwohl das Fenster instantiiert worden ist, wird es noch nicht auf dem Bildschirm dargestellt. Erst durch Aufruf der Methode setVisible(true) der Klasse JFrame wird das Fenster gezeichnet. Mit dem Argument false könnte das Fenster auch wieder „unsichtbar" gemacht werden.

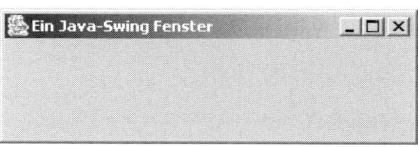

Abbildung 10.2: Bildschirmdarstellung zum Java-Quellcode 10.1

In der nächsten Zeile der `main`-Methode (Zeile 13) wird mittels der Methode `setSize` die Höhe und Breite des Fensters in Pixeln[1] festgelegt. `setSize` ist ebenfalls eine Methode der Klasse `JFrame`. Anzumerken sei an dieser Stelle noch, dass das Bildschirmkoordinatensystem seinen Ursprung in der linken oberen Ecke hat. Wenn Sie das Java-Programm 10.1 ausführen, sollte ein Fenster, vergleichbar zur Abbildung 10.2, zu sehen sein.

> **Zusammenfassung 10.3: Container**
> - **Container** sind spezielle (schwergewichtige) Komponenten, z.B. `JFrame`, die weitere Komponenten aufnehmen können.
> - Um eine Swing-GUI zu erstellen, muss in dem Java-Quellcode mindestens ein Container, auch als **Top-Level-Container** bezeichnet, deklariert werden, der das Hauptfenster realisiert.

Aufgabe 10.2:

a) Ändern Sie das Programm 10.1 derart ab, dass zwei Fenster mit unterschiedlichen Titeln erstellt werden.

b) Mittels der Methode `setLocation` ist es möglich, die Position eines Fensters initial festzulegen. Die Methode hat zwei Parameter, die x- und y-Koordinate des Fensters. Nutzen Sie die Methode um die zwei Frames aus Aufgabenteil a) an unterschiedlichen Positionen zu platzieren.

c) Ergänzen Sie die Klasse `DrawFrame` um die Möglichkeit, die Größe des Frames zur Laufzeit über die Tastatur eingeben zu können.

10.2.1   Interaktionselemente

Die bisher durch Java-Quellcode 10.1 erstellte Oberfläche beinhaltet noch keine Funktionalität zur Handhabung von Aktionen der Benutzenden. Um dieser Anforderung gerecht zu werden, stehen verschiedene Interaktionselemente in Form von einfachen Komponenten zur Verfügung, u.a.:

---

1 Pixel, engl., Bezeichnung für Bildpunkte eines Rasterbildes.

- JButton, Befehlsknopf (Button)

- JCheckBox, Auswahlfeld (Check Box)

- JComboBox, Auswahlmenü (Combo Box)

- JSlider, Schieberegler (Slider)

- JLabel, Informationsfeld (Label)

```
1  import java.awt.*;
2  import javax.swing.*;
3
4  public class DrawFrame extends JFrame{
5
6      public DrawFrame() {
7          super("Ein Java-Swing Fenster");
8
9          JPanel drawPanel = new JPanel();
10         drawPanel.setPreferredSize(new Dimension(300, 50));
11
12         JButton testButton = new JButton("Test-Button");
13         drawPanel.add(testButton);
14         Container contentContainer = getContentPane();
15         contentContainer.add(drawPanel);
16
17         setLocation(300,300);
18         pack();
19
20         setDefaultCloseOperation(EXIT_ON_CLOSE);
21         setVisible(true);
22      }
23
24      public static void main(String args[]) {
25          DrawFrame einFrame = new DrawFrame();
26      }
27  }
```

10_2

Quellcode 10.2: Swing-Fenster und Button

Trotz der unterschiedlichen Benutzungsinteraktionen der einzelnen Komponenten folgt ihre Verwendung einem vergleichbaren Prinzip. Dieses werden wir am Beispiel eines Buttons erläutern, um dass dieses erste Fenster erweitert wird. Trotz dieser prinzipiell einfachen Anforderung sind an dem Java-Quellcode 10.1 einige Änderungen und Erweiterungen vorzunehmen. Sehen wir uns zunächst den erweiterten Java-Quellcode 10.2 an und besprechen im Folgenden die Erweiterungen gegenüber dem ersten Programm.

Innerhalb der main-Methode ist nur der Befehl „einFrame.setSize(300,200)" zur Festlegung der Fenstergröße weggefallen. Diese Größenbestimmung wird innerhalb des Konstruktors

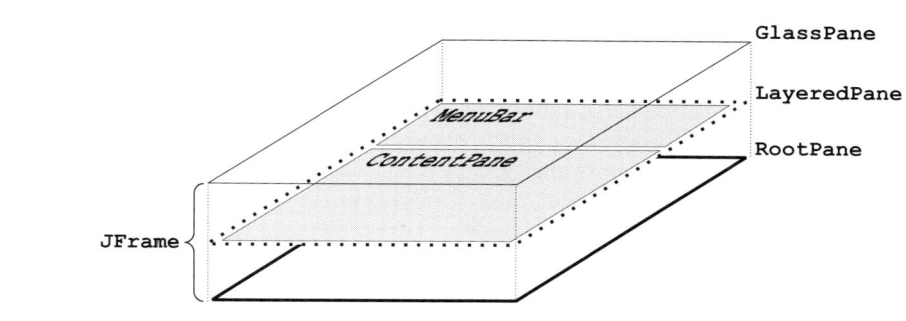

Abbildung 10.3: Struktureller Aufbau eines Top-Level-Containers

vorgenommen. Ansonsten ist der Aufbau der `main`-Methode identisch zum ersten Programm, alle Erweiterungen werden im Konstruktor `DrawFrame` vorgenommen.

Die eigentliche Ergänzung, ein Button, erfolgt in Zeile 12. Es wird ein Objekt `testButton` der Swing-Klasse `JButton` initialisiert und dem Konstruktor als Attribut ein Text „`Test-Button`" übergeben. Der übergebene Text erscheint innerhalb des Befehlsknopfes. Da leichtgewichtige Komponenten, wie der Button, nicht direkt auf dem Frame gezeichnet werden, müssen sie zuerst in einem so genannten „Behälter", hier: `JPanel`, eingebunden werden. `JPanel` ist eine häufig verwendete Klasse, um verschiedene Dialogelemente zu einer Einheit mit einem gemeinsamen Layout zusammenzufassen. Layout bedeutet in diesem Zusammenhang, dass z. B. mehrere Buttons nebeneinander oder übereinander angeordnet werden.

Swing stellt verschiedene **Layout-Manager** zur Verfügung, die für eine korrekte Anordnung der Komponenten zueinander Rechnung tragen, ohne dass die Programmierenden dieses explizit programmieren müssen. Die wichtigsten Layoutmanager sind `FlowLayout`, `GridLayout` und `BorderLayout`. `FlowLayout` ist bei vielen Komponenten als Voreinstellung definiert und ordnet die zugehörigen Komponenten horizontal zentriert an. So auch bei der verwendeten Komponente `JPanel`. Dieses bedeutet, dass bei der Instantiierung des Objektes `drawPanel` der Klasse `JPanel` in Zeile 9 alle diesem Container zugewiesenen Komponenten nebeneinander angeordnet werden.

Die Methode `setPreferredSize` (s. Zeile 10) legt für eine Komponente die initiale Größe fest. In diesem Fall wird das Panel `drawPanel` mit einer Breite von 300 Pixeln und einer Höhe von 50 Pixeln gezeichnet. Prinzipiell übernimmt diese Funktionalität der Befehls `einFrame.setSize(300,200)` aus dem Java-Quellcode 10.1. Die Größe des Frames wird hierbei indirekt über die Größe des Panels bestimmt.

In den nachfolgenden Schritten wird der Button `testButton` in das Panel `drawPanel` eingefügt und dieses wiederum in den Frame `einFrame`. Da durch den Konstruktor der Klasse `JPanel` das Layout `FlowLayout` vordefiniert ist, kann eine Komponente mit der Methode `add`, ohne weitere Platzierungsanweisungen, einem Panel hinzugefügt werden. Gemäß diesem Prinzip fügt die Anweisung `drawPanel.add(testButton)` den Befehlsknopf `testButton` in das Panel `drawPanel` ein. Um dieses Panel in den Frame einzufügen, ist ein Grundverständnis über den Aufbau von Frames notwendig. Da `JFrame` als Top-Level-Container für alle eingebetteten Komponenten fungiert, übernimmt er verschiedene übergeordnete Verwaltungsaufgaben. Zur Bereitstellung derartiger Anforderungen weist ein `JFrame` eine mehrschichtige Struktur auf, die in Abbildung 10.3 schematisch dargestellt ist. Die Hauptebene wird als `RootPane`[2] bezeichnet. Diese teilt sich in eine so genannte `GlassPane` und `LayeredPane` auf. Anschaulich liegt die `GlassPane` als gläserner Container über den anderen Containern und dient zur Verwaltung von Ereignissen, ausgelöst durch Bewegung oder Tastenklicks der Maus. Die `LayeredPane` besteht ihrerseits wieder aus zwei Teilkomponenten:

- `ContentPane` ist die wesentliche Komponente des `JFrame`. Sie nimmt die weiteren leichtgewichtigen Komponenten auf.

- `MenuBar` ist die Verwaltungseinheit für eine allgemein bekannte Menüleiste eines Fensters.

Wir werden uns in diesem Buch auf die Verwendung der `ContentPane` beschränken. Diese ist, wie aus der Abbildung 10.1 ersichtlich, eine Unterklasse der Klasse `Container`, auf die mittels der Methode `getContentPane()` zugegriffen werden kann (vgl. Abschnitt 8.4, „Vererbung"). Sie liefert eine Referenz auf die Content-Pane (Zeile 14). Dem Objekt `contentContainer` der Klasse `Container` wird die Content-Pane (des `JFrame`) zugewiesen. Anzumerken sei, dass die Methode `getContentPane()` auch mit der expliziten `this`-Referenz auf das aktuelle Objekt, in diesem Fall der `JFrame`, hätte aufgerufen werden können:

```
Container contentContainer = this.getContentPane();
```

Die Verwendung der verkürzten Schreibweise ist aber gebräuchlich, speziell wenn das zu referenzierende Objekt eindeutig ist. So auch bei den Methoden-Aufrufen in den Zeilen 17/18 und 20/21.

Schließlich wird in Zeile 15 das Panel mit dem Button in die Content-Pane `contentContainer` eingefügt. Damit ist der wesentliche Teil zur Bereitstellung des Fensters abgeschlossen. Die restlichen Anweisungen innerhalb des Konstruktors sind wieder etwas leichter nachzuvollziehen. Damit das Fenster nicht oben links in der Bildschirmecke beginnend gezeichnet wird, verschiebt die Anweisung `setLocation(300,300)` die linke, obere Fensterecke auf eine neue Position. Die Angabe der Position erfolgt in absoluten Pixel-Koordinaten. Da es vielfach recht problematisch ist, die notwendige Größe eines Fensters im Voraus so zu bestimmen, dass alle enthaltenen Komponenten korrekt angezeigt werden, kann dieses auch automatisch erfolgen. Durch Aufruf der Methode `pack()` in Zeile 18 legt das Java-System die Fenstergröße initial möglichst optimal fest.

Es verbleibt, die Anweisung in Zeile 20 zu besprechen. Diese legt das Verhalten des Programms fest, falls das Fenster geschlossen wird. Ein Fenster schließen bedeutet nicht automatisch auch das Programm zu beenden. Ohne die Anweisung in Zeile 20 wird das Fenster geschlossen, aber nicht das Programm beendet — es würde „unsichtbar" für uns im Hintergrund weiterlaufen. Der

---

2 engl. pane = Scheibe oder Feld.

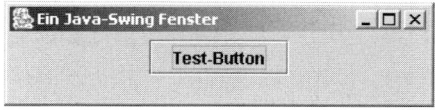

Abbildung 10.4: Bildschirmdarstellung nach Ausführung des Java-Quellcodes 10.2

Aufruf der Methode `setDefaultCloseOperation` mit dem Attribut `EXIT_ON_CLOSE` veranlasst, dass auch das Programm nach dem Schließen des Fensters (`JFrame`) beendet wird.

Schließlich sollte das Programm 10.2 eine vergleichbar zur Abbildung 10.4 gezeigte Bildschirmdarstellung generieren.

> **Zusammenfassung 10.4: Layout-Manager**
> Der **Layout-Manager** legt die Anordnung der einzelnen Komponenten (Interaktionselemente) innerhalb der grafischen Oberfläche fest.

> **Zusammenfassung 10.5: Top-Level-Container**
> Ein **Top-Level-Container**, wie der `JFrame`-Container, übernimmt für andere Komponenten verschiedene übergeordnete Verwaltungsaufgaben. Zur Bereitstellung derartiger Anforderungen weist er eine mehrschichtige Struktur auf, in der die `Content-Pane` die wichtigsten Funktionalitäten anbietet.

Aufgabe 10.3:
> Neben der Möglichkeit, Buttons mit Text zu versehen, kann Text auch durch so genannte Labels auf dem Bildschirm gedruckt werden. Die zugehörige Komponente `JLabel` hat als Parameter einen `String`. Bei einem instantiierten Label kann der Text durch die zugehörige Methode `setText`, die als Parameter den neuen Text erhält, geändert werden.
>
> a) Ergänzen Sie die Klasse `DrawFrame` in Java-Quellcode 10.2 um ein Label, das den Text „Countdown" druckt.
>
> b) Erweitern Sie nun den Quellcode aus Aufgabenteil a) um ein Countdown-Zählwerk, das von `1000` rückwärts auf `0` zählt.

10.2.2 Ereignisverarbeitung

Obwohl in der Benutzungsoberfläche gemäß Quellcode 10.2 bereits ein Button vorhanden ist, kann über den Button noch keine Interaktion durch die Benutzenden realisiert werden. Hierzu ist

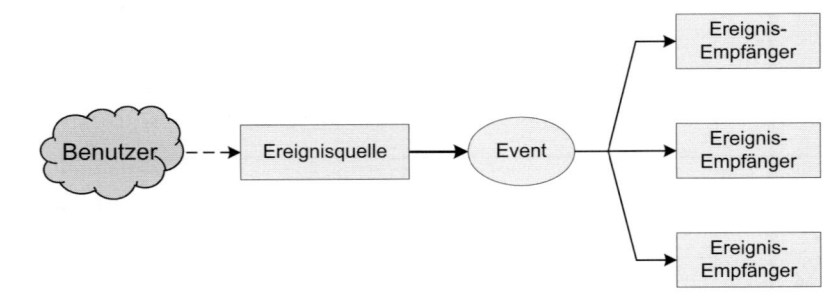

Abbildung 10.5: Schema der Ereignisverarbeitung

es notwendig, den Mausklick auf den Button zu erkennen und auch zu verarbeiten. Dieses Prinzip der Verarbeitung von besonderen Ereignissen wie z.B. einem Mausklick wird dementsprechend auch **Ereignisverarbeitung** (engl. **eventhandling**) genannt. Strukturiert wird die Behandlung von Events nach dem **Delegationsmodell**. Gemäß dem Modell erfolgt eine Trennung zwischen dem Auslöser des Events (z.B. einem Button) und dem Empfänger der Nachricht. Empfänger können wiederum weitere Komponenten der Benutzungsoberfläche sein, aber auch ausgezeichnete Objekte oder Methoden. Abbildung 10.5 zeigt den schematischen Aufbau einer Ereignisverarbeitung.

Am Anfang der Verarbeitungskette stehen vielfach die User, die einen Menüpunkt auswählen oder einen Mausklick auf einem Button betätigen. Der Button wäre in diesem Fall die Ereignisquelle. Eine **Ereignisquelle** ist eine Komponente, die erkennen kann, dass eine Veränderung stattgefunden hat und daraufhin ein Event auslöst. Dieses generierte Event enthält die notwendigen Informationen über den Sender und ergänzende Details über die Art der Event-Auslösung. Schließlich nimmt ein ausgezeichneter Empfänger dieses Event auf und verarbeitet es weiter.

Die praktische Umsetzung dieser Ereignisverarbeitung zeigt der Java-Quellcode 10.3, als Erweiterung des bereits bekannten Quellcodes 10.2. Obwohl einzelne Konzepte in dem Programm 10.3 zu den fortgeschrittenen Elementen von Java gehören, ist das Event-Handling ein so interessantes Feature von Java-Swing, dass Sie es einmal „in Aktion" sehen sollten.

Fangen wir, wie gehabt, mit der Besprechung der importierten Klassen an. Zur Verarbeitung von Ereignissen wird die zugehörige „event-Klasse" eingebunden (Zeile 2). In Zeile 5 folgt die Deklaration der Klasse DrawFrame, die eine Erweiterung der bekannten Klassendeklaration darstellt. Neben der Oberklasse JFrame wird mittels dem Schlüsselwort implements ein so genanntes **Inferface** eingebunden, in diesem Fall das Interface ActionListener. Interface-Deklarationen, auch Schnittstellen genannt, ähneln Klassen-Deklarationen, werden aber anstelle des Schlüsselworts class mit interface eingeleitet. Eine weitere Besonderheit ist, dass Interfaces nur Methodendeklarationen ohne Rumpf beinhalten, die allgemein mit dem Namen **abstrakte Methoden** bezeichnet werden.

```
1  import java.awt.*;
2  import java.awt.event.*;
3  import javax.swing.*;
4
5  public class DrawFrame extends JFrame implements ActionListener{
6
7      JButton testButton;
8
9      public DrawFrame() {
10         super("Ein Java-Swing Fenster");
11
12         JPanel drawPanel = new JPanel();
13         drawPanel.setPreferredSize(new Dimension(300, 50));
14
15         testButton = new JButton("Test-Button");
16         drawPanel.add(testButton);
17         testButton.addActionListener(this);
18         testButton.setActionCommand("testButtonClicked");
19
20         setDefaultCloseOperation(EXIT_ON_CLOSE);
21         getContentPane().add(drawPanel);
22
23         setLocation(300,300);
24         pack();
25
26         setVisible(true);
27     }
28
29     public void actionPerformed(ActionEvent event) {
30         if ("testButtonClicked".equals(event.getActionCommand())){
31             System.exit(0);
32         }
33     }
34
35
36     public static void main(String args[]) {
37         DrawFrame einFrame = new DrawFrame();
38     }
39 }
```

Quellcode 10.3: Swing-Fenster, Button und Event-Handling.

10_3

An dieser Stelle wollen wir nicht auf alle Details eingehen, sondern nur das Grundwissen zum Verständnis des Programms 10.3 vermitteln. Sollte jetzt die Frage aufkommen, welchen Sinn Methoden ohne Methodenrumpf haben, ist eine wichtige Eigenschaft schon fast erkannt. Die eigentliche Implementierung des Rumpfs erfolgt in der einbindenden Klasse. In unserem Fall beinhaltet das Interface nur die Methode `actionPerformed`, die in der Klasse `DrawFrame` ab Zeile 29 implementiert wird. Nach diesem, zugegeben etwas komplizierten Einstieg in die Beschreibung des Programms, wird es jetzt etwas einfacher.

Um Ereignisse von Komponenten (z.B. einem Button) erkennen zu können, muss dem `ActionListener` die Komponente genannt werden - sie wird registriert. Dieses erfolgt in Zeile 17 durch den Aufruf der Methode `addActionListener`. Ergänzend wird für das Ereignis ein Codewort festgelegt, mit dem im Nachhinein festgestellt werden kann, dass genau dieser Button ein Ereignis ausgelöst hat. Genau diese Festlegung erfolgt durch die Methode `setActionCommand`, mit dem Codewort (hier: `testButtonClicked`) als Argument (Zeile 18). Wenn Sie sich den Konstruktor genauer angesehen haben, ist ihnen vielleicht auch aufgefallen, dass die Deklaration der Variablen `testButton` außerhalb des Konstruktors, in Zeile 7, erfolgt ist. Wie aus dem Abschnitt 8.5 „Sichtbarkeit" bekannt, ist durch die Maßnahme gewährleistet, dass auch außerhalb des Konstruktors `DrawFrame` auf die Objektvariable `testButton` zugegriffen werden kann. Diese Eigenschaft wird in der Methode `actionPerformed`, ab Zeile 29 ausgenutzt. Es handelt sich hierbei um die Implementierung der abstrakten Methode `actionPerformed` des Interfaces `ActionListener`. Attribut der Methode ist eine Variable `event` vom Typ `ActionEvent`.

Rekapitulierend anhand von Abbildung 10.5 wurde durch den Benutzer zuerst der Button gedrückt. Der Button `testButton`, die Ereignisquelle, erzeugte daraufhin ein Event, welches durch die Methode `actionPerformed` des Ereignis-Empfängers jetzt weiterverarbeitet wird. Zur Überprüfung, ob das Event von dem Button `testButton` erzeugt wurde, können wir das in Zeile 18 festgelegte Codewort nutzen. Ein derartiges Codewort vom Typ `String` liefert die Methode `getActionCommand`. Mittels der Methode `equals` erfolgt der Vergleich mit dem definierten Codewort `testButtonClicked` und dem Codewort des aktuellen Events „event". Da Strings in Java Objekte sind, kann die Methode `equals` der Klasse `String`, somit auf dem String `testButtonClicked` aufgerufen werden. Sofern beide Strings inhaltlich übereinstimmen, ist der Ausdruck wahr und der Befehl „`System.exit(0)`" wird ausgeführt. Dieser bewirkt, die Beendigung des Programms.

Mit dem Programm 10.3 liegt eine, zugegeben einfache, Benutzungsoberfläche vor, die aber einige Grundprinzipien der Realisierung mit Java-Swing aufzeigt. In den folgenden Abschnitten werden diese Prinzipien praktisch angewendet. So erweitert Abschnitt 10.3 die Ereignisabfrage um Möglichkeiten zur Darstellung von Grafikelementen.

Zusammenfassung 10.6: Interface

Ein **Interface** ist eine spezielle Form einer Klasse mit folgenden Eigenschaften:

- Als Bezeichner wird das Schlüsselwort `interface` statt `class` verwendet.
- Alle Methoden und Attribute sind abstrakt und öffentlich (`public`).
- Enthält keinen Konstruktor.
- Es muss über das Schlüsselwort `implements` in eine konkrete Klasse eingebunden werden. In dieser sind alle Methoden des Interfaces zu überschreiben (vgl. Abschnitt 8.6)

Zusammenfassung 10.7: Ereignisverarbeitung

Ereignisverarbeitung (engl. event handling) bezeichnet das zeitweise Auftreten von Ereignissen (Events) und deren Verarbeitung.

Strukturiert wird die Behandlung von Events nach dem **Delegationsmodell**, das aus folgenden Einheiten besteht:

- Komponenten als **Ereignisquelle**, die ein Ereignis auslösen können, z.B. einen Mausklick auf einen Button. Zur Weiterleitung eines Ereignisses müssen diese Komponenten bei einem Ereignisempfänger registriert sein.

- **Ereignisobjekte**, die nähere Informationen zum ausgelösten Ereignis liefern, z.B. die Position der Maus.

- **Ereignis-Empfänger** (engl. event listener), die Methoden zur Behandlung von Events definieren und als Interfaces implementiert sind.

Aufgabe 10.4:

In Aufgabe 10.3b sollte ein einfacher Countdown-Zähler implementiert werden, der nach dem Start des Programms unmittelbar aktiv wird.

a) Fügen Sie einen zusätzlichen Button in den gemäß der Aufgabe 10.3 b erweiterten Quellcode 10.2 ein.

b) Ergänzen Sie den Quellcode aus Aufgabenteil a) um eine Ereignisverarbeitung für den neu hinzugefügten Button, sodass der Countdown-Zähler erst nach dem Click auf den Button gestartet wird.

c) Nachdem der Countdown-Start nun über einen Button beeinflusst wird, sollte der Countdown auch über einen zweiten Click auf den Button vor dem „normalen" Ende gestoppt werden können. Erweitern Sie den Quellcode um diese Funktionalität.

10.3 Beispiel für einfache Grafikbefehle

In dem vorhergehenden Abschnitt stand die Benutzung von Komponenten zur Erstellung von grafischen Oberflächen im Vordergrund der Betrachtung. Trotz unterschiedlicher Parametrisierungsmöglichkeiten besteht vielfach auch die Notwendigkeit, beliebige Formen zeichnen zu können. Für derartige Funktionalitäten stellt Java umfangreiche Methoden innerhalb der Grafikbibliotheken bereit. Neben einfachen Befehlen zum Setzen von Punkten, zum Zeichnen von Linien bis hin zu dreidimensionalen Linienzügen stehen entsprechende Klassen zur Verfügung. Exemplarisch werden wir im Folgenden zwei Beispiele vorstellen, in der grundlegende Grafikoperationen genutzt werden.

Für beide Beispiele greifen wir auf die Klasse DrawFrame zurück, die gegenüber den Quellcodes des 10.2 und 10.3 nur in wenigen Details zu verändern ist. Prinzipiell wäre es auch möglich, die Klassendeklaration zu belassen und nur weitere Befehle zum Zeichnen hinzuzufügen. Aus Gründen der Übersichtlichkeit deklarieren wir eigene, von der Klasse JPanel abgeleitete Klasse mit Namen DrawPanel. Dementsprechend ist die Zeile

```
JPanel drawPanel = new JPanel();
```

durch die Instantiierung der benutzerdefinierten Klasse DrawPanel zu ersetzen. Das entsprechend dieser Idee angepasste Java-Programm zeigt der Quellcode 10.4. Ergänzend wird in Zeile 6 eine Variable drawPanel vom Typ DrawPanel deklariert und in Zeile 11 instantiiert. Damit ist unsere Basisklasse DrawFrame so realisiert, dass die weiteren Änderungen nur in der benutzerdefinierten Klasse DrawPanel vorzunehmen sind. Für diese werden wir in den folgenden Abschnitten zwei Anwendungsszenarien aufzeigen.

```
 1 import java.awt.*;
 2 import javax.swing.*;
 3
 4 public class DrawFrame extends JFrame {
 5
 6     private DrawPanel drawPanel;
 7
 8     public DrawFrame() {
 9         super("Ein Java-Swing Fenster");
10
11         drawPanel = new DrawPanel();
12         drawPanel.setPreferredSize(new Dimension(300, 300));
13
14         setDefaultCloseOperation(EXIT_ON_CLOSE);
15         getContentPane().add(drawPanel);
16
17         setLocation(300,300);
18         pack();
19
20         setVisible(true);
21     }
22
23     public static void main(String args[]) {
24         DrawFrame einFrame = new DrawFrame();
25     }
26 }
```

10_4

Quellcode 10.4: Basisklasse zur Handhabung unterschiedlicher Grafikprimitive

10.3.1 Beispiel 1: Rechteck

Die erste Anwendung soll ein auf dem Bildschirm gezeichnetes Rechteck realisieren, dass mit der Maus selektiert werden kann und bei „Berührung" seine Farbe wechselt. Sehen wir uns zunächst die Umsetzung dieser Anforderung als Java-Programm an (s. Quellcode 10.5) und gehen dann auf die Implementierungsdetails ein.

Der Rahmen der Klassendeklaration DrawPanel ist uns vom Aufbau durch den Quellcode 10.3 bekannt. Im Anschluss an die Zeilen zum Importieren der Klassenbibliotheken (Zeile 1 bis 3) folgt in Zeile 5 der Rahmen der Klasse DrawPanel. Dieser wird als Unterklasse von JPanel (extends) realisiert und implementiert zusätzlich das Interface MouseListener (implements). MouseListener definiert eine Schnittstelle mit Methoden, die verschiedene Mouse-Events vom Datentyp MouseEvent registrieren.

```java
 1 import java.awt.*;
 2 import java.awt.event.*;
 3 import javax.swing.*;
 4
 5 public class DrawPanel extends JPanel implements MouseListener{
 6     private Rectangle rectangle;
 7     private boolean flag;
 8
 9     public DrawPanel() {
10         super();
11
12         addMouseListener(this);
13
14         rectangle = new Rectangle(50, 50, 200, 200);
15     }
16
17
18     public void mousePressed(MouseEvent e){
19         flag=rectangle.contains(e.getPoint());
20         this.repaint();
21     }
22
23     public void mouseClicked(MouseEvent e) { }
24     public void mouseReleased(MouseEvent e) { }
25     public void mouseEntered(MouseEvent e) { }
26     public void mouseExited(MouseEvent e) { }
27
28     protected void paintComponent(Graphics g) {
29         super.paintComponent(g);
30         g.setColor(Color.blue);
31         if(flag==true){
32             g.setColor(Color.red);
33         }
34         g.fillRect(rectangle.x, rectangle.y, rectangle.width,
                rectangle.height);
35     }
36 }
```

Quellcode 10.5: Beispielprogramm zur Darstellung von Grafikprimitiven und Abfrage von Ereignissen

10_5

Gemäß der Begriffserklärung 10.6 und den Erläuterungen zum Quellcode 10.3 aus Abschnitt 10.2 müssen alle abstrakten Methoden eines Inferfaces in der implementierenden Klasse überschrieben werden. Da in dem Interface MouseListener die fünf Methoden mouseClicked, mouseEntered, mouseExited, mousePressed und mouseReleased deklariert sind, müssen sie auch alle in der Klasse DrawPanel überschrieben werden, obwohl für unsere Anwendung nur die Methode mousePressed relevant ist (Zeile 18). Um den Vorgaben für Interfaces gerecht zu werden, deklarieren wir die weiteren Methoden (Zeile 23 bis 26) mit einem leeren Rumpf. Bevor wir die Funktion der Methode mousePressed eingehender thematisieren, sind aber noch einige vorhergehende Anweisungen zu erklären.

Die Aufgabe sollte ja das Zeichnen eines Rechtecks sein. Dem gemäß wird in Zeile 6 eine Variable rectangle vom Datentyp Rectangle deklariert. Über die Klassenbibliotheken werden Klassen für unterschiedliche grafische Objekte bereitgestellt, so auch für Rechtecke. Diese Klassen bieten vielfältige Methoden, u.a. um die Größe des grafischen Objektes abzufragen, es zu verschieben oder zu überprüfen, ob sich die Maus innerhalb diesem befindet. Zu beachten ist, dass die Klasse Rectangle zur Verwaltung des Objektes dient, für die Ausgabe auf dem Bildschirm aber nicht zuständig ist. Instantiiert wird das entsprechende Rechteck schließlich innerhalb des Konstruktors DrawPanel in Zeile 14. Zusätzlich wird im Konstruktor noch der MouseListener registriert (Zeile 12), wodurch die Ereignisse der Maus empfangen und die angesprochenen Methoden des Interfaces aufgerufen werden können. Für unsere Anwendung ist die Methode mousePressed relevant. Sie wird im Falle einer gedrückten Maustaste aufgerufen. Die Deklaration erfolgt beginnend mit der Zeile 18. Auf dem zugehörigen Parameter e vom Datentyp MouseEvent kann die Methode getPoint aufgerufen werden. Sie liefert die aktuelle Position zum Zeitpunkt des Mausklicks. Da die Klasse Rectangle ergänzend eine Methode contains beinhaltet, die überprüft, ob sich ein Punkt innerhalb des Objektes befindet, steht die gewünschte Funktionalität bereit. Es wird die Koordinate zum Zeitpunkt des Mausklicks mit den Punkten des Rechtecks verglichen (Zeile 19). Falls diese Bedingung erfüllt ist, wird der Variablen flag der Wahrheitswert true zugewiesen, ansonsten false. Deklariert wurde die Variable flag vom Typ boolean bereits in Zeile 7.

Die bisherigen Anweisungen dieses Java-Programms sind uns aus den vorhergehenden Abschnitten bekannt. Um so „spannender" ist die Bedeutung der folgenden Anweisung repaint in Zeile 20. Prinzipiell ist es die Aufgabe dieser Anweisung unser Fenster neu zu zeichnen, falls sich der Inhalt oder auch die Größe des Fensters verändert. Im eigentlichen Sinne handelt es sich bei repaint aber nicht um eine Methode, sondern um ein Event (Ereignis), das ausgelöst wird und eine Methode paint aufruft. paint kann als übergeordnete Methode zur Aktualisierung der Bildschirmdarstellung bezeichnet werden. Das repaint-Ereignis ist somit nur der Auslöser zur Aktualisierung des Bildschirms. Explizit kann eine Bildschirmaktualisierung somit durch Aufrufen der Methode repaint ausgelöst werden, aber auch automatisch, falls ein Fenster das erste Mal „gezeichnet" wird. Die Methode paint ist in der Oberklasse JComponent von JPanel deklariert (vgl. Abbildung 10.1). JPanel ist seinerseits die Oberklasse von DrawPanel. Damit ist der Mechanismus zur Aktualisierung der Bildschirmdarstellung aber leider noch nicht kompliziert genug. Die Methode paint ruft ihrerseits die Methoden paintComponent, paintBorder und paintChildren nacheinander auf - paintBorder aktualisiert die Fensterumrandungen, paintChildren die Swing-Interaktionskomponenten. Für die Aktualisierung benutzerdefinierter Elemente, wie dem Rechteck, ist die Methode paintComponent zuständig. Aus diesem Grund wird sie in den meisten grafiknutzenden Programmen überschrieben und mit der gewünschten Funktionalität implementiert. So auch in dem vorliegenden Java-Programm 10.5.

Übergabeparameter der Funktion `paintComponent` ist die Variable „g" vom Typ `Graphics`. Die Klasse `Graphics` implementiert den so genannten **Grafikkontext**. Unter diesem Begriff wird ein allgemeines Ausgabegerät für Grafik verstanden. Grafik kann hierbei auch „Schrift" bedeuten, ebenso unterschiedliche **Grafikprimitive**, beispielsweise Linien, Kreise, Rechtecke. Die zugehörigen Methoden der Klasse `Graphics` erlauben die Parametrisierung bzgl. Form, Farbe und Textur (Füllung).

Als erste Anweisung sollte innerhalb der Methode `paintComponent` die überschriebene Methode der Oberklasse `JComponent` mittels `super.paintComponent(g)` aufgerufen werden (Zeile 29). Hierdurch ist gewährleistet, dass über den oben beschriebenen Aufrufmechanismus alle eingebetteten (leichtgewichtigen) Komponenten aktualisiert werden.

In Abhängigkeit der Variablen `flag` wird die Zeichenfarbe mittels der Methode `setColor` auf blau (Zeile 30, Mausposition außerhalb des Rechtecks), oder rot (Zeile 32, Mausposition innerhalb des Rechtecks) gesetzt. Zur Verwaltung von Farben steht die Klasse `Color` zur Verfügung. Die vordefinierten Farben werden über statische Variablen realisiert. Für die Variable `RED` entspricht dieses der Zeile

```
public final static Color RED = new Color(255, 0, 0);
```

innerhalb der Klasse `Color`. Neben denen im Beispiel genutzten (vordefinierten) Farben können auch benutzerdefinierte Farben generiert werden. Das Schlüsselwort `final` ist bisher noch nicht erläutert worden. Mit diesem werden Variablen belegt, die nachträglich nicht mehr verändert werden dürfen. Typischerweise werden Konstanten nach diesem Prinzip deklariert. Das der Anweisung

```
new Color(255, 0, 0)
```

zugrundeliegende Modell wird als **RGB-Farbmodell** bezeichnet. Maximal können durch dieses Modell über 16 Millionen Farben[3] gemischt werden.

Zusammenfassung 10.8: RGB-Farbmodell

Das **RGB-Farbmodell** beruht auf den Grundfarben Rot, Grün und Blau, die in wechselnden Farbanteilen kombiniert werden. Die Farbanteile können im Intervall von 0 bis 255 oder von 0 bis 1 durch folgenden Javasyntax angegeben werden:

```
new Color(int rot, int gruen, int blau ) oder
new Color(float rot, float gruen, float blau )
```

Gemäß der festgelegten Farbinformation kann nun das Rechteck gezeichnet werden (Zeile 34). `fillRect` zeichnet ein ausgefülltes Rechteck mit der aktuellen Vordergrundfarbe. Die vier

---

3 Rechnerintern wird jeder Farbanteil durch 8Bit bestimmt (256 Abstufungen, 0 bis 255), bei drei Farbanteilen ergibt sich $3 * 8 \, Bit = 24 \, Bit$, somit $(2^8)^3 = 16\,777\,216$ Farben

Parameter bezeichnen eine initiale Position (x- und y-Koordinaten) und die horizontale (`width`) und vertikale (`height`) Ausdehnung des Rechtecks. Bestimmt werden diese Werte durch die Variable `rectangle`.

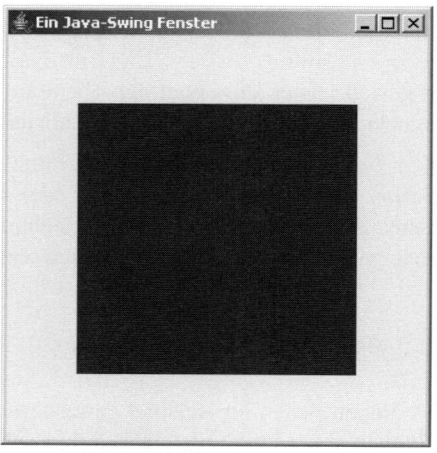

Abbildung 10.6: Bildschirmdarstellung nach Ausführung des Java-Quellcodes 10.5

Nach dem Start des Programms, sollten Sie eine vergleichbar zur Abbildung 10.6 gezeigte Bildschirmdarstellung sehen. Das Rechteck ist zunächst in blauer Farbe gezeichnet. Klicken Sie mit der Maus innerhalb der Rechteckfläche wechselt die Farbe auf rot, wenn Sie außerhalb klicken wieder auf blau.

Zusammenfassung 10.9: Swing

Eine einfache Swing-Applikation sollte die folgenden Konzepte beinhalten:

- Aktualisierung der benutzerdefinierten Bildschirmdarstellung durch die Methode `paintComponent(Graphics g)`
  - Überschriebene Methode der Oberklasse `JComponent`
  - Innerhalb der Methode sollte die erste Anweisung `super.paintComponent(g)` sein — aktualisiert die leichtgewichtigen Komponenten

- Ereignisverarbeitung, z.B. Registrierung des Interfaces `MouseListener` durch die Anweisung `addMouseListener(this)` zur Erkennung von Mouseevents.

Aufgabe 10.5:

In Kapitel 7 sollte eine Klasse `Ampel` programmiert werden (Aufgabe 7.3). Erweitern Sie die Klasse `Ampel` um eine grafische Anzeige der Ampel, bei der die Signallampen durch Kreise entsprechender Farbe repräsentiert werden.

a) Orientieren Sie sich an dem Quellcode 10.5 und zeichnen Sie drei Kreise in den entsprechenden Farben Grün, Gelb und Rot. Der Befehl zum Zeichnen von Ovalen lautet:

```
fillOval(int x, int y, int width, int height)
```

Die Methode benötigt vier Parameter:
   - x/y-Koordinate zum Zeichnen des Ovals. Die Koordinate entspricht der linken oberen Ecke, wenn das Oval durch ein Rechteck umschrieben wird.
   - Breite (`width`) und Höhe (`height`) des Ovals. Sofern `width=height`, liegt ein Kreis vor.

b) Ergänzen Sie die Darstellung um zwei Knöpfe, jeweils einen für die Fußgänger und einen für die Autofahrer.

c) Unter Verwendung der Prinzipien der Ereignisverarbeitung kann nun eine einfache Ampelsteuerung aus Sicht der Autofahrer realisiert werden. Wird der Knopf „Fussgaenger" gedrückt sollte die Ampel, unter Beachtung der Farbphasen, auf rot gestellt werden. Im Falle, dass der Knopf „Autofahrer" gedrückt wird, auf grün.

10.3.2   Beispiel 2: Linien

Das vorhergehende Beispiel vermittelte einen Eindruck der Grafikmöglichkeiten von Java und dessen Realisierung. Sehen wir uns noch ein zweites Beispiel zur Verwendung der Grafikmöglichkeiten an. Realisiert werden soll ein, zugegeben sehr einfaches Grafikprogramm, das erlaubt, Linien mit der Maus auf dem Bildschirm zu zeichnen. Die Farbe der Linien soll dabei bei jeder Aktualisierung zufällig verändert werden.

Neben den bereits bekannten Konzepten wird das Programm auch wieder partielle Erweiterungen beinhalten. Wenn wir uns die Funktionen des `MouseListener` ansehen, fällt auf, dass dieses Interface nur Mausklicks abfragt, Bewegungen der Mouse werden nicht registriert. Auch für diese Funktionalität stellt Java ein spezielles Interface bereit. Der Name des bewegungsregistrierenden Interfaces ist `MouseMotionListener`. Die zugehörigen Methoden sind `mouseDragged` und `mouseMoved`. Beide Methoden registrieren Mausbewegungen, wobei die erste Bewegungen nur bei gedrückter Maustaste erfasst. Intuitiv sollte das Prinzip zum Zeichnen von Linien bereits erkennbar sein. Das Setzen des Anfangspunktes der Linie wird durch die Methode `mousePressed` (Interface `MouseListener`) erkannt, das Festlegen des Endpunkts (bei gedrückter Maustaste) durch die Methode `mouseDragged` (Interface `MouseMotionListener`). Eingebettet in ein Java-Programm ergibt sich der Quellcode 10.6.

```
1 import java.awt.*;
2 import java.awt.event.*;
```

```
 3 import javax.swing.*;
 4 import java.awt.geom.Line2D;
 5 import java.util.Vector;
 6
 7 public class DrawPanel extends JPanel implements MouseListener,
        MouseMotionListener{
 8
 9     private Vector drawnGeom;
10
11     public DrawPanel() {
12         super();
13
14         addMouseListener(this);
15         addMouseMotionListener(this);
16
17         drawnGeom = new Vector();
18     }
19     // ------ MouseListener --------------------------
20     public void mousePressed(MouseEvent e){
21         setFirstLinePoint(e.getPoint());
22     }
23
24     public void mouseClicked(MouseEvent e) {}
25     public void mouseReleased(MouseEvent e) {}
26     public void mouseEntered(MouseEvent e) {}
27     public void mouseExited(MouseEvent e) {}
28
29     // ------ MouseMotionListener --------------------
30     public void mouseDragged(MouseEvent e) {
31         setSecondLinePoint(e.getPoint());
32     }
33
34     public void mouseMoved(MouseEvent e) {}
35     // -----------------------------------------------
36
37     private void setFirstLinePoint(Point p) {
38         drawnGeom.addElement(new Line2D.Double(p, p));
39         this.repaint();
40     }
41
42     private void setSecondLinePoint(Point p) {
43         ((Line2D.Double) drawnGeom.lastElement()).setLine(
44             ((Line2D.Double) drawnGeom.lastElement()).getP1(), p);
45         this.repaint();
46     }
47
48     private int getRandom(){
49         return (int)(Math.random()*256);
50     }
```

```
51
52    protected void paintComponent(Graphics g) {
53        super.paintComponent(g);
54        int i=0;
55        while(i < drawnGeom.size()){
56            Line2D.Double line = (Line2D.Double) drawnGeom.elementAt(
                  i);
57            i=i+1;
58            g.setColor(new Color(getRandom(), getRandom(), getRandom
                  ()));
59            g.drawLine((int)line.x1, (int)line.y1, (int)line.x2, (int
                  )line.y2);
60        }
61    }
62 }
```

Quellcode 10.6: Programm zum Zeichnen von Linien.

10_6

In Zeile 7 ist ersichtlich, dass ergänzend zum Quellcode 10.5 das zweite Interface `Mouse-MotionListener` eingebunden und in Zeile 15 registriert wird. Zur Verwaltung der Linien nutzen wir die in Zeile 4 importierte Java-Datenstruktur `Line2D`. Da nicht nur eine einzelne Linie gezeichnet werden soll, sondern eine beliebige Anzahl, werden die Linien in einer Datenstruktur `Vector`, Variablenname `drawnGeom`, verwaltet (Zeile 17). Resultierend ergibt sich eine Gesamtdatenstruktur vergleichbar zur Abbildung 7.13 auf Seite 131. Die verzeigerte lineare Liste wird durch einen Vektor ersetzt, das Studierendenobjekt durch ein Objekt vom Typ `Line2D`. Auf die Unterschiede zwischen den Datenstrukturen Liste und Vektor gehen wir hier nicht näher ein, da sie zum Verständnis des Programms nicht unbedingt notwendig sind. Interessierte seien auf die entsprechende Literatur[4] verwiesen.

Bevor einige Details des Java-Programms eingehender erläutert werden, seien kurz die in dem Programm benötigten Methoden der Klasse `Line2D` beschrieben:

- `Line2D.Double(Point pStart, Point pEnd)`: Generiert eine neue Linie vom Startpunkt `pStart` zum Endpunkt `pEnd`.

- `void setLine(Point pStart, Point pEnd)`: Setzt den Anfangs- bzw. Endpunkt einer gegebenen Linie auf `pStart` bzw. `pEnd`.

- `Point2D getP1()`: Gibt den Endpunkt einer gegebenen Linie zurück.

Bei gedrückter Maustaste wird die Methode `mousePressed` aufgerufen, die ihrerseits die Methode `setFirstLinePoint` mit dem Punkt p der aktuellen Mausposition aufruft. Innerhalb der Methode erfolgt zunächst in Zeile 38 die Instantiierung einer neuen „Line2D" mit identischem Anfangs- und Endpunkt p (die Linie entspricht somit einem Punkt). Mittels der Methode `addElement` kann dann das Objekt dem Vektor `drawnGeom` hinzugefügt werden. Wird die

---

4 T. Ottmann, P. Widmayer, *Algorithmen und Datenstrukturen*, Spektrum Akademischer Verlag, 2002

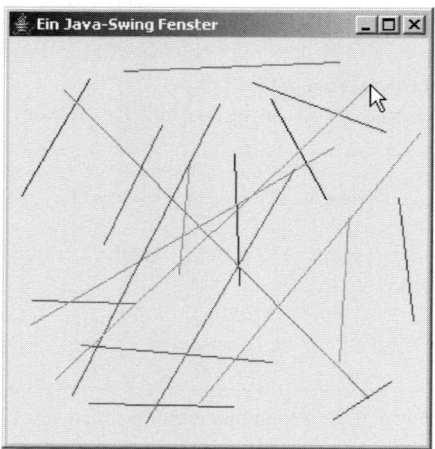

Abbildung 10.7: Bildschirmdarstellung nach Ausführung des Java-Quellcodes 10.6

Maus bei gedrückter Maustaste bewegt, erfolgt indirekt über die Methode `mouseDragged` ein kontinuierlicher Aufruf der Methode `setSecondLinePoint`. Der entscheidende Befehl zur Aktualisierung der Line2D-Struktur ist aus Gründen der Übersichtlichkeit auf die Zeilen 43 und 44 verteilt - es handelt sich aber immer noch um einen Befehl. Auf das letzte, somit aktuelle Element des Vektors `drawnGeom.lastElement` wird die Methode zur Anpassung der Anfangs-bzw. Endpunkte `setLine` aufgerufen. Das erste Argument ist der nicht veränderte Anfangspunkt

```
((Line2D.Double) drawnGeom.lastElement()).getP1()
```

der aktuellen Linie. Der Endpunkt wird auf den Punkt p aktualisiert. Somit enthält die Vektor-Datenstruktur `drawnGeom` alle bisher gezeichneten Linien, wobei nur die Koordinaten der letzten Linien aktualisiert werden. Etwas befremdlich mag der Casting-Operator `(Line2D.Double)` vorkommen. Auch die Erklärung ist etwas komplizierter. Die Datenstruktor `Vector` ist in Java so allgemeingültig aufgebaut, dass beliebige Objekte (Datentypen) in dieser abgelegt werden können. Daher sind alle Objekte in einem Vektor von dem allgemeingültigen Datentyp `Object`. Die Klasse `Object` kann als Oberklasse aller anderen Klassen angesehen werden. Aus diesem Grund müssen die Objekte des Vektors durch Typkonvertierung wieder in den ursprünglichen Datentyp überführt werden.

Die eigentliche Zeichenroutine ist, wie aus dem ersten Beispiel bekannt, innerhalb der Methode `paintComponent` implementiert (Zeile 52). Im Rumpf der `while`-Schleife werden nacheinander die Linien aus dem Vektor `drawnGeom` der Variablen `line` vom Typ `Line2D` zugewiesen (Zeile 56). Der Zugriff auf einzelne Objekte des Vektors ist mittels der Methode `elementAt` möglich. Übergabeparameter ist der Index i zum gewünschten Objekt.

Da die Indizes bekanntermaßen bei 0 beginnen, nimmt i maximal einen Wert kleiner als die Anzahl der im Vektor verzeichneten Linien an („i<drawnGeom.size()"). Das Setzen der Zeichenfarbe in Zeile 58 folgt dem bekannten Prinzip. In diesem Beispiel nutzen wir die Möglichkeit, die Farbe über eine Zufallsfunktion zu bestimmen. Schließlich wird in Zeile 59 die eigentliche Linie mittels der Methode drawLine, als Parameter jeweils die x- und y-Koordinaten des Anfangs- bzw. Endpunktes, gezeichnet.

Nach dem Start des Programms könnte eine vergleichbar zur Abbildung 10.7 gezeigte Darstellung resultieren. Einleitend wurde angesprochen, dass die Methode paintComponent entweder explizit durch das Programm mittels repaint aufgerufen werden kann, aber auch automatisch durch das Java-System. Diese automatische Aktualisierung wird u.a. bei jeder Veränderung der Fenstergröße aufgerufen. Dieser Mechanismus lässt sich recht leicht überprüfen, in dem beobachtet wird, was bei eine Vergrößerung oder Verkleinerung des Fensters passiert. Bei jeder Veränderung werden die Farben der Linien verändert, da in jedem Fall die Methode paintComponent aufgerufen wird und die Farben durch die Methode getRandom zufällig neu bestimmt werden.

Aufgabe 10.6:

In der aktuellen Version hat das Java-Programm 10.6 den Nachteil, dass sich die Farbe einer bereits gezeichneten Linie wieder verändert, falls eine neue Linie gezeichnet wird. Erweitern Sie das Programm derart, dass eine gegebene Linienfarbe konstant bleibt.

Aufgabe 10.7:

Der folgende Quellcode kann die vorhandene Routine zum Zeichnen der Linien im Quellcode 10.6 ersetzen. Er nutzt die Grafikbefehle von Java2D.

```
while (i < drawnGeom.size()){
  Line2D.Double l = (Line2D.Double)drawnGeom.elementAt(i);
  Graphics2D g2 = (Graphics2D) g;
  g2.setStroke(new BasicStroke(5.0f));
  g2.setColor(new Color(getRandom(), getRandom(), getRandom()));
  g2.drawLine((int)l.x1, (int)l.y1, (int)l.x2, (int)l.y2);
  i=i+1;
}
```

a) Fügen Sie die neue Grafikroutine in den Quellcode 10.6 ein.
b) Ergänzen Sie den Quellcode 10.6 um die Möglichkeit, Linienzüge zu zeichnen. Linienzüge sind Folgen von Linien, bei denen paarweise die Anfangs- bzw. Endpunkte übereinstimmen. Gehen Sie bei der Umsetzung der Aufgabe folgendermaßen vor: Durch den ersten Mausklick wird der Anfangspunkt der ersten Linie festgelegt, mit dem zweiten Mausklick der Endpunkt. Dieser Punkt ist gleichzeitig der Anfangspunkt der nächsten Linie. Beendet wird diese Vorgehensweise, wenn sich die Koordinaten zweier nachfolgender Mausklicks nicht unterscheiden.

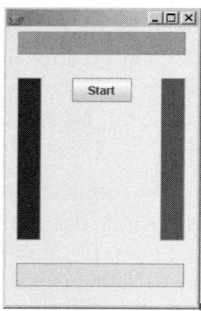

Abbildung 10.8: Bildschirmdarstellung des Spiels Repeater

Aufgabe 10.8:

Zum Abschluss der Kapitel über Programmierung soll ein größeres Softwareprojekt realisiert werden - ein Computerspiel mit Namen Repeater. Das Ziel dieses Spiels ist es, eine Kombination von Farbfolgen zu wiederholen, die im Laufe des Spiels immer länger wird. Sehen wir uns zunächst eine mögliche Bildschirmdarstellung des Spiels in Abbildung 10.8 an. Gemäß der vier Himmelsrichtungen sind auch die vier Farbflächen (rot, grün, blau, gelb) angeordnet, deren Farbkombinationen es zu wiederholen gilt. Ergänzt ist noch ein Button zum Starten des Spiels gegeben.

Ausgehend von diesem Spielfeld beschreiben wir kurz ein mögliches Spielszenarium. Sobald das Spiel über den Button gestartet wird, leuchtet zufällig eine durch den Computer bestimmte Farbfläche auf, die es sich zu merken gilt. Gehen wir einmal davon aus, dass die rote Farbfläche ausgewählt wurde, ist auch diese rote Fläche mit der Maus anzuklicken. Anschließend wird die aktuell aus einer Farbe bestehende Farbkombination erweitert, beispielsweise, dass eine grüne Fläche hinzukommt. Dieses wird durch den Computer angezeigt, indem zuerst die rote, danach die grüne Fläche aufleuchtet. Nach diesem Prinzip setzt sich das Spiel fort. Nach jeder erfolgreich wiederholten Farbkombination, wird diese um eine weitere Farbe ergänzt. Das Spiel endet, falls die Farbkombination nicht korrekt wiederholt werden konnte.

Zu Beginn einer Softwareentwicklung steht die Frage, was das System leisten soll und wie es auf Basis dieser Überlegungen in einer Programmiersprache umzusetzen ist. Da dieses Buch nicht das Softwaredesign zum Thema hat, nehmen wir die Anforderungen als durch die Spielbeschreibung bereits (informell) vorgegeben. Eine mögliche softwaretechnische Umsetzung könnte gemäß dem UML-Diagramm in Abbildung 10.9 realisiert werden. War es in den bisherigen Programmieraufgaben immer klar definiert, was genau zu programmieren ist, sei in dieser Aufgabe programmiertechnische Kreativität möglich und erwünscht. So sollen der Screenshot in Abbildung 10.8 und das UML-Diagramm in Abbildung 10.9 nur eine Option zur Programmierung aufzeigen.

Trotz dieser Freiheit sollen Ihnen die folgenden Teilaufgaben, mit den entsprechenden Hinweisen, helfen, auch dieses größere Softwareprojekt erfolgreich zu realisieren. Als zusätzliches Hilfsmittel sollte die Java-Dokumentation, die auf der beiliegenden CD vorhanden ist, genutzt

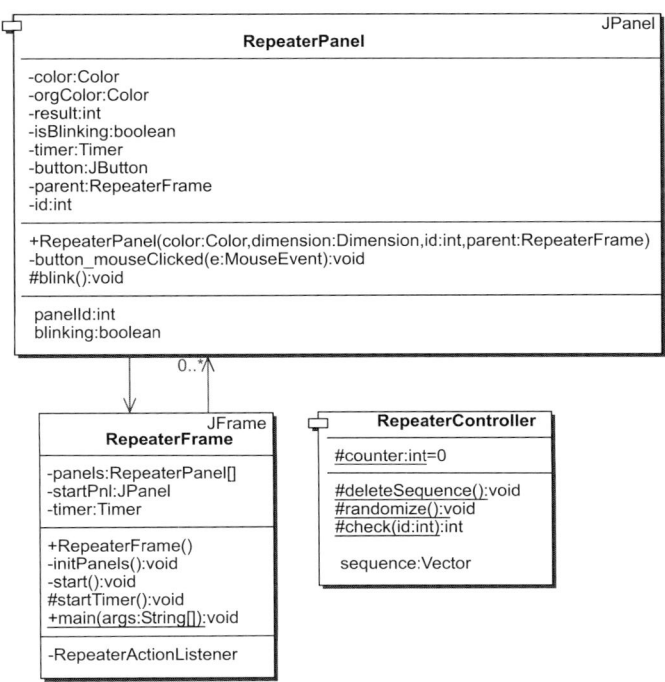

Abbildung 10.9: UML-Diagramm zum Spiel Repeater

werden. Schließlich befindet sich, abweichend zu den bisherigen Aufgaben, eine Musterlösung auf der CD (im Verzeichnis Repeater). Sie sollten aber versuchen, die Musterlösung eventuell nur als Anhaltspunkt zu nutzen und das Spiel nach Ihren eigenen Vorstellungen zu programmieren.

a) Erstellen Sie zunächst die grafische Oberfläche mit den vier Farbflächen und dem Start-Button. Die Anordnung der Farbflächen kann über den Layoutmanager BorderLayout realisiert werden. Dieser ermöglicht es, die Elemente in allen vier „Himmelsrichtungen" und der Mittelposition anzuordnen. Sie können beispielsweise die Datenstruktur Rectangle aus dem Abschnitt 10.3.1 wiederverwenden.

b) Falls im ersten Aufgabenteil bereits die Datenstruktur Rectangle der aktuellen Aufgabenstellung angepasst wurde, kann auch die Funktionalität zur Abfrage eines selektierten Rechtecks gemäß dem bekannten Prinzip erfolgen.
Sie sollten nach dem Abschluss dieser Teilaufgabe die Spieloberfläche mit den vier Farbflächen sehen und abfragen können, welches Rechteck selektiert wurde.

c) Im nächsten Schritt sollen zwei Arrays deklariert werden. Das erste Array soll die Sequenz der zu wiederholenden Farbkombinationen beinhalten, das zweite Array die Folge der bereits erfolgreich wiederholten Farbsequenz. Hierbei können Sie zur Initialisierung der vorzugebenen Farbsequenz, die bereits aus Abschnitt 10.3.2 bekannte Zufallsfunktion nutzen.

d) Testen Sie nun die bereits implementierten Methoden. Lassen Sie das „Spielprogramm" eine zufällige Farbfolge generieren und die Farbflächen entsprechend aufleuchten. Dieses Aufleuchten könnte beispielsweise durch einen kurzen Farbwechsel erfolgen.

e) Prinzipiell ist unser Spiel schon fast fertig. Es muss jetzt, nach dem Start über den bereits vorhandenen Button, nur jeweils die zu wiederholende Sequenz immer um eine Einheit verlängert werden. Dieses natürlich nur, falls die Wiederholung auch korrekt war.

f) Da ein Spiel auch verschiedene Schwierigkeitsgrade haben sollte, ist das Programm entsprechend zu erweitern. Eine Steigerung des Schwierigkeitsgrades könnte daraus resultieren, dass in der zu wiederholenden Sequenz auch Teilpassagen mit einer gleichen Farbe vorkommen.

Andere Programmierstile

In den vorangegangenen Kapiteln haben wir im Wesentlichen zwei Ansätze zur Lösung von Problemen beschrieben: den algorithmischen Ansatz und den objektorientierten Ansatz. Daneben haben zwei weitere Vorgehensweisen Bedeutung erlangt: der funktionale Ansatz und der logikbasierte Ansatz. In diesem Kapitel geben wir eine kurze Übersicht über diese Vorgehensweisen und entsprechende Programmiersprachen, die es erlauben, die entwickelten Lösungen auf effektive und effiziente Weise in Programme umzusetzen. Es gliedert sich in Abschnitte zur imperativen Programmierung 11.2, funktionalen Programmierung 11.3 und logischen Programmierung 11.4.

11.1   Übersicht

In den vorhergehenden Abschnitten haben wir uns ausschließlich mit der objektorientierten Programmiersprache Java beschäftigt. Die objektorientierte Programmierung ist aber nur eine Möglichkeit der Programmierung. Auf einer abstrakteren Ebene lässt sich folgende Einteilung vornehmen:

- Maschinensprache (z.B. Java Bytecode)

- Assembler-Sprache (z.B. Intel Assembler)

- (Höhere) Programmiersprachen (z.B. Java, C++, Pascal)

- Modellierungssprachen (z.B. UML)

Betrachten wir diese Auflistung genauer, so fällt auf, dass wir bereits drei Typen kennengelernt haben. Neben der objektorientierten Programmierung, als Beispiel für eine höhere Programmiersprache, wurde die Übersetzung von Java-Code in Java-Bytecode (Maschinensprache) angesprochen. Im Zusammenhang mit der objektorientierten Modellierung nutzten wir UML als Beschreibungsmöglichkeit der Klassenhierarchien. Von Interesse ist hierbei speziell die Gruppe der höheren Programmiersprachen. Diese gliedert sich weiter in unterschiedliche **Programmierparadigmen** auf. Unter einem Paradigma versteht man ein Muster oder eine sprachliche Einheit. Somit lassen sich Programmierparadigmen als Grundprinzipien für die Formulierung

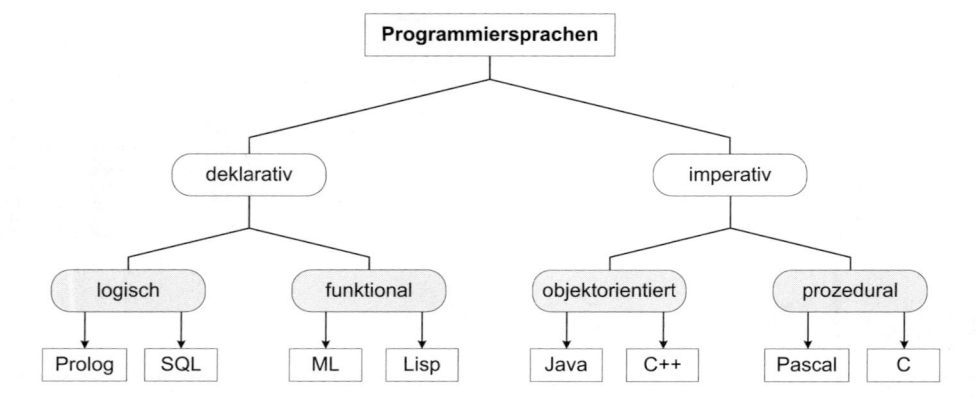

Abbildung 11.1: Gliederung der Programmiersprachen nach unterschiedlichen Paradigmen.

von Arbeitsschritten des Rechners beschreiben. Gemäß einer Einteilung der Programmiersprachen nach unterschiedlichen Paradigmen ergibt sich die in Abbildung 11.1 gezeigte Gliederung. Anzumerken ist, dass diese Einteilung nur eine Möglichkeit der Unterteilung ist. Da die objektorientierte Programmiersprache auch viele Eigenschaften und Möglichkeiten einer prozeduralen Programmierung aufweist, werden beide vielfach auch nur als imperative Programmiersprachen betrachtet. Im Folgenden werden kurz die wichtigsten Eigenschaften, oder sagen wir besser Paradigmen, erläutert.

11.2   Imperative Programmierung

Der wohl älteste Programmierstil ist die imperative Programmierung. Bei der imperativen Programmierung besteht ein Programm aus einer Folge von Befehlen. Auch die Deklaration von so genannten Prozeduren oder Funktionen ist möglich. Beispiele für imperative Programmiersprachen sind Fortran, Basic, Pascal und C. Objektorientierte Programmiersprachen können als Erweiterung von imperativen Programmiersprachen gesehen werden. So ist C++ eine objektorientierte Erweiterung von C.

11.3   Funktionale Programmierung

Ein weiterer Programmierstil ist die funktionale Programmierung. Bei der funktionalen Programmierung besteht ein Programm aus einer Schachtelung von Funktionsaufrufen, weitere Operationen gibt es in der Reinform nicht. Eine klassische funktionale Programmiersprache ist LISP.

11.4   Logische Programmierung

Der vierte Programmierstil ist die logische Programmierung. Ein Programm besteht bei der logischen Programmierung aus einer Menge von wenn-dann-Regeln. Ausgeführt wird der dann-Teil einer Regel nur, falls der wenn-Teil erfüllt ist. Dieser dann-Teil enthält Aktionen, die dazu führen können, dass weitere Regeln ausgeführt werden können. Die Reihenfolge der Regelausführung ist nicht festgelegt. Ein bekanntes Beispiel für eine logische Programmiersprache ist Prolog. Prolog wird, wie der Name schon sagt, vor allem für die Logik basierte Repräsentation und Verarbeitung von Informationen angewandt. Sie ist insbesondere in der künstlichen Intelligenz (KI) weit verbreitet.

Algorithmen und Datenstrukturen

12

Asymptotische Aufwandsanalyse

Wir haben uns bisher auf die Problemlösung konzentriert, d.h. zu einem gestellten Problem überhaupt ein Programm zu finden. In vielen Anwendungen ist es jedoch wichtig, dass das resultierende Programm beziehungsweise der zugrunde liegende Algorithmus effizient ist. Zur Beurteilung der Effizienz gibt es verschiedene Kriterien, wie zum Beispiel die Ausführungszeit des Programms oder der Bedarf an Speicher. Das Bestreben der Aufwandsanalyse ist es, die Effizienz schon auf algorithmischer Ebene beurteilen zu können, um unnötigen Programmieraufwand oder aufwändige experimentelle Analysen durch Ausführung auf einem Computer zu vermeiden. Die Abschnitte 12.1 und 12.2 führen in die Analyse des Zeit- beziehungsweise Speicherbedarfs von Algorithmen ein.

12.1   Zeitaufwand

Wenden wir uns zunächst der Zeitaufwandsanalyse zu. Eine Möglichkeit, über den Rechenzeitbedarf eines Programms Aufschluss zu bekommen, ist die Anzahl der ausgeführten Elementaroperationen abzuschätzen. Abbildung 12.1 zeigt eine Zählung der Operationen des Algorithmus zur Minimumsuche $min(a_0, a_1, \ldots, a_{n-1})$, der das Minimum einer Menge von Zahlen bestimmt. Die Operationen werden in Form von Elementaroperationen gezählt. **Elementaroperationen** (EO) sind die Wertzuweisungen, Vergleiche, arithmetische Operationen und die Rückgabe des Werts einer Variablen. In der ersten Spalte der Tabelle ist der Algorithmus aufgeführt. Die zweite Spalte zeigt den Zeitaufwand pro Zeile. Die Anweisung $i := i + 1$ wird mit zwei Elementaroperationen gezählt: der Addition für die Erhöhung von i um 1 und die Wertzuweisung.

In der dritten Spalte der Tabelle ist die Anzahl der Durchläufe der einzelnen Operationen aufgeführt. Offensichtlich werden die ersten beiden Anweisungen nur ein Mal durchgeführt. Das Gleiche gilt für die letzte Anweisung, die Rückgabe von *merker*. Die Anzahl der Durchführungen der *solange*-Schleife hängt von der Länge n der Eingabefolge ab. Der Rumpf der Schleife wird $(n-1)$-mal ausgeführt. Die Durchführung der Zeile *solange i < n* erfolgt hingegen n-mal, da hier ein weiterer Test durchgeführt wird, der den Abbruch der Schleife bewirkt.

Schwierigkeiten bereitet es, für die Wertzuweisung im *dann*-Teil der bedingten Anweisung, *merker := a_i*, die Anzahl der Durchläufe abzuschätzen. Hier kann es passieren, dass diese Anweisung überhaupt nicht ausgeführt wird. Das ist dann der Fall, wenn a_0 das kleinste Element der Folge

Algorithmus	Zeitaufwand	Anzahl Durchläufe
merker := a_0;	1 EO	1
i := 1;	1 EO	1
Solange $i < n$ ist, fuehre aus:	1 EO	n
{Wenn $a_i <$ *merker, dann*	1 EO	$n-1$
merker := a_i;	1 EO	*min.* 0, *max.* $n-1$
i := $i+1$;}	2 EO	$n-1$
Gib *merker zurueck*;	1 EO	1

Abbildung 12.1: Zeitaufwandsanalyse durch Abschätzen der ausgeführten Elementaroperationen (EO) am Beispiel des Minimum-Algorithmus

ist. Andererseits kann es passieren, dass die Anweisung bei jedem Schleifendurchlauf ausgeführt wird. Dies geschieht, wenn die Eingabefolge fallend angeordnet ist. Die Anzahl der Durchläufe kann damit zwischen 0 und $n-1$ liegen.

Das Zusammenzählen der Elementaroperationen aus der Tabelle zeigt, dass im günstigsten Fall $T_{min}(n) = 4n$ Elementaroperationen benötigt werden, während im ungünstigsten Fall $T_{max}(n) = 5n-1$ Elementaroperationen ausgeführt werden.

Wir wollen dies nun verallgemeinern. Sei $A(e)$ der **Aufwand** des zu analysierenden Algorithmus bei der Eingabe $e \in E$, wobei E die Menge aller Eingaben des Algorithmus umfasst. $A(e)$ kann dabei für den Zeitaufwand, aber beispielsweise auch für den Speicheraufwand stehen.

Da davon auszugehen ist, dass der Aufwand mit wachsender Größe der Eingabe wächst, ist es zweckmäßig, den Aufwand abhängig von der Eingabegröße zu analysieren. Die **Eingabegröße** wird in der Anzahl der **Elementardateneinheiten** gemessen. So besteht die Eingabe $a_0, a_1, ..., a_{n-1}$ des Minimumsuche-Algorithmus aus n Zahlen, die als Elementardateneinheiten verstanden werden. Die Länge der Eingabe ist in diesem Fall also n.

Sei E_n die Menge aller Eingaben der Länge n, d.h.

$$E_n := \{e \text{ in } E \mid \text{die Größe von } e \text{ ist } n\}.$$

Der **maximale Aufwand** $A_{max}(n)$, auch als **Aufwand im schlechtesten Fall** oder **worst-case-Aufwand** bezeichnet, ist der größte Aufwand, der bei einer Eingabe e der Länge n auftreten kann, d.h.

$$A_{max}(n) := \max \{ A(e) \mid e \text{ in } E_n \}.$$

Entsprechend ist der **minimale Aufwand** $A_{min}(n)$ der Aufwand $A(e)$ einer Eingabe e mit kleinstem Aufwand:

$$A_{min}(n) := \min \{ A(e) \mid e \text{ in } E_n \}.$$

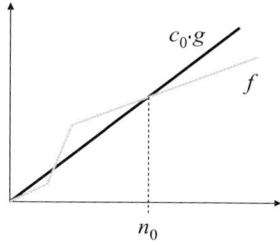

Abbildung 12.2: Grafische Darstellung zur O-Notation. Für $n > n_0$ ist die $c_0 \cdot g(n)$ größer als $f(n)$

Für den **Zeitaufwand** wird anstelle von A häufig T, für den **Speicheraufwand** S geschrieben.

Eine weitere Verallgemeinerung geschieht dadurch, dass Aufwandsfunktionen wie $A_{max}(n)$ nicht genau angegeben werden, sondern nur deren so genannte Wachstumsordnung. Dies ist Gegenstand der **asymptotischen Aufwandsanalyse**. Ein Grund dafür ist, dass die Elementaroperationen unterschiedliche Ausführungszeiten haben, sodass sich das genaue Zählen nicht lohnt. Allgemein hat sich folgende Vorgehensweise für die Abschätzung des schlechtesten Falls etabliert:

- Angabe einer oberen **Aufwandsschranke**, d.h. einer Funktion, die für jedes Argument größer oder gleich dem korrekten Wert ist.

- Beschränkung der Angabe auf die **Größenordnung**, d.h. unabhängig von den konkreten Konstanten.

So können wir z.B. von der Funktion $T_{max}(n) = 5n - 1$ die Abschätzung vornehmen, dass sie mit der Ordnung n wächst, oder anders ausgedrückt, dass die Funktion die Größenordnung n hat. Ein zentrales Konzept dieser asymptotischen Aufwandsanalyse ist die **Groß-O-Notation**, die wir im Folgenden etwas formaler definieren und dann exemplarisch an einigen Beispielen anwenden.

Man sagt, dass eine Funktion f über den natürlichen Zahlen mit der Ordnung g wächst, falls es eine Konstante $c_0 > 0$ gibt, sodass $f(n) < c_0 \cdot g(n)$ für alle hinreichend großen n ist. Hinreichend groß bedeutet, dass es eine Zahl $n_0 > 0$ gibt, sodass für alle $n > n_0$ die Beziehung $f(n) < c_0 \cdot g(n)$ gilt. In Abbildung 12.2 ist dieses Verhalten grafisch aufgezeigt. Für Werte n kleiner n_0 verläuft die Funktion f (grauer Verlauf) zuerst unterhalb der Funktion $c_0 \cdot g$ (schwarzer Verlauf), dann oberhalb. Für alle Werte n größer n_0 verläuft der Graph der Funktion f aber immer unterhalb des Graphen der Funktion $c_0 \cdot g$. Für die sich hieraus ergebende Aussage „f wächst mit der Ordnung g" hat sich die Schreibweise $f = O(g)$ eingebürgert — die Groß-O-Notation.

Zum besseren Verständnis erläutern wir die asymptotische Aufwandsanalyse an vier Aussagen über das asymptotische Wachstum des gefundenen maximalen Zeitaufwandes $T_{max}(n) = 5n - 1$ des Algorithmus zur Minimumsuche:

- $T_{max}(n) = O(n)$:
  Übertragen in die Schreibweise $f(n) = O(g(n))$ im vorigen Absatz entsprechen $T_{max}(n)$ der Funktion $f(n)$ und n in $O(n)$ der Funktion $g(n)$. Da $T_{max}(n) = 5n - 1$, ist die Frage zu beantworten, ob es eine Konstante c_0 gibt, sodass $f(n) = 5n - 1 < c_0 \cdot g(n) = c_0 \cdot n$ für

$n > n_0$ und einem geeigneten $n_0 > 0$. Dies ist offensichtlich der Fall: $c_0 = 5$ und $n_0 = 1$ erfüllen diese Bedingung.

- $T_{max}(n) = O(n^2)$:
  In diesem zweiten Beispiel $T_{max}(n) = O(n^2)$ betrachten wir eine quadratische Abschätzung. Hier ist $f(n) = 5n - 1$ und $g(n) = n^2$. Die Frage ist also, ob es ein $c_0 > 0$ und ein $n_0 > 0$ gibt, sodass $f(n) = 5n - 1 < c_0 \cdot g(n) = c_0 \cdot n^2$ für $n > n_0$ ist. Hier zeigt es sich, dass $c_0 = 1$ und $n_0 = 1$ diese Bedingung erfüllen.

- $T_{max}(n) \neq O(\sqrt{n})$:
  Diese Aussage bedeutet, dass $T_{max}(n)$ nicht gleich $O(\sqrt{n})$ ist, d.h. nicht durch die Größenordnung $O(\sqrt{n})$ beschränkt ist. Gäbe es ein c_0, für das $f(n) = 5n - 1 < c_0 \cdot g(n) = c_0 \cdot \sqrt{n}$ gilt, dann müsste $(5n - 1)/\sqrt{n} < c_0$ für $n > n_0$, bei einem gegebenen hinreichend großen n_0, gelten. Offensichtlich ist die linke Seite mindestens so groß wie $4\sqrt{n}$. Sie kann damit beliebig groß und daher nicht durch eine Konstante c_0 beschränkt werden, wie dies laut Gleichung der Fall sein müsste. Daher war die Annahme falsch und die Aussage ist richtig.

- $T_{max}(n) \neq O(1)$:
  Falls $T_{max}(n) = O(1)$ wäre, gäbe es ein c_0 und n_0, sodass $5n - 1 < c_0 \cdot 1$ für $n > n_0$. Auch hier wird die linke Seite beliebig groß, sodass die Annahme falsch und die Aussage richtig ist.

Wie wir soeben festgestellt haben, können für eine Funktion unterschiedliche zutreffende Wachstumsordnungen angegeben werden, hier unter anderem $T_{max}(n) = O(n)$ und $T_{max}(n) = O(n^2)$. Natürlich ist nur die bessere asymptotische Schranke von Interesse, also $O(n)$. Somit können wir festhalten, dass der asymptotische Zeitaufwand des Algorithmus *Minimumsuche* im schlechtesten Fall $O(n)$ ist.

Zusammenfassung 12.1: Aufwandsmaße

Sei

- E die Menge aller Eingaben des Algorithmus,
- $E_n := \{e \text{ in } E \mid \text{die Größe von } e \text{ ist } n\}$, wobei die Größe einer Eingabe e aus E die Anzahl elementarer Datenelemente von e ist,
- $A(e)$ der Aufwand des Algorithmus bei der Eingabe e.

Dann ist

$A_{max}(n) := \max \{ A(e) \mid e \text{ in } E_n \}$ der maximale Aufwand,

$A_{min}(n) := \min \{ A(e) \mid e \text{ in } E_n \}$ der minimale Aufwand.

Zusammenfassung 12.2: Asymptotische Aufwandsanalyse, Groß-O-Notation

- Seien $f : \mathbb{N} \to \mathbb{R}$, $g : \mathbb{N} \to \mathbb{R}$ zwei Funktionen, wobei $\mathbb{N}$ die Menge der natürlichen Zahlen und $\mathbb{R}$ die Menge der reellen Zahlen bezeichnet.

- f wächst mit der Ordnung g (f ist von der Größenordnung g), Schreibweise $f = O(g)$, wenn gilt:

  Es gibt ein n_0 in $\mathbb{N}$ und eine Konstante $c_0 > 0$, $c_0 \in \mathbb{R}$, sodass $f(n) < c_0 \cdot g(n)$ für alle $n > n_0$.

12.2 Speicheraufwand

Analog zum Zeitaufwand lässt sich auch der Speicheraufwand analysieren. Wie im vorigen Abschnitt schon ausgeführt, wird der Speicheraufwand in **Elementardateneinheiten** gemessen, die von den verwendeten Variablen belegt werden. Eine Elementardateneinheit ist etwa eine Variable für ganze Zahlen oder Gleitpunktzahlen.

Am Beispiel des Minimumsuche-Algorithmus bedeutet dies, dass für die Aufnahme der Eingabefolge $a_o, a_1, \ldots, a_{n-1}$ und der Variablen *merker*, i und n entsprechender Speicher benötigt wird. Sowohl im besten als auch im schlechtesten Fall werden hierbei $n + 3$ Variable genutzt. Damit erhalten wir $S_{max}(n) = S_{min}(n) = n + 3$ Elementardateneinheiten, oder asymptotisch $S_{max}(n) = S_{min}(n) = O(n)$.

Aufgabe 12.1:

Sei $f(n) = n^3 - 20n^2 + 100 \log n$. Welche der folgenden Aussagen ist richtig, welche falsch?

- $f(n) = O(n^4)$
- $f(n) = O(n^3)$
- $f(n) = O(n^2)$
- $f(n) = O(\log n)$

Aufgabe 12.2:

Geben Sie eine möglichst günstige Wachstumordnung für die folgenden Funktionen an:

- $a(n) = n^2 + 10n - 2$
- $b(n) = 2n \log n + 6n + 2$
- $c(n) = 1 + 2 \log n$

Aufgabe 12.3:

Analysieren Sie den Aufwand des Algorithmus zur Berechnung des Mittelwertes (s. Pseudocode 4.5, Seite 73) analog zu Abbildung 12.1.

a) Welchen asymptotischen Zeitaufwand hat der Algorithmus im schlechtesten Fall?

b) Welchen asymptotischen Speicheraufwand hat der Algorithmus im schlechtesten Fall?

13

Sortieren

Das Sortieren großer Datenbestände ist eine wichtige Aufgabe kommerziell eingesetzter Rechensysteme. Daher hat das Auffinden effizienter Lösungen des Sortierproblems in der Informatik großes Interesse gefunden. In diesem Kapitel wollen wir uns mit der Aufwandsanalyse von Algorithmen zum Sortieren von Zahlen befassen, um die Anwendung der Konzepte des vorigen Kapitels zu demonstrieren. Gegenstand unseres Interesses ist die Analyse des Zeitaufwandes der uns schon bekannten Verfahren des Sortierens durch Minimumsuche (Abschnitt 13.1) und des Sortierens durch Mischen (Abschnitte 13.2 und 13.4). Wir werden dabei von einem wesentlichen Beweisprinzip der Mathematik, der vollständigen Induktion, Gebrauch machen, das auch in der Informatik von hoher Bedeutung ist und im Abschnitt 13.3 detailliert behandelt wird.

13.1 Sortieren durch Minimumsuche

Abbildung 13.1 stellt in einer Tabelle die **Zeitaufwandsanalyse** des Sortierens durch Minimumsuche, gemäß der Beschreibung aus Abschnitt 5.1.1, dar. In der ersten Spalte stehen die Anweisungen des Verfahrens. Dabei wird auf den Aufruf von Unteralgorithmen zurückgegriffen. Die zweite Spalte zeigt den asymptotischen Zeitaufwand der einzelnen Anweisungen der ersten Spalte. Zur Bestimmung des maximalen Zeitaufwands bestimmen wir zunächst den Zeitaufwand für jede Anweisung, d.h. jede Zeile der Tabelle, einzeln:

1. In der ersten Zeile wird die gegebene Folge in eine Variable *restfolge* kopiert. Dies geschieht Element für Element, sodass hierfür $O(n)$ Zeitaufwand benötigt wird.

2. Der Test der Bedingung der *solange*-Anweisung auf der zweiten Zeile, ob *restfolge* nicht leer ist, lässt sich in konstanter Zeit ausführen. Dies kann bei der Realisierung mit einem Array etwa durch Überprüfen einer Variablen erreicht werden, die den Index des letzten belegten Array-Elements enthält.

3. Für die Anweisung $a_k := minSuche(restfolge)$ kann der Zeitaufwand $O(n)$ angesetzt werden, wie wir aus dem vorigen Kapitel 12.1 bereits wissen.

Algorithmus $minSort(a_0, a_1, ..., a_{n-1})$	Zeitaufwand	Anzahl Durchläufe
restfolge := *gegebenefolge*;	$O(n)$	1
Solange *restfolge* nicht leer, fuehre aus:	$O(1)$	$n+1$
{a_k := *minSuche(restfolge)*;	$O(n)$	n
fuegeAn(a_k,ergebnisfolge);	$O(1)$	n
entferne(a_k,restfolge);}	$O(1)$	n
Gib *ergebnisfolge* zurueck;	$O(n)$	1

Abbildung 13.1: Zeitaufwandsanalyse des Sortierens durch Minimumsuche

4. *fuegeAn(a_k, ergebnisfolge)* ist in $O(1)$ Zeit möglich. Hierzu muss a_k in das erste freie Array-Element geschrieben werden, das wir über die Variable, die das bisher belegte Teil-Array beschreibt, erhalten. Ferner muss diese Variable um 1 erhöht werden.

5. Entsprechend kann *entferne(a_k, restfolge)* in $O(1)$ Zeit realisiert werden, sofern *minSuche* den Index des gefundenen Wertes zurückgibt. Dazu könnte beispielsweise das letzte Element des belegten Teil-Arrays an die Position des zu entfernenden Elements geschrieben werden.

6. Die Ausgabe von *ergebnisfolge* erfordert $O(n)$ Zeitaufwand, wenn wir davon ausgehen, dass die Elemente der Folge einzeln ausgegeben werden.

Die dritte Spalte der Tabelle enthält die Anzahl der Durchläufe der einzelnen Anweisungen. Hierbei wird die erste beziehungsweise letzte Anweisung nur einmal durchgeführt. Alle anderen Anweisungen sind Gegenstand der Schleife, die n-mal durchlaufen wird. Die Abbruchbedingung der Schleife wird $n+1$-mal getestet. Damit haben wir die Anzahl der Abläufe bestimmt.

Der Gesamtaufwand ist die Summe der einzelnen Aufwände. Durch Zusammenfassen der Einträge der Tabelle ergibt sich der **maximale Zeitaufwand** $T_{max}(n) = n \cdot O(n) + (3n+1) \cdot O(1) + 2 \cdot O(n) = O(n^2)$.

Nehmen wir einmal an, dass $T_{max}(n) = n^2$ ist, d.h. $c_0 = 1$. Ferner gehen wir davon aus, dass pro Elementaroperation eine Nanosekunde, also 10^{-9} Sekunden, benötigt wird. Für das Sortieren von 100 000 Werten, werden dann 10 Sekunden benötigt, für das Sortieren von 5 000 000 Werten etwa 25 000 Sekunden, d.h. fast 7 Stunden. Wir werden später sehen, dass dies erheblich schneller möglich ist.

Die folgende **Speicheraufwandsanalyse** geschieht bezüglich der ersten Lösung, die wir im Abschnitt 5.1.1, Seite 77, angegeben haben. Hierbei erhält die Variable *gegebenefolge* n Elementardateneinheiten, *restfolge* beim i-ten Durchlauf $n - i$ Dateneinheiten, während *ergebnisfolge* i Einheiten enthält. Das Element a_k ist eine Elementardateneinheit. Ergänzend benötigen die Operationen *minSuche*, *fuegeAn* und *entferne* jeweils c Dateneinheiten, wobei c eine kleine Konstante ist. Dieses c enthält mögliche Hilfsvariablen in den Funktionen. Alles zusammen führt zu einem Speicherbedarf von $S(n) = (2n + c)$ Elementardateneinheiten.

Bezüglich der Speicheraufwandsanalyse ist zu beachten, dass sich der Speicherbedarf noch erhöhen kann, wenn in einer Java-Implementierung *restfolge* und *ergebnisfolge* jeweils durch ein

Array realisiert wird. Die Länge eines Arrays muss bei seiner Deklaration auf den maximal zu erwartenden Umfang festgelegt werden, in unserem Fall also jeweils n für *restfolge* und *ergebnisfolge*. In einer derartigen Implementierung wird sich also ein Speicherbedarf von $S(n) = (3n + c)$ Dateneinheiten ergeben, jeweils n für *gegebenefolge*, *restfolge* und *ergebnisfolge*. Diese Beobachtung zeigt, dass die Ausdrucksmöglichkeiten einer Programmiersprache Auswirkungen auf die Effizienz haben können.

In Kapitel 5.1 gab es auch noch eine Lösung ohne Hilfsmengen, siehe Abschnitt 5.1.2. Die Datenstruktur *gegebenefolge* wird dort schrittweise so verändert, dass sie am Ende das Ergebnis enthält. Diese Lösung benötigt nur $S(n) = (n + d)$ Elementardateneinheiten, wobei d eine von n unabhängige Konstante ist, die wiederum für Hilfsvariablen eingesetzt wird.

Vergleichen wir den Speicherbedarf $S(n) = (2n + c)$ der ersten Lösung mit dem Speicherbedarf $S(n) = (n + d)$ der zweiten Lösung, dann erkennen wir, dass er in beiden Fällen asymptotisch von der Ordnung $O(n)$ ist. Trotzdem unterscheidet er sich etwa um Faktor 2, was für praktische Anwendungen durchaus relevant sein kann. Hinzu kommt, dass die geschilderte Problematik bei einer Implementierung mit Arrays bei der zweiten Lösung nicht auftritt. Dies ist ein Beispiel dafür, dass es auch lohnend sein kann, den Aufwand genau und nicht nur asymptotisch zu analysieren.

13.2   Sortieren durch Mischen (1)

Wir wollen nun den Zeitaufwand des Verfahrens „Sortieren durch Mischen" analysieren. Beginnen wir mit dem schon bekannten Algorithmus *mischen*.

Abbildung 13.2 zeigt den Algorithmus *mischen*, ergänzt durch Angaben zur Zeitaufwandsanalyse. Seien n_1 beziehungsweise n_2 die Länge der *folge1* beziehungsweise *folge2*. $n = n_1 + n_2$ bezeichnet die Länge der Ergebnisfolge. Offensichtlich benötigen die ersten zwei Anweisungen des Algorithmus *mischen* nur konstant viele Operationen, sodass sie mit $O(1)$ abgeschätzt werden können.

Die *solange*-Schleife wird dann verlassen, wenn eine der beiden Folgen *folge1* oder *folge2* leer ist. Da in jedem Durchlauf des Rumpfs der Schleife entweder *folge1* oder *folge2* um ein Element verkürzt wird, geschieht dies spätestens dann, wenn beide Folgen leer sind, also nach spätestens $n = n_1 + n_2$ Schritten. Das bedeutet, dass die Bedingung der Schleife höchstens n-mal durchlaufen wird, was mit $O(n)$ abgeschätzt werden kann.

Die Schleife kann unter Umständen auch nach weniger Schritten verlassen werden, etwa dann, wenn aufgrund der Eingabewerte immer nur Elemente aus *folge1*, nie aber welche aus *folge2* entfernt werden. In diesem Fall würde die Schleife schon nach n_1 Durchläufen beendet. Da wir jedoch den Zeitbedarf im schlechtesten Fall abschätzen möchten, ist dieser günstigere Fall nicht relevant.

Der Rumpf der Schleife besteht aus einer bedingten Anweisung. Die Ausführung der Bedingung benötigt nur konstant viele Operationen und wird daher mit $O(1)$ abgeschätzt. Unabhängig von dem Ausgang der Bedingung wird ein Element an die Ergebnisfolge *folge* angefügt und aus einer der beiden *folge1* oder *folge2* entfernt. Bei unserer Realisierung wird beides mit konstant vielen Operationen erledigt. Dies ergibt für beide Teile $O(1)$ in der Abschätzung. Insgesamt bedeutet

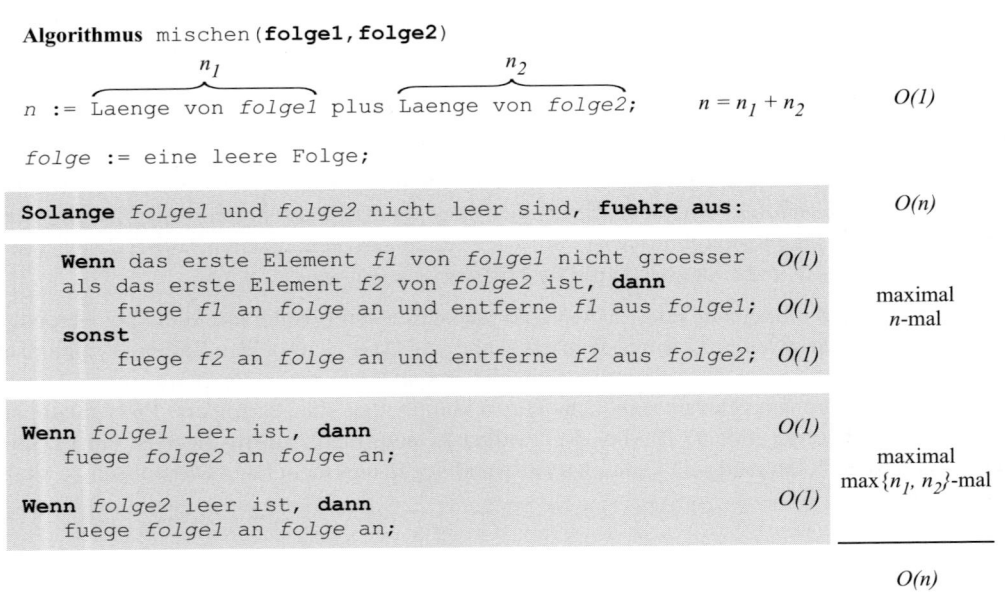

Algorithmus mischen(**folge1,folge2**)

$$\overbrace{\hspace{3cm}}^{n_1} \qquad \overbrace{\hspace{3.5cm}}^{n_2}$$

n := Laenge von *folge1* plus Laenge von *folge2*; $n = n_1 + n_2$ *O(1)*

folge := eine leere Folge;

Solange *folge1* und *folge2* nicht leer sind, **fuehre aus:**   *O(n)*

Wenn das erste Element *f1* von *folge1* nicht groesser   *O(1)*
als das erste Element *f2* von *folge2* ist, **dann**
    fuege *f1* an *folge* an und entferne *f1* aus *folge1*;   *O(1)*   maximal
sonst   *n*-mal
    fuege *f2* an *folge* an und entferne *f2* aus *folge2*;   *O(1)*

Wenn *folge1* leer ist, **dann**   *O(1)*
    fuege *folge2* an *folge* an;   maximal
    $\max\{n_1, n_2\}$-mal

Wenn *folge2* leer ist, **dann**   *O(1)*
    fuege *folge1* an *folge* an;

O(n)

Abbildung 13.2: Abschätzung des Zeitaufwands bei dem Algorithmus *mischen* des Sortierens durch Mischen

dies daher $O(n)$ Zeitaufwand für alle Ausführungen der bedingten Anweisung.

Im Anschluss an die *solange*-Schleife folgen noch zwei bedingte Anweisungen, bei denen die Auswertung der Bedingung jeweils konstanten Zeitaufwand, also $O(1)$ Zeit, benötigt. Die jeweilige Operation „*fuege folge2 an folge an*" beziehungsweise „*fuege folge1 an folge an*" benötigt jeweils eine Anzahl von Anweisungen, die der Länge von *folge2* beziehungsweise *folge1* entspricht. Beides kann wiederum mit $O(n)$ abgeschätzt werden.

Damit beträgt der Zeitaufwand der Schleife drei Mal $O(n)$, also $O(n)$. Dies ist auch der Gesamtaufwand des Algorithmus *mischen*.

Abbildung 13.3 zeigt den Algorithmus *mischSort* zusammen mit einer Abschätzung des Zeitaufwands. Dabei bezeichnet $T(n)$ den Zeitaufwand von *mischSort* für eine Eingabefolge der Länge n.

Die erste bedingte Anweisung trifft dann zu, wenn die Eingabefolge nur aus einem Element besteht. In diesem Fall wird die Menge unverändert zurückgegeben. Dies bedeutet, dass es eine Zahl $c_1 > 0$ gibt, sodass nicht mehr als c_1 Operationen ausgeführt werden, unabhängig vom Aussehen der Eingabe. Als Formel geschrieben bedeutet dies $T(1) \leq c_1$.

Falls die Länge der Eingabefolge größer als 1 ist, wird sie in zwei Teilfolgen zerlegt, beide etwa gleich groß. Für Eingabefolgen mit gerader Länge n haben beide Teilfolgen die Länge $n/2$.

Algorithmus `mischSort(a`$_0$`, a`$_1$`, ..., a`$_{n-1}$`)` $T(n)$

Wenn die Menge nur ein Element hat (n=1), **dann**
    gib die Menge unverändert zurück. c_1

Sonst zerlege die Menge in zwei Teilmengen, die beide
etwa gleich groß sind, und sortiere beide Teilmengen $T(\lfloor n/2 \rfloor) + T(\lceil n/2 \rceil)$
nach diesem Verfahren.

Mische die sortierten Teilmengen und gib das Ergebnis zurück. $O(n)$

Rekurrenzformel: $T(1) \le c_1$,
$T(n) = T(\lfloor n/2 \rfloor) + T(\lceil n/2 \rceil) + O(n)$ für $n > 1$.

Lösung: $T(n) = O(n \log n)$

Abbildung 13.3: Abschätzung des Zeitaufwands bei dem Algorithmus *mischSort*. $\lfloor x \rfloor$ beziehungsweise $\lceil x \rceil$ bezeichnen den abgerundeten beziehungsweise aufgerundeten Wert einer Zahl x

die Ausführung von *mischSort* für eine Folge der Länge $n/2$ beträgt gemäß unserer Notation $T(n/2)$. Da zwei Teilfolgen der Länge $n/2$ zu sortieren sind, beträgt der Zeitaufwand hierfür $T(n/2) + T(n/2)$.

Für ungerades n hat eine der Teilfolgen die Länge $(n-1)/2$, die andere die Länge $(n+1)/2$. Entsprechend beträgt der Zeitaufwand zum Sortieren beider Teilfolgen mit *mischSort* $T((n-1)/2) + T((n+1)/2)$.

Das abschließende Mischen der sortierten Teilmengen kann, wie wir bereits wissen, in $O(n)$ Zeit geleistet werden. Für den Zeitaufwand von *mischSort* gilt also für gerades $n > 0$, dass $T(n) = T(n/2) + T(n/2) + O(n)$. Für ungerades $n > 0$ erhalten wir $T(n) = T((n-1)/2) + T((n+1)/2) + O(n)$.

Eine Beziehung dieser Art wird auch als **Rekurrenzformel** bezeichnet. Die Frage ist nun, welche Größenordnung $T(n)$ hat. Wir werden im Folgenden zeigen, dass $T(n) = O(n \log n)$[1]. Bevor wir einen formalen Beweis führen, wollen wir diese Aussage anhand von Abbildung 13.4 anschaulich herleiten. Wir nehmen dazu an, dass n eine Zweierpotenz ist, d.h. $n = 2^k$ für eine natürliche Zahl $k \ge 0$. Das Dreieck in der Abbildung visualisiert die Auswertung der Rekurrenzformel $T(n) = T(n/2) + T(n/2) + O(n)$. Dazu ersetzen wir zunächst $O(n)$ in der Formel nach Definition durch $c\,n$ mit einer Konstanten $c \ge c_1$, d.h. $T(n) < T(n/2) + T(n/2) + c\,n$. Die Auswertung dieser Formel geschieht nun dadurch, dass wir uns zunächst den Zeitaufwand $c\,n$ merken. Dies geschieht in dem Dreieck in Abbildung 13.4 in dem weißen Kreis an der oberen Spitze des Dreiecks. Dann wird die Formel in sich selbst eingesetzt. Das bedeutet, dass die Terme $T(n/2)$ durch $T(n/2) < T(n/4) + T(n/4) + c\,n/2$ abgeschätzt werden. Wir merken uns hier den Zeitaufwand

---

1 „log" bezeichnet den Logarithmus zur Basis 2

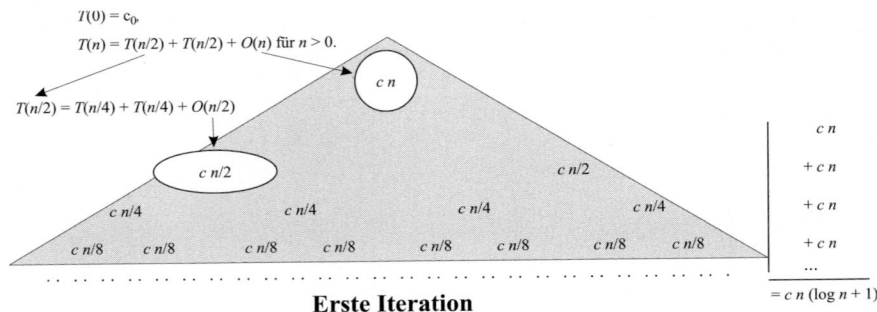

Erste Iteration

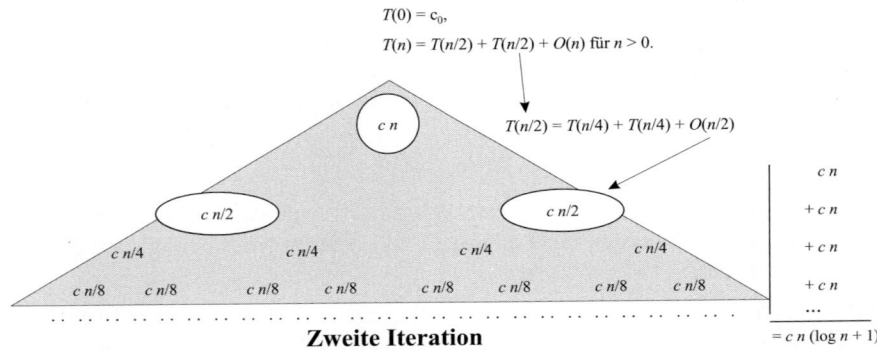

Zweite Iteration

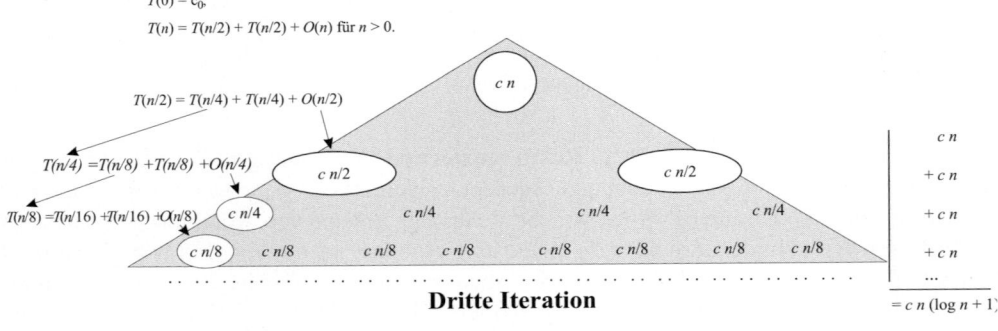

Dritte Iteration

Abbildung 13.4: Zeitaufwand des Algorithmus *mischSort*. Es wird angenommen, dass n eine Zweierpotenz ist

$c\,n/2$ auf der rechten Seite. Für den linken Term $T(n/2)$ in $T(n) < T(n/2) + T(n/2) + c\,n$ geschieht dies in der weißen Ellipse an der linken Seite des oberen Dreiecks in Abbildung 13.4, für den rechten Term in der weißen Ellipse an der rechten Seite des mittleren Dreiecks.

Mit den neuen Termen $T(n/4)$ wird genau so verfahren. Dies ist in dem unteren Dreieck für den linken Term $T(n/4)$ im linken Term $T(n/2)$ der ursprünglichen Formel dargestellt. Zusätzlich wird noch die Substituierung eines Terms $T(n/8)$ der Einsetzung in $T(n/4)$ ausgeführt. Entsprechend ergeben sich die anderen Einträge der Form $c\,n/2^k$ in den Dreiecken. Durch die Punkte an der unteren Kante des Dreiecks wird angedeutet, dass entsprechend weiter verfahren wird. Die Einsetzung endet, wenn $n/2^k = 1$ erreicht wird. Hier wissen wir, dass $T(1) \le c_1 \le c$ ist.

Die Summe aller Werte in dem Dreieck und der durch die Punkte angedeuteten weiteren Werte ist eine obere Schranke für den Zeitbedarf von *mischSort*. Um sie zu berechnen, betrachten wir die Summe der Werte auf jeder Zeile. In der ersten Zeile, an der Spitze des Dreiecks, steht nur ein Wert, $c\,n$. Auf der zweiten Zeile stehen zwei Einträge, beide vom Wert $c\,n/2$. Ihre Summe ist $c\,n$. Auf der dritten Zeile sind dies vier Werte $c\,n/4$, woraus sich wieder die Summe $c\,n$ ergibt. Es stellt sich heraus, dass die Summe auf jeder Zeile $c\,n$ ist.

Wie viele Zeilen gibt es? Da wir das Einsetzen der Rekurrenzformel, beginnend mit $T(n/2)$, dann $T(n/4)$, und so fort, in sich selbst so lange durchführen, bis $n/2^k = 1$ erreicht wird, erhalten wir $n = 2^k$, beziehungsweise durch Logarithmieren zur Basis 2 den Ausdruck $k = \log n$. Das bedeutet, dass es $1 + \log n$ Zeilen, Zeile 0 bis Zeile $k = \log n$, gibt. Die gesuchte Summe ist damit $c\,n\,(1 + \log n)$, also $T(n) < c\,n\,(1 + \log n) = O(n \log n)$.

Um einen formalen Beweis für beliebige $n > 0$ durchzuführen, nutzen wir das Beweisprinzip der vollständigen Induktion, das im folgenden Abschnitt vorgestellt wird.

Aufgabe 13.1:

Gegeben sei die folgende rekursive Definition einer Zahlenfolge:
$f_1 = 1$, $f_n = f_{n-1} + n$ für $n > 1$.
Wie in Aufgabe 6.4 dargestellt, lässt sich diese Definition unmittelbar in einen rekursiven Algorithmus übertragen. Geben Sie eine Rekurrenzformel für den Zeitaufwand dieses rekursiven Algorithmus an.

13.3   Exkurs: Vollständige Induktion

Die vollständige Induktion wird angewandt, wenn es zu beweisen gilt, dass eine Aussage $A(n)$ für alle natürlichen Zahlen $n \ge k$, k ebenfalls eine natürliche Zahl, richtig ist. Ein Beispiel für eine solche Aussage ist die folgende: „Die Summe der natürlichen Zahlen von $1 \ldots n, n \ge 1$, ist gleich $n(n+1)/2$". Offensichtlich ist diese Aussage von n abhängig.

Ein **Beweis der vollständigen Induktion** besteht im Wesentlichen aus zwei Teilen. Der erste Teil ist der Induktionsanfang. Beim **Induktionsanfang** ist zu beweisen, dass die Aussage $A(k)$ richtig ist, d.h. die Aussage ist für die kleinste natürliche Zahl, für welche die Aussage zu beweisen ist, richtig.

Der zweite Teil eines Induktionsbeweises ist der **Induktionsschritt**. Hier ist zu beweisen, dass unter der Annahme, dass die Aussagen $A(n-1), A(n-2), \ldots, A(k)$ richtig sind, auch die Aussage $A(n)$ richtig ist.

Dieses Schema soll nun auf ein konkretes Beispiel angewendet werden: den Beweis der Korrektheit der Formel für die Summe der natürlichen Zahlen von 1 bis n.

Summenformel für natürliche Zahlen

> *Behauptung:*
> Die Summe $S(n)$ der Zahlen von 1 bis n, für $n \geq 1$, ist gleich $n(n+1)/2$.

Beweis:

> *Induktionsanfang:* $(n = 1)$
> Es ist zu beweisen, dass $S(1) = 1(1+1)/2$ richtig ist. Dies stimmt offensichtlich.

> *Induktionsschritt:*
> Es ist zu beweisen, dass unter der Annahme, dass
> $S(n-1) = (n-1)n/2, S(n-2) = (n-2)(n-1)/2, \ldots, S(1) = 1(1+1)/2$ richtig
> sind, auch $S(n) = n(n+1)/2$ richtig ist. Das folgt aus
>
> $$S(n) = S(n-1) + n = (n-1)n/2 + n = (n+1)n/2 = n(n+1)/2$$
> $$\uparrow$$
> $$\text{Induktionsannahme}$$

In diesem Beispiel für einen Beweis durch vollständige Induktion wird zunächst die Aussage formuliert. In Kurzschreibweise lautet diese $A(n) : S(n) = n(n+1)/2$, wobei $S(n)$ die Summe der natürlichen Zahlen von 1 bis n bezeichnet.

Der Induktionsanfang besteht im Beweis dieser Behauptung für $n = 1$. In diesem Fall bedeutet dies, dass die Summe der natürlichen Zahlen von 1 bis 1 gleich $1(1+1)/2 = 1$ ist. Das ist offensichtlich richtig.

Im Induktionsschritt ist zu beweisen, dass unter der Annahme, dass $S(n-1) = (n-1)n/2, S(n-2) = (n-2)(n-1)/2, \ldots, S(1) = 1(1+1)/2$ richtig sind, auch $S(n) = n(n+1)/2$ richtig ist. Um dies zu beweisen, nutzen wir aus, dass sich die Summe der natürlichen Zahlen von 1 bis n aus der Summe der natürlichen Zahlen von 1 bis $n-1$ dadurch ergibt, dass n addiert wird – somit $S(n) = S(n-1) + n$. Aufgrund der Annahme im Induktionsschritt, die auch als Induktionsannahme bezeichnet wird, wissen wir bereits, dass $S(n-1) = (n-1)n/2$ ist. Ersetzen wir $S(n-1)$ durch diese Formel, ergibt sich $S(n) = S(n-1) + n = (n-1)n/2 + n$. Durch Umformen dieses Ausdrucks erhalten wir $S(n) = n(n+1)/2$. Dies ist genau die Formel, die wir suchen. Damit ist der Induktionsschritt bewiesen.

Es stellt sich hier die Frage, warum der Beweis dieser beiden Aussagen ausreicht, um die Gültigkeit der Aussage $A(n)$ für alle $n \geq k$ gezeigt zu haben. Dies wird in Abbildung 13.5 illustriert. Durch den Induktionsanfang stellen wir sicher, dass $A(k)$ richtig ist. In der Zeichnung ist dies durch das $A(k)$ im linken Kreis angedeutet. Durch Anwendung des Induktionsschritts mit $n = k+1$ erhalten wir dann, dass sowohl $A(k)$ als auch $A(k+1)$ richtig sind, in der Graphik angedeutet durch die Ellipse in der Mitte. Die Aussage des Induktionsschritts lautet in dieser Situation nämlich, dass unter der Annahme, dass die Aussagen $A(k+1-1) = A(k), \ldots, A(k)$ richtig sind, auch die Aussage $A(k+1)$ richtig ist. Die Folge der angenommenen richtigen Behauptungen besteht damit nur aus $A(k)$. Aufgrund des Induktionsanfangs wissen wir aber bereits,

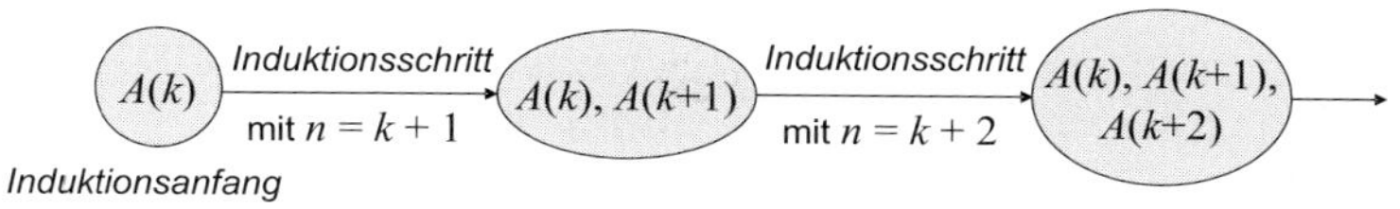

Abbildung 13.5: Veranschaulichung der Korrektheit des Prinzips der vollständigen Induktion

dass $A(k)$ richtig ist, sodass damit auch $A(k+1)$ richtig ist.

Sehen wir uns noch den nächsten Schritt, den Induktionsschritt mit $n = k+2$, an. Dieser sagt in diesem Fall aus, dass unter der Annahme, dass die Aussagen $A(k+2-1) = A(k+1), A(k+2-2) = A(k)$ richtig sind, auch die Aussage $A(k+2)$ richtig ist. Da wir bereits wissen, dass $A(k)$ und $A(k+1)$ richtig sind, folgt damit, dass auch $A(k+2)$ richtig ist. Dies wird in der rechten Ellipse in der Abbildung 13.5 dokumentiert. Offensichtlich kann die dargestellte Kette auf diese Weise beliebig fortgeführt werden. Die Korrektheit einer Aussage $A(n)$ ergibt sich dadurch, dass diese Kette bis $A(n)$ fortgesetzt wird. Da die Fortsetzung zu beliebigen n möglich ist, ist $A(n)$ für alle natürlichen Zahlen $n \geq k$ richtig. Diese Erklärung sollte nur dazu dienen, einzusehen, dass das Beweisprinzip der vollständigen Induktion wirklich funktioniert. Für die eigentliche Durchführung eines Induktionsbeweises ist sie nicht relevant. Hier genügt es, den Beweis des Induktionsanfangs und des Induktionsschritts auszuführen.

Wenden wir dieses Prinzip noch auf ein zweites Beispiel ähnlicher Bauart wie der des vorigen an. Diesen Beweis betrachten wir zunächst auch in einer kompakten Darstellung, bevor wir ihn detailliert erörtern.

Summenformel für Quadratzahlen

Behauptung:
Die Summe $S(n)$ der Quadratzahlen von 1 bis n, für $n \geq 1$, ist gleich $n(n+1)(2n+1)/6$.

Beweis:

Induktionsanfang: $(n = 1)$
Es ist zu beweisen, dass $S(1) = 1(1+1)(2+1)/6 = 1$ richtig ist. Dies stimmt offensichtlich.

Induktionsschritt:
Es ist zu beweisen, dass unter der Annahme, dass $S(n-1) = (n-1)n(2n-1)/6$, $S(n-2) = (n-2)(n-1)(2n-3)/6, \ldots$ richtig sind, auch $S(n) = n(n+1)(2n+1)/6$ richtig ist. Das folgt aus

$$S(n) = S(n-1) + n^2 \underset{\underset{\text{Induktionsannahme}}{\uparrow}}{=} (n-1)n(2n-1)/6 + n^2 = n(n+1)(2n+1)/6$$

Die Behauptung ist nun, dass die Summe $S(n)$ der Quadratzahlen von 1 bis n, $n \geq 1$, gleich $n(n+1)(2n+1)/6$ ist. In Kurzschreibweise: $A(n) : S(n) = n(n+1)(2n+1)/6$. Unter Quadratzahlen werden die Zahlen $1^2, 2^2, 3^2$, usw. verstanden. Der Beweis gliedert sich wiederum in den Beweis für den Induktionsanfang und den Beweis für den Induktionsschritt.

Der Induktionsanfang sagt aus, dass $S(1) = 1(1+1)(2*1+1)/6 = 1$ ist. Dies ist offensichtlich der Fall, da die Summe nur aus einem Term, nämlich 1^2 besteht.

Im Induktionsschritt ist zu zeigen, dass unter der Annahme, dass die Formeln für $S(n-1), S(n-2), \ldots, S(1)$ richtig sind, auch die Formel für $S(n)$ richtig ist. Der Beweis beruht wiederum auf der Beobachtung, dass sich die Summe $S(n)$ aus der Summe $S(n-1)$ durch Addition von n^2 ergibt, d.h. $S(n) = S(n-1) + n^2$.

Aufgrund der Induktionsannahme können wir in diesem Ausdruck $S(n-1)$ durch die entsprechende Formel $(n-1)n(2n-1)/6 + n^2$ ersetzen. Das Ausrechnen ergibt dann die gewünschte Formel für $S(n)$, woraus sich die Korrektheit des Induktionsschritts ergibt.

Zum Abschluss des Abschnitts sei noch bemerkt, dass die hier vorgestellte Version des Prinzips der vollständigen Induktion etwas allgemeiner als der bekannte „Schluss von n auf $n+1$" ist. In unserer Notation sieht der Induktionsschritt bei diesem so aus:

Induktionsschritt beim „Schluss von n auf $n+1$": Es ist zu beweisen, dass unter der Annahme, dass die Aussage $A(n)$ richtig ist, auch die Aussage $A(n+1)$ richtig ist.

Ein Vorteil der von uns bevorzugten Version ist die flexiblere Anwendbarkeit, da beim Beweis des Induktionsschritts nicht nur die Gültigkeit der Aussage $A(n)$, sondern aller Aussagen $A(n), A(n-1), \ldots, A(k)$ verwendet werden kann. Die Korrektheit des Schlusses von n auf $n+1$ kann ebenfalls an Abbildung 13.5 nachvollzogen werden, die auch hierfür Gültigkeit hat.

Zusammenfassung 13.1: Beweisprinzip der vollständigen Induktion

Behauptung: Die Aussage $A(n)$ ist für alle natürlichen Zahlen $n \geq k$ richtig.

Beweis:

- *Induktionsanfang: $(n = k)$*
  Es ist zu beweisen, dass die Aussage $A(k)$ richtig ist, d.h. $A(n)$ gilt für $n = k$.

- *Induktionsschritt:*
  Es ist zu beweisen, dass unter der Annahme, dass die Aussagen $A(n-1), A(n-2), \ldots, A(k)$ richtig sind, auch die Aussage $A(n)$ richtig ist.

Aufgabe 13.2:

Beweisen Sie die Richtigkeit der folgenden Aussage für alle natürlichen Zahlen $n \geq 1$ durch vollständige Induktion:

Die Summe $S(n) = 1^3 + 2^3 + \ldots + n^3$ der Dreierpotenzen der ganzen Zahlen von 1 bis n ist gleich $(n(n+1)/2)^2$.

13.4   Sortieren durch Mischen (2)

Nun wenden wir das Beweisprinzip der vollständigen Induktion auf das etwas kompliziertere Beispiel, des Nachweises der Behauptung $T(n) = O(n \log n)$ für den Zeitaufwand des Sortierens durch Mischen, an.

Für den Beweis konkretisieren wir unsere Behauptung $T(n) = O(n \log n)$ zu folgender **Aussage**: Es gibt eine Konstante $c > 0$, sodass $T(n) < c\,n\,(1 + \log n)$ für $n \geq 1$ gilt. Dies ist nichts anderes als eine geschickte Umformulierung der Aussage $T(n) = O(n \log n)$ unter Anwendung der Definition der Groß-O-Notation. Wir hatten diesen Ausdruck für den Fall, dass n eine Zweierpotenz ist, mithilfe von Abbildung 13.4 bereits hergeleitet.

In dem Beweis wird $O(n)$ durch $c_2\,n$ abgeschätzt, wobei $c_2 > 0$ eine Konstante ist, deren Existenz aufgrund des Algorithmus angenommen werden kann. Wählt man nun ein c, das größer als c_1 und $c_2 + \log(3)/4$ ist, ergibt sich aus der Rechnung für gerades und ungerades n die Richtigkeit der zu zeigenden Behauptung. In beiden Fällen ist der Beweis des Induktionsschritts damit gelungen. Nach dem Beweisprinzip der vollständigen Induktion ist somit die Korrektheit der Aussage $T(n) < c\,n\,(1 + \log n)$ für beliebige $n > 0$ und damit der ursprünglichen Aussage $T(n) = O(n \log n)$ bewiesen.

Zeitaufwand des Sortierens durch Mischen

> *Behauptung:*
> Es gibt eine Konstante $c > 0$, sodass $T(n) < c\,n\,(1 + \log n)$ für $n \geq 1$.

Beweis:

> *Induktionsanfang:* $(n = 1)$
> Es ist zu beweisen, dass es eine Konstante c gibt, sodass $T(1) < c\,1\,(1 + \log 1) = c$ ist.
> Sei c_1 eine obere Schranke für den Zeitbedarf für Eingaben mit $n = 1$, d.h. $T(1) < c_1$.
> Dann erfüllt jede Konstante $c \geq c_1$ die gewünschte Anforderung. Die Behauptung des Induktionsanfangs ist damit richtig.

> *Induktionsschritt:*
> Es ist zu beweisen, dass für $n > 1$ unter der Annahme, dass die Aussage für $n-1, n-2, \ldots, 1$ gilt, die Aussage auch für n richtig ist. Wir beweisen dies für gerade und ungerade n getrennt.
> n gerade:
> Aufgrund der Induktionsannahme gilt $T(n/2) < c\,n/2\,(1 + \log(n/2))$.
> Mit $T(n) = T(n/2) + T(n/2) + O(n)$ für $n > 1$ folgt damit
>
> $$T(n) < T(n/2) + T(n/2) + c_2\,n$$
> $$< \underset{\uparrow}{c\,n/2\,(1 + \log n/2)} + c\,n/2\,(1 + \log n/2) + c_2\,n$$
> Induktionsannahme
> $$\underset{\uparrow}{< c\,n(1 + \log(n) - 1)} + c_2 n \underset{\uparrow}{< c\,n(1 + \log n)}.$$
> Umformung   falls $c > c_2$
>
> Für $c > \max\{c_1, c_2\}$ gilt damit die Behauptung.

n	n^2	$n \log n$
$100\,000 = 10^5$	10 Sek.	$< 2 * 10^{-3}$ Sek.
$1\,000\,000 = 10^6$	1 000 Sek.	$< 24 * 10^{-3}$ Sek.
$5\,000\,000 = 5 * 10^6$	25 000 Sek.	$< 24 * 10^{-3}$ Sek.

Abbildung 13.6: Zeitbedarf bei Eingabegröße n für Wachstumsordnungen n^2 und $n \log n$ unter der Annahme von 1 Nanosekunde $= 10^{-9}$ Sekunden Ausführungszeit für eine Elementaroperation

---

Induktionsschritt: (Fortsetzung...)

n ungerade:
Aufgrund der Induktionsannahme gilt
$$T((n-1)/2) < c \cdot ((n-1)/2) \cdot (1 + \log((n-1)/2)),$$
$$T((n+1)/2) < c \cdot ((n+1)/2) \cdot (1 + \log((n+1)/2)).$$
Mit $T(n) = T((n-1)/2) + T((n+1)/2) + O(n)$ für $n > 1$ folgt damit

$$T(n) < T((n-1)/2) + T((n+1)/2) + c_2\, n$$
$$\underset{\uparrow}{=} c\,((n-1)/2)\,(1 + \log((n-1)/2)) + c\,((n+1)/2)\,(1 + \log((n+1)/2)) + c_2\, n$$
Induktionsannahme
$$\underset{\uparrow}{=} c\,(n/2)(\log(n+1) + \log(n-1)) + (\log(n+1) - \log(n-1))/2 + c_2\, n$$
Umformung
$$\underset{\uparrow}{<} c\,(n/2)\,(\log(n^2 - 1) + (\log((n+1)/(n-1)))/2 + c_2\, n)$$
Umformung
$$\underset{\uparrow}{<} c\,n\,(1 + \log n).$$
für $c > (\log(3/1))/((2 \cdot 2) + c_2)$

Dabei wird genutzt, dass der Ausdruck $\log((n+1)/(n-1))/(2 \cdot n)$ monoton fallend ist. Sein Wert für $n \geq 2$ kann also von oben durch den Wert $\log(3/1))/(2 \cdot 2)$ für $n = 2$ abgeschätzt werden.
Für $c > \max\{c_1, (\log(3/1))/(2 \cdot 2) + c_2\}$ gilt damit die Behauptung.

Aufgabe 13.3:

Zeigen Sie, dass es eine Konstante $c > 0$ gibt, sodass $T(n) < c \cdot n$ für $n \geq 1$ für die Lösung der Rekurrenzgleichung $T(n) = T(n-1) + O(1)$, $T(1) = c_1$, gilt.

13.5   Einige Bemerkungen zum Sortierproblem

Wir haben nun gezeigt, dass das Verfahren des Sortierens durch Mischen asymptotisch schneller ist als das Sortierverfahren durch Minimumsuche. Abbildung 13.6 zeigt die praktische Auswirkung der besseren Wachstumsordnung des Sortierens durch Mischen. Wir nehmen an, dass eine Elementaroperation in einer Nanosekunde, d.h. 10^{-9} Sekunden ausgeführt werden kann. Die Tabelle zeigt drei Beispiele für n und entsprechende Rechenzeiten, wenn n^2 beziehungsweise $n \log n$ Elementaroperationen ausgeführt werden. Der Zeitbedarf bei $n \log n$ Operationen liegt immer deutlich unter 1 Sekunde, wohingegen der Zeitbedarf bei n^2 Operationen drastisch wächst. Dies zeigt das Interesse der Informatik an Sortierverfahren und Algorithmen generell, deren Zeitaufwand möglichst mit der Größenordnung $O(n)$ oder wenig mehr, wie beispielsweise $O(n \log n)$, wächst.

Für das Sortierproblem kann bewiesen werden, dass jeder Sortieralgorithmus, der nur Vergleiche und Speicherzugriffe verwendet, asymptotisch mindestens $c\,n\,\log n$ Operationen, c eine Konstante größer als 0, benötigt. Damit ist das Sortieren durch Mischen asymptotisch optimal, wenn es geeignet implementiert wird.

Es gibt noch andere Sortierverfahren mit Zeitaufwand $O(n \log n)$. Ein in der Praxis sehr schnelles Verfahren ist das so genannte Quicksort[2]. Das ist etwas erstaunlich, da Quicksort im schlechtesten Fall den Zeitaufwand $O(n^2)$ hat. Es kann jedoch bewiesen werden, dass das Verfahren im Mittel nur $O(n \log n)$ Rechenzeit benötigt. Auch in praktischen Anwendungen kommen schlechte Fälle, die einen hohen Zeitbedarf haben, eher selten vor.

Zusammenfassung 13.2: Erkenntnisse zum Sortierproblem

- Es kann bewiesen werden, dass jeder Sortieralgorithmus, der nur Vergleiche und Speicherzugriffe verwendet, asymptotisch mindestens $c\,n\,\log n$ Operationen, $c > 0$ eine Konstante, benötigt. Damit ist „Sortieren durch Mischen" asymptotisch optimal, wenn es geeignet implementiert wird.

- Es gibt weitere Sortierverfahren mit Zeitaufwand $O(n \log n)$.

- Ein schnelles Verfahren ist *Quicksort*. Quicksort hat einen Zeitaufwand von $O(n^2)$ im schlechtesten Fall, im Mittel jedoch von $O(n \log n)$.

- Sortieralgorithmen mit asymptotischen Zeitaufwand $O(n \log n)$ sind auch für eine größere Anzahl zu sortierender Zahlen praktisch anwendbar (s. Abbildung 13.6).

Aufgabe 13.4:

Es soll ein erweitertes Testprogramm für Sortierprogramme geschrieben werden. Das Programm soll die Möglichkeit bieten, anstelle der fest vorgegebenen Zahlenfolge Zahlenfolgen einer vorgegebenen Länge zu generieren. Dies geschieht durch eine Funktion `int zahl(int a, int b, int m, int i)`, in der nach der Formel $(a \cdot i + b)$ mod m die i-te Zahl z_i einer Zahlenfolge berechnet wird.

a) Schreiben Sie die Funktion in Java.

b) Ersetzen Sie die Wertzuweisung an das Test-Array a durch ein neu deklariertes Array a der Länge n in den Programmen „Sortieren durch Minimumsuche ohne Hilfsmenge" und „Sortieren durch Mischen". Die Werte des Arrays werden durch eine Schleife festgelegt, in der im i-ten Durchlauf `a[i]` den Wert `zahl(a, b, m, i)` erhält, wobei a, b, m, i und n als int-Variable deklariert werden und mit geeigneten Werten initialisiert werden, z.B. $a = 1731673$, $b = 139187$, $m = 51898279$ und $n = 1000$.

---

2 T. Ottmann, P. Widmayer, Algorithmen und Datenstrukturen, Spektrum Akademischer Verlag, 2002.

Fügen Sie vor Beginn des Sortierens eine Ausgabe des Arrays a ein, analog zur vorhandenen Ausgabe des Ergebnis-Arrays.

c) Führen Sie beide Programme mit $n = 100$ und $n = 200$ aus.

d) Wenn die Ausgaben in c) plausibel waren, versehen Sie die Programmzeilen zur Bildschirmausgabe mit Kommentarzeichen, um deren Ausführung zu verhindern. Führen Sie die Programme mit $n = 1000$, $n = 10000$ und $n = 100000$ aus und stoppen Sie die jeweiligen Laufzeiten mittels einer normalen Uhr oder einer Stoppuhr. Wie groß ist der Rechenzeitunterschied zwischen den beiden Sortierverfahren?

14

Mengen

Ein weiteres wichtiges Einsatzgebiet von Computern ist das Verwalten von Datenmengen. Dieses Kapitel stellt verschiedene Lösungsansätze für diese Aufgabe vor. Sie unterscheiden sich in der Art der Datenstrukturen, die der Realisierung der drei Operationen „Einfügen eines Elements", „Suchen nach einem Element" und „Entfernen eines Elements" zugrunde liegen.

Nach einer allgemeinen Einführung in die Thematik in Abschnitt 14.1 werden in den folgenden Abschnitten 14.2 bis 14.5 vier etablierte Datenstrukturen zur Speicherung von Mengen und dazugehörige Realisierungen der Operationen mit unterschiedlicher Effizienz vorgestellt: unsortiertes Array, sortiertes Array, binärer Suchbaum und Hashing.

14.1 Operationen auf Mengen

Wir haben Operationen auf Mengen bereits im Kapitel 7.3.1 am Beispiel des Verwaltens von Studierendendaten kennengelernt. Das dort vorgestellte Verwaltungsprogramm erlaubt es, Studierendendaten in eine Menge von Studierendenobjekten einzufügen und zu einer Matrikelnummer herauszufinden, ob sich ein Studierendenobjekt mit dieser Matrikelnummer in der Menge befindet. Die Menge wird dabei in einem Array gespeichert.

Abbildung 14.1 definiert drei Operationen auf Mengen, die für viele Anwendungen relevant sind: **Suchen**, **Einfügen** und **Entfernen**. Bei den verwalteten Mengen handelt es sich um endliche Mengen ganzer Zahlen. In realen Anwendungen werden die Mengen üblicherweise aus komplexeren Objekten bestehen, so wie dies bei den Studierendenobjekten der Fall ist. Sofern die Operationen bezüglich eines ganzzahligen Attributs, wie der Matrikelnummer bei den Studierendenobjekten, geschehen, lassen sich die vorgestellten Realisierungen unmittelbar auf endliche Mengen dieser komplexeren Objekte übertragen, indem in den Datenstrukturen statt `int`-Elementen Elemente vom Typ der komplexeren Elemente verwendet werden. Das ganzzahlige Attribut, nach dem die Verwaltung stattfindet, wird dabei üblicherweise **Schlüssel** genannt.

Gegeben: Eine Menge $S = s_0, s_1, \ldots, s_{n-1}$ von Zahlen.

Operation „**Suchen**"

> _Gesucht:_ Die Antwort „ja", falls eine gegebene Zahl s in S enthalten ist, sonst „nein".

Operation „**Einfügen**"

> _Gesucht:_ Für eine gegebene Zahl s, die Erweiterung der Menge S um s, falls s nicht in S, sonst bleibt S unverändert.

Operation „**Entfernen**"

> _Gesucht:_ Für eine gegebene Zahl s, die um s reduzierte Menge S, falls s in S, sonst bleibt S unverändert.

Abbildung 14.1: Operationen auf Mengen

14.2 Mengenverwaltung mit unsortiertem Array

Die Abbildung 14.2 zeigt ein unsortiertes Array der Länge _15_, das die uns schon bekannte Beispielfolge enthält. Die Folge wird von Beginn des Arrays durchgängig gespeichert. Offensichtlich benötigt die Menge nicht das ganze Array. Mittels einer zusätzlichen Variablen _fuellstand_ wird angegeben, wo der relevante Teil des Arrays endet. _fuellstand_ enthält den ersten Index im Array, ab dem die möglicherweise dort gespeicherte Information nicht mehr zur Menge gehört. In unserem Beispiel ist dieser Index 11.

14.2.1 Suchen

Der im Pseudocode 14.1 aufgezeigte Algorithmus für das Suchen durchläuft das Array beginnend mit dem kleinsten Index 0 bis zum letzten Index vor _fuellstand_. In jedem Schritt wird das aktuelle Array-Element mit dem Wert _s_ verglichen, dessen Mitgliedschaft in der gespeicherten Menge herausgefunden werden soll. Beides wird in der Bedingung der _solange_-Schleife getestet. Das Durchlaufen des Arrays geschieht mittels einer Variablen _i_, die in der _solange_-Schleife sukzessive um 1 vorgezählt wird. Diese Variable wird vor Ausführung der _solange_-Schleife auf 0 initialisiert.

```
1 Algorithmus suche(s)
2 {
3     i := 0;
4     solange i < fuellstand und nicht S[i] = s, fuehre aus
5         i := i+1;
6     wenn i < fuellstand, dann gib ''ja'' zurueck
7     sonst ''nein''
8 }
```

Pseudocode 14.1: Algorithmus _suche_ in einem unsortierten Array

Datenstruktur:

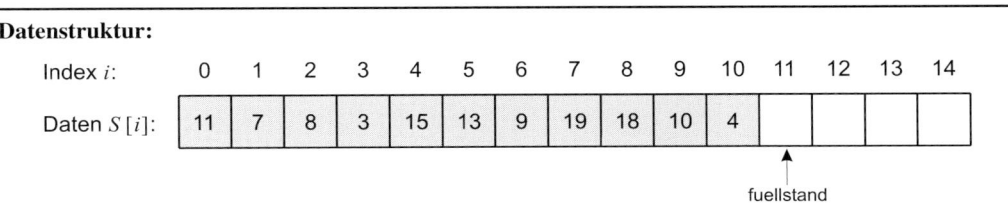

Index i:	0	1	2	3	4	5	6	7	8	9	10	11	12	13	14
Daten $S[i]$:	11	7	8	3	15	13	9	19	18	10	4				

fuellstand

Abbildung 14.2: Speicherung einer Menge in einem „Unsortierten Array"

Überlegen wir uns, welche Situation bezüglich i wir nach Ende der Durchführung der *solange*-Schleife vorfinden können. Die eine Möglichkeit ist, dass i kleiner als *fuellstand* ist. Dies kann nur dann eintreten, wenn die Schleife aufgrund der Bedingung $S[i] = s$ verlassen wurde. In diesem Fall wurde s in dem relevanten Teil des Arrays gefunden, sodass s zur gespeicherten Menge gehört. In der bedingten Anweisung, die auf der *solange*-Schleife folgt, wird deshalb „ja" zurückgegeben.

Falls i gleich *fuellstand* nach Abbruch der *solange*-Schleife ist, kann $S[i] = s$ für kein i aufgetreten sein. In diesem Fall ist also s nicht Element der Menge, sodass von der bedingten Anweisung „nein" zurückgegeben wird.

Der **Zeitaufwand** des Algorithmus *suche* ist $T(n) = O(n)$, wobei n die Größe der Menge, also gleich *fuellstand* ist. Dies ergibt sich daraus, dass die Schleife maximal *fuellstand*-oft durchlaufen wird und in jedem Schleifendurchlauf nur konstant viele Operationen durchgeführt werden. Die bedingte Anweisung, die auf die Schleife folgt, benötigt ebenfalls nur konstant viele Operationen.

Aufgabe 14.1:

Wie oft wird die Bedingung der *solange*-Schleife ausgeführt, wenn in dem Beispiel von Abbildung 14.2 nach $s = 15$ gesucht wird.

14.2.2   Einfügen

Pseudocode 14.2 zeigt einen Algorithmus *fuegeEin*, der s, wie sein Name sagt, in die Menge einfügt, die im Array gespeichert ist. Das Einfügen geschieht durch Übernahme von s in das Element des Arrays, das auf den bisher relevanten Teil des Arrays folgt. Dieses Element hat offensichtlich den Index *fuellstand*. Daher wird s in das Array-Element $S[fuellstand]$ übernommen. Ferner wird *fuellstand* um 1 erhöht, da die Menge ja nur um ein Element länger geworden ist.

Bevor diese Operation durchgeführt wird, ist allerdings zu prüfen, ob *fuellstand* tatsächlich noch ein Array-Index enthält. Ist dies nicht der Fall, dann ist das komplette Array schon durch die aktuelle Menge belegt, sodass kein weiteres Element mehr angefügt werden kann. In diesem Fall wird „*Ueberlauf*" zurückgegeben und das Element nicht eingefügt.

Ferner ist zu prüfen, ob das Element s nicht schon vorhanden ist. Dies geschieht durch Ausführen des Algorithmus *suche*. Falls dieser "nein" zurückgibt, ist s noch nicht vorhanden und das

Einfügen kann stattfinden.

```
1 Algorithmus fuegeEin(s)
2 {
3   wenn fuellstand < Laenge von S[] und suche(s)=''nein'', dann
4   {
5     S[fuellstand] := s;
6     fuellstand := fuellstand+1;
7   }
8   sonst gib ''Ueberlauf'' zurueck;
9 }
```

Pseudocode 14.2: Algorithmus „fuegeEin" in einem unsortierten Array

Das eigentliche Einfügen ist offensichtlich besonders schnell. Für den direkten Zugriff auf das Element mit Index *fuellstand* und die wenigen durchzuführenden Vergleiche und Wertzuweisungen werden nur konstant viele Operationen unabhängig von der Größe n der gespeicherten Menge ausgeführt. Der Zeitaufwand hierfür ist $O(1)$. Allerdings benötigt das Ausführen der Suche nach s im schlechtesten Fall $O(n)$ Zeit, sodass der gesamte Zeitaufwand von *fuegeEin* $T(n) = O(n)$ beträgt.

14.2.3   Entfernen

```
 1 Algorithmus entferne(s)
 2 {
 3     i := 0;
 4     solange i < fuellstand und nicht S[i]=s, fuehre aus // suche s
 5         i := i+1;
 6     wenn i < fuellstand, dann // entferne s
 7         {
 8             S[i] := S[fuellstand − 1];
 9             fuellstand := fuellstand − 1;
10         }
11 }
```

Pseudocode 14.3: Algorithmus „entferne" in einem unsortierten Array

Die dritte Operation, das Entfernen, ist im Pseudocode 14.3 zu sehen. Um ein Element s aus einer Menge entfernen zu können, muss es Element der Menge sein. Aus diesem Grund ist es naheliegend, zunächst das Element s in der Menge zu suchen. Das geschieht mit der *solange*-Schleife aus dem Algorithmus *suche*, die nun den ersten Teil des *entferne*-Algorithmus bildet. Wenn s zur Menge gehört, also i kleiner als *fuellstand* ist, wird s dadurch eliminiert, dass der Wert des letzten Elements der Menge an die Stelle geschrieben wird, an der das zu entfernende Element steht. Dies geschieht im Rumpf der bedingten Anweisung. Das letzte relevante Element hat den Index *fuellstand* − 1. Nach der Zuweisung wird der Wert von *fuellstand* um 1 reduziert, da nun das letzte Element nicht mehr relevant ist. Damit wird die Menge um 1 verkleinert.

Der Algorithmus *entferne* funktioniert, weil wir beim Einfügen dafür gesorgt haben, dass ein Wert nur einmal in einer Menge gespeichert wird.

Für das Suchen nach *s* in der Menge werden wiederum $O(n)$ Operationen benötigt. Die darauf folgende bedingte Anweisung benötigt nur konstant viele Operationen, sodass der Gesamtzeitaufwand für das Entfernen $T(n) = O(n)$ beträgt.

Aufgabe 14.2:

Wir nehmen für diese Aufgabe an, dass im Algorithmus *fuegeEin* der Aufruf von *suche* in der bedingten Anweisung nicht vorhanden ist. Es kann also passieren, dass Zahlen im Array auch mehrfach enthalten sind. Unter dieser Annahme arbeitet der Algorithmus *entferne* im Allgemeinen nicht korrekt, da er nur das erste Auftreten von *s* berücksichtigt. Schreiben Sie einen neuen Algorithmus *entferne*, der bei der Entfernung einer Zahl *s* dafür sorgt, dass *s* überhaupt nicht mehr im Array vorhanden ist.

Aufgabe 14.3:

Schreiben Sie eine Java-Klasse `UnsortArraySetAdmin`, die es erlaubt, Objekte zur Verwaltung von Mengen zu instantiieren, und die dieses nach dem Prinzip der unsortierten Arrays realisiert.

a) Die Klasse hat das Array, das die Daten aufnimmt, und die int-Variable `fuellstand` als Attribut. Sie soll die Methoden

- `boolean suche(int s)`
- `boolean fuegeEin(int s)`
- `boolean entferne(int s)`

zur Verfügung stellen. Der Rückgabewert von `fuegeEin` und `entferne` soll angeben, ob s tatsächlich eingefügt beziehungsweise s tatsächlich entfernt werden musste. Ferner soll sie einen Konstruktor haben, der eine maximale Mengengröße `int maxn` als Parameter hat. Der Konstruktor soll das Attribut-Array als Array der Länge `maxn` instantiieren und die Variable `fuellstand` auf 0 setzen.

b) Schreiben Sie ein Testprogramm `SetAdminProgramm`, das außer der Klasse `UnsortArraySetAdmin` noch ein Hauptprogramm anbietet. In dem Hauptprogramm soll ein Objekt `eineMenge` deklariert und instantiiert werden, einige Zahlen s in `eineMenge` eingefügt, die gleichen Zahlen und andere dann gesucht und das Suchergebnis („`gefunden`", „`nicht gefunden`") jeweils ausgegeben werden.

14.3 Mengenverwaltung mit sortiertem Array

Wie Abbildung 14.3 zeigt, sieht die Datenstruktur der Lösung mit sortiertem Array grundsätzlich genauso aus wie die der Lösung mit unsortiertem Array. Ein wesentlicher Unterschied ist jedoch,

Datenstruktur:

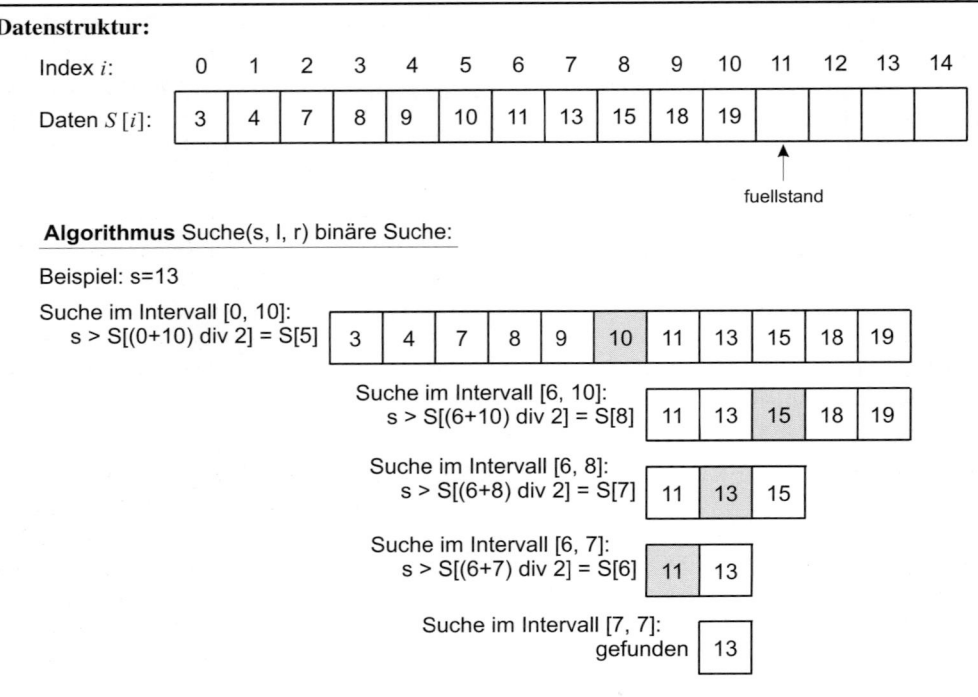

Algorithmus Suche(s, l, r) binäre Suche:

Abbildung 14.3: Ablauf der binären Suche in einem „Sortierten Array"

dass die Elemente der Menge nun aufsteigend sortiert im Array angeordnet sind. Der kleinste Wert der Beispielfolge, 3, steht im ersten Array-Element $S[0]$, der größte Wert, 19, im letzten relevanten Array-Element, $S[10]$.

14.3.1   Suchen

Der wesentliche Vorteil des sortierten Speicherns der Elemente einer Menge liegt darin, dass nun erheblich effizienter gesucht werden kann. Abbildung 14.3 zeigt die so genannte **binäre Suche**. Sie reduziert die Suche nach dem Wert s in der Menge sukzessive auf drastisch kleiner werdenden Teilmengen. Diese Teilmengen bestehen aus aufeinander folgenden Werten im relevanten Teil des Arrays. Bezeichne l als den Index des linken Elements und r als den Index des rechten Elements des Intervalls, das eine solche Menge repräsentiert. Beispielsweise repräsentieren $l = 0$ und $r = 10$ die gesamte Menge des Beispiels in Abbildung 14.3. Die Werte $l = 6$ und $r = 10$ repräsentieren die Teilmenge bestehend aus den Werten $11, 13, 15, 18, 19$.

Die binäre Suche läuft nun so ab, dass die gegebene Menge zunächst in zwei etwa gleich große Teilmengen geteilt wird. Dann wird festgestellt, in welcher der beiden Teilmengen das zu suchende Element s liegen kann. Wir teilen dementsprechend die gegebene Menge etwa in der

Mitte des relevanten Teils des Arrays. Das bedeutet, dass s nur im linken oder nur im rechten Teil auftreten kann, wenn überhaupt. Dies kann durch Vergleich von s mit dem Teilungselement herausgefunden werden. Ist es größer als der Wert des Teilungselements, muss rechts gesucht werden, ansonsten in der linken Teilmenge. Mit den Teilmengen wird nun entsprechend verfahren. Das Verfahren endet, wenn sich die Teilmenge auf nur noch ein Element reduziert hat. s ist in der Menge enthalten, wenn dieses Element den Wert s hat, sonst nicht.

Abbildung 14.3 zeigt ein Beispiel. Es soll nach dem Wert $s = 13$ in der Beispielmenge gesucht werden. Wir erhalten den Index eines ungefähr in der Mitte liegenden Elements der Menge zwischen einem Index l und einem Index r durch den Mittelwert von l und r, d.h. $(l + r)$ div 2. „div" bezeichnet die ganzzahlige Division mit Abrundung. Da wir mit dem Intervall 0 bis 10 starten, ergibt sich $(0 + 10)$ div $2 = 5$ als Index des mittleren Elements. Wir vergleichen nun, ob s größer als der Wert von $s[5]$ ist. Da 13 größer als 10 ist, ist dies tatsächlich der Fall, sodass wir nun in dem Intervall von 6 bis 10 weitersuchen.

Die Mitte des Intervalls 6 bis 10 ergibt sich aus $(6 + 10)$ div $2 = 8$. Der Vergleich von 13 mit dem Wert von $S[8]$ zeigt, dass 13 allenfalls links vom Element mit Index 8 liegen kann. Wir suchen daher im Intervall 6 bis 8. Die Mitte des Intervalls 6 bis 8 ist 7, sodass wir nun 13 mit dem Wert von $S[7]$ vergleichen. Es zeigt sich wiederum, dass s nicht größer als $S[7]$ ist. Wir suchen daher wiederum im linken Intervall, d.h. 6, 7. Die Mitte dieses Intervalls ist 6. Wir stellen nun fest, dass s größer als der Wert von $S[6]$ ist. Daher wird im linken Teilintervall weitergesucht. Dieses ist das Intervall der Länge 1, welches vom Element mit Index 7 gebildet wird. Falls 13 mit dem Wert von $S[7]$ übereinstimmt, ist 13 in der Menge, sonst nicht. Da $S[7] = 13$ ist, haben wir 13 gefunden.

Man könnte sich auf den Standpunkt stellen, dass wir schon in einem früheren Vergleich Gleichheit zwischen dem zu suchenden Wert 13 und einem Mengenelement festgestellt haben. Dies hätte ausgenutzt werden können, um die Suche schon dann zu unterbrechen. Wir haben dies aufgrund der kompakteren Formulierbarkeit des Algorithmus unterlassen.

Der Algorithmus *suche* ist in Abbildung 14.4 dargestellt. Er hat drei Parameter, den Wert s, nach dem gesucht wird, sowie den linken und den rechten Index der Teilmenge, auf der nach s gesucht wird. Zunächst wird untersucht, ob die Eingabe tatsächlich sinnvoll ist, d.h. ob l nicht größer als r ist. Falls dies der Fall ist, kann s nicht gefunden werden, sodass „nein" zurückgegeben wird. In der bedingten Anweisung wird der Fall behandelt, dass die Eingabemenge aus nur noch einem Element besteht, d.h. $l = r$ ist. Falls $S[l] = s$ ist, wird „ja" zurückgegeben, ansonsten „nein".

Nun folgt der Teil des Weitersuchens. Dazu wird zunächst der mittlere Index m zwischen l und r mittels *div* berechnet. In der darauf folgenden bedingten Anweisung wird festgestellt, in welchem Teil s liegt. Abhängig davon wird die Suche durch den rekursiven Aufruf *suche(s, m+1, r)* beziehungsweise *suche (s, l, m)* fortgesetzt. Abhängig davon, ob diese Suche „ja" oder „nein" zurückliefert, gibt der Algorithmus „ja" oder „nein" zurück.

Wir wollen nun den Zeitaufwand für die binäre Suche analysieren. Nehmen wir dazu zunächst einmal an, dass die Anzahl n der gegebenen Zahlen eine Zweierpotenz ist, also $n = 2^k$ für ein $k \geq 1$. Die Suche beginnt dann auf n Zahlen, wird auf einem Intervall aus $n/2$ Zahlen, dann aus $n/4$ Zahlen und so weiter fortgesetzt, bis sie mit einem Intervall aus einer Zahl endet. Es werden also $k + 1 = 1 + \log n$ Intervalle untersucht. In jedem Intervall wird ein Indexmittelwert berechnet

---

Algorithmus suche(s, l, r)   (Binäre Suche) $T(n)$

Wenn $r < l$, dann gib „nein" zurück;
sonst

   wenn $l = r$ und $S[l] = s$, **dann** gib „ja" zurück, sonst „nein"; c_l
   m:= (l+r) div 2;

   Wenn $S[m] < s$, **dann** $O(1)$

        wenn suche(s,m+1,r) = „ja", **dann** gib „ja" zurück; $T(\lfloor n/2 \rfloor)$
        sonst gib „nein" zurück; $O(1)$

   sonst

        wenn suche(s,l,m) = „ja", **dann** gib „ja" zurück; $T(\lceil n/2 \rceil)$
        sonst gib „nein" zurück; $O(1)$

Rekurrenzformel: $T(1) \le c_1$,
               $T(n) = T(\lfloor n/2 \rfloor) + O(1)$ oder
               $T(n) = T(\lceil n/2 \rceil) + O(1)$ für $n > 1$.

   Lösung: $T(n) = O(\log n)$

Abbildung 14.4: Algorithmus der binären Suche in einem „Sortierten Array", mit Abschätzung des Zeitaufwands. $\lfloor x \rfloor$ beziehungsweise $\lceil x \rceil$ bezeichnen den abgerundeten beziehungsweise aufgerundeten Wert einer Zahl x.

und ein Vergleich durchgeführt. Dies sind konstant viele Elementaroperationen. Daraus ergibt
sich ein Zeitaufwand im schlechtesten Fall von $T(n) < c(1 + \log n)$ für eine Konstante $c > 0$,
also $T(n) = O(\log n)$.

Für eine alternative Vorgehensweise zur Abschätzung des Zeitaufwands, die für beliebiges $n \ge 1$
angelegt ist, betrachten wir Abbildung 14.4. Dort sind die Zeitangaben für die einzelnen Anweisungen des Suche-Algorithmus angegeben. Sei $T(n)$ der Zeitaufwand für das Verfahren auf der
Eingabemenge. Die Bedingung der umfassenden bedingten Anweisung wird nur einmal ausgeführt, was mit $O(1)$ Zeit abgeschätzt werden kann. Das Gleiche gilt für die erste bedingte Anweisung sowie für die Berechnung von m im Rumpf des sonst-Teils der bedingten Anweisung. Die
Bedingung der darauf folgenden bedingten Anweisung ist wiederum in $O(1)$ Zeit auszuführen.
Die wesentliche Arbeit geschieht in den beiden rekursiven Aufrufen von Suche. Dabei ist zu beachten, dass genau einer dieser Aufrufe, nie beide, ausgeführt wird. Der Zeitaufwand für einen
dieser Aufrufe beträgt $T(n/2)$, sofern n gerade ist, da die Suche nun auf einer Folge der Länge
$n/2$ durchgeführt wird. Insgesamt ergibt sich damit der Zeitaufwand $T(n) = T(n/2) + O(1)$ für
gerades $n \ge 2$.

Für ungerades n haben die beiden Teilmengen, die für die Weitersuche in Frage kommen, unterschiedliche Länge, nämlich $(n-1)/2$ und $(n+1)/2$. Abhängig davon, auf welcher dieser Teilmengen weitergesucht wird, beträgt der Zeitaufwand $T(n) = T((n-1)/2) + O(1)$ beziehungsweise $T(n) = T((n+1)/2) + O(1)$.

Wir zeigen nun mittels vollständiger Induktion, s. Abschnitt 13.3 „Vollständige Induktion" auf

Seite 225, dass aus diesen Beziehungen $T(n) = O(\log n)$ folgt.

Zeitaufwand für die binäre Suche

Behauptung:
Der Zeitaufwand für die binäre Suche ist $O(\log n)$

Beweis:
Es wird gezeigt, dass eine Konstante $c > 0$ existiert, sodass $T(n) < c(1 + \log n)$ für $n > 1$.

Induktionsanfang: $(n = 1)$
Sei c_1 eine obere Schranke für die Rechenzeit von Eingaben mit $n = 1$. Dann gilt $T(1) = c_1 < c(1 + \log 1)$ für $c > c_1$.

Induktionsschritt:
Nachweis, dass die Behauptung für $n > 1$ unter der Annahme gilt, dass sie für $n - 1, n - 2, \ldots, 1$ richtig ist.
n gerade:
Sei c_2 eine obere Schranke der Anzahl der Operationen, die durch $O(1)$ in dem Ausdruck $T(n) = T(n/2) + O(1)$ gemessen wird. Dann gilt $T(n) < T(n/2) + c_2$.
$T(n/2)$ kann aufgrund der Induktionsannahme durch $c(1 + \log n/2)$ von oben abgeschätzt werden.
Somit gilt:
$$T(n) < T(n/2) + c_2 \underset{\underset{\text{Induktionsannahme}}{\uparrow}}{<} c(1 + \log n/2) + c_2 \underset{\underset{c > c_2}{\uparrow}}{<} c(1 + \log n),$$

Mit $c > max\{c_1, c_2\}$ gilt die Behauptung.
n ungerade:
Sei c_2 eine obere Schranke der Anzahl der Operationen, die durch $O(1)$ in den Ausdrücken $T(n) < T((n+1)/2) + O(1)$ und $T(n) < T((n-1)/2) + O(1)$ gemessen wird. Im Fall des ersten Ausdrucks gilt

$$T(n) < T((n+1)/2) + c_2 \underset{\underset{\text{Induktionsannahme}}{\uparrow}}{<} c\,(1 + \log((n+1)/2)) + c_2$$

$$= c\,(\log(n+1)) + c_2 < c \log n + c\,\log((n+1)/n) + c_2 < c(1 + \log n)$$

für $c > max\{c_1, c_2/(1 - \log(4/3))\}$,
und im Fall des zweiten Ausdrucks

$$T(n) < T((n-1)/2) + c_2 \underset{\underset{\text{Induktionsannahme}}{\uparrow}}{<} c\,(1 + \log((n-1)/2)) + c_2 < c\,(1 + \log n)$$

für $c > max\{c_1, c_2\}$.
Im ersten Fall wird ausgenutzt, dass der Ausdruck $\log((n+1)/n)$ monoton fallend ist, also mit dem Wert $\log(4/3)$ für $n = 3$ von oben abgeschätzt werden kann.

Aufgabe 14.4:

Führen Sie das Verfahren der binären Suche für die Suche nach 21 und nach 4 schrittweise, analog zu Abbildung 14.3, aus.

14.3.2   Einfügen

```
1  Algorithmus fuegeEin(s)
2  {
3   wenn fuellstand >= Laenge von S[], dann gib ''Ueberlauf'' zurueck.
4     sonst
5     { i := 0;
6        solange s < S[i], fuehre aus i := i + 1;
7        wenn nicht s = S[i], dann
8        {
9         verschiebe die Array-Elemente von i bis (fuellstand − 1) um 1 nach
                rechts;
10        S[i] := s;
11        fuellstand := fuellstand + 1;
12        }
13     }
14 }
```

Pseudocode 14.4: Algorithmus „fuegeEin" für ein sortiertes Array

Pseudocode 14.4 zeigt den Algorithmus für das Einfügen. Dieser ist nun etwas aufwändiger als das bisherige Einfügen. Der Grund ist, dass die Folge sortiert gehalten werden muss.

Der Algorithmus „*fuegeEin*" untersucht zunächst, ob das Array schon mit der Menge vollständig gefüllt ist. Ist dies der Fall, was anhand des Wertes von *fuellstand* herausgefunden werden kann, wird „*Ueberlauf*" zurückgegeben und die Ausführung beendet. Ansonsten wird der erste Index *i* gesucht, für den $S[i]$ nicht kleiner als *s* ist. An dieser Stelle wird nun Platz für *s* geschaffen, in dem die Werte in den Array-Elementen $S[i]$ bis $S[fuellstand − 1]$ um 1 nach rechts verschoben werden. Dadurch kann nun der Wert von $S[i]$ auf *s* gesetzt werden.

Das Verschieben der Array-Elemente kann in einer *solange*-Schleife geschehen, in der zunächst der Wert in $S[fuellstand − 1]$ in $S[fuellstand]$ geschrieben wird, dann der Wert von $S[fuellstand − 2]$ in $S[fuellstand − 1]$, usw. Der Aufwand des Gesamtverfahrens beträgt wiederum $T(n) = O(n)$. Das heißt, wenn nach dem Index *i* im zweiten Teil des Algorithmus mittels der binären Suche gesucht würde, resultierte hieraus keine Verbesserung des asymptotischen Zeitaufwands .

Aufgabe 14.5:

Realisieren Sie die Anweisung „verschiebe die Array-Elemente von *i* bis `fuellstand` um 1 nach rechts" des Algorithmus *fuegeEin* im Pseudocode 14.4 durch eine *solange*-Schleife, die jeden betroffenen Wert explizit umspeichert.

14.3.3   Entfernen

```
1 Algorithmus entferne(s)
2 {
3   wenn fuellstand>0, dann
4   {
5       i := 0;           // suche s
6       solange i<fuellstand und nicht s=S[i], fuehre aus
7           i := i+1;
8       wenn nicht i=fuellstand, dann
9           {
10              j:=i;    // verschiebe den Rest
11              solange j<fuellstand-1, fuehre aus
12                  {
13                      S[j] := S[j+1];
14                      j:=j+1;
15                  }
16              fuellstand := fuellstand-1;
17          }
18  }
19 }
```

Pseudocode 14.5: Algorithmus „entferne" für ein sortiertes Array

Pseudocode 14.5 zeigt den Algorithmus zum Entfernen. Hier wird wiederum zunächst nach dem Index i gesucht, für den $S[i]$ den Wert s enthält. Gibt es keinen solchen Index, kann s nicht entfernt werden, da s nicht in der Menge ist. Auch diese Suche könnte binär erfolgen, was jedoch, wie wir gleich sehen werden, den asymptotischen Gesamtaufwand im schlechtesten Fall nicht reduziert.

Das Entfernen von s geschieht nun dadurch, dass die Elemente, die nach s im Array kommen jeweils um 1 nach links verschoben werden. Dies geschieht in einer *solange*-Schleife. Ausgehend vom Index $j = i$ wird in der Schleife sukzessive hochgezählt und der Wert von $S[j + 1]$ in $S[j]$ kopiert. Da die Menge nun um ein Element kürzer ist, ist am Ende *fuellstand* noch um 1 zu reduzieren. Bedingt durch die Verschiebung ergibt sich wiederum ein Zeitaufwand $T(n) = O(n)$ im schlimmsten Fall.

Aufgabe 14.6:

> Führen Sie den Algorithmus *entferne* aus Pseudocode 14.5 für $s = 11$ für die Array-Belegung aus Abbildung 14.3 aus. Legen Sie dazu eine Tabelle an, deren Zeilen den durchgeführten Durchläufen des Blocks der zweiten *solange*-Schleife (Zeile 11) entsprechen. In der ersten Spalte der Tabelle soll die Nummer des Durchlaufs aufgeführt werden. Die zweite Spalte soll den Wert von j vor Ausführung dieses Durchlaufs des Blocks enthalten. Die dritte Spalte soll das gesamte Array nach Ausführung des Durchlaufs des Blocks zeigen.

Aufgabe 14.7:

> Schreiben Sie eine Java-Klasse `SortArraySetAdmin`, die es erlaubt, Objekte zur Verwaltung von Mengen zu instantiieren, und die dieses nach dem Prinzip der sortierten Arrays realisiert.

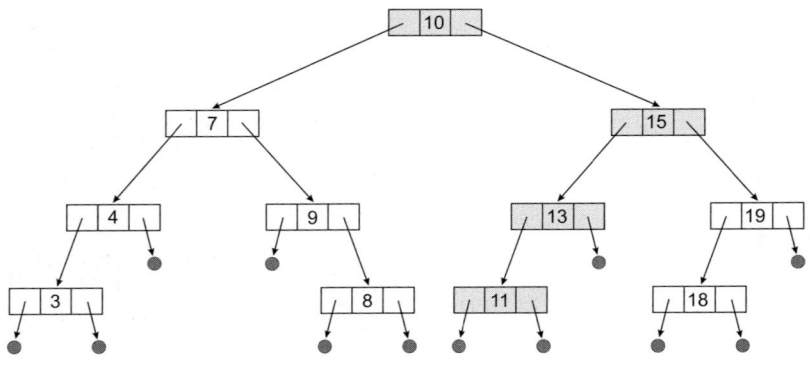

Abbildung 14.5: Datenstruktur eines binären Suchbaums

a) Die Klasse hat das Array, das die Daten aufnimmt, und die `int`-Variable `fuellstand` als Attribute. Sie soll die Methoden

   - `boolean suche(int s)`

   - `boolean fuegeEin(int s)`

   - `boolean entferne(int s)`

   zur Verfügung stellen.
   Die Methode `suche` soll so realisiert werden, dass diese eine weitere Methode `suche` aufruft, die folgende Parameter hat
   `boolean suche(int s, int l, int r)`.
   Diese Methode wird von der ursprünglichen Methode `suche` mit den Grenzen des Suchbereichs des Attribut-Arrays, also 0 und `fuellstand-1`, sowie dem übergebenen Zahlenwert s aufgerufen. Sie soll den Algorithmus der binären Suche aus Abbildung 14.4 realisieren.
   Die Klasse `SortArraySetAdmin` soll einen Konstruktor haben, der eine maximale Mengengröße `int maxn` als Parameter hat. Der Konstruktor soll das Attribut-Array als Array der Länge `maxn` instantiieren und die Variable `fuellstand` auf 0 setzen.

b) Schreiben Sie ein Testprogramm `SetAdminProgramm`, das außer der Klasse `SortArraySetAdmin` noch ein Hauptprogramm anbietet. In dem Hauptprogramm soll ein Objekt `eineMenge` deklariert und instantiiert werden, einige Zahlen s in `eineMenge` eingefügt, die gleichen Zahlen und andere dann gesucht und das Suchergebnis („`gefunden`", „`nicht gefunden`") jeweils ausgegeben werden.

14.4   Mengenverwaltung mit ausgeglichenem binären Suchbaum

Betrachten wir zunächst die Struktur in Abbildung 14.5, sie ähnelt einem Stammbaum. Die Wurzel des Stammbaums, die ganz oben gezeichnet ist, besteht aus einem Kasten, in dem ein Wert 10 gespeichert ist. Dieser Kasten, auch **Knoten** genannt, hat zwei Nachfahren, nämlich einen Knoten mit Wert 7 und einen Knoten mit Wert 15. Angedeutet wird dies durch Pfeile, die üblicherweise **Kanten** genannt werden. Entsprechend hat 7 zwei Nachfahren mit Wert 4 und 9 und 4 wiederum einen Nachfahren mit Wert 3. 3 hat keinen weiteren Nachfahren, was durch die Pfeile angedeutet wird, die auf dicke Punkte verweisen.

Die Suche in einem derartigen Baum läuft nun wie folgt ab. Es soll nach der Mitgliedschaft des Elements 11 unter den gespeicherten Werten gesucht werden. Dies beginnt an der Wurzel. Der dort gespeicherte Wert 10 wird mit 11 verglichen. Da 11 größer als 10 ist, wird mit dem rechten Nachfahren der Wurzel fortgefahren. Der Grund hierfür ist, dass offensichtlich alle Werte vom rechten Nachfahren von 10 größer als 10 sind, die Werte aller Nachfahren, die links der 10 liegen, kleiner als 10 sind. Entsprechendes gilt für die Verteilung der Werte an allen anderen Knoten des Baumes mit Nachfahren.

Bei unserer Suche haben wir nun den Knoten mit Wert 15 erreicht. Der Vergleich mit 11 ergibt, dass mit dem linken Nachfahren des Knotens mit Wert 15 weiter gesucht werden muss. Sein Wert 13 wird mit 11 verglichen, wodurch wir feststellen, dass wir wiederum mit dem linken Nachfahren fortfahren müssen. Der Vergleich mit dessen Wert, 11, zeigt, dass der gesuchte Wert 11 nun gefunden ist.

Betrachten wir die durchlaufenden Knoten, die in der Abbildung grau unterlegt sind, dann stellen wir fest, dass wir ähnlich wie bei der binären Suche sehr schnell große Teilmengen ausschließen können.

Eine Struktur wie in Abbildung 14.5 dargestellt wird auch als **gerichteter Graph** bezeichnet. Ein gerichteter Graph G besteht aus einer endlichen Menge V von **Knoten** und einer endlichen Menge E von **Kanten**, d.h. $G = (V, E)$. Eine Kante $e \in E$ wird durch das Paar (p, q) von Knoten $p, q \in V$ dargestellt, die sie verbindet, d.h. $e = (p, q)$. Dabei ist e von p nach q gerichtet. Die Kanten werden, wie in Abbildung 14.5 gezeigt, grafisch durch Pfeile repräsentiert. Abbildung 14.6 zeigt als weiteres Beispiel einen gerichteten Graphen mit vier Knoten und fünf Kanten. Bemerkenswert dabei ist die Kante $(2, 2)$, die in der Abbildung durch einen Pfeil dargestellt ist, bei der Anfangs- und Endpunkt übereinstimmt. Diese Art von Kante ist im Prinzip in Graphen zugelassen und wird als Schlinge bezeichnet.

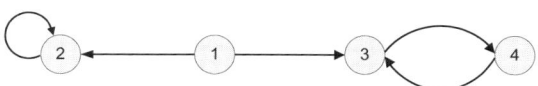

Abbildung 14.6: Grafische Darstellung des gerichteten Graphen $G = (V, E)$ mit $V = \{1,2,3,4\}$,
$E = \{(1,2), (2,2), (1,3), (3,4), (4,3)\}$

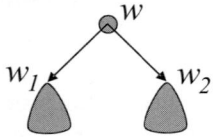

Abbildung 14.7: Rekursiver Aufbau eines binären Baums

Zusammenfassung 14.1: Gerichteter Graph

Ein **gerichteter Graph** G besteht aus einer endlichen Menge V von **Knoten** und einer endlichen Menge E von **Kanten**, d.h. $G = (V, E)$. Eine Kante $e \in E$ wird durch das Paar (p, q) von Knoten $p, q \in V$ dargestellt, die sie verbindet, d.h. $e = (p, q)$. Dabei ist e von p nach q gerichtet. Die Kanten werden, wie in den Abbildungen 14.5 und 14.6 gezeigt, grafisch durch Pfeile dargestellt.

Der Suchbaum in Abbildung 14.5 gehört einer speziellen Gruppe gerichteter Graphen an, den so genannten binären Bäumen. Ein **binärer Baum** B ist ein gerichteter Graph, der einen ausgezeichneten Knoten w, die so genannte **Wurzel**, besitzt, die folgende Eigenschaften hat:

1. w besitzt keine oder zwei ausgehende, aber keine eingehenden Kanten.

2. Wenn w keine ausgehenden Kanten hat, ist w der einzige Knoten von B.

3. Wenn w zwei ausgehende Kanten $e_1 = (w, w_1)$ und $e_2 = (w, w_2)$ hat, und w zusammen mit e_1, e_2 aus B entfernt wird, dann besteht der Restgraph aus zwei Graphen B_1 und B_2, für die gilt:

    a. w_i hat die Eigenschaft einer Wurzel des Restgraphen B_i, $i = 1,2$.

    b. Es gibt keine Kante, die zwischen einem Knoten aus B_1 und einem Knoten aus B_2 oder umgekehrt verläuft.

Die Definition eines binären Baums ist rekursiv angelegt. Sofern ein gerichteter Graph aus genau einem Knoten und keiner Kante besteht, ist er ein binärer Baum. Wenn er mehr als einen Knoten hat, setzt sich der Graph wie in Abbildung 14.7 zusammen. Die beiden dreiecksförmig angedeuteten Teilgraphen sind wiederum binäre Bäume, d.h. gerichtete Graphen mit einer Wurzel, nämlich w_1 beziehungsweise w_2.

Abbildung 14.8 zeigt, dass sich der Baum aus Abbildung 14.5 auf diese Weise aufbaut. Die Wurzel des Gesamtbaums ist 10. Durch ihre Hinwegnahme entstehen zwei Teilbäume, die durch zwei Rechtecke umrandet sind. Die Wurzel des linken Teilbaums ist 7. Durch ihre Hinwegnahme entstehen wiederum zwei Teilbäume. Die Wurzel des linken Teilbaums ist 4. Durch deren Hinwegnahme entstehen zwei Teilbäume, einer, der nur noch aus einem Knoten besteht, und einer, dessen Wurzel den Wert 3 trägt.

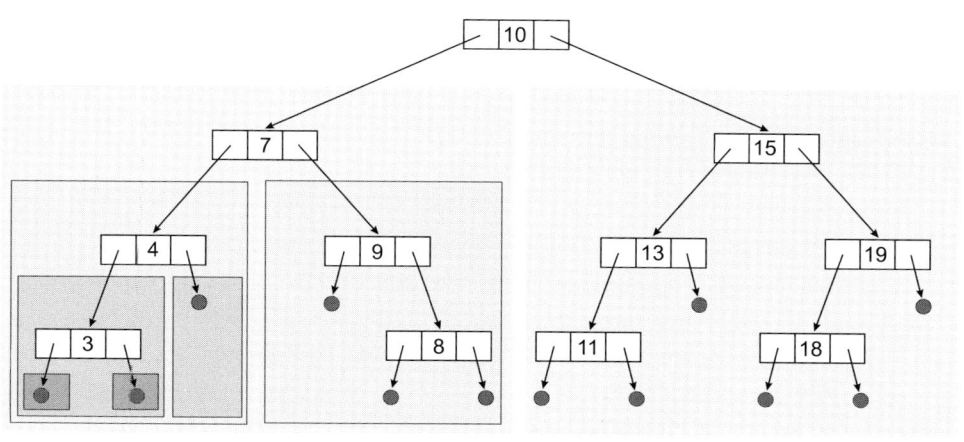

Abbildung 14.8: Gliederung eines binären Suchbaums in seine Teilbäume

Dies zeigt, dass jeder Knoten in einem binären Baum die Wurzel eines weiteren binären Baums ist, der von allen Knoten induziert wird, die direkter oder indirekter Nachfolger des Knotens längs einer gerichteten Folge von Kanten, einem so genannten **Pfad**, sind. Als **Blatt** eines binären Baums wird ein Knoten ohne Auswärtskanten bezeichnet. **Innere Knoten** eines binären Baums sind Knoten, die kein Blatt sind. Die Blätter des Baums in Abbildung 14.5 sind durch die dicken Punkte angedeutet.

Für die Effizienz der Suche in einem binären Baum zu einer endlichen Menge S ist von Bedeutung, wie ausgeglichen der Baum ist. Eine mögliche (informelle) Definition von Ausgeglichenheit ist die Folgende: Ein binärer Baum ist genau dann ausgeglichen, wenn für *jeden* inneren Knoten des Baums gilt, dass die beiden Teilbäume, die von seinen Nachfolgern gebildet werden, etwa gleich viele Knoten enthalten. Diese Art der Ausgeglichenheit kann auch als **Knotenausgeglichenheit** bezeichnet werden. Man kann sich überlegen, dass es aufgrund der Gültigkeit der Bedingung für jeden inneren Knoten nicht passieren kann, dass der Baum stark unausgeglichen wird, d.h. degeneriert.

Mithilfe von binären Bäumen lassen sich nun der Begriff des binären Suchbaums und des ausgeglichenen binären Suchbaums allgemein definieren. Ein **binärer Suchbaum** zu einer endlichen Menge S von Zahlen ist ein binärer Baum, dessen innere Knoten mit allen Zahlen aus S markiert sind, sodass

- es für jede Zahl genau einen Knoten gibt

- die Zahlen, die den Knoten im linken Teilbaum eines Knotens zugewiesen sind, kleiner als die Zahl sind, die dem Knoten selbst zugewiesen ist

- die Zahlen, die den Knoten im rechten Teilbaum eines Knotens zugewiesen sind, nicht kleiner als die Zahl sind, die dem Knoten selbst zugewiesen ist.

Ein **ausgeglichener binärer Suchbaum** ist ein spezieller binärer Suchbaum, der gleichzeitig die Eigenschaften eines ausgeglichenen binären Baums aufweist.

Zusammenfassung 14.2: Binärer Baum

Ein **binärer Baum** B ist ein gerichteter Graph, der einen ausgezeichneten Knoten w, die so genannte **Wurzel**, besitzt, die folgende Eigenschaften hat:

1. w besitzt keine oder zwei ausgehende, aber keine eingehenden Kanten.

2. Wenn w keine ausgehenden Kanten hat, ist w der einzige Knoten von B.

3. Wenn w zwei ausgehende Kanten $e_1 = (w, w_1)$ und $e_2 = (w, w_2)$ hat und w zusammen mit e_1, e_2 aus B entfernt wird, dann besteht der Restgraph aus zwei Graphen B_1 und B_2, für die gilt:

    a. w_i hat die Eigenschaft einer Wurzel des Restgraphen B_i, $i = 1,2$.

    b. Es gibt keine Kante, die zwischen einem Knoten aus B_1 und einem Knoten aus B_2 oder umgekehrt verläuft.

Ein Knoten, der keine ausgehenden Kanten hat, wird **Blatt** genannt.

Zusammenfassung 14.3: Knotenausgeglichener binärer Baum

Ein **knotenausgeglichener binärer Baum** ist ein binärer Baum, bei dem für *jeden* inneren Knoten des Baums gilt, dass die beiden Teilbäume, die von seinen Nachfolgern gebildet werden, etwa gleich viele Knoten enthalten.

Zusammenfassung 14.4: Binärer Suchbaum

Ein **binärer Suchbaum** zu einer endlichen Menge S von Zahlen ist ein binärer Baum, dessen innere Knoten mit allen Zahlen aus S markiert sind, sodass

- es für jede Zahl genau einen Knoten gibt

- die Zahlen, die den Knoten im linken beziehungsweise rechten Teilbaum eines Knotens zugewiesen sind, kleiner beziehungsweise nicht kleiner als die dem Knoten zugewiesene Zahl sind.

Ein **ausgeglichener binärer Suchbaum** ist ein spezieller binärer Suchbaum, der gleichzeitig die Eigenschaften eines ausgeglichenen binären Baums aufweist.

Der Pseudocode 14.6 beschreibt den Suchalgorithmus in einem binären Suchbaum. Wird der Algorithmus mit *suche(11, Wurzel)* aufgerufen, wobei „*Wurzel*" die Wurzel des binären Suchbaums bezeichnet, der in den Abbildungen 14.8 und 14.5 dargestellt ist, dann wird die Zahl 11 zuerst mit dem Wert 10 der Wurzel verglichen. Da 11 größer als 10 ist, erfolgt die weitere Suche durch Aufruf von *suche(11, rechterNachfahr)* im rechten Teilbaum. Der Algorithmus bricht ab, sobald

	Ausgeglichener binärer Suchbaum	**Unsortiertes Array**	**Sortiertes Array**
Suchen:	$T(n) = O(\log n)$	$T(n) = O(n)$	$T(n) = O(\log n)$
Einfügen:	$T(n) = O(\log n)$	$T(n) = O(n)$	$T(n) = O(n)$
Entfernen:	$T(n) = O(\log n)$	$T(n) = O(n)$	$T(n) = O(n)$

Abbildung 14.9: Vergleich des Zeitaufwands von Algorithmen für ausgeglichene binäre Suchbäume, unsortierte Arrays und sortierte Arrays

der Knoten mit dem Wert 11 erreicht wird. Sollte die Methode mit einer Zahl aufgerufen werden, die nicht Element des Baumes ist, kann dieses dadurch festgestellt werden, dass ein Blatt erreicht wird, das keinen Wert enthält. Für unseren Beispielbaum würde dieser Fall z.B. für einen Aufruf *suche(12, Wurzel)* eintreten.

```
1  Algorithmus suche(s, aktuellerKnoten)
2  {
3    Wenn aktuellerKnoten ein Blatt ist, dann gib ''nein'' zurueck;
4    sonst
5    {
6      Wenn s = Wert von aktuellerKnoten, dann gib ''ja'' zurueck;
7      sonst
8      {
9        Wenn s < Wert von aktuellerKnoten, dann
10             suche(s, linkerNachfahr);
11       sonst suche(s, rechterNachfahr);
12     }
13   }
14 }
```

Pseudocode 14.6: Algorithmus „suche" für einen binären Suchbaum

Es kann gezeigt werden, dass die Suche in einem ausgeglichenen binären Suchbaum nach Definition 14.4 in $T(n) = O(\log n)$, n die Anzahl der Knoten im Baum, durchgeführt werden kann. Anschaulich kann dies aufgrund der Ähnlichkeit zur binären Suche nachvollzogen werden. Während bei der binären Suche das Auffinden der Zahlen, die zu vergleichen sind, durch Indexrechnung erfolgt, geschieht es hier aufgrund der Struktur des Baums. Ein wesentlicher Vorteil des Konzeptes der binären Suchbäume ist, dass es eine Reihe von Klassen für ausgeglichene binäre Suchbäume gibt, für die Algorithmen existieren, die auch das Einfügen und Entfernen, anders als beim sortierten Array, in $O(\log n)$ Zeit erlauben[1]. Ein Grund dafür ist, dass das Einfügen und Entfernen durch das Umhängen von Referenzen realisiert werden kann, was das aufwändige Verschieben von Daten, wie es beim Array der Fall ist, vermeidet.

Abbildung 14.9 fasst diese Zeitaufwände im Vergleich mit denen für unsortierte und sortierte Arrays zusammen. Es zeigt sich, dass geeignet definierte ausgeglichene binäre Suchbäume das beste Verhalten für alle drei Operationen im schlechtesten Fall aufweisen.

---

1 I. Wegener, Effiziente Algorithmen für grundlegende Funktionen, Teubner, 2. Auflage, 1996

Aufgabe 14.8:

Geben Sie die Werte der Knoten an, die im Suchbaum von Abbildung 14.5 bei der Suche nach den Werten a) 8, b) 7, c) 2, d) 18 durchlaufen werden.

Aufgabe 14.9:

Zeichnen Sie einen ausgeglichenen binären Suchbaum für die Zahlen 11, 7, 8, 3, 13, 9, 10, 4, 25, 27, 16, 29, 30, 15, 18, 19, 29, 12, wobei das folgende Kriterium an jedem inneren Knoten erfüllt sein soll:

Die Anzahl der Werte im linken beziehungsweise im rechten Unterbaum unterscheiden sich höchstens um 1.

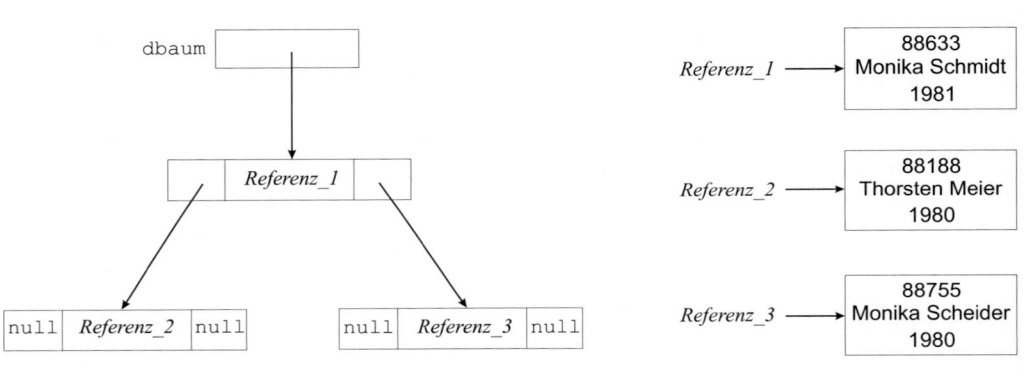

Abbildung 14.10: Binärer Suchbaum zur Verwaltung von Studierendendaten. *Referenz_1* bis *Referenz_3* stehen für Referenzen von den Elementen des Baums auf die angegebenen Studierendenobjekte.

Aufgabe 14.10:

Zeichen Sie einen binären Suchbaum zu den Zahlen 11, 7, 8, 3, 13, 9, 10, 4, 25, 27, 16, 29, 30, 15, 18, 19, 29, 12, bei dem die Suchzeit im schlechtesten Fall in etwa gleich der Anzahl der gegebenen Zahlen ist.

Aufgabe 14.11:

In dieser Aufgabe soll das Konzept der Suchbäume in Java implementiert werden.

a) Deklarieren Sie eine Klasse `Baum`. Diese Klasse soll die Struktur von inneren Baumknoten wiedergeben, analog wie die Klasse `Liste` in Kapitel 7.3.4 die Struktur von Listenelementen beschrieben hat. Ein wesentlicher Unterschied von Baumelementen zu Listenelementen ist, dass ein Baumelement zwei Nachfolger hat, die etwa mit `naechsterLinks` und `naechsterRechts` bezeichnet werden können.

Beispiel: *S={110, 119, 150, 127, 164, 147, 173}*

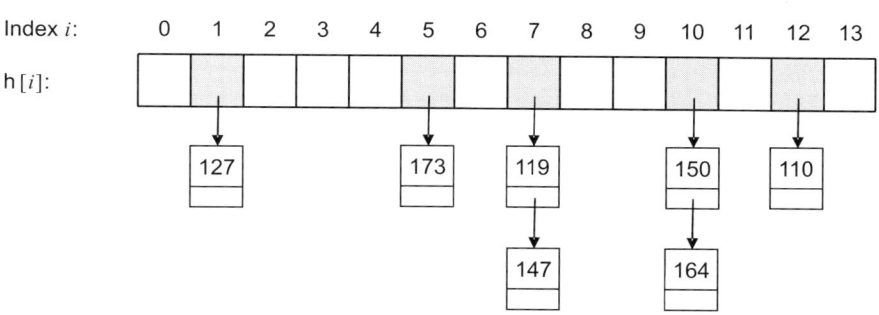

Abbildung 14.11: Vorgehensweise bei der Verwaltung von Mengen mittels Hashing

b) Schreiben Sie eine Folge von Java-Anweisungen analog zu Kapitel 7.3.4, die ausgehend
von der Deklaration

`Baum dbaum;`

die Baumstruktur aufbauen, die in Abbildung 14.10 dargestellt ist. Hierbei sind die in
Abbildung 14.5 mittels Pfeile repräsentierten Verweise auf die durch Punkte markierten
Blätter durch `null`-Referenzen zu ersetzen. Illustrieren Sie die Arbeitsweise analog zu
Kapitel 7.3.4 grafisch.

14.5   Mengenverwaltung mit Hashing

Abbildung 14.11 illustriert die Vorgehensweise bei der Verwaltung von Mengen mittels **Hashing**.
Die Grundlage von Hashing ist ein Array. In der Version, die in der Abbildung zu sehen ist, werden in dem Array h Referenzen auf Listen von Objekten gespeichert, die jeweils einen Wert
aufnehmen. Mittels einer so genannten **Hash-Funktion** wird für eine gegebene Zahl s herausgefunden, in welche der Listen das entsprechende Objekt zu speichern ist. Die Hash-Funktion
ordnet einer Zahl s einen Index $i(s)$ zu. Das Objekt von s wird in der Liste von $h[i(s)]$ abgelegt.

Eine typische Hash-Funktion ist $i(s) = s \bmod k$, wobei k die Länge des Arrays ist. „mod" bezeichnet die *modulo*-Operation zwischen ganzen Zahlen. Diese liefert den Rest bei ganzzahliger
Division, z.B. $9 \bmod 4 = 1$, $12 \bmod 3 = 0$. In dem Beispiel in Abbildung 14.11 ist $k = 14$. Für
die Zahl 119 ist der Rest bezüglich Division durch 14 gleich 7. Das bedeutet, dass ein entsprechendes Objekt in die Liste zu $h[7]$ eingefügt wird. Dies ist in der Abbildung offensichtlich der
Fall.

Das **Suchen** in einer derartigen Hash-Struktur geschieht dadurch, dass zu dem zu suchenden
Wert s zunächst der Index $i(s)$ mittels der Hash-Funktion bestimmt wird. Danach wird die Liste
von $h[i(s)]$ durchlaufen. Wenn ein Objekt mit dem Wert s auftritt, wird Erfolg gemeldet, sonst
Misserfolg. Wird beispielsweise die Zahl 147 gesucht, berechnet die Hash-Funktion in unserem

Fall $147 \bmod 14 = 7$. Somit wird die Liste der Array-Position $h[7]$ durchsucht und die Zahl 147 an der zweiten Position der Liste gefunden (vgl. Abbildung 14.11).

Der Zeitaufwand für die Suche ist von der Länge der zu durchsuchenden Liste abhängig. Im Idealfall verteilen sich die Zahlen gleichmäßig über das ganze Array, sodass für den Fall, dass das Array länger als die Anzahl der gespeicherten Werte ist, die Listen sehr kurz werden, beispielsweise nur aus jeweils einem Element bestehen. In diesem Fall benötigt das Suchen einen konstanten Zeitaufwand, d.h. $T(n) = O(1)$, n die Anzahl der in der Hash-Struktur gespeicherten Zahlen.

Im ungünstigsten Fall kann es jedoch passieren, dass alle gespeicherten Werte in die gleiche Liste fallen. In diesem Fall beträgt der Zeitaufwand im schlimmsten Fall $T(n) = O(n)$. Für das Hashing ist es also wichtig, eine Hash-Funktion zu haben, die die Werte möglichst gleichmäßig über das Array verteilt. Hierzu gibt es eine Vielzahl von Überlegungen in der Informatik. Die Chance für eine günstige Hash-Funktion ist dann groß, wenn die Länge des Arrays deutlich größer als die Anzahl von Elementen in der gespeicherten Menge ist. Dies bedeutet etwas Speicherverschwendung zu Gunsten der Suchzeit, ein Effekt, der häufig bei Algorithmen zu beobachten ist.

Das **Einfügen** eines Wertes s in eine Hash-Struktur geschieht dadurch, dass zunächst der Index $i(s)$ mittels der Hash-Funktion berechnet wird. Dann wird ein Objekt kreiert, das s aufnimmt und am Anfang der Liste von $h[i(s)]$ eingefügt wird. Falls wie bisher ein Wert nur einmal in der Datenstruktur auftauchen soll, wird zunächst die Liste von $h[i(s)]$ nach einem Objekt mit Wert s durchsucht. Ist ein s vorhanden wird die Einfügung nicht getätigt. Ohne das Durchsuchen beträgt der Zeitaufwand für das Einfügen $T(n) = O(1)$. Falls das Durchsuchen der Liste notwendig ist, kann der Zeitaufwand im schlimmsten Fall $T(n) = O(n)$ betragen.

Die Operation des **Entfernens** geschieht nach folgendem Algorithmus. Ein Wert s wird dadurch aus der Hash-Struktur entfernt, indem zunächst $i(s)$ berechnet wird. Danach wird die Liste von $h[i(s)]$ nach einem Objekt mit Wert s durchsucht. Wenn ein solches Element auftritt, wird es aus der Liste entfernt. Auch hier beträgt der Zeitaufwand wegen des Durchsuchens der Liste im schlimmsten Fall $T(n) = O(n)$.

In Abbildung 14.12 sind die Algorithmen zum Suchen, Einfügen und Entfernen für die Mengenverwaltung mittels Hashing zusammengefasst.

Der worst-case-Zeitaufwand $T(n) = O(n)$ für das Suchen, Einfügen und Entfernen kann zu einem worst-case-Zeitaufwand von $O(\log n)$ reduziert werden, indem die Listen durch ausgeglichene Bäume ersetzt werden. Dies ist dann angebracht, wenn zu erwarten ist, dass die Hash-Funktion häufiger eher längere Listen liefert.

Bei dem vorgestellten Verfahren wird das Array nicht gut genutzt. Die Alternative ist, die Werte nicht in Listen, sondern im Array selbst abzulegen. Diese Version wird auch als **geschlossenes Hashing** bezeichnet, im Unterschied zum vorgestellten **offenen Hashing**.

Wenn beim **Einfügen** eine Kollision auftritt, wird mit einer so genannten **Sondierungsmethode** ein freies Element im Array gesucht, in dem der einzufügende Wert gespeichert wird. Ein Beispiel ist das **lineare Sondieren**. Dabei wird ausgehend von dem Array-Element, das mit der Hash-Funktion gefunden wird, in Richtung aufsteigendem Index nach dem ersten freien Array-Element gesucht, wobei am Array-Anfang fortgefahren wird, wenn das Array-Ende erreicht wird. In dieses Array-Element wird dann der Wert eingetragen.

Algorithmus **suche(s)**

Berechne $i(s)$: Durchlaufe die Liste von $h[i(s)]$.
Wenn ein Element mit dem Wert s auftritt, gib „ja" aus, sonst „nein".

ZEITAUFWAND: im schlechtesten Fall $T(n) = O(n)$ (alle Elemente in einer Liste)
im günstigsten Fall $T(n) = O(1)$ (ein Element in einer Liste).

Algorithmus **fuegeEin(s)**

Berechne $i(s)$: Suche s in der Liste von $h[i(s)]$.
Falls s nicht vorhanden ist, füge s am Anfang der Liste von $h[i(s)]$ ein.

ZEITAUFWAND: im schlechtesten Fall $T(n) = O(n)$ (alle Elemente in einer Liste)
im günstigsten Fall $T(n) = O(1)$ (ein Element in einer Liste).

Algorithmus **entferne(s)**

Berechne $i(s)$: Durchlaufe die Liste von $h[i(s)]$.
Wenn ein Element mit dem Wert s auftritt, entferne es aus der Liste.

ZEITAUFWAND: im schlechtesten Fall $T(n) = O(n)$ (alle Elemente in einer Liste)
im günstigsten Fall $T(n) = O(1)$ (ein Element in einer Liste).

Abbildung 14.12: Zusammenfassung der Algorithmen und des Zeitaufwands beim Hashing

Abbildung 14.13 zeigt ein Beispiel. Hier wurde die Folge 164, 110, 150, 178 eingefügt. Dabei gelang es, 164 und 110 ohne Kollision einzufügen. Die Array-Elemente von 150 und 178 wurden durch lineares Sondieren gefunden.

Das **Suchen** läuft nach der gleichen Strategie ab, nach der ein ausgezeichneter Platz für ein einzufügendes Element gesucht wird. Ein Durchlaufen von Elementen des Arrays erfolgt solange, bis ein Element mit dem gesuchten Wert oder ein wirklich leeres, d.h. bisher nicht beschriebenes Element gefunden wird. Im zweiten Fall ist der gesuchte Wert nicht in der abgespeicherten Menge vorhanden.

Das **Entfernen** kann in diesem Fall durch eine zusätzlich gespeicherte Markierung geschehen, die angibt, dass das Element nicht mehr gültig ist. Beim Einfügen können solche Elemente wieder genutzt werden, indem bei der Suche der aufzunehmende Wert in das erste auftretende derartige Element geschrieben und die Markierung zurückgesetzt wird. Das Entfernen auf diese Weise ist in Abbildung 14.13 nicht vorgesehen.

Beispiel: S={164, 110, 150, 178}

Index i:	0	1	2	3	4	5	6	7	8	9	10	11	12	13
h [i]:											164	150	110	178

Abbildung 14.13: Vorgehensweise bei der Verwaltung von Mengen mittels geschlossenem Hashing

Zusammenfassung 14.5: Hashing

- **Hashing** ist ein Verfahren zum Einfügen, Suchen und Entfernen von Werten einer endlichen Menge in einem Array, bei dem der Index des Array-Elements, unter dem der Wert gespeichert wird, aus dem Wert berechnet wird. Die Berechnung geschieht durch eine **Hash-Funktion**.

- Falls die Hash-Funktion für zwei verschiedene Werte denselben Index liefern kann, muss eine **Kollisionsbehandlung** durchgeführt werden. Eine Möglichkeit besteht darin, die Werte, die demselben Array-Element zugewiesen werden, in einer linearen Liste zu speichern, die an dem Array-Element beginnt. Diese Vorgehensweise wird als **offenes Hashing** bezeichnet.

- Eine andere Möglichkeit ist, den Wert in dem noch nicht belegten Teil des Arrays zu speichern, der mittels einer Sondierungsmethode gefunden wird. Diese Vorgehensweise wird **geschlossenes Hashing** genannt.

Aufgabe 14.12:

Fügen Sie in die Datenstruktur aus Abbildung 14.11 die Werte a) 79, b) 178 entsprechend dem dortigen Beispiel für offenes Hashing ein.

Aufgabe 14.13:

Fügen Sie in die Datenstruktur aus Abbildung 14.13 die Werte a) 140, b) 79 entsprechend dem dortigen Beispiel für geschlossenes Hashing ein.

Vom Programm zum Rechner

15

Hardware und Programmierung

Eine Möglichkeit zur Beherrschung der Komplexität von Systemen wie der Software und der Hardware eines Computers ist, Stufen unterschiedlichen Details einzuführen und dann für die Komponenten eine Stufe anzugeben, wie sie in der nächst feineren Stufe realisiert werden. Abbildung 15.1 zeigt eine solche Vorgehensweise. Es gibt dort sechs Ebenen. Die unteren drei Ebenen beziehen sich auf die Hardware, die oberen drei Ebenen auf die Programm- oder Software-Seite.

Ganz unten ist die konkrete **Hardware** angesiedelt. Sie setzt sich aus einer sehr großen Anzahl von winzigen elektronischen Bauelementen, wie beispielsweise Transistoren und Verbindungswegen zusammen. Diese sind heutzutage Bestandteile hochintegrierter Chips sind, die wiederum auf Platinen montiert werden, aus denen sich ein Rechner zusammensetzt.

Die Bauelemente sind Bestandteile von so genannten **Schaltungen**. Sie realisieren elementare Operationen zur digitalen Verarbeitung von Daten, d.h. Daten, die sich aus diskreten Dateneinheiten zusammensetzen und üblicherweise zwei Werte annehmen können. Werden diese als Wahrheitswerte (*true* oder *false*) aufgefasst, führt das zu den Booleschen Operationen, beispielsweise *and*, *or* und *not*, die dann als Schaltungen realisiert sind. Die Schaltungssicht auf die Hardware eines Rechners reduziert die Anzahl der Bestandteile schon merklich.

Die nächste Stufe ist die Registertransferebene. Auf der **Registertransferebene** wird die Hardware als Zusammensetzung von Funktionseinheiten beschrieben, die individuell aus Schaltungen aufgebaut sind. Die Funktionseinheiten, beispielsweise Additionselemente, Vergleichselemente oder Speicherelemente, können bereits sehr leistungsfähig sein. Verarbeitungselemente wie Addierer übernehmen Daten aus Speichereinheiten und legen die Ergebnisse wieder in Speichereinheiten ab. Für einzelne dieser Speichereinheiten hat sich der Begriff des Registers eingebürgert. Die Verarbeitung besteht also im Transfer von Werten von Registern zu Registern. So lässt sich der Begriff „Registertransfer" erklären.

Der obere Teil in Abbildung 15.1 befasst sich mit der Programmseite. Auf unterster Ebene stellt ein Rechner eine so genannte Maschinensprache zur Verfügung. **Maschinensprachen** bestehen häufig aus einer großen Anzahl von Befehlen, die sich üblicherweise aus so genannten Bitmustern zusammensetzen. Dies macht die Programmierung sehr fehleranfällig. Aus diesem Grund wurden so genannte **Assemblersprachen** entwickelt. Diese bilden die nächst höhere Ebene. Assemblersprachen ähneln Maschinensprachen, sie bieten jedoch die Möglichkeit der Verwendung

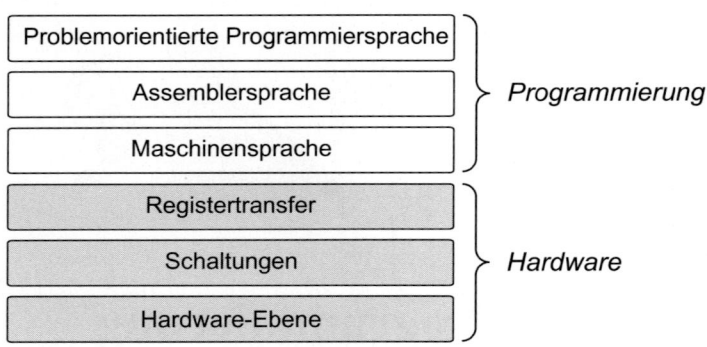

Abbildung 15.1: Stufen der Rechner-Hardware und ihrer Programmierung

von Symbolen beispielsweise Variablennamen, wodurch die Programme lesbarer werden und eine Beziehung zur Anwendung hergestellt werden kann.

Die oberste Stufe wird von den **problemorientierten Programmiersprachen** gebildet. Ein typisches Beispiel ist die Sprache Java. Problemorientierte Programmiersprachen bieten Konstrukte an, in denen Algorithmen bequemer als beispielsweise in Assembler zu formulieren sind. Dies mindert die Fehleranfälligkeit. Ein Programm, das in einer problemorientierten Programmiersprache geschrieben ist, wird durch Übersetzung in Maschinensprache rechnerausführbar gemacht. Diese Übersetzung wird von so genannten Compilern geleistet.

Im Folgenden befassen wir uns mit Aspekten der genannten Stufen. Bezüglich der mittleren Stufe wird auf den Aufbau von Rechnern und Maschinensprachen eingegangen. Die Darstellung der unteren Stufe bespricht Schaltungen sowie die zweiwertige Informationsverarbeitung als deren Grundlage. Im Bereich der oberen Stufen werden das Konzept der formalen Sprachen sowie Compiler skizziert.

16

Rechnerarchitektur und Maschinensprache

Die Architektur eines Rechners beschreibt, analog zur Architektur eines Hauses, den Aufbau aus Komponenten. Abschnitt 16.1 stellt die heute meist gebräuchliche Rechnerarchitektur vor, die unter dem Namen von-Neumann-Architektur bekannt ist. Ihre zentralen Komponenten sind ein Prozessor und Speicher. Der Speicher, auf den in Abschnitt 16.2 eingegangen wird, enthält die Daten, aber auch das Programm. Der Prozessor führt Programme aus, die sich aus Befehlen zusammensetzen, die vom Prozessor der Reihe nach ausgeführt werden. Das Aufbauprinzip von Prozessoren und Befehlen ist Gegenstand von Abschnitt 16.3.

16.1   Rechnerarchitektur

Heute verwendete Rechner sind weitgehend nach einem Prinzip, das nach **von-Neumann**[1] benannt ist, aufgebaut. Danach besteht ein Rechner im Wesentlichen aus drei Komponenten:

- einem **Prozessor**, der ein Programm zur Verarbeitung von Daten ausführt

- dem **Speicher**, in welchem Daten und Programme abgelegt sind

- der **Ein-/Ausgabe**, die der Kommunikation mit Benutzern und anderen Rechnern dient.

Eine zentrale Eigenschaft ist hierbei, dass sich sowohl Programme als auch die Daten im Speicher befinden. Speziell durch die Speicherung von Programmen ist es dem Rechner möglich, selbstständig zu arbeiten. Das ist ein wichtiger Unterschied zumindest zu einfachen Taschenrechnern, bei denen jede Anweisung direkt über die Tastatur eingegeben werden muss und dabei sofort ausgeführt wird. Beim von-Neumann-Rechner geschieht das Abarbeiten des Programms durch den Prozessor.

---

1 von Neumann, John, Chemie-Ingenieur, Mathematiker und Physiker, 1903-1957

Einzelverbindungswege:

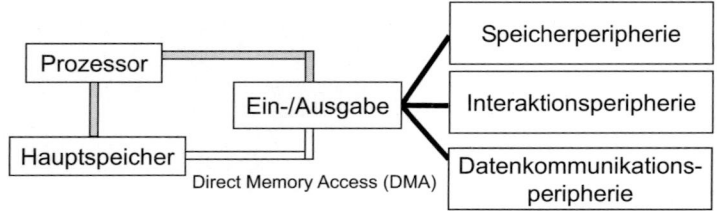

Bus (Sammelschiene):

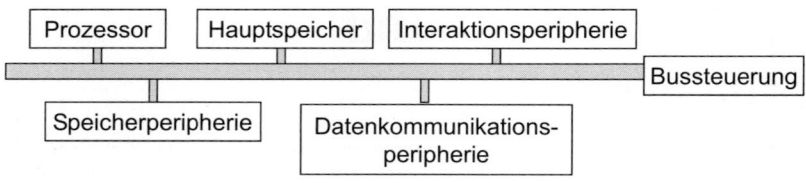

Abbildung 16.1: Möglichkeiten zur Interaktion der Funktionseinheiten bei von-Neumann-Rechnern

Die Komponenten sind durch **Kommunikationswege** verbunden. Sie dienen zum Transport von Daten und Programmbefehlen zwischen den Komponenten. Abbildung 16.1 illustriert zwei Möglichkeiten zur Verbindung.

Eine erste Möglichkeit ist die **Einzelverbindungsarchitektur**. Hierbei wird zwischen je zwei Komponenten ein individueller Verbindungsweg gelegt. Es gibt also einen getrennten Verbindungsweg zwischen Prozessor und Hauptspeicher und zwischen Prozessor und Ein-/Ausgabe. Ferner ist es möglich, einen direkten Verbindungsweg zwischen Ein-/Ausgabe und Hauptspeicher zu haben. Dies wird auch als **Direct Memory Access** (DMA), also direkter Speicherzugriff, bezeichnet. Der Vorteil des DMA ist, dass der Prozessor durch die Ein-/Ausgabe von Daten nicht belastet wird.

Die Ein-/Ausgabe-Einheit wiederum ist mit verschiedenen Ein-/Ausgabe-Geräten verbunden. Dies ist beispielsweise die **Interaktionsperipherie**, etwa bestehend aus Tastatur und Maus bei einem PC, die **Speicherperipherie**, typischerweise eine Festplatte beim PC, oder die **Datenkommunikationsperipherie**, beispielsweise eine Netzwerkkarte.

Eine andere Alternative ist die **Busarchitektur**. In diesem Fall gibt es nur einen Verbindungskanal, nämlich den Bus, manchmal auch als **Sammelschiene** bezeichnet. Auf diesen Verbindungskanal werden die anderen Einheiten aufgesteckt, so der Prozessor, der Hauptspeicher, die Interaktionsperipherie, die Speicherperipherie und die Datenkommunikationsperipherie. Wenn ein Kommunikationswunsch zwischen zwei Einheiten vorliegt, muss eine Bussteuerung dafür sorgen, dass die Datenübertragung zwischen den zwei Einheiten möglich wird.

Der Vorteil der Busarchitektur ist die geringere Anzahl an Verbindungswegen. Bei der Einzelverbindung sind bei n Komponenten $n(n-1)/2$ Verbindungswege zu realisieren, während es bei der

Busverbindung nur einer ist. Dies ist ein Grund für die Verwendung der Busarchitektur in PCs. Durch das Vorhandensein von Steckplätzen auf dem Bus ist es einfach möglich, neue Komponenten in Form von PC-Karten hinzuzufügen. Ein Nachteil der Busarchitektur ist die geringere Kommunikationsgeschwindigkeit, da nun die paarweise Kommunikation sequenziell ablaufen muss.

Zusammenfassung 16.1: Von-Neumann-Rechner

Ein **von-Neumann-Rechner** besteht im Wesentlichen aus drei Komponenten:

- Dem **Speicher**, der Programme und Daten aufnimmt.
- Dem **Prozessor**, der Programme ausführt, die Daten verarbeiten.
- Der **Ein-Ausgabe**, die der Kommunikation des Rechners mit der Umwelt dient.

Die Komponenten sind miteinander durch **Kommunikationswege** verbunden, über die Daten und Programmbefehle ausgetauscht werden. Bekannte Verbindungsmöglichkeiten sind die **Einzelverbindungsarchitektur** und die **Busarchitektur** (Abbildung 16.1).

Aufgabe 16.1:

   a) Was sind die wesentlichen Komponenten der von-Neumann-Rechnerarchitektur? Wie sind diese verknüpft?

   b) Wo befindet sich das Programm bei der von-Neumann-Rechnerarchitektur?

16.2   Hauptspeicher

Der **Hauptspeicher** setzt sich, wie in Abbildung 16.2 gezeigt, aus Speicherzellen zusammen, die unter Adressen ansprechbar sind. In den einzelnen Speicherzellen sind die Daten gespeichert. Aus Hardware-Sicht ist jede Speicherzelle gleich strukturiert. Die Interpretation von Daten in den Speicherzellen ist den Funktionseinheiten der Hardware überlassen.

Der Hauptspeicher ist, als Datenstruktur betrachtet, den Arrays ähnlich. Die Indizes des Arrays entsprechen den Adressen, die Array-Elemente den Speicherzellen.

Neben dem Hauptspeicher gibt es weitere Speichermedien. Das wohl bekannteste ist die **Festplatte**. Gründe dafür liegen in der Technologie und den Kosten. Während der Hauptspeicher ohne besondere Maßnahmen seinen Inhalt beim Ausschalten verliert, bleibt er auf der Festplatte unangetastet. Ferner sind die Kosten pro Speichereinheit auf der Festplatte niedriger als im Hauptspeicher. Andererseits ist der Zugriff auf die Festplatte langsamer, insbesondere wenn wahlfrei (engl. random) auf Daten zugegriffen wird. Der schnelle wahlfreie Zugriff, d.h. auf Speicherelemente mit beliebiger Adresse, ist eine typische Eigenschaft des Hauptspeichers, weswegen er auch als **Random Access Memory (RAM)** bezeichnet wird.

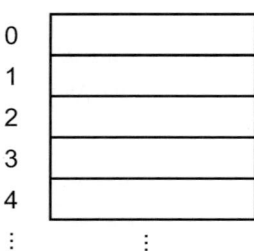

Abbildung 16.2: Schematische Darstellung des Hauptspeichers

Zusammenfassung 16.2: Hauptspeicher
Der **Hauptspeicher** setzt sich aus Speicherzellen zusammen, die unter Adressen ansprechbar sind (Abbildung 16.2). In den einzelnen Speicherzellen sind Daten gespeichert. Aus Hardware-Sicht ist jede Speicherzelle gleich strukturiert. Die Interpretation von Daten in den Speicherzellen ist den Funktionseinheiten der Hardware überlassen.

16.3   Prozessor, Befehlssatz und Maschinensprache

Der **Prozessor** führt **Maschinenbefehle** aus, die in Gesamtheit den **Befehlssatz** des Prozessors bilden. Hierbei ist die **Maschinensprache** eine spezielle Programmiersprache, deren Elemente die Befehle des Prozessors sind. **Programme** in Maschinensprache bestehen typischerweise aus einer Aneinanderreihung von Maschinenbefehlen. Da Maschinensprachen prozessorabhängig sind, gibt es eine Vielzahl davon.

Abbildung 16.3 zeigt die Einteilung eines typischen Befehlssatzes. Eine erste Klasse von Befehlen sind die **Zuweisungs-** oder **Transportbefehle**. Diese dienen dem Transport von Daten zwischen Speichereinheiten. Im Prozessor gibt es so genannte **Register**, die eine schnelle Verarbeitung der Daten erlauben. Bei der Verarbeitung können Daten zwischen Registern transportiert werden. Ferner werden Daten zwischen Register und Hauptspeicher bewegt. Während die Anzahl der Register eher gering ist, hat der Hauptspeicher eine beträchtliche Größe. Zur Datenein- und Datenausgabe ist des Weiteren ein Transport von Daten zwischen Registern und Ein-/Ausgabegeräten notwendig. All dies wird durch entsprechende Transportbefehle geleistet.

Die zweite große Klasse von Befehlen sind **Rechenbefehle**. Rechnen bedeutet die arithmetische oder auch logische Verknüpfung von Operanden. Dementsprechend gibt es **arithmetische Befehle**, wie die Addition oder die Multiplikation, oder auch **logische Befehle**, wie die „und"- oder „oder"-Verknüpfung von Wahrheitswerten.

Die dritte Klasse von Befehlen sind **Steuerungsbefehle**. Diese dienen der Ablauforganisation eines Programms. Sie bieten beispielsweise die Realisierung von Schleifen auf Maschinenebene.

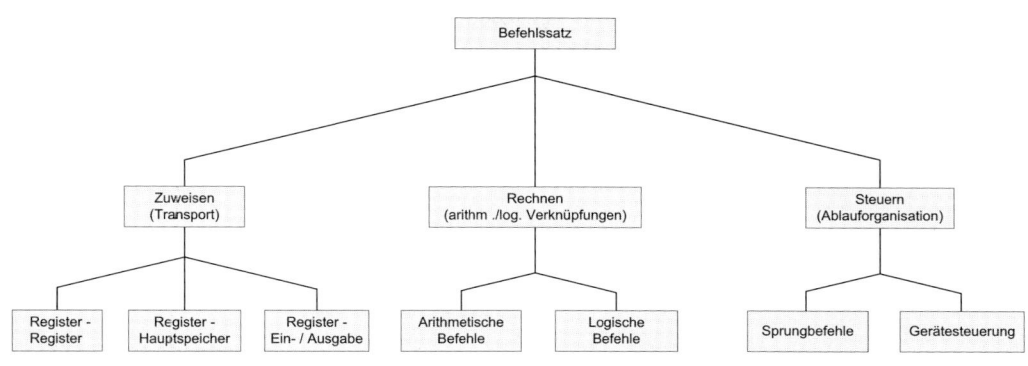

Abbildung 16.3: Einteilung eines typischen Prozessor-Befehlssatzes

Eine typische Klasse von Steuerungsbefehlen sind die Sprungbefehle. Ein **Sprungbefehl** erlaubt es, die üblicherweise sequenzielle Durchführung von Befehlen in der Reihenfolge ihres Auftretens zu unterbrechen und an eine andere Stelle des Programms zu verzweigen. Steuerungsbefehle können auch zur Steuerung von Geräten dienen, beispielsweise der Festplatte.

Ein typischer **Maschinenbefehl** besteht aus zwei Teilen, dem **Operationscode** und den **Operanden**. Beispiele sind „*addiere* r_4, r_3, r_2", „*hole* r_5, a_1" oder „*multipliziere* r_6, r_5, r_4". Der Operationscode dieser Befehle ist *addiere*, *hole* und *multipliziere*. Diese Namen drücken die Bedeutung des Befehls unmittelbar aus. Die Operanden r_i, a_j stehen für die zu verknüpfenden Daten. Hier können Datenwerte direkt angegeben werden, z.B. ganze Zahlen oder Fließkommazahlen, es können aber auch Registernamen oder Adressen im Hauptspeicher auftreten. „*hole* r_5, a_1" kann etwa so verstanden werden, dass der Wert in der Hauptspeicherzelle mit Adresse a_1 in das Register r_5 kopiert wird. „*addiere* r_4, r_3, r_2" bedeutet, dass die Werte aus Register r_2 und Register r_3 addiert werden und das Ergebnis in r_4 gespeichert wird. Analog ist *multipliziere* definiert.

Zusammenfassung 16.3: Maschinenbefehle

Maschinenbefehle sind Anweisungen, die direkt von einem Prozessor ausgeführt werden können. Klassen von Maschinenbefehlen sind Transportbefehle, Rechenbefehle und Steuerungsbefehle (Abbildung 16.3).

Die Gesamtheit der Maschinenbefehle bilden den **Befehlssatz** des Prozessors. Die **Maschinensprache** ist eine Programmiersprache, deren Elemente die Befehle des Prozessors sind. Programme in Maschinensprache bestehen im Wesentlichen aus einer Aneinanderreihung von Maschinenbefehlen.

Ein typischer **Maschinenbefehl** besteht aus zwei Teilen, dem **Operationscode** und den **Operanden**. Ein Beispiel ist „*addiere* r_4, r_3, r_2". Hierdurch werden die in den Registern r_2 und r_3 gespeicherten Werte addiert und in das Register r_4 geschrieben.

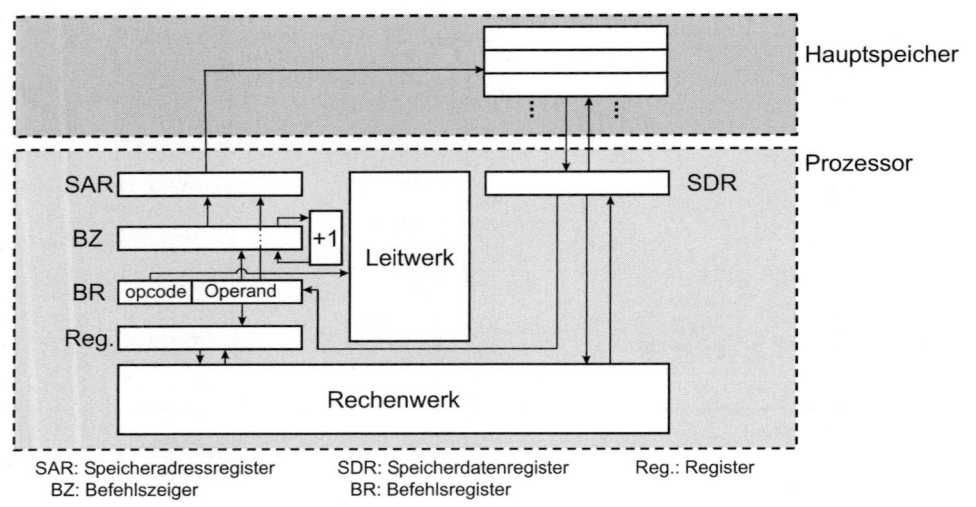

SAR: Speicheradressregister   SDR: Speicherdatenregister   Reg.: Register
BZ: Befehlszeiger   BR: Befehlsregister

Abbildung 16.4: Aufbau eines einfachen Prozessors. Die Linien zeigen den Datenfluss. Kontrollleitungen zwischen dem Leitwerk und den anderen Einheiten sind nicht eingezeichnet.

Ein einfacher Prozessor kann sich in die folgenden Funktionsgruppen gliedern:

- ein **Leitwerk**, das die Abarbeitung des Programms steuert

- ein **Rechenwerk**, das die arithmetischen und logischen Befehle sowie eventuelle Dienstleistungen, z.B. Adressrechnungen, für das Leitwerk ausführt

- verschiedene **Register**, die Speicherzellen im Prozessor für Operanden und Zwischenergebnisse sind. Auf sie kann schneller als auf den Hauptspeicher zugegriffen werden.

Abbildung 16.4 zeigt den Aufbau eines einfachen Prozessors grafisch. Neben dem Prozessor ist auch der Hauptspeicher oben im Bild dargestellt. Im unteren Bereich des Prozessors ist das Rechenwerk abgebildet. Die Pfeile illustrieren den möglichen Fluss von Daten in den Prozessor und zum Hauptspeicher. Im Prozessor gibt es mehrere Register, wie z. B. Speicheradressregister und Speicherdatenregister. Das **Speicheradressregister** enthält die Adresse einer Speicherzelle. Je nach ausgeführtem Befehl wird der Wert in dieser Speicheradresse in das **Speicherdatenregister** übernommen, beziehungsweise vom Speicherdatenregister in die adressierte Zelle im Hauptspeicher geschrieben.

Für die Abarbeitung von Befehlen gibt es die beiden Register BZ, den Befehlszeiger, und BR, das Befehlsregister. Im **Befehlsregister** BR steht der aktuell ausgeführte Befehl. Es gliedert sich in einen Teil für den Operationscode, *opcode*, und den Teil für die Operanden. Die auszuführenden

Befehle stehen üblicherweise im Hauptspeicher, von dort werden sie über das Speicherdatenregister in das Befehlsregister transportiert. Dies ist durch einen entsprechenden Pfeil angedeutet. Die Adresse des nächsten auszuführenden Befehls steht im **Befehlszeiger** BZ. Entsprechend gibt es einen Datenpfad vom Befehlszeiger zum Speicheradressregister, um den entsprechenden Befehl im Hauptspeicher zu adressieren. Die Befehle eines Programms werden normalerweise in der Reihenfolge ihres Auftretens nacheinander durchgeführt. „+1" beim Befehlszeiger BZ deutet eine Einheit des Prozessors an, die den Wert des Befehlszeigers um 1 erhöht. Nach Durchführung eines Befehls erhöht diese Einheit den Befehlszeiger um 1, wodurch sich die Adresse des üblicherweise nächsten Befehls ergibt. Im Falle eines **Sprungbefehls** wird die nächste Adresse durch diesen Befehl bestimmt und entsprechend in den Befehlszeiger geschrieben.

Das **Rechenwerk** in dem Beispiel aus Abbildung 16.4 hat Zugriff auf das Speicherdatenregister SDR und weitere Register, die mit „Reg." abgekürzt sind. Ein Maschinenbefehl wie „*hole* r_5, a_1" würde so ausgeführt, dass zunächst a_1 in das Speicheradressregister geschrieben und dann der Wert mittels eines Speicherzugriffbefehls in das Speicherdatenregister kopiert wird. Vom Speicherdatenregister wird der Wert dann in das Register r_5 transportiert. Die Ausführung von „*addiere* r_4, r_3, r_2" besteht im Zugriff auf die Register r_2 und r_3 durch das Rechenwerk und der Addition der dort gefundenen Werte. Das Ergebnis wird dann nach r_4 transferiert.

Allgemein läuft die **Ausführung eines Maschinenprogramms** wie folgt ab:

- Solange kein Halte-Befehl aufgetreten ist, führe aus:

  1. Hole den nächsten Befehl vom Hauptspeicher (Adresse im BZ) in das Befehlsregister (BR).
  2. Erhöhe den Befehlszeiger (BZ).
  3. Führe den Befehl aus, der im Befehlsregister (BR) steht.

Dieser Ablauf wird auch als **Befehlsausführungszyklus** bezeichnet. Zunächst wird der nächste Befehl, dessen Hauptspeicheradresse im BZ steht, vom Hauptspeicher in das Befehlsregister BR geholt. Danach wird der Befehlszeiger BZ um 1 erhöht. Es folgt die Ausführung des Befehls, der nun im Befehlsregister BR steht. Diese drei Schritte werden nun wiederholt, solange bis ein Halte-Befehl auftritt. Der **Halte-Befehl** gehört ebenfalls zu den Steuerungsbefehlen im Befehlssatz eines Prozessors.

Zusammenfassung 16.4: Prozessor

Ein **Prozessor** besteht typischerweise aus den wesentlichen Funktionsgruppen Leitwerk, Rechenwerk und Register. Das **Leitwerk** steuert die Abarbeitung des Programms, das aus einer Folge von Maschinenbefehlen besteht. Das **Rechenwerk** führt unter anderem arithmetische und logische Befehle aus. **Register** sind Speicherzellen im Prozessor für Operanden und Zwischenergebnisse. Auf sie kann schneller als auf den Hauptspeicher zugegriffen werden.

Aufgabe 16.2:

Betrachten wir eine Maschinensprache mit folgenden Befehlen:

- *setze r_k, w;*

- *hole r_k, a_i;*

- *speichere a_k, r_i;*

- *addiere r_k, r_i, r_j;*

- *subtrahiere r_k, r_i, r_j;*

- *multiplizere r_k, r_i, r_j;*

- *halt;*

- *springe X, r_i;*

Dabei steht *a* für eine Speicheradresse und *r* für ein Register. Die Register und die Speicherzellen sind jeweils mit natürlichen Zahlen $1, 2, \ldots, n$ durchnummeriert, durch die sie angesprochen werden können; *i, j, k* sind in den oben angegebenen Befehlen Platzhalter für natürliche Zahlen. Beispielsweise bedeutet

hole r_1, a_{100};

dass der Inhalt der Speicherzelle mit der Adresse 100 in das Register mit der Nummer 1 geschrieben wird.

In dem Befehl „*setze r_k, w*" steht *w* für eine ganze Zahl. Er bewirkt, dass der Wert *w* in das Register r_k geschrieben wird. Z.B. enthält das Register 1 nach Ausführung des Befehls

setze r_1, -15;

den Wert -15.

Der Befehl „*hole r_k, a_i*" schreibt den Wert, der in der Speicherzelle mit Adresse *i* abgespeichert ist, in das Register Nummer *k*. Entsprechend schreibt „*speichere a_k, r_i*" den Wert aus Register Nummer *i* in die Speicherzelle mit Adresse *k*.

Der Befehl „*addiere r_k, r_i, r_j*" addiert die Werte, die in den Registern Nummer *i* und *j* gespeichert sind und schreibt die Summe in das Register Nummer *k*. Analog verfahren „*subtrahiere r_k, r_i, r_j*" und „*multipliziere r_k, r_i, r_j*" mit der Differenz und dem Produkt der Werte in den Registern Nummer *i* und *j*.

Der Halte-Befehl *halt* beendet die Ausführung eines Maschinenprogramms.

Der Sprungbefehl „*springe X, r_i*" erlaubt, den sequentiellen Ablauf eines Programmes zu unterbrechen. Falls der Wert in r_i größer als Null ist, wird zu dem Programmbefehl gesprungen, der mit der Marke X markiert ist; andernfalls wird der auf den Sprungbefehl folgende Befehl ausgeführt. Beispiel:

setze r_1, 10;

setze r_2, 0;

setze r_3 -1;

X addiere r_1, r_1, r_3;

addiere r_2, r_2, 2;

springe X, r_1;

speichere a_{10}, r_2;

halt;

a) Beschreiben Sie verbal die Handlungsweise des zuletzt aufgeführten Maschinenprogramms. Welchen Wert hat a_{10} nach Ausführung des Programms?

b) Schreiben Sie ein Maschinenprogramm, das die Summe $1 + 2 + \ldots + n$ berechnet. Dabei ist n ein Wert, der bereits in der Speicherzelle a_1 gespeichert ist. Das Ergebnis soll in der Speicherzelle a_{10} abgelegt werden.

Schaltungen

Schaltungen verknüpfen Daten. In heutigen Rechnern handelt es sich dabei weitgehend um Information, die durch aneinandergereihte Dateneinheiten repräsentiert wird. Jede Dateneinheit kann hierbei jeweils zwei unterschiedliche Werte annehmen. Abschnitt 17.1 führt in die zweiwertige Informationsdarstellung ein. Es folgt eine Darstellung der zweiwertigen Informationsverarbeitung anhand von Booleschen Funktionen (Abschnitt 17.2) und deren Realisierung durch Boolesche Schaltungen (Abschnitt 17.3). Das Kapitel schließt mit zwei Schaltungsbeispielen unterschiedlicher Art: einem 1-Bit-Addierer (Abschnitt 17.3.1), der Eingangswerte zu einem Ergebniswert verknüpft, und einem RS-Flipflop (Abschnitt 17.3.2), das die Fähigkeit zur Informationsspeicherung hat.

17.1   Zweiwertige Informationsdarstellung

Heute verwendete Rechner arbeiten weitgehend auf der Basis von **zweiwertiger Informationsdarstellung**. Dabei ist die kleinste Einheit von Information ein Bit. Ein **Bit** kann zwei mögliche Werte annehmen: 0 oder 1. Man kann sich das auf Hardware-Ebene etwa als „Transistor auf" oder „Transistor zu" vorstellen. Ein Transistor ist ein elektronisches Bauteil, das einem Schalter ähnelt.

Die nächstgrößere übliche Informationseinheit ist ein so genanntes Byte. Ein **Byte** besteht aus acht Bits. Ein Beispiel ist 00100001. Durch ein Byte können verschiedene Arten von Daten präsentiert werden. Ein Beispiel ist etwa die Codierung von Zeichen, d.h. Textzeichen oder Steuerzeichen. Abbildung 17.1 zeigt einen Ausschnitt aus der Zeichencodierung nach **ASCII**[1], die weit verbreitet ist. Zur Repräsentation der Zeichen in der Tabelle genügen sieben Bits. Das achte Bit eines Bytes kann in diesem Fall etwa zur Fehlererkennung verwendet werden. Fehler kommen durch unzuverlässig arbeitende Hardware vor und können darin bestehen, dass etwa eine 0 durch eine 1 ersetzt wird. Wird im achten Bit eines Bytes die Quersumme der anderen sieben

---

1 **ASCII**, Abkürzung für „American Standard Code for Information Interchange", deutsche Bezeichnung: „Amerikanischer Standard-Code für den Informationsaustausch", definiert im Jahr 1968

	0	1	2	3	4	5	6	7	8	9	A	B	C	D	E	F
0	NUL	SOH	STX	ETX	EOT	ENO	ACK	BEL	BS	HT	LF	VT	FF	CR	50	51
1	DLE	DC1	DC2	DC3	DC4	NAK	SYN	ETB	CAN	EM	SUB	ESC	FS	GS	RS	US
2	SPC	!	"	#	$	%	&	'	(	)	*	+	,	-	.	/
3	0	1	2	3	4	5	6	7	8	9	:	;	<	=	>	?
4	@	A	B	C	D	E	F	G	H	I	J	K	L	M	N	O
5	P	Q	R	S	T	U	V	W	X	Y	Z	[	\	]	^	_
6	`	a	b	c	d	e	f	g	h	i	j	k	l	m	n	o
7	p	q	r	s	t	u	v	w	x	y	z	{			}	~	DEL

Abbildung 17.1: Tabelle der ASCII-Zeichen inklusive der nicht-druckbaren Zeichen. Der siebenstellige Bitcode eines Zeichens wird aus der hexadezimalen Zahl berechnet, die durch Aneinanderfügen der Zeilen- und Spalten-Werte ergibt, z.B. A: hexdezimal x41, Bitcode 1000 001.

Bits gespeichert, ist es möglich, eine einzelne Bitveränderung durch Quersummenprüfung zu erkennen.

Eine weitere Möglichkeit ist die Interpretation eines Bytes als ganze Zahl. Dieser Interpretation liegt die Darstellung von Zahlen als **Dualzahl** zugrunde. Die Ziffern einer Dualzahl können nur 0 oder 1 sein. So wie 10 die Basis des Rechnens mit Dezimalzahlen ist, ist hier 2 die Basis. Das bedeutet, dass sich eine Zahl z als die Summe von Zweierpotenzen ergibt, also $z = z_n \cdot 2^n + z_{n-1} \cdot 2^{n-1} + z_{n-2} \cdot 2^{n-2} + \ldots + z_0 \cdot 2^0$. Mittels dieser Formel kann aus einer Dualdarstellung, beispielsweise 111, leicht die entsprechende Dezimalzahl gewonnen werden. Diese ergibt sich zu $1 \cdot 2^2 + 1 \cdot 2^1 + 1 \cdot 2^0$, also 7, d.h. durch einfaches Ausrechnen der Formel, in die die Ziffern eingesetzt werden. z_0 ist dabei die am weitesten rechts stehende Ziffer der Dualzahl.

Dualzahlen sind wie die Dezimalzahlen ein Spezialfall der p-**adischen Darstellung** $z = z_n \cdot p^n + z_{n-1} \cdot p^{n-1} + z_{n-2} \cdot p^{n-2} + \ldots + z_0 \cdot p^0$. Für $p = 2$ ergibt sich die Dualdarstellung, für $p = 10$ die **Dezimaldarstellung**. Für $p = 16$ erhält man die so genannte **Hexadezimaldarstellung**, die in der Informatik auch gebräuchlich ist. Die Hexadezimaldarstellung verfügt über 16 Ziffern. Zu den üblichen Ziffern 0 bis 9 kommen noch sechs weitere Ziffern, die mit A bis F bezeichnet werden, hinzu. Die Zahl F im Hexadezimalsystem bedeutet im Dezimalsystem 15. So, wie 9 die letzte Ziffer im Dezimalsystem ist und damit die Zahl $10 - 1$ darstellt, repräsentiert F die größte Ziffer im Hexadezimalsystem, also die Zahl $16 - 1 = 15$. Hexadezimal 10 bedeutet im Dezimalsystem den Wert 16, denn es gilt $1 \cdot 16^1 + 0 \cdot 16^0 = 16$. Die Ziffer B in der Hexadezimalzahl $1B$ repräsentiert die zweite Ziffer nach 9 im Hexadezimalsystem, also 11, woraus sich $1 \cdot 16^1 + 11 \cdot 16^0 = 27$ im Dezimalsystem ergibt.

Die umgekehrte Rechnung, nämlich die Berechnung der p-adischen Darstellung aus einer Dezimalzahl beruht auf der Formel $z_i = (d \operatorname{div} p^i) \bmod p$. Hier steht „div" für die ganzzahlige Di-

Daten	Typ	Größe	Wertebereich
ganze Zahlen	byte	8 Bit (1 Byte)	$-2^7 \ldots (+2^7 - 1)$
	short	16 Bit (2 Byte)	$-2^{15} \ldots (+2^{15} - 1)$
	int	32 Bit (4 Byte)	$-2^{31} \ldots (+2^{31} - 1)$
	long	64 Bit (8 Byte)	$-2^{63} \ldots (+2^{63} - 1)$
Fließkommazahlen	float	32 Bit (4 Byte)	$\pm 3.4 * 10^{38}$
	double	64 Bit (8 Byte)	$\pm 1.8 * 10^{108}$
Zeichen	char	16 Bit (2 Byte)	Unicode-Zeichen
Boolescher Wert	boolean	8 Bit (1 Byte)	`true` oder `false`

Abbildung 17.2: Übersicht über die Anzahl verwendeter Bits bei den primitiven Datentypen von Java und den dadurch bewirkten Wertebereich

vision ohne Rest und „mod" für *modulo*, die Berechnung des Restes. Die Ziffer z_i ergibt sich also dadurch, dass die gegebene Dezimalzahl ganzzahlig durch p^i geteilt wird und vom Ergebnis der Rest bezüglich p genommen wird. Die folgende Rechnung leitet auf diese Weise die Dualzahldarstellung ($p = 2$) 1110 für die Dezimalzahl 14 her:

$$z_0 = (14 \operatorname{div} 1) \operatorname{mod} 2 = 14 \operatorname{mod} 2 = 0$$
$$z_1 = (14 \operatorname{div} 2) \operatorname{mod} 2 = 7 \quad \operatorname{mod} 2 = 1$$
$$z_2 = (14 \operatorname{div} 4) \operatorname{mod} 2 = 3 \quad \operatorname{mod} 2 = 1$$
$$z_3 = (14 \operatorname{div} 8) \operatorname{mod} 2 = 1 \quad \operatorname{mod} 2 = 1$$

Die zweiwertige Darstellung liegt auch anderen Datentypen zugrunde, die in Programmiersprachen und Rechnern verwendet werden. Die Tabelle in Abbildung 17.2 gibt eine Übersicht über die Anzahl verwendeter Bits bei den primitiven Datentypen von Java und den dadurch bewirkten Wertebereich. Unicode bezeichnet einen international standardisierten Zeichensatz mit 16 Bit langen Zeichen.

Zusammenfassung 17.1: Zweiwertige Informationsdarstellung

Die **zweiwertige Informationsdarstellung** repräsentiert Information durch die Aneinanderreihung von Bits. Ein **Bit** ist eine Informationseinheit, die zwei Werte annehmen kann, 0 oder 1.

Ein **Byte** besteht aus acht Bits. Bytes können etwa zur Repräsentation von Textzeichen verwendet werden (Abbildung 17.1).

Die zweiwertige Darstellung liegt auch anderen Datentypen zugrunde, die in Programmiersprachen und Rechnern verwendet werden. Zahlen können beispielsweise über der Basis 2 als **Dualzahlen** repräsentiert werden. Abbildung 17.2 gibt eine Übersicht über die Anzahl verwendeter Bits bei den primitiven Datentypen von Java und den dadurch bewirkten Wertebereich.

Zusammenfassung 17.2: p-adische Darstellung ganzer Zahlen

Die **p-adische Darstellung** repräsentiert eine Zahl z durch die Koeffizienten ihrer Darstellung als Potenzsumme zur Basis p : $z = z_n \cdot p^n + z_{n-1} \cdot p^{n-1} + z_{n-2} \cdot p^{n-2} + \ldots + z_0 \cdot p^0$.

Eine p-adische Darstellung für $p = 2$ wird als **Dualzahl** bezeichnet: $z = z_n \cdot 2^n + z_{n-1} \cdot 2^{n-1} + z_{n-2} \cdot 2^{n-2} + \ldots + z_0 \cdot 2^0$.

Die Ziffern z_i der p-adischen Darstellung einer Dezimalzahl d können wie folgt berechnet werden:

$z_i = (d \operatorname{div} p^i) \operatorname{mod} p, i = 1, \ldots, n.$

Aufgabe 17.1:

    a) Wandeln Sie die Dualzahl 11011 in eine Dezimalzahl um.

    b) Wandeln Sie die 4-adische Zahl 3021 in eine Dezimalzahl um.

    c) Wandeln Sie die Dezimalzahl 29 in eine Zahl in p-adischer Darstellung für $p = 2, 8, 16$ um.

Aufgabe 17.2:

    Schreiben Sie eine Java-Funktion `static int stelle(int i, int p, int x)`, die die `i`-te Stelle der nicht negativen Dezimalzahl `x` in der p-adischen Darstellung zurückgibt. Falls `x` negativ ist, soll -1 zurückgegeben werden.

17.2   Boolesche Funktionen

Grundlage der zweiwertigen Informationsverarbeitung sind die Booleschen Funktionen. Eine **Boolesche Funktion** ist eine Funktion, welche Parametern, die den Wert 0 oder 1 annehmen können, einen 0- oder 1-Wert zuordnet.

In Abbildung 17.3 ist eine Boolesche Funktion mit drei Parametern a, b, c definiert. Die Tabelle zeigt jene Werte, welche durch die Funktion f den einzelnen Wertekombinationen, die a b und c annehmen können, zugeordnet werden. Beispielsweise ordnet f der Parameterkombination $a = 0$, $b = 0$, $c = 0$ den Wert 0 zu. Der Parameterkombination $a = 1$, $b = 0$, $c = 0$ wird ebenfalls der Wert 0 zugeordnet. Dies ist in der fünften Zeile der Tabelle aufgeführt. Es gibt insgesamt acht mögliche Kombinationen von Wertebelegungen der drei Parameter a, b und c. Dies kann dadurch eingesehen werden, dass die zwei Möglichkeiten für a mit den zwei Möglichkeiten von b sowie den zwei Möglichkeiten von c kombiniert werden, also $2 \cdot 2 \cdot 2 = 8$ Möglichkeiten.

Die Funktion f kann auch verbal beschrieben werden: f ist genau dann gleich 1, wenn die Mehrzahl der Parameterwerte gleich 1 ist. Beispielsweise ist bei $a = 0$, $b = 0$ und $c = 1$ die Mehrzahl der Parameterwerte gleich 0, sodass der Funktionswert 0 ist. Im Falle $a = 1$, $b = 1$ und $c = 0$ ist die Mehrzahl der Parameterwerte gleich 1, sodass $f(1, 1, 0) = 1$ ist.

Abbildung 17.4 zeigt eine Reihe elementarer Boolescher Funktionen, denen eine besondere Bedeutung zukommt. Die erste Funktion ist die ***and*-Funktion**. *and* repräsentiert das logische *und*,

a	b	c	$f(a,b,c)$
0	0	0	0
0	0	1	0
0	1	0	0
0	1	1	1
1	0	0	0
1	0	1	1
1	1	0	1
1	1	1	1

Abbildung 17.3: Beispiel für eine Boolesche Funktion f, dargestellt durch eine Wertetabelle

wenn 0 als *falsch* (*false*) und 1 als *richtig* (*true*) interpretiert wird. Die Tabelle für *and* führt den Ergebniswert 1 nur dann auf, wenn a und b beide gleich 1 sind. Bei unserer Interpretation mit Wahrheitswerten ist dies klar: es gilt a und b nur, wenn a *richtig* und b *richtig* ist. Ist beispielsweise a *falsch* und b *falsch*, dann ist natürlich auch „a und b" *falsch*. Wenn a *falsch* und b *richtig* ist, kann die Gesamtaussage „a und b" nicht *richtig* sein.

Die zweite Tabelle zeigt die *oder*- bzw. *or*-**Funktion**. Unter der Annahme, dass a und b zwei Aussagen repräsentieren, ist einsichtig, dass die Aussage „a *oder* b" nur richtig ist, wenn a *richtig* oder b *richtig* ist. Hier ist zu beachten, dass auch der Fall, dass a und b gleichzeitig *richtig* sind, eine richtige Aussage liefert. Es ist also nicht „entweder - oder" gemeint, das genau dann zutreffend wäre, wenn eine der Aussagen a oder b *richtig* wäre, aber nicht beide.

In der dritten Tabelle wird die so genannte *nand*-**Funktion** dargestellt. Dies ist die Negation der *and*-Funktion. Das bedeutet, dass *richtig* durch *falsch* und *falsch* durch *richtig* ersetzt wird.

Schließlich repräsentiert die fünfte Tabelle die Negation oder *not*-**Funktion**. Diese hat nur einen Parameter: a.

Eine Alternative zur Darstellung von Booleschen Funktionen über Tabellen ist die Darstellung durch **Formeln**, in denen die gerade beschriebenen Booleschen Verknüpfungen verwendet werden. Eine spezielle Art von Formel ist die **disjunktive Normalform**. Die disjunktive Normalform setzt sich aus *and*-, *or*- und *not*-Verknüpfungen zusammen. Sie besteht aus Termen, die sich durch *and*-Verknüpfung der Parameter der Funktion beziehungsweise deren Negierung ergibt. Die Terme wiederum werden durch *or* verknüpft.

Aus der Formeldarstellung kann einfach eine Tabellendarstellung einer Booleschen Funktion abgeleitet werden, in dem alle Kombinationen von Wahrheitswerten für a, b und c eingesetzt werden und die Formel für die jeweilige Kombination ausgewertet wird. Interessanter ist die Frage, wie man aus einer Tabellendarstellung einer Booleschen Funktion auf die Darstellung in

a	b	*and*		a	b	*or*		a	b	*nand*		a	b	*nor*			a	*not*
0	0	0		0	0	0		0	0	1		0	0	1				
0	1	0		0	1	1		0	1	1		0	1	0			0	1
1	0	0		1	0	1		1	0	1		1	0	0			1	0
1	1	1		1	1	1		1	1	0		1	1	0				

Abbildung 17.4: Beispiele für elementare Boolesche Funktionen

Algorithmus zur Herleitung einer disjunktiven Normalform

Eingabe: Eine Boolesche Funktion in Tabellenform.

Ausgabe: Die Boolesche Funktion in disjunktiver Normalform.

Ablauf:

1. Für alle Zeilen der Tabelle, die den Wert 1 liefern, forme eine Boolesche Formel, die alle Einga-beparameter direkt oder negiert enthält und mit *and* verknüpft. Ein Parameter wird genau dann negiert, wenn sein Wert auf der Zeile gleich 0 ist.

2. Verknüpfe die Formeln aus 1. mit *or*.

Abbildung 17.5: Algorithmus zur Herleitung einer disjunktiven Normalform

a	b	c	$f(a,b,c)$	
0	0	0	0	
0	0	1	0	
0	1	0	0	
0	1	1	1	$\bar{a}*b*c$
1	0	0	0	
1	0	1	1	$a*\bar{b}*c$
1	1	0	1	$a*b*\bar{c}$
1	1	1	1	$a*b*c$

Ergebnis: $f = \bar{a}*b*c + a*\bar{b}*c + a*b*\bar{c} + a*b*c$

math. Notation: $f = (\neg a \wedge b \wedge c) \vee (a \wedge \neg b \wedge c) \vee (a \wedge b \wedge \neg c) \vee (a \wedge b \wedge c)$

Abbildung 17.6: Herleitung der disjunktiven Normalform bei einer gegebenen Wertetabelle

disjunktiver Normalform kommt. Dies wird von dem Algorithmus in Abbildung 17.5 geleistet.

Abbildung 17.6 zeigt eine Anwendung des Algorithmus auf die Funktion f aus Abbildung 17.3. Die resultierende disjunktive Normalform ist

$$f(a,b,c) = \bar{a}*b*c + a*\bar{b}*c + a*b*\bar{c} + a*b*c.$$

Der Stern „*" steht dabei für die *and*-Verknüpfung, „+" für die *or*-Verknüpfung und der Quer-strich ¯ über einem Buchstaben für die Negation. Diese Schreibweise ist in der Informatik ge-bräuchlich, weil sich hier die üblichen Zeichen der Tastatur, nämlich $*$ und $+$ verwenden lassen. In der Mathematik hat sich für die logischen Operationen eine andere Notation eingebürgert, nämlich $\wedge$ für „*und*", $\vee$ für „*oder*"und $\neg$ für „*nicht*". Mit diesen Zeichen lautet die Funktion

$$f = (\neg a \wedge b \wedge c) \vee (a \wedge \neg b \wedge c) \vee (a \wedge b \wedge \neg c) \vee (a \wedge b \wedge c).$$

An der Formel fällt auf, dass mehr als zwei Terme mit *and* beziehungsweise mit *or* verknüpft werden. Dies stellt eine Kurzschreibweise für einen Ausdruck mit Klammern dar, in dem jeweils zwei Operanden verknüpft werden. Ferner wird in dem Beispiel vorausgesetzt, dass *or* (+) eine geringere Bindungsstärke als *and* (∗) hat. Eine vollständige Schreibweise mit Klammern ist beispielsweise

$$f(a,b,c) = (((\bar{a}*b)*c) + ((a*\bar{b})*c)) + (((a*b)*\bar{c}) + ((a*b)*c)).$$

Das Verfahren betrachtet die Zeilen der Tabelle, die einen Funktionswert $f = 1$ liefern. Jeder dieser Zeilen wird ein *and*-Term aus den Parametern der Funktion zugewiesen. Der Term enthält alle Parameter, wobei diejenigen Parameter negiert auftreten, die mit 0 in der Zeile der Tabelle repräsentiert sind. So liefert die Zeile $a = 0, b = 1, c = 1$ den Term $\bar{a} * b * c$. Die Tabelle in Abbildung 17.6 hat insgesamt vier Zeilen mit Funktionswert 1, sodass sich vier Terme ergeben. Dies sind Terme der gesuchten disjunktiven Normalform, die dann noch mit *oder* zu verknüpfen sind.

Das Verfahren liefert ein korrektes Ergebnis. Allerdings zeigt es sich, dass es manchmal möglich ist, kürzere Darstellungen in disjunktiver Normalform zu finden. In unserem Beispiel lässt sich etwa f auch durch

$$f(a,b,c) = \bar{a}*b*c + a*\bar{b}*c + a*b$$

darstellen. Zur Herleitung solcher verkürzten Formeln gibt es Algorithmen[2].

Zusammenfassung 17.3: Boolesche Funktionen

Eine **Boolesche Funktion** ist eine Funktion, welche Parametern, die den Wert 0 oder 1 annehmen können, einen 0- oder 1-Wert zuordnet. Boolesche Funktionen sind die Grundlage der zweiwertigen Informationsverarbeitung.

Es gibt eine Reihe besonderer Boolescher Funktionen, die als Operatoren in **Booleschen Formeln** verwendet werden, zum Beispiel *and*, *or*, *not* (Abbildung 17.4).

Ein spezieller Boolescher Formeltyp ist die **disjunktive Normalform**, welche aus Termen besteht, deren Parameter oder dessen Negierung mit *and* verknüpft sind und bei denen diese Terme wiederum alle durch *or* verknüpft werden.

Es gibt einen Algorithmus, der aus einer Booleschen Funktion, die in Tabellenform gegeben ist, eine Formeldarstellung in disjunktiver Normalform erzeugt (Abbildung 17.5). Ferner kann durch Einsetzen aller Parameterwertkombinationen eine Tabellenrepräsentation aus einer Booleschen Formel konstruiert werden.

Aufgabe 17.3:

Stellen Sie die Wertetabelle einer Booleschen Funktion $g(a,b,c)$ auf, die genau dann gleich 0 ist, wenn genau zwei der Bit-Stellen der Argumente gleich 0 sind, d.h. zwei der drei Funktionsparameter a, b, c gleich 0 und die anderen gleich 1 sind.

Aufgabe 17.4:

Ermitteln Sie eine Formel für die Funktion $g(a,b,c)$ aus der vorigen Aufgabe. Verwenden Sie hierfür das Verfahren zur Herleitung einer disjunktiven Normalform.

2 W. Oberschelp, G. Vossen, *Rechneraufbau und Rechnerstrukturen*, Oldenbourg, 9. Auflage, 2003.

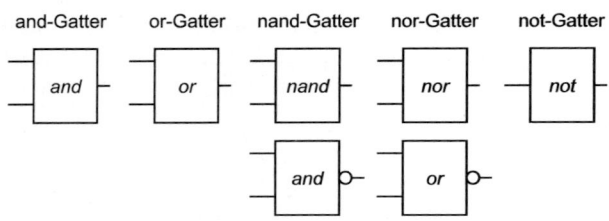

Abbildung 17.7: Darstellung von Gattern zur Umsetzung Boolescher Funktionen

Aufgabe 17.5:

Gegeben sei die Boolesche Formel $h(x, y) = (x * \bar{y}) + (\bar{x} * y)$. Stellen Sie eine Funktionstabelle für $h(x, y)$ auf. Beschreiben Sie kurz mit eigenen Worten, wann diese Funktion den Wert *true* annimmt.

17.3   Schaltungen

Die Booleschen Funktionen in Operatordarstellung bilden nun den Ausgangspunkt zur Herleitung von Schaltungen. **Schaltungen** werden durch Boolesche Schaltkreise realisiert. Ein **Boolescher Schaltkreis** ist die Darstellung einer Booleschen Funktion durch Verknüpfung von Gattern. Ein **Gatter** ist eine Schaltung für eine elementare Boolesche Funktion.

Für die uns schon bekannten Booleschen Funktionen sind entsprechende Gatter in Abbildung 17.7 dargestellt. Ein Gatter ist hierbei durch ein Kästchen dargestellt, das auf der linken Seite Eingangsleitungen und auf der rechten Seite Ausgangsleitungen hat. Die Eingangsleitungen repräsentieren die Parameter der Funktion, die Ausgangsleitung das Ergebnis der Funktion. Mit Ausnahme von *not* haben alle Operationen zwei Parameter *a* und *b*. Dies wird durch die zwei Eingangsleitungen im Gegensatz zum *not*-Gatter verdeutlicht. Die Operation, die das Gatter repräsentiert, wird durch die Beschriftung im Kästchen angegeben. Für *nand*- und *nor*-Gatter gibt es zwei Notationen. Bei der ersten wird die Operation direkt in das Kästchen geschrieben. Bei der zweiten Operation wird die Herkunft der Operation dadurch deutlich gemacht, dass in das Kästchen *and* beziehungsweise *or* geschrieben wird, wobei zusätzlich die Negation durch einen kleinen Kreis am Ausgang deutlich gemacht wird.

Abbildung 17.8 zeigt einen **Booleschen Schaltkreis**, der die schon bekannte Boolesche Funktion *f* aus Abbildung 17.3 realisiert. Um die Anzahl der Leitungen zu reduzieren, finden sich in der Mitte des Bildes senkrechte „Drähte", die mit den Eingängen a, b, c beziehungsweise deren Negation, $\bar{a}, \bar{b}, \bar{c}$, verknüpft sind. Durch die Punkte wird angedeutet, welche Drähte miteinander verbunden sind. Das bedeutet, dass nur die Kreuzungen, die durch Punkte markiert werden, Verknüpfungen sind. Zur Vereinfachung wurden ferner *and*- und *or*-Gatter mit mehr als zwei Eingängen verwendet. Diese Gatter können durch Kombination von Gattern entsprechenden Typs mit nur zwei Eingängen repräsentiert werden, indem die zugrundeliegende Formel so geklammert wird, dass nur noch Verknüpfungen mit zwei Operanden auftreten, die dann durch Gatter

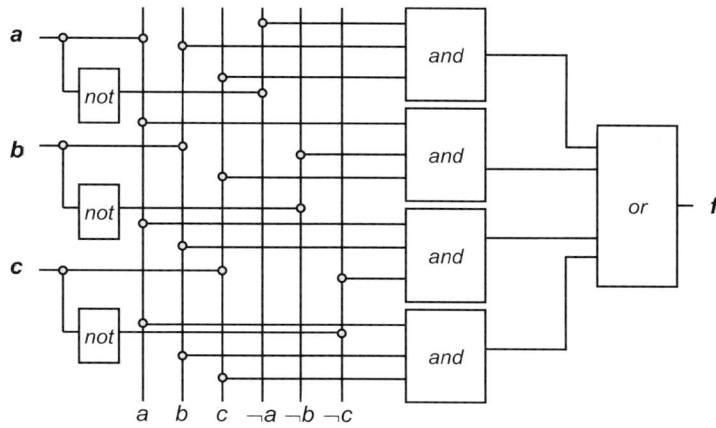

Abbildung 17.8: Repräsentation der Booleschen Funktion f durch einen Booleschen Schaltkreis

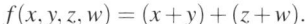

repräsentiert werden, d.h. $x * y * z = (x * y) * z$ beziehungsweise $x + y + z + w = (x + y) + (z + w)$.

In den beiden folgenden Abschnitten werden zwei komplexere Schaltungen vorgestellt: ein 1-Bit-Addierer und das RS-Flipflop, welches ein einfaches Speicherelement repräsentiert.

> **Zusammenfassung 17.4: Schaltungen und Boolesche Schaltkreise**
> **Schaltungen** werden durch Boolesche Schaltkreise realisiert. Ein **Boolescher Schaltkreis** ist die Darstellung einer Booleschen Funktion durch Verknüpfung von Gattern. Ein **Gatter** ist eine Schaltung für eine elementare Boolesche Funktion (Abbildung 17.7).

Aufgabe 17.6:

Das *or*-Gatter mit vier Eingängen in Abbildung 17.8 repräsentiert die Boolesche Formel

$$f(x, y, z, w) = (x + y) + (z + w).$$

Repräsentieren Sie die Funktion $f(x, y, z, w)$ durch einen Booleschen Schaltkreis, in dem nur Gatter mit zwei Eingängen wie in Abbildung 17.7 verwendet werden.

Entsprechend repräsentiert das *and*-Gatter in Abbildung 17.8 für die Boolesche Formel $g(x, y, z) = (x * y) * z$. Geben Sie auch hierfür einen Booleschen Schaltkreis mit Gattern mit nur zwei Eingängen an.

Aufgabe 17.7:

Stellen Sie eine Funktionstabelle für die Boolesche Formel $f(x, y, z, w) = (x + y) + (z + w)$ aus
der vorigen Aufgabe auf. Das Aufstellen der Tabelle geht schneller, wenn Sie sich ein systema-

1-Bit-Halbaddierer:

a	b	S	$\ddot{U}$
0	0	0	0
0	1	1	0
1	0	1	0
1	1	0	1

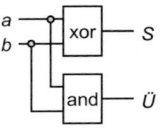

xor : entweder oder

1-Bit-Addierer:

a	b	$\ddot{U}_{in}$	S	$\ddot{U}_{out}$
0	0	0	0	0
0	0	1	1	0
0	1	0	1	0
0	1	1	0	1
1	0	0	1	0
1	0	1	0	1
1	1	0	0	1
1	1	1	1	1

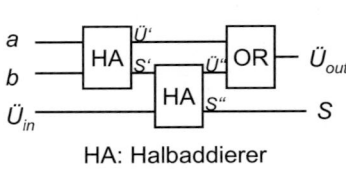

HA: Halbaddierer

Abbildung 17.9: 1-Bit-Addierer

tisches Konstruktionsprinzip für die nun benötigten 16 Zeilen ausdenken.

17.3.1   1-Bit-Addierer

Eine 1-Bit-Addition hat zwei Parameter, die 0 oder 1 sein können. Das Ergebnis ist die Summe der beiden Parameter im Dualzahlensystem, also $0+0=0$, $0+1=1$ und $1+1=11$. Bei der Addition $1+1$ ergibt sich die Schwierigkeit, dass im Dualzahlensystem ein Übertrag entsteht. Das Ergebnis ist 0, Übertrag 1. Dem muss eine Schaltung zur 1-Bit-Addition Rechnung tragen. Die erste Konsequenz ist, dass zwei Ausgänge benötigt werden, nämlich einen für die Summe (S) und einen für den Übertrag ($\ddot{U}$). $S(a,b)$ und $\ddot{U}(a,b)$ stellen jeweils eine Boolesche Funktion dar. Zur Abkürzung werden beide Booleschen Funktionen in Abbildung 17.9 in einer gemeinsamen Tabelle dargestellt. Die beiden ersten Spalten entsprechen den Eingabeparametern a und b, die dritte und vierte Spalte repräsentieren die Funktionsergebnisse der Funktion S beziehungsweise der Funktion $\ddot{U}$. Die Tabelle gibt die gerade dargestellten Überlegungen offensichtlich korrekt wieder. Die Tabelle repräsentiert einen so genannten **1-Bit-Halbaddierer**.

Abbildung 17.9 zeigt eine kompakte Realisierung des Halbaddierers durch eine Schaltung. Bei dieser Schaltung wird ausgenutzt, dass Gatter für beide Funktionen gleichzeitig zur Verfügung stehen. Alternativ hätte man beide Funktionen S und $\ddot{U}$ getrennt nach dem uns bekannten Verfahren realisieren können. In der Schaltung fällt ferner auf, dass ein neues Gatter, *xor*, Anwendung findet. *xor* steht für „entweder oder". *xor* liefert genau dann den Ausgang 1, wenn entweder a oder b gleich 1 ist, aber nicht, wenn a und b gleichzeitig 1 sind.

Es stellt sich nun die Frage, was mit dem Übertrag gemacht wird, wenn die 1-Bit-Addition als Bestandteil einer Addition von Dualzahlen eingesetzt werden soll, die mehr als ein Bit Länge haben. Eine solche Dualzahlrechnung hat die im folgenden Beispiel der Addition der Zahlen 101 (erste Zeile) und 11 (zweite Zeile) gezeigte Form:

$$
\begin{array}{cccc}
1 & 0 & 1 & \\
  &   & 1 & 1 \\
  & 1 & 1 & \\
\hline
1 & 0 & 0 & 0
\end{array}
$$

Entsprechend der bekannten Regeln im Dezimalsystem wird von rechts nach links aufaddiert, wobei jeweils der Übertrag (dritte Zeile) aus der vorherigen Spalte zu berücksichtigen ist. Dazu ist der Additionsschaltkreis um einen weiteren Eingang zu ergänzen. Das führt zu dem **1-Bit-Addierer**, der drei Eingänge a, b und $Ü$ hat. Bei den Ausgängen bleibt es bei zwei, nämlich S und $Ü$. Zur Unterscheidung des Eingangs-$Ü$ und des Ausgangs-$Ü$ dient der Index in beziehungsweise out, d.h. $Ü_{in}$ und $Ü_{out}$. Die Tabelle in Abbildung 17.9 ergibt sich durch Anwendung der Rechenregeln für das Dualsystem.

Es zeigt sich, dass die Schaltung eines Addierers unter Verwendung zweier Halbaddierer und eines *oder*-Gatters realisiert werden kann, siehe Abbildung 17.9. Die Korrektheit kann durch Durchrechnen der Schaltungen für alle möglichen Eingangskombinationen für a, b und $Ü_{in}$ gezeigt werden.

Das Beispiel des 1-Bit-Addierers veranschaulicht das Prinzip des Aufbaus komplexer Schaltungen aus einfachen Schaltungen. Es erhöht die Übersichtlichkeit von Schaltungen beträchtlich und führt letztendlich auf die Register-Transferebene, in der komplexere Bausteine anstelle der einfachen Booleschen Verknüpfungen eingesetzt werden.

Aufgabe 17.8:

Der vorgestellte Addierer kann durch ein rechteckiges Schaltungssymbol mit drei Eingängen, nämlich a, b und $Ü_{in}$, und zwei Ausgängen, nämlich S und $Ü_{out}$, repräsentiert werden. Wenn an $Ü_{in}$ der Wert 0 angelegt wird, führt er eine 1-Bit-Addition $S = a + b$ zweier einstelliger Dualzahlen mit Übertrag $Ü_{out}$ aus. Es soll nun eine Schaltung für eine zweistellige Addition entworfen werden. Der erste Operand ist $a_1 a_0$, der zweite Operand ist $b_1 b_0$, das Ergebnis $s_1 s_0$ mit Übertrag $Ü_{out,1}$. Ein Beispiel ist $01 + 10 = 11$, Übertrag 0, ein anderes $01 + 11 = 00$, Übertrag 1. Schalten Sie zwei (1-Bit-)Addierer so zusammen, dass die resultierende Schaltung dies leistet.
Hinweis: a_0 und b_0 können an den Eingängen des ersten Addierers anliegen, a_1 und b_1 an den Eingängen des zweiten Addierers. Der erste Addierer liefert dann s_0, der zweite s_1.

17.3.2   Speicherbausteine - Beispiel: RS-Flipflop

Neben Einheiten wie Addierern, die Eingabewerte zum Ergebnis verknüpfen, bildet der Speicher eine weitere wesentliche Einheit des Rechners. Auch Speicher lassen sich im Prinzip in Form von Schaltungen realisieren. Ein Beispiel ist das so genannte **RS-Flipflop**, wie in Abbildung 17.10 dargestellt. Ein RS-Flipflop hat zwei Eingänge, S und R genannt, und einen Ausgang, der mit Q bezeichnet wird. Ein Flipflop speichert 1 Bit. Werden S und R beide auf 0 gesetzt, liegt am Ausgang Q der aktuell gespeicherte Wert an, d.h. 0 oder 1. Durch Setzen von S auf 1 und R auf 0 wird eine 1 in das Flipflop geschrieben. Durch $S = 0$ und $R = 1$ bekommt das Flipflop den Wert 0. Dies erklärt auch die Bezeichnung S für „set" und R für „reset".

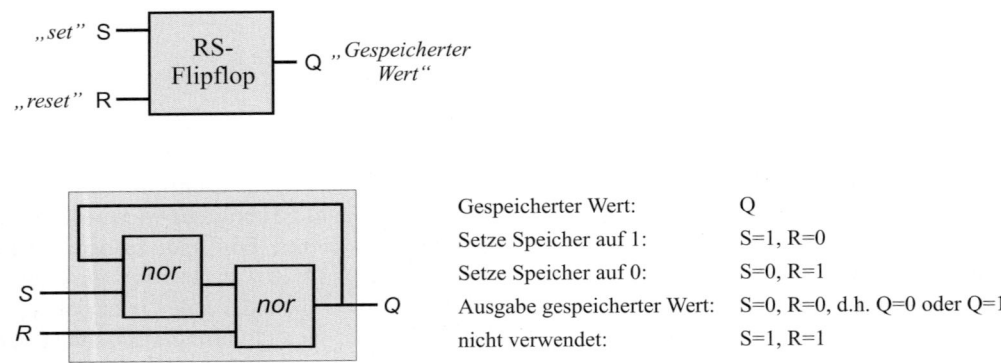

Gespeicherter Wert: Q
Setze Speicher auf 1:   S=1, R=0
Setze Speicher auf 0:   S=0, R=1
Ausgabe gespeicherter Wert: S=0, R=0, d.h. Q=0 oder Q=1
nicht verwendet: S=1, R=1

Abbildung 17.10: Aufbau und Funktionsprinzip eines RS-Flipflops als Beispiel für eine rückgekoppelte Schaltung

Es stellt sich nun die Frage, wie diese Funktionalität mittels eines Schaltkreises realisiert werden kann. Dabei gibt es ein Problem: je nachdem, welcher Wert gespeichert ist, liefert das Flipflop für $S = 0, R = 0$ das Ergebnis $Q = 0$ oder $Q = 1$. Das bedeutet, dass ein Flipflop nicht als Funktion dargestellt werden kann. Es zeigt sich jedoch, dass eine Realisierung als so genannte **rückgekoppelte Schaltung** möglich ist. Eine solche Schaltung enthält Leitungen, die Schleifen bilden, d.h. ein Wert, der sich durch Durchlaufen mehrerer Gatter ergibt, wird an den Eingang eines früheren Gatters zurückgeführt. Abbildung 17.10 zeigt eine derartige Schaltung, die tatsächlich das RS-Flipflop realisiert. Diese Schaltung setzt sich aus zwei *nor*-Gattern zusammen, wobei der Ausgang des zweiten *nor*-Gatters an einen der Eingänge des ersten *nor*-Gatters zurückgeführt wird.

Wir wollen nun das Verhalten dieser Schaltung analysieren. Rückgekoppelte Schaltungen können durch Rückführung auf nicht rückgekoppelte Schaltungen analysiert werden. Dies geschieht, indem die Rückkopplungsschleifen aufgeschnitten werden. Das ist in Abbildung 17.11 angedeutet. Durch das Aufschneiden einer Schleife entsteht ein neuer Eingabewert und ein neuer Ausgabewert. In unserem Beispiel entspricht der neue Ausgabewert dem bereits vorhandenen Ausgabewert Q. Wir bezeichnen ihn mit Q_{neu}. Die neue Eingabeleitung wird mit Q_{alt} bezeichnet.

Wir betrachten nun die Funktionstabelle der resultierenden Funktion. Diese hat drei Eingabeparameter, R, S und Q_{alt} und einen Ausgabewert, Q_{neu}. Zusätzlich nummerieren wir die Zeilen der Tabelle durch, was in der Spalte „Zustand" geschieht. Betrachten wir nun die Zeile beziehungsweise den Zustand 0. In diesem Fall stimmt der Wert von Q_{alt} und Q_{neu} überein. Daher könnte man Q_{alt} wieder mit Q_{neu} durch eine Leitung verbinden, ohne dass sich ein Widerspruch ergibt. Das bedeutet, dass sich der ursprüngliche Schaltkreis in einem stabilen Zustand befindet, wenn an den Eingabeleitungen S und R jeweils 0 anliegt und an der Ausgabeleitung Q ebenfalls 0 auftritt.

Entsprechendes gilt für die Zeile beziehungsweise den Zustand 1. Hier ist $Q_{alt} = Q_{neu} = 1$. Die

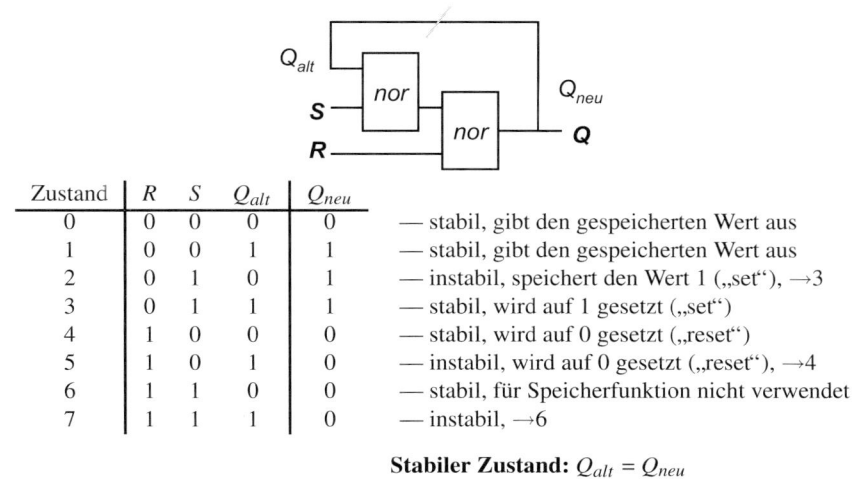

Zustand	R	S	Q_{alt}	Q_{neu}
0	0	0	0	0	— stabil, gibt den gespeicherten Wert aus
1	0	0	1	1	— stabil, gibt den gespeicherten Wert aus
2	0	1	0	1	— instabil, speichert den Wert 1 („set"), →3
3	0	1	1	1	— stabil, wird auf 1 gesetzt („set")
4	1	0	0	0	— stabil, wird auf 0 gesetzt („reset")
5	1	0	1	0	— instabil, wird auf 0 gesetzt („reset"), →4
6	1	1	0	0	— stabil, für Speicherfunktion nicht verwendet
7	1	1	1	0	— instabil, →6

Stabiler Zustand: $Q_{alt} = Q_{neu}$

Abbildung 17.11: Analyse des Verhaltens eines RS-Flipflops durch Auftrennen einer Rückführung

rückgekoppelte Schaltung liefert somit bei $R = 0$ und $S = 0$ den Ausgabewert $Q = 1$. Diese beiden Zeilen realisieren die Eigenschaft des Flipflops bei Anlegen von $R = 0$ und $S = 0$ entweder 0 oder 1 als Ergebnis auszugeben, je nachdem, welcher Wert gespeichert ist.

Auch der Zustand 3 ist stabil, denn Q_{alt} und Q_{neu} stimmen wiederum überein. Interessant ist nun der Zustand 2. Hier unterscheiden sich Q_{alt} und Q_{neu}. In diesen Zustand kann man etwa von Zustand 0 dadurch gelangen, dass der Eingang S auf 1 gesetzt wird. Bei der rückgekoppelten Schaltung hätte dies die Konsequenz, dass der Wert $Q_{neu} = 1$ nach Q_{alt} weitergegeben würde, der damit auch auf 1 gesetzt wird. Damit hätten wir jedoch die Eingabekombination von Zustand 3. In diesem Fall bleibt $Q_{neu} = 1$ und, wie wir bereits wissen, ist dann ein stabiler Zustand erreicht. Das bedeutet, dass der Zustand 2 zwar instabil ist, aber auf jeden Fall in den stabilen Zustand 3 führt. Dieser Übergang entspricht dem Einspeichern des Wertes 1 in RS-Flipflop. Speichert das RS-Flipflop bereits den Wert 1, d.h. befindet es sich im Zustand 3, geschieht nichts. Ist allerdings der Wert 0 gespeichert, nämlich im Zustand 2, geht das RS-Flipflop in Zustand 3 über, sodass nun der Wert 1 gespeichert ist.

Entsprechendes gilt für Zustand 4 und Zustand 5. Zustand 5 ist instabil, weil Q_{alt} und Q_{neu} sich unterscheiden. Jedoch wird Zustand 5 in Zustand 4 überführt. Zustand 4 ist ein stabiler Zustand. Die beiden Zeilen realisieren das Zurücksetzen beziehungsweise Einspeichern des Wertes 0 in das RS-Flipflop.

Zustand 6 ist wiederum ein stabiler Zustand, wohingegen Zustand 7 instabil ist, jedoch zum Zustand 6 führt. In beiden Zuständen ist die Eingabebelegung $R = 1$ und $S = 1$. Diese Belegung wird beim RS-Flipflop nicht genutzt.

Beim RS-Flipflop führen instabile Zustände in jedem Fall zu einem stabilen Zustand. Die in Abbildung 17.12 dargestellte Schaltung zeigt, dass das nicht der Fall sein muss. Diese Schaltung

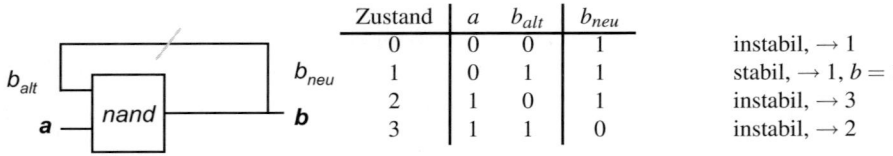

Zustand	a	b_{alt}	b_{neu}	
0	0	0	1	instabil, $\to 1$
1	0	1	1	stabil, $\to 1$, $b = 1$
2	1	0	1	instabil, $\to 3$
3	1	1	0	instabil, $\to 2$

Ergebnis:

Eingabe $a = 0$: Ausgabe $b = 1$

Eingabe $a = 1$: Ausgabe b schwingt zwischen 0 und 1

Abbildung 17.12: Beispiel für eine instabile Schaltung

besteht aus einem *nand*-Gatter, dessen Ausgang an einen der Eingänge zurückgeführt wird. Wir analysieren diese Schaltung wiederum durch Aufschneiden der Rückführung. Dadurch ergibt sich eine Eingabeleitung b_{alt} und eine Ausgabeleitung b_{neu}, die mit b übereinstimmt. Aufgrund der zwei Eingänge besteht die Tabelle aus vier Zeilen, denen die Zustände 0 bis 3 zugeordnet werden. Zustand 0 ist ein instabiler Zustand, da b_{alt} ungleich b_{neu} ist. Er bewirkt beim Schließen der Rückkoppelung, dass b_{alt} auf 1 gesetzt wird. Da der Ausgang dann laut Zeile 1 auch 1 ist, ist hier wiederum ein stabiler Zustand erreicht. Das bedeutet, dass beim Anlegen von $a = 0$ am Ausgang stets eine 1 anliegt. Zustand 2 ist ein instabiler Zustand, da b_{alt} ungleich b_{neu} ist. Beim Schließen der Rückkoppelungsleitung bekommt b_{alt} den Wert 1. Entsprechend Zeile 3 der Tabelle geht dann b_{neu} in 0 über, sodass Zustand 3 wiederum instabil ist. Bei geschlossener Leitung wird b_{alt} damit 0, was wiederum auf den Zustand 2 führt. Dieses Wechselspiel wiederholt sich unendlich oft, d. h., dass beim Anlegen von 1 an den Eingang a der Ausgang b zwischen 0 und 1 hin und her schwingt.

Dieses Verhalten erscheint auf den ersten Blick unbrauchbar. Die Schaltung stellt jedoch eine Möglichkeit für die Realisierung eines Taktgebers dar. Heutige Rechner arbeiten weitgehend getaktet, d.h., dass die Operationen zu festen Taktzeitpunkten durchgeführt werden. Die Frequenz dieser Taktung ist eine typische Kennzahl für die Leistung eines Prozessors. So liegen die Taktarten heutiger Prozessoren im Bereich von mehreren Gigahertz. „Hertz" bedeutet einen Takt pro Sekunde, „Giga" eine Milliarde. Das bedeutet, dass ein Gigahertz einer Anzahl von einer Milliarde Takte pro Sekunde entspricht.

Aufgabe 17.9:

Ersetzen Sie das *nand*-Gatter in der Schaltung von 17.12 durch ein *nor*-Gatter. Analysieren sie die Schaltung mit Hilfe einer Tabelle analog zu Abbildung 17.12. Beschreiben Sie mit eigenen Worten, wie sich der Wert am Ausgang nach längerem Anlegen von 0 bzw. 1 am Eingang verhält (stabil/nicht stabil; wenn stabil, welchen Wert der Ausgang annimmt).

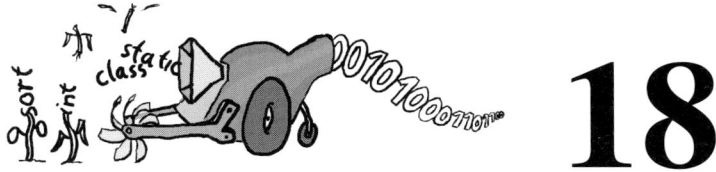

Formale Sprachen und Compiler

18

Rechner werden heutzutage meist in einer höheren Programmiersprache, wie zum Beispiel Java, programmiert. Auf der anderen Seite haben Prozessoren nach wie vor eine erheblich einfacher strukturierte Maschinensprache. Damit ein Programm, das in einer höheren Programmiersprache geschrieben ist, auf einem Rechner ausführbar wird, muss es in Maschinenbefehle überführt werden. Diese Überführung wird in der Regel von Compilern geleistet. Ein Beispiel ist der Java-Compiler, in dessen Verwendung im Teil 1.2 „Programmierung" eingeführt wurde. In diesem Kapitel soll ein erster Eindruck von der inneren Arbeitsweise von Compilern gegeben werden.

Abschnitt 18.1 führt in die Gegebenheiten der Überführung von Programmen höherer Programmiersprachen in Maschinensprache ein. Ein wesentliches Hilfsmittel bei der Entwicklung von Compilern ist die Theorie der formalen Sprachen. Wie bei natürlichen Sprachen wird die Struktur der Sprache, die üblicherweise als Syntax bezeichnet wird, durch eine Grammatik beschrieben. Abschnitt 18.2 stellt die in der Informatik häufig benutzten Grammatiken nach Chomsky vor, die, wie in Abschnitt 18.3 dargelegt wird, zu Klassen formaler Sprachen nach Chomsky führen.

Compiler führen in der Regel eine Analyse der Syntax eines Programms aus, deren Ergebnis darstellt, welche Regeln der Grammatik der zugrundeliegenden Programmiersprache angewendet werden müssen, um das gegebene Programm zu erhalten. Aufbauend darauf setzt der Compiler das Zielsprachenprogramm zusammen. Wir illustrieren dies in Abschnitt 18.4 anhand eines Beispiels in vereinfachender Weise.

Eine Möglichkeit, die Syntaxanalyse durchzuführen, bietet das Konzept der Automaten. Automaten sind im Prinzip Gegenstücke der Grammatiken. Abschnitt 18.5 gibt eine Übersicht zum Konzept der Automaten. In Abschnitt 18.6 gehen wir etwas genauer auf einen Automatentypen, die endlichen Automaten, ein.

Neben der Syntax gibt es die Semantik, die Aussagen in einer Sprache zugeordnet und sich mit der inhaltlichen Bedeutung von Aussagen in einer Sprache befasst. Der Abschnitt 18.7 gibt eine kurze Einführung in dieses Konzept.

18.1 Compiler

Ein **Compiler** übersetzt ein gegebenes Programm, das üblicherweise in einer höheren Programmiersprache geschrieben ist, in ein Programm in einer anderen, normalerweise einfacher strukturierten Sprache, z.B. Assembler oder Maschinensprache. Ein Compiler ist selbst wiederum ein Programm, welches das gegebene Programm einliest und als Ausgabe das übersetzte Programm zurückgibt.

Als Alternative zu einem Compiler kann auch ein **Interpreter** eingesetzt werden. Ein Interpreter arbeitet ein gegebenes Programm schrittweise ab und führt dabei die korrespondierenden Maschinenbefehle sofort aus.

Ein Nachteil des Interpreters ist, dass die Programmausführung langsamer als die Ausführung eines übersetzten Programms ist. Ein Vorteil des Interpreters liegt darin, dass nicht erst mehr oder weniger lange Zeit für das Compilieren verstreicht, bevor das Programm erste Ergebnisse liefern kann.

In üblichen Java-Programmierumgebungen ist sowohl ein Compiler als auch ein Interpreter zu finden. Der Compiler übersetzt das gegebene Java-Programm (`.java`-Datei) in eine Sprache, die sich Java-Byte-Code nennt. Das resultierende Programm ist in einer Datei mit der Endung `.class` gespeichert. Dieses Java-Byte-Code-Programm wird dann durch einen Interpreter ausgeführt, die Java Virtual Machine (JVM).

Die Alternative wäre die Übersetzung des Java-Programms direkt in die Maschinensprache des Rechners, auf dem das Programm ausgeführt wird. Da verschiedene Prozessortypen unterschiedliche Maschinensprachen bedingen, würde das für jede Maschinensprache einen eigenen Compiler notwendig machen. Da es schwieriger und aufwändiger ist, einen Compiler an eine neue Maschinensprache anzupassen als den Interpreter, wurde bei Java der beschriebene Weg gewählt. Daraus ergibt sich eine wesentliche Eigenschaft der Java-Programmierumgebung, nämlich der einfachen Portierbarkeit auf unterschiedliche Prozessoren. Große Teile des Java-Programmiersystems sind auf diese Weise unabhängig von konkreten Rechnern.

Die grundsätzliche Arbeitsweise eines Compilers besteht darin, die syntaktische Struktur eines Programms zu analysieren und aus den erkannten Bestandteilen das übersetzte Programm aus Bausteinen zusammenzusetzen, die den Sprachelementen des Eingabeprogramms zugeordnet sind. Dieses „Zusammensetzen" hat zur Namensgebung „Compiler" geführt: das englische „to compile" bedeutet „zusammenstellen ".

Das wesentliche Konzept zur Beschreibung der syntaktischen Struktur eines Programms ist die **Grammatik**. Dieses Konzept wird im nächsten Abschnitt vorgestellt.

18.2   Formale Sprachen und Grammatiken

Eine Programmiersprache ist eine künstliche oder „formale" Sprache, im Unterschied zu natürlichen Sprachen wie Deutsch oder Englisch. Die Begriffe, die zur Beschreibung einer formalen Sprache verwendet werden, sind im Prinzip die gleichen, die eine natürliche Sprache charakterisieren, wobei jedoch manchmal leichte Unterschiede in der Bedeutung auszumachen sind.

Zusammenfassung 18.1: Formale Sprache

Sprache: eine Menge von Worten über einem Alphabet

Alphabet: eine endliche Menge von Zeichen

Wort: eine endliche Folge von Zeichen

Beispiel: Alphabet $A = \{b\}$
Sprache $L = \{b, bb, bbb, bbbb, \ldots\}$

Syntax: struktureller Aufbau der Worte, z.B. beschrieben durch eine Grammatik

Grammatik: ein Regelwerk, das den Aufbau der Worte einer Sprache beschreibt

Semantik: Bedeutung der Worte der Sprache

Unter einer **Sprache** im formalen Sinn versteht man eine Menge von Worten über einem Alphabet. Ein **Alphabet** ist eine endliche Menge von Zeichen. Ein **Wort** wiederum ist eine endliche Folge von Zeichen aus dem Alphabet. Ein Beispiel für eine Sprache ist $L = \{b, bb, bbb, bbbb, \ldots\}$, also die Sprache, die aus allen Zeichenfolgen besteht, die sich aus b zusammensetzen. Das Alphabet dieser Sprache besteht aus nur einem Zeichen, nämlich b, d.h. $A = \{b\}$. Eine Programmiersprache wie Java ist auch eine formale Sprache. Jedes korrekte Java-Programm stellt ein „Wort" dieser Sprache dar.

Die **Syntax** einer Sprache definiert den strukturellen Aufbau der Worte, wohingegen die **Semantik** die Bedeutung der Worte der Sprache angibt. Festgelegt wird die Syntax durch die Grammatik. Eine **Grammatik** ist ein Regelwerk, das den Aufbau der Worte einer Sprache beschreibt. Grammatiken sind auch bei natürlichen Sprachen gebräuchlich. So sagt die deutsche Grammatik, dass ein Satz sich aus *Subjekt*, *Prädikat* und *Objekt* zusammensetzt, d.h. *Satz → Subjekt Prädikat Objekt*. Diese so genannte „Regel" besteht aus der linken Seite „*Satz*" und der rechten Seite „*Subjekt Prädikat Objekt*". Ein *Subjekt* wiederum besteht üblicherweise aus einem *Vorwort* und einem *Hauptwort*, also *Subjekt → Vorwort Hauptwort*.

Abbildung 18.1 zeigt zwei entsprechende Beispiele für die Verwendung von Grammatiken und Regeln. Das erste Beispiel entspricht unserem natürlichen Verständnis, nach dem wir deutsche Sätze formulieren. Eine formalere Beschreibung einer Sprache ist im zweiten Beispiel gegeben. Es werden grammatische Regeln für die Struktur einer Sprache, die nur aus Zeichenketten mit b's besteht, angegeben. Die Grammatik besteht aus zwei Regeln: $S \to b$, $S \to Sb$. Worte der Sprache ergeben sich dadurch, dass mit dem Symbol S gestartet wird. Dieses Symbol S kann nun durch die rechten Seiten der Grammatikregel ersetzt werden, die S auf der linken Seite haben, in unserem Fall also auf zwei Weisen. Die eine Möglichkeit ist, S durch b zu ersetzen. Daraus ergibt sich als erstes Wort der Sprache das Wort b. Die andere Möglichkeit ist, S durch Sb zu ersetzen, wodurch ein Wort Sb entsteht. Hierauf kann wiederum die erste Regel angewandt werden, wodurch das S durch b ersetzt wird. Das liefert das zweite Wort der Sprache. Wir hätten jedoch auch S mittels der zweiten Regel durch Sb ersetzen können, woraus sich das Wort Sbb ergeben hätte. Die Anwendung der Regel $S \to b$ führt auf das dritte Wort der Sprache bbb. Als Worte der Sprache werden alle Zeichenfolgen verstanden, die abgeleitet werden können und nur

Beispiel 1:
Grammatische Regeln:

$$Satz \rightarrow Subjekt\ Prädikat\ Objekt$$
$$Subjekt \rightarrow Die\ Studentin$$
$$Prädikat \rightarrow lernt\ \text{oder}\ liebt$$
$$Objekt \rightarrow Java\ \text{oder}\ den\ Studenten$$

Ableitung eines Satzes:

$Satz \Rightarrow Subjekt\ Prädikat\ Objekt$	Anwendung der ersten Regel
$\Rightarrow Der\ Student\ Prädikat\ Objekt$	Anwendung der zweiten Regel
$\Rightarrow Der\ Student\ lernt\ Objekt$	Anwendung der dritten Regel
$\Rightarrow Der\ Student\ lernt\ Java$	Anwendung der vierten Regel.

Beispiel 2:
Grammatische Regeln für $L = \{b, bb, bbb, bbbb, \ldots\}$: $S \rightarrow b, S \rightarrow Sb$
Ableitung von L:

$S \Rightarrow b$	Anwendung der ersten Regel
$S \Rightarrow Sb \Rightarrow bb$	Anwendung der zweiten Regel, dann der ersten Regel
$S \Rightarrow Sb \Rightarrow Sbb \Rightarrow bbb$	zweimal die zweite Regel, dann die erste Regel
usw.	

Abbildung 18.1: Beispiele für grammatische Regeln zur Beschreibung von Sprachen

Zeichen aus dem Alphabet enthalten.

Abbildung 18.2 zeigt ein komplexeres Beispiel für eine Sprache. Diese Sprache besteht aus geklammerten arithmetischen Ausdrücken, die Multiplikation und Addition enthalten. Ein Beispiel ist $3 * (b + 7) + c$. Zur Vereinfachung beschränken wir uns jedoch auf Ausdrücke, in denen nur ein Symbol, nämlich a auftreten kann, also beispielsweise $a * (a + a) + a$.

Das Alphabet der Zeichen, die in diesen Worten auftreten, ist $T = \{a, +, *, (,)\}$. Wie im vorigen Beispiel werden zur Formulierung einer Grammatik noch Hilfszeichen benötigt. Die Hilfszeichenmenge ist $N = \{E, T, F\}$. Unter diesen Hilfszeichen dient E als so genanntes Startsymbol. Das Startsymbol legt das erste Wort fest, nämlich E, aus dem alle Worte der Sprache abgeleitet werden. Die Menge der Grammatikregeln oder Produktionsregeln ist $P = \{E \rightarrow T, E \rightarrow E + T, T \rightarrow F, T \rightarrow T * F, F \rightarrow a, F \rightarrow (E)\}$.

Wir wollen nun analysieren, ob das oben gegebene Beispiel $a * (a + a) + a$ tatsächlich zu der Sprache gehört, die durch diese Grammatik beschrieben wird. Dies geschieht durch Angabe einer Ableitung des Worts aus dem Startsymbol E, wie in Abbildung 18.2 gezeigt.

Im ersten Schritt wird E mittels der Produktionsregel $E \rightarrow E + T$ durch $E + T$ ersetzt. In dem resultierenden Wort $E + T$ geschieht die Ersetzung von E durch ein T mittels der Regel $E \rightarrow T$. In dem Ergebniswort $T + T$ wird das erste T mittels der Regel $T \rightarrow T * F$ durch $T * F$ ersetzt, woraus sich das Wort $T * F + T$ ergibt. Durch sukzessives Anwenden geeigneter Regeln endet diese Ableitungsfolge am Ende bei dem gesuchten Wort $a * (a + a) + a$.

Grammatik $G = (N, T, P, E)$:

Alphabet: $T = \{a, +, *, (,)\}$

Hilfszeichenmenge: $N = \{E, T, F\}$

Startsymbol: E

Produktionsregeln: $P = \{ E \to T, E \to E + T, T \to F, T \to T * F, F \to a, F \to (E) \}$

Beispiel: Ableitung von $a * (a + a) + a$:

$E \Rightarrow E + T \Rightarrow T + T \Rightarrow T * F + T \Rightarrow F * F + T \Rightarrow a * F + T \Rightarrow a * (E) + T$
$\Rightarrow a * (E + T) + T \Rightarrow a * (T + T) + T \Rightarrow a * (F + T) + T \Rightarrow a * (a + T) + T$
$\Rightarrow a * (a + F) + T \Rightarrow a * (a + a) + T \Rightarrow a * (a + a) + F$
$\Rightarrow a * (a + a) + a$

Abbildung 18.2: Beispiel für eine Sprache aus geklammerten arithmetischen Ausdrücken

Nach dieser Erklärung des Konzepts von Grammatiken wollen wir uns nun der formalen Definition zuwenden.

Eine Grammatik G ist durch vier Bestandteile gegeben. Der erste Bestandteil ist die Menge N der **Hilfszeichen**. Gebräuchlich sind hierfür auch die Begriffe „Nichtterminale", „Nichtendzeichen" und „Variablenzeichen". Im letzten Beispiel war dies die Menge N aus den Zeichen E, T, F.

Des Weiteren gibt es die endliche Menge T der **Endzeichen**, auch „Terminale" genannt. Das sind die Zeichen, die tatsächlich in den Worten der Sprache auftreten, im letzten Beispiel also die Zeichen $a, +, *, (,)$.

Der dritte Bestandteil ist die Menge P der Produktionsregeln. Dies sind die Grammatikregeln der Sprache. Eine **Produktionsregel** setzt sich aus zwei Zeichenfolgen, y und y', zusammen, zwischen denen ein $\to$ steht. In unserem bisherigen Beispiel bestand das Wort y stets aus einem Zeichen, während y' auch mehrere Zeichen enthalten konnte. Ein Beispiel ist die Produktionsregel $E \to E + T$, in der $y = E$ und $y' = E + T$ ist. Diese Einschränkung ist nicht unbedingt notwendig. Hinzu kommt, dass es auch erlaubt ist, dass y' aus gar keinem Zeichen besteht, d.h. das so genannte **leere Wort** ist, wofür häufig das Symbol λ (Lambda) geschrieben wird. Eine typische Regel könnte $S \to \lambda$ lauten. Dies würde bedeuten, dass S bei der Ableitung von Worten aus dem gegebenen Wort eliminiert wird, indem es durch das leere Wort ersetzt wird.

Auf Grundlage einer Grammatik kann nun der Begriff der Ableitung von Worten definiert werden. Die **unmittelbare Ableitung** eines Wortes v aus einem Wort u ergibt sich durch Anwendung einer Grammatikregel auf das Wort u. Ist $y \to y'$ die entsprechende Produktionsregel, und hat u die Form xyz, dann kann y durch y' ersetzt werden, woraus das Wort v gleich $xy'z$ resultiert. Man sagt, dass u unmittelbar in v übergeht. Die Schreibweise ist $u \Rightarrow v$. Durch mehrfaches Anwenden unmittelbarer Ableitungen ergibt sich die **Ableitung** eines Wortes v aus u, d.h. $u \Rightarrow^* v$, das für „u geht in v über" oder „v wird aus u abgeleitet" steht. Formaler ausgedrückt bedeutet dies, dass es eine Folge $w_1, \ldots, w_n$ von Worten mit $u = w_1$ und $v = w_n$ gibt, sodass $w_i \Rightarrow w_{i+1}$ für $i = 1, \ldots, n - 1$ ist.

Die von einer Grammatik G erzeugte oder definierte **Sprache** $L(G)$ ist die Menge aller Worte w aus Zeichen aus T, die aus dem durch die Grammatik gegebenen **Startsymbol** der Sprache ableitbar sind. Formal lässt sich dies so darstellen: $L(G) = \{w \mid S \Rightarrow^* w, w$ enthält nur Endzeichen oder ist das leere Wort$\}$.

Zusammenfassung 18.2: Grammatik

Eine **Grammatik** ist gegeben durch ein 4-Tupel $G=(N, T, P, S)$, wobei

- N eine endliche Menge von **Hilfszeichen** („Variablenzeichen", „Nichtendzeichen")
- T eine endliche Menge von **Endzeichen** („Terminalzeichen"), mit der Eigenschaft, dass N und T disjunkt sind.
- P eine endliche Menge von **Produktionsregeln** der Form $y \rightarrow y'$, wobei
  - y und y' endliche Folgen aus Zeichen („Worte") aus N oder T sind,
  - y mindestens ein Zeichen enthalten muss und
  - y' auch leer sein kann („leeres Wort", λ).
- S ein Zeichen aus N, **Startsymbol** genannt, ist.

Zusammenfassung 18.3: Ableitung von Worten

Sei $G=(N, T, P, S)$ eine Grammatik.
Wir sprechen von einer **unmittelbaren Ableitung** $u \Rightarrow v$: „u geht unmittelbar in v über", wenn:

- u und v Worte aus Zeichen aus N oder T sind,
- u die Form xyz und v die Form $xy'z$ hat, wobei x, y, y', z Worte sind,
- $y \rightarrow y'$ eine Produktionsregel in P ist.

Eine **Ableitung** $u \Rightarrow^* v$: „u geht in v über" oder „v wird aus u abgeleitet" ist gegeben, wenn gilt:

- Es gibt eine Folge $w_1, \ldots, w_n$ von Worten mit $u = w_1$ und $v = w_n$, sodass $w_i \Rightarrow w_{i+1}, i = 1, \ldots, n-1$.

Zusammenfassung 18.4: Sprache

Sei $G=(N, T, P, S)$ eine Grammatik.
Die von einer Grammatik G erzeugte **Sprache** $L(G)$ ist die Menge aller Worte w aus Endzeichen aus T, die aus dem Startsymbol S ableitbar sind:
$L(G) = \{ w \mid S \Rightarrow^* w, w$ enthält nur Endzeichen oder ist das leere Wort$\}$

Aufgabe 18.1:

Wie sehen die Worte aus, die durch die Grammatik $G = (N, T, P, S)$ mit $N = \{S\}$, $T = \{a, b\}$, $P = \{S \rightarrow ab, S \rightarrow aSb\}$ erzeugt werden? Wie sieht also die Sprache aus?

Aufgabe 18.2:

Beschreiben Sie die Worte der Sprache, die durch die Grammatik $G = (N, T, P, S)$ mit $N = \{X, Y\}$, $T = \{a, b\}$, $P = \{S \rightarrow XY, X \rightarrow aX, Y \rightarrow Yb, X \rightarrow b, Y \rightarrow a\}$ erzeugt wird.-40

Aufgabe 18.3:

Geben Sie eine Grammatik für die Sprache $L = \{c, acb, aacbb, aaacbbb, \ldots\}$ an.

18.3 Sprachtypen nach Chomsky

Die Definition einer Grammatik aus dem vorigen Kapitel ist sehr allgemein. In der Praxis zeigt es sich, dass es häufig genügt, sich auf Grammatiken zu beschränken, deren Produktionsregeln ein spezielles Aussehen haben. Eine bekannte Klassifikation von Grammatiken oder Sprachtypen, die sich am Aufbau von **Grammatikregeln** orientiert, ist die von **Chomsky**[1]. Danach werden vier Haupttypen von Sprachen unterschieden, siehe Abbildung 18.3. Diese werden üblicherweise von 0 bis 3 durchnummeriert. Typ 0 umfasst die Sprachen, deren Grammatik keine Einschränkung aufweist. Typ 1 umfasst die so genannten **kontextsensitiven Sprachen**, Typ 2 die **kontextfreien Sprachen** und Typ 3 die **regulären Sprachen**. Die regulären Sprachen stellen die stärkste Einschränkung dar. Beispielsweise ist die Sprache, deren Worte aus einer endlichen Anzahl des Zeichens b entsteht, regulär. Die Sprache der arithmetischen Ausdrücke, die wir im vorigen Kapitel kennen gelernt haben, ist kontextfrei.

Wie schon gesagt, unterliegen die Grammatikregeln bei einer Chomsky-Typ-0-Grammatik keiner Restriktion. Bei den Chomsky-Typ-1-Grammatiken darf das Wort auf der linken Seite einer Regel nicht länger als das Wort auf der rechten Seite sein. Das bedeutet, dass bei Anwendung einer Regel das schon abgeleitete Wort nie kürzer werden kann. Diese Eigenschaft erlaubt es, für ein gegebenes Wort durch einen Algorithmus herauszufinden, ob das Wort zu einer gegebenen Sprache gehört. Dies kann auf etwas ineffiziente Weise dadurch erzielt werden, dass alle Worte der Länge des vorgegebenen Wortes abgeleitet werden. Dadurch, dass die Worte nie kürzer werden, sind nach endlich vielen Schritten alle möglichen Worte aufgezählt. Es kann bewiesen werden, dass es für Typ-0-Grammatiken, die diese Eigenschaft nicht haben, keinen Algorithmus gibt, der in der Lage ist, das so genannte **Wortproblem** zu lösen. Das Wortproblem ist gerade die Aufgabe, für ein gegebenes Wort zu entscheiden, ob es zur Sprache einer vorgegebenen Grammatik gehört. Es ist eine überaus wichtige Erkenntnis der theoretischen Informatik, dass nicht alle Probleme mit Rechnern zu lösen sind. Das Wortproblem für Typ-0-Grammatiken ist ein klassisches Beispiel.

Eine Grammatik ist **kontextfrei** oder vom **Typ** 2, wenn auf der linken Seite aller Produktionsregeln genau ein Zeichen steht, das ein Variablenzeichen ist. Es kann gezeigt werden, dass die Typ-2-Grammatiken eine Teilmenge der Typ-1-Grammatiken darstellen. Dabei ist zu beachten, dass wir nicht ausgeschlossen haben, dass auf der rechten Seite einer kontextfreien Produktionsregel auch das leere Wort stehen kann, sodass im Prinzip die Eigenschaft der Typ-1-Grammatik, die Nichtverkürzung, verletzt ist. Es ist jedoch möglich, zu jeder Grammatik, die solche Regeln

---

1 Avram Noam Chomsky, geb. 1928 in den USA, Sprachwissenschaftler, Professor für Linguistik am Massachusetts Institute of Technology.

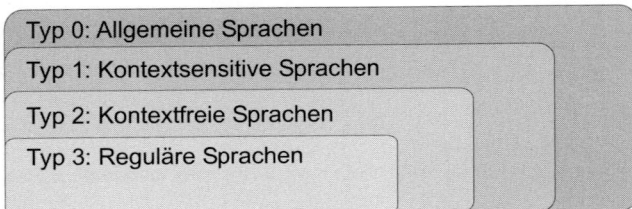

Abbildung 18.3: Klassifikation von Chomsky-Typ-*i*-Sprachen

enthält, eine kontextfreie Grammatik zu konstruieren, die die gleiche Sprache erzeugt, aber Regeln mit dieser Eigenschaft nicht enthält.

Typ-3-Grammatiken sind **kontextfreie Grammatiken**, deren Produktionsregeln die zusätzliche Eigenschaft haben, dass auf der rechten Seite nur Endzeichen beziehungsweise ein Variablenzeichen, gefolgt von Endzeichen, auftritt.

Es zeigt sich, dass sich die Syntax der meisten existierenden Programmiersprachen im Wesentlichen durch kontextfreie Grammatiken beschreiben lässt. „Im Wesentlichen" bedeutet, dass zu einer gegebenen kontextfreien Grammatik einer Programmiersprache noch Zusatzregeln hinzukommen, die die möglichen Worte durch Kontextforderungen etwas einschränken. Eine derartige Anforderung, die dies notwendig machen könnte, ist etwa, dass in Java ein Variablenname vor seiner Verwendung deklariert sein muss.

Abbildung 18.4 zeigt einen Ausschnitt aus der **Java-Grammatik**. Die Notation unterscheidet sich von der bisher von uns verwendeten. Es kommt leider vor, dass Sprachentwickler immer wieder eigene Beschreibungsformen von Grammatiken entwickeln.

In Abbildung 18.4 sind sechs Gruppen von Produktionsregeln aufgeführt, die der Definition von Fließkommazahlen dienen. Die erste Gruppe von Produktionsregeln beschreibt das so genannte *FloatingPointLiteral*. „*FloatingPointLiteral*" ist in der Grammatik ein Variablenzeichen. Es bildet die linke Seite einer ganzen Reihe von Produktionsregeln. Die rechten Seiten dieser Produktionsregeln folgen auf den Zeilenwechsel hinter dem Doppelpunkt. Jede der Zeilen stellt eine oder mehrere eigene rechte Seiten einer Produktionsregel dar, deren linke Seite das Nichtendzeichen *FloatingPointLiteral* ist. Zeilen bestehen aus einer Folge von Nichtendzeichen und Endzeichen. Nichtendzeichen sind an der kursiven Schrift mit initialen Großbuchstaben zu erkennen. Des Weiteren ist das Suffix „_opt" zu beachten. Dieses Suffix drückt aus, dass das entsprechende Nichtendzeichen auch weggelassen werden kann. Auf diese Weise enthält die erste Zeile der Regelgruppe zum *FloatingPointLiteral* in Abbildung 18.4 eine ganze Reihe von rechten Seiten, die zu unterschiedlichen Produktionsregeln führen.

Beispiele in unserer Notation sind

FloatingPointLiteral → *Digits* . *Digits ExponentPart FloatTypeSuffix*
FloatingPointLiteral → *Digits* . *Digits*
FloatingPointLiteral → *Digits* . *ExponentPart*

FloatingPointLiteral:
Digits . Digits$_{opt}$ ExponentPart$_{opt}$ FloatTypeSuffix$_{opt}$
. Digits ExponentPart$_{opt}$ FloatTypeSuffix$_{opt}$
Digits ExponentPart FloatTypeSuffix$_{opt}$
Digits ExponentPart$_{opt}$ FloatTypeSuffix

ExponentPart:
ExponentIndicator SignedInteger

ExponentIndicator: one of
e E

SignedInteger:
Sign$_{opt}$ Digits

Sign: one of
+ −

FloatTypeSuffix: one of
f F d D

Abbildung 18.4: Java-Gleitkommazahlen in Java-Grammatik-Notation

Beispiele für Gleitkommazahlen, die diesen Regeln genügen, sind $1.E - 14F, 1.5$ und $.E - 14$. Die in der ersten Regelgruppe verwendeten Nichtendzeichen werden in den folgenden Regeln konkretisiert. Die nächste Regelgruppe ist dem Exponenten gewidmet. Das entsprechende Nichtendzeichen auf der linken Seite ist *ExponentPart*. Die rechte Seite besteht aus zwei Nicht-Endzeichen *ExponentIndicator* und *SignedInteger*. *ExponentIndicator* wird in der nächsten Gruppe von Regeln definiert. Durch „one of" ist ausgedrückt, dass die rechte Seite entweder aus einem kleinen e oder aus einem großen E besteht, also in unserer bisherigen Notation

ExponentIndicator → e
ExponentIndicator → E.

„*SignedInteger*" besteht aus einem Vorzeichen, also + oder −, welches auch weggelassen werden kann, sowie einer Folge von Zahlen. Das wird durch die Regelgruppe zu *SignedInteger* in Abbildung 18.4 ausgedrückt. Diese Regelgruppe enthält zwei Regeln, *SignedInteger* → *Digits* und *SignedInteger* → *Sign Digits*. Die fünfte Regelgruppe führt aus, was „Sign" bedeutet, nämlich + oder −.

Die letzte Regelgruppe in Abbildung 18.4 ist dem *FloatTypeSuffix* gewidmet. Hier gibt es die vier Alternativen f, F, d und D. Diese drücken die schon bekannten float- beziehungsweise double-Typen aus.

Bei anderen Programmiersprachen, z.B. Pascal, ist eine andere Grammatik-Notation gebräuchlich, die ein Zwischending zwischen der Java-Notation und unserer Notation darstellt, die so genannte **Backus-Naur-Form** (BNF-Form)[2]. Eine andere, stärker grafisch orientierte Form zur Darstellung von Regeln haben wir bereits im Abschnitt 4.2.2 anhand der Syntaxdiagramme kennengelernt.

---

2 A. V. Aho, R. Sethi, J. D. Ullman, *Compilerbau I und II*, Oldenbourg, 1999.

Zusammenfassung 18.5: Grammatiktypen nach Chomsky

- **Chomsky-Typ-0-Grammatik**:
  alle Grammatiken

- **Chomsky-Typ-1-Grammatik** (kontextsensitive Grammatiken):
  Für alle Regeln $w \rightarrow w'$ ist w nicht länger als w'.

- **Chomsky-Typ-2-Grammatik** (kontextfreie Grammatiken):
  Typ-1-Grammatiken, für die alle Regeln die Form $X \rightarrow w$ haben, wobei X ein Variablenzeichen ist.

- **Chomsky-Typ-3-Grammatik**:
  Typ 2-Grammatiken, für die alle Regeln die Form $X \rightarrow x$ oder $X \rightarrow xY$ haben, wobei X, Y Hilfszeichen und x ein Endzeichen sind.

Aufgabe 18.4:

Welchen Chomsky-Typ haben die Grammatiken in den Abbildungen 18.1 beziehungsweise 18.2?

18.4   Übersetzung

In diesem Kapitel wollen wir auf die Arbeitsweise von Compilern eingehen. Ein Compiler übersetzt ein Programm, das in einer höheren Programmiersprache geschrieben ist, in eine maschinennahe Programmiersprache, z.B. Assembler oder Maschinensprache. Im Folgenden soll illustriert werden, wie dabei vorgegangen werden kann.

Die Grundidee ist, für Produktionsregeln der zu übersetzenden Sprache, der so genannten **Quellsprache**, **Übersetzungsaktionen** zu definieren, die den Produktionsregeln jeweils ein Programmstück in der Sprache, in die übersetzt werden soll, die so genannte **Zielsprache**, zuordnen.

Abbildung 18.5 illustriert dies exemplarisch. Die Quellsprache besteht aus geklammerten arithmetischen Ausdrücken mit n Variablen. Das Alphabet umfasst dabei die Variablen $a_1, \ldots, a_n$, die arithmetischen Operationen $+$ und $*$ sowie (und). Die Hilfszeichenmenge enthält E, T und F, wobei E das ausgezeichnete Startsymbol repräsentiert. Ergänzend sind in Abbildung 18.5 ebenfalls die Produktionsregeln aufgeführt.

Die Zielsprache ist eine einfache Maschinensprache, deren Befehlssatz aus den folgenden Operationen besteht: *„hole a, b"*, *„addiere a, b, c"*, *„multipliziere a, b, c"*. Die *hole*-Anweisung entspricht in Algorithmennotation $a := b$, d.h. der Wert von b wird a zugewiesen. Die *addiere*-Anweisung bedeutet in Algorithmennotation $a := b + c$: die Summe der Werte von b und c wird der Variablen a zugewiesen. Der *multipliziere*-Befehl berechnet $a := b * c$, also das Produkt des Wertes von b und des Wertes von c, das a zugewiesen wird. Im Folgenden wird wegen der besseren Lesbarkeit die Algorithmennotation anstelle der Maschinensprachennotation verwendet.

Die Übersetzungsaktionen sind in Abbildung 18.5 in Tabellenform definiert. So besteht die Übersetzungsaktion der Produktionsregel $E \rightarrow T$ in der Zuordnung des Befehls $e_k := t_i$ an die Pro-

Zuweisung von Übersetzungsaktionen an Produktionsregeln

Quellsprache: Geklammerte arithmetische Ausdrücke mit n Variablen

Alphabet: T=$\{a_1, \ldots, a_n, +, *, (,)\}$
Hilfszeichenmenge: $N = \{E, T, F\}$
Startsymbol: E
Produktionsregeln: $P = \{E \rightarrow T, E \rightarrow E + T, T \rightarrow F, T \rightarrow T * F, F \rightarrow a_i, i = 1, \ldots, n, F \rightarrow (E)\}$

Zielsprache: eine einfache Maschinensprache mit dem Befehlssatz

hole a, b	(Algorithmennotation: $a := b$)
addiere a, b, c	(Algorithmennotation: $a := b + c$)
multipliziere a, b, c	(Algorithmennotation: $a = b * c$)

Definition von Übersetzungsaktionen:

Produktionsregel	Maschinenbefehl		Produktionsregel	Maschinenbefehl
$E \rightarrow T$	$e_k := t_i;$		$E \rightarrow E + T$	$e_k := e_i + t_j;$
$T \rightarrow F$	$t_k := f_i;$		$T \rightarrow T * F$	$t_k := t_i * f_j;$
$F \rightarrow a_i$	$f_k := a_i;$		$F \rightarrow (E)$	$f_k := e_i;$

wobei e_i, f_i, t_i Programmvariablen sind.

Abbildung 18.5: Zuweisung von Übersetzungsaktionen an Produktionsregeln

duktionsregel. e_k und t_i sind dabei Variablen des Zielprogramms. Ein komplizierteres Beispiel ist die Produktionsregel $T \rightarrow T * F$, der $t_k := t_i * f_j$ zugeordnet wird. Auch hier sind t_k, t_i und f_j Variablen des Zielprogramms.

Basierend auf dieser Zuordnung erfolgt die **Übersetzung** nun wie folgt:

1. Bestimme eine Ableitung für das gegebene Wort (Programm).

2. Wenn dies nicht möglich ist, gib eine Fehlermeldung aus (Syntaxfehler).

3. Wenn dies möglich ist, fahre wie folgt fort:

   a. Arbeite die Ableitung von hinten nach vorne ab.

   b. Gib die zugeordneten Befehle der Produktionsregeln aus.

   c. Tritt links ein Index auf, der rechts nicht vorhanden ist, gib diesem den kleinsten bisher nicht verwendeten Indexwert.

Im ersten Schritt wird eine Ableitung für das gegebene Wort, d.h. für das gegebene Programm, erzeugt. Falls es eine solche Ableitung des Wortes aus dem Startsymbol der Grammatik nicht gibt, wird eine Fehlermeldung „Syntaxfehler" ausgegeben. Wenn die Ableitung möglich ist, wird sie erstellt und dann von hinten nach vorne gemäß der Übersetzungsaktionen abgearbeitet. Die Abarbeitung besteht darin, dass für jede auftauchende Produktionsregel die zugeordneten Befehle ausgegeben werden, in unserem Fall also jeweils ein Befehl. Die Indizes der Variablen werden dabei so gewählt, dass für den Fall, dass links ein Index auftritt, der rechts nicht vorhanden ist, diesem nun der kleinste bisher nicht verwendete Indexwert gegeben wird. Bei unseren zugeordneten Befehlen ist das stets der Fall. Betrachten wir diese Vorgehensweise an dem Beispiel, das in Abbildung 18.6 dargestellt ist. Dort werden die ersten drei Schritte der Übersetzung des Ausdrucks $a_1 * (a_2 + a_3) + a_4$ aufgeführt.

Ableitung	Ersetzung	Ableitung	Ersetzung

Schritt 1

Ableitung	Ersetzung	Ableitung	Ersetzung
E		$\Rightarrow a_1 * (T + T) + T$	
$\Rightarrow E + T$		$\Rightarrow a_1 * (F + T) + T$	
$\Rightarrow T + T$		$\Rightarrow a_1 * (a_2 + T) + T$	
$\Rightarrow T * F + T$		$\Rightarrow a_1 * (a_2 + F) + T$	
$\Rightarrow F * F + T$		$\Rightarrow a_1 * (a_2 + a_3) + T$	
$\Rightarrow a_1 * F + T$		$\Rightarrow a_1 * (a_2 + a_3) + F$	
$\Rightarrow a_1 * (E) + T$		$\Rightarrow a_1 * (a_2 + a_3) + a_4$	
$\Rightarrow a_1 * (E + T) + T$			

Schritt 2

Ableitung	Ersetzung	Ableitung	Ersetzung
E		$\Rightarrow a_1 * (T + T) + T$	
$\Rightarrow E + T$		$\Rightarrow a_1 * (F + T) + T$	
$\Rightarrow T + T$		$\Rightarrow a_1 * (a_2 + T) + T$	
$\Rightarrow T * F + T$		$\Rightarrow a_1 * (a_2 + F) + T$	
$\Rightarrow F * F + T$		$\Rightarrow a_1 * (a_2 + a_3) + T$	
$\Rightarrow a_1 * F + T$		$\Rightarrow a_1 * (a_2 + a_3) + F$	$f_5 := a_4;$
$\Rightarrow a_1 * (E) + T$		$\Rightarrow a_1 * (a_2 + a_3) + a_4$	
$\Rightarrow a_1 * (E + T) + T$			

Schritt 3

Ableitung	Ersetzung	Ableitung	Ersetzung
E		$\Rightarrow a_1 * (T + T) + T$	
$\Rightarrow E + T$		$\Rightarrow a_1 * (F + T) + T$	
$\Rightarrow T + T$		$\Rightarrow a_1 * (a_2 + T) + T$	
$\Rightarrow T * F + T$		$\Rightarrow a_1 * (a_2 + F) + T$	
$\Rightarrow F * F + T$		$\Rightarrow a_1 * (a_2 + a_3) + T$	$t_6 := f_5;$
$\Rightarrow a_1 * F + T$		$\Rightarrow a_1 * (a_2 + a_3) + F$	$f_5 := a_4;$
$\Rightarrow a_1 * (E) + T$		$\Rightarrow a_1 * (a_2 + a_3) + a_4$	
$\Rightarrow a_1 * (E + T) + T$			

Abbildung 18.6: Darstellung der ersten drei Schritte einer Übersetzung

Ableitung	Ersetzung	Ableitung	Ersetzung
	Ergebnis		
E	$e_{18} := e_{17} + t_6;$	$\Rightarrow a_1 * (T + T) + T$	$t_{10} := f_9;$
$\Rightarrow E + T$	$e_{17} := t_{16};$	$\Rightarrow a_1 * (F + T) + T$	$f_9 := a_2;$
$\Rightarrow T + T$	$t_{16} := t_{15} * f_{13};$	$\Rightarrow a_1 * (a_2 + T) + T$	$t_8 := f_7;$
$\Rightarrow T * F + T$	$t_{15} := f_{14};$	$\Rightarrow a_1 * (a_2 + F) + T$	$f_7 := a_3;$
$\Rightarrow F * F + T$	$f_{14} := a_1;$	$\Rightarrow a_1 * (a_2 + a_3) + T$	$t_6 := f_5;$
$\Rightarrow a_1 * F + T$	$f_{13} := e_{12};$	$\Rightarrow a_1 * (a_2 + a_3) + F$	$f_5 := a_4;$
$\Rightarrow a_1 * (E) + T$	$e_{12} := e_{11} + t_8;$	$\Rightarrow a_1 * (a_2 + a_3) + a_4$	
$\Rightarrow a_1 * (E + T) + T$	$e_{11} := t_{10};$		

Abbildung 18.7: Vollständig durchgeführte Übersetzung

Unter Schritt 1 ist in Abbildung 18.6 die Ableitung des Ausdrucks angegeben, die sich auf zwei Spalten verteilt, wobei die erste Hälfte der Ableitung in der linken Spalte und der Rest in der rechten Spalte aufgeführt ist. Die erste Zeile der linken Spalte zeigt das Startsymbol, jede weitere Zeile enthält einen Ableitungsschritt, der in der Anwendung einer Produktionsregel besteht.

In Schritt 2 wird der letzten Produktion, $F \rightarrow a_4$, gemäß der entsprechenden Übersetzungsaktion aus der Tabelle in Abbildung 18.5 ein Befehl der Form $f_k := a_i$ zugeordnet. Die Indizes der verwendeten Variablen ergeben sich ausgehend von der letzten Zeile der Ableitung. In der aktuellen Situation ist $a_i = a_4$, also $i = 4$. Der Index k von f_k bekommt laut Übersetzungsverfahren den kleinsten bisher nicht verwendeten Wert, nämlich 5. Der Grund ist, dass die Zahlen 1 bis 4 bereits als Indizes der Variablen a_1, a_2, a_3 und a_4 verwendet wurden. Der resultierende Befehl $f_5 := a_4$ ist in Abbildung 18.6 rechts neben der Ableitung aufgeführt.

Die nächste Produktionsregel vom Ende der Ableitung her ist $T \rightarrow F$. Diese wird in Schritt 3 bearbeitet. In dem durch die entsprechende Übersetzungsaktion aus Abbildung 18.5 zugeordneten Befehl $t_k := f_i$ ergibt sich in der aktuellen Situation $f_i = f_5$, also $i = 5$. Da $k \neq i$ ist, muss für k laut Übersetzungsverfahren der bisher kleinste nicht verwendete Indexwert eingesetzt werden, also $k = 6$. Dies ergibt den zugeordneten Befehl $t_6 := f_5$. Dieser Befehl ist in Abbildung 18.6 unter Schritt 3 rechts von dem entsprechenden Ableitungsschritt aufgeführt.

Auf diese Weise wird fortgefahren, bis die Folge der Ersetzungen komplett ist. Abbildung 18.7 zeigt das Ergebnis. Die sich ergebende Folge von Befehlen, von hinten her gelesen, ist eine erste Version des übersetzten Programms. Dieses ist im oberen Teil von Abbildung 18.8 aufgeführt.

Betrachtet man das Ergebnisprogramm, fallen Zuweisungsketten auf, die eigentlich überflüssig sind, z.B. $f_5 := a_4$, $t_6 := f_5$. Die Zuweisung $t_6 := a_4$ hat die gleiche Wirkung, da die Variable f_5 nirgendwo anders im Programm verwendet wird. Durch Elimination überflüssiger Variablen in solchen Zuweisungsketten ergibt sich das erheblich kürzere Programm, das in Abbildung 18.8 unter „Optimierung" gezeigt ist.

Wir wollen das Programm nun noch etwas näher an die Maschinensprache heranführen. Dazu erinnern wir uns an den Aufbau der Maschinensprache aus Kapitel 16 „Von-Neumann-Rechner", Seite 259. In dieser Maschinensprache traten Hauptspeicheradressen und Register auf. Wir gehen

Ergebnis:

$f_5 := a_4;$ $f_9 := a_2;$ $f_{13} := e_{12};$ $e_{17} := t_{16};$
$t_6 := f_5;$ $t_{10} := f_9;$ $f_{14} := a_1;$ $e_{18} := e_{17} + t_6;$
$f_7 := a_3;$ $e_{11} := t_{10};$ $t_{15} := f_{14};$
$t_8 := f_7;$ $e_{12} := e_{11} + t_8;$ $t_{16} := t_{15} * f_{13};$

Optimierung: Entfernen von Zuweisungsketten

$t_6 := a_4;$ $e_{11} := a_2;$ $t_{15} := a_1;$ $e_{18} := e_{17} + t_6;$
$t_8 := a_3;$ $f_{13} := e_{11} + t_8;$ $e_{17} := t_{15} * f_{13};$

Registerzuweisung:

r_1	r_2	r_3	r_4	r_5	r_6	r_7
t_6	t_8	e_{11}	f_{13}	t_{15}	e_{17}	e_{18}

$a_1, a_2, a_3, a_4 =$ Hauptspeicheradressen

Endergebnis:

$r_1 := a_4;$ $r_3 := a_2;$ $r_5 := a_1;$ $r_7 := r_6 + r_1;$
$r_2 := a_3;$ $r_4 := r_3 + r_2;$ $r_6 := r_5 * r_4;$

Abbildung 18.8: Optimierung des Ergebnisprogramms und Abbildung der Hilfsvariablen auf Register des Prozessors. Die Programme sind spaltenweise angeordnet.

dabei davon aus, dass die Variablen eines Programms im Hauptspeicher stehen. Das bedeutet, dass a_1, a_2, a_3 und a_4 durch Zellen des Hauptspeichers realisiert werden. Wir nehmen dazu an, dass a_1, a_2, a_3 und a_4 nun die Adressen der entsprechenden Hauptspeicherzellen bezeichnen.

Die Variablen e_i, f_i, t_i sind Hilfsvariablen zum Abspeichern von Zwischenergebnissen. Hierfür werden typischerweise Register des Prozessors verwendet. Abbildung 18.8 zeigt eine Zuordnung von Registern an die Hilfsvariablen. Wir nehmen dabei an, dass die hier benötigten sieben Register beim verwendeten Prozessor zur Verfügung stehen. Durch Ersetzen der Variablen t_i, f_i und e_i in unserem Programm entsprechend der Registerzuordnung ergibt sich das in Abbildung 18.8 gezeigte Endergebnis.

Der letzte Schritt des Übersetzungsvorgangs ist, die bisher verwendete Algorithmennotation durch die ursprünglich gewünschte Maschinensprachen-Notation zu ersetzen. Diese geschieht aufgrund der eindeutigen Zuordnung beider Notationen in Abbildung 18.5. Beispielsweise wird $r_1 := a_4$ durch „*hole* r_1, a_4" ersetzt.

Abbildung 18.9 zeigt das Ergebnis der Übersetzung.

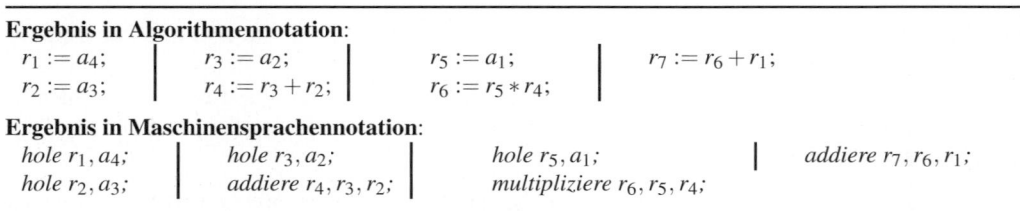

Ergebnis in Algorithmennotation:

$r_1 := a_4;$ $r_3 := a_2;$ $r_5 := a_1;$ $r_7 := r_6 + r_1;$
$r_2 := a_3;$ $r_4 := r_3 + r_2;$ $r_6 := r_5 * r_4;$

Ergebnis in Maschinensprachennotation:

hole $r_1, a_4;$ *hole* $r_3, a_2;$ *hole* $r_5, a_1;$ *addiere* $r_7, r_6, r_1;$
hole $r_2, a_3;$ *addiere* $r_4, r_3, r_2;$ *multipliziere* $r_6, r_5, r_4;$

Abbildung 18.9: Überführung der Algorithmennotation in Maschinensprachennotation

Aufgabe 18.5:

Übersetzen Sie den Ausdruck $a_1 * a_2 + a_3$ analog zur Vorgehensweise in diesem Kapitel in Maschinensprache. Verwenden Sie dabei die Grammatik und die Zuweisung von Übersetzungsaktionen an Produktionsregeln aus Abbildung 18.5.

18.5 Automaten

Die Übersetzung im vorigen Kapitel war durch die Grammatik der Sprache beeinflusst. Diese wurde verwendet, um eine Ableitung des gegebenen Programms (= „Wort" der Sprache) zu konstruieren. Als Alternative hat sich in der Informatik ein weiteres Konzept entwickelt, das Konzept der **Automaten**. Während Grammatiken den Aufbau einer Sprache beschreiben, sind Automaten aktive Systeme, die ein gegebenes Programm analysieren. Grammatiken und Automaten ergänzen sich auf diese Weise wechselseitig. Zu den einzelnen Sprachtypen nach Chomsky gibt es ein entsprechendes Automatenkonzept.

- Typ-0-Sprachen: (nichtdeterministische) Turingmaschinen

- Typ-1-Sprachen: bandbeschränkte Turingmaschinen

- Typ 2-Sprachen: (nichtdeterministische) Kellerautomaten

- Typ 3-Sprachen: endliche Automaten.

Die Sprachen vom Typ 0 und Typ 1 sind so genannte **Turingmaschinen**. Diese wurden von *Alan Turing*[3] als eine Formalisierung des Rechnens eingeführt. Seine Intuition war es, die Maschine so anzulegen, dass sie die Vorgehensweise des Menschen beim Rechnen wiedergibt. Später wurden verschiedene Typen von Turingmaschinen identifiziert, beispielsweise die nichtdeterministischen und die deterministischen. Der Unterschied zwischen den nichtdeterministischen und den deterministischen Turingmaschinen ist, dass bei den **deterministischen Turingmaschinen** die Folge der einzelnen Rechenschritte genau festgelegt ist, während es bei den **nichtdeterministischen Turingmaschinen** in einem Schritt mehrere alternative Folgeschritte geben kann, die alle zulässig sind. Es konnte später gezeigt werden, dass es für jede Typ-0-Sprache eine nichtdeterministische Turingmaschine gibt, die die Sprache erkennt. Umgekehrt konnte gezeigt werden, dass die spracherkennenden nichtdeterministischen Turingmaschinen genau Sprachen vom Typ 0 erkennen.

Eine weitere Klassifikation von Turingmaschinen richtet sich nach der Größe des so genannten Bandes. Die Turingmaschine verwendet ein Band als Speicher, dass man sich, wenn man es bauen würde, wie ein Audio- oder Video-Kassettenband vorstellen kann. Allerdings ging Turing davon aus, dass das Band seiner Maschine unendlich lang sein kann. Beschränkt man das Band auf eine endliche Länge, stellt sich heraus, dass solche Turingmaschinen nicht mehr alle Typ-0-Sprachen erkennen können. Es konnte gezeigt werden, dass bandbeschränkte Turingmaschinen genau die Sprachen erkennen, die vom Typ 1 sind.

---

3 Alan M. Turing, Mathematiker, 1912 - 1954

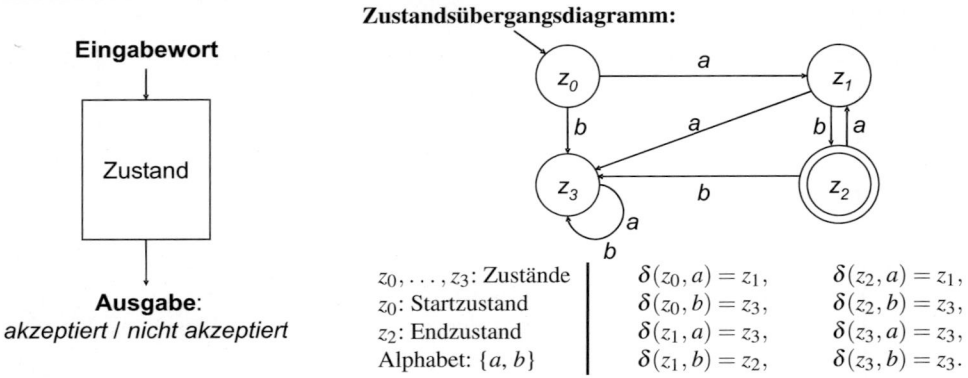

Der angegebene endliche Automat akzeptiert das Wort *abab*:

- Abarbeitung einer Eingabe: *abab*: $z_0 \Rightarrow z_1 \Rightarrow z_2 \Rightarrow z_1 \Rightarrow z_2$

$$\delta(z_0, a) = z_1, \delta(z_1, b) = z_2, \delta(z_2, a) = z_1, \delta(z_1, b) = z_2$$

- akzeptierte Sprache: L = $\{ab, abab, ababab, \ldots\}$

Abbildung 18.10: Beispiel für einen endlichen Automaten

Den Typ-2-Sprachen entspricht ein weiterer Maschinentyp, die so genannten **Kellerautomaten**. Ein Keller ist ein Speicher, in den Daten nur am Ende angefügt, gelesen und entfernt werden können. Das Automatenkonzept für die Typ-3-Sprachen ist der endliche Automat. Der wesentliche Unterschied des **endlichen Automaten** gegenüber den anderen genannten Automaten und Maschinen ist, dass sie keinen beschreibbaren Speicher haben. Der Speicher ist in Form von so genannten Zuständen quasi fest vorgegeben. Im nächsten Abschnitt wird der endliche Automat genauer betrachtet.

18.6   Endlicher Automat

Abbildung 18.10 gibt ein Beispiel für einen endlichen Automaten. Ein **endlicher Automat** hat als Eingabe ein Eingabewort, das er Zeichen für Zeichen bearbeitet. Bei der Abarbeitung des Wortes liefert er eine Ausgabe, die „akzeptiert" beziehungsweise „nicht akzeptiert" lauten kann, je nachdem ob das Eingabewort zu der Sprache gehört, die von dem Automaten erkannt wird, oder nicht. Die Abarbeitung des Eingabewortes durch den Automaten geschieht, wie gesagt, Zeichen für Zeichen, wobei der Automat nach Ansehen jedes Zeichens in einen neuen Zustand übergeht. Dieser Zustandsübergang geschieht nach vorgegebenen Regeln, die den Automaten festlegen. Dabei ist es zulässig, dass eine Regel angibt, dass der Zustand nicht geändert werden soll.

Zur Beschreibung der Regeln eines endlichen Automaten hat sich das **Zustandsübergangs-diagramm** eingebürgert. Abbildung 18.10 zeigt ein solches Diagramm. Das Diagramm ist ein

$L = \{ab, abab, ababab, \dots\}$
$G = \{N, T, P, S\}$ mit $T = \{a, b\}$, $N = \{X, B, S\}$, $P = \{S \rightarrow aB, S \rightarrow aX, X \rightarrow bS, B \rightarrow b\}$
$S \Rightarrow aX \Rightarrow abS \Rightarrow abaB \Rightarrow abab$

Abbildung 18.11: Eine Grammatik für die Sprache, die von dem endlichen Automaten in Abbildung 18.10 akzeptiert wird und eine Ableitung des Wortes *abab*.

Graph, der für jeden möglichen Zustand einen Knoten enthält. In dem Beispiel aus Abbildung 18.10 gibt es vier Zustände, z_0, z_1, z_2 und z_3, die jeweils durch einen kreisförmigen Knoten repräsentiert werden. Die gerichteten Kanten, die als Pfeile eingezeichnet sind, geben die möglichen Zustandswechsel an. An jeder Kante ist ein Buchstabe angebracht. Dieser Buchstabe entspricht einem Eingabezeichen. Befindet sich beispielsweise der Automat im Zustand z_0 und kommt als nächstes Eingabezeichen a an, geht er entsprechend des a-markierten Pfeils, der von z_0 ausgeht, in den Zustand z_1 über. Sieht er im Zustand z_0 ein b als nächstes Eingabezeichen, folgt er der Kante, die mit b markiert ist, die dann zum Zustand z_3 führt. Tritt im Zustand z_3 ein b als Eingabezeichen auf, zeigt die von z_3 ausgehende Kante mit Markierung b wiederum auf z_3, sodass der Automat im Zustand z_3 bleibt.

Der Pfeil links oben, der auf z_0 zeigt, aber keinen Startknoten hat, markiert den Startzustand des Automaten. Die Abarbeitung eines neuen Eingabewortes beginnt stets in diesem Startzustand, hier z_0. Die Endzustände eines Automaten sind durch doppelte Kreise markiert. In dem Beispiel-Automaten gibt es nur einen Endzustand, nämlich den Zustand z_2. Falls sich der Automat nach Abarbeitung des letzten Zeichens in einem Endzustand befindet, wird das Eingabewort akzeptiert, sonst nicht.

Betrachten wir beispielsweise das Eingabewort *abab*. Vom Zustand z_0 führt das erste Zeichen a auf den Zustand z_1. Das zweite Zeichen b führt von z_1 auf z_2. Das darauf folgende a führt zu z_1 und das letzte Zeichen b schließlich zu z_2. Da z_2 ein Endzustand ist, wird das Wort *abab* akzeptiert. Wie in Abbildung 18.10 gezeigt, wird eine Ableitung durch die Folge von Zuständen dargestellt, wobei der Zustandsübergang durch Doppelpfeile markiert ist, die mit dem entsprechenden Eingabebuchstaben versehen sind. Die von einem Automaten akzeptierte Sprache besteht aus allen Eingabeworten, deren Ableitung auf einen Endzustand führt. Die Sprache des Automaten in Abbildung 18.10 besteht aus allen Worten, die Folgen aus *ab* enthalten, also *ab, abab, ababab, . . .*.

$L = \{b, bb, bbb, bbbb, \dots\}$

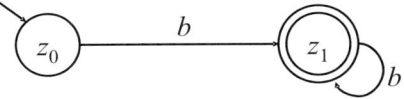

$T = \{b\}$, $Z = \{z_0, z_1\}$, Startzustand z_0, $E = \{z_1\}$, $\delta(z_0, b) = z_1$, $\delta(z_1, b) = z_1$

Abbildung 18.12: Beispiel für einen endlichen Automaten, der eine Sprache akzeptiert

In formaler Definition wird ein **endlicher Automat** durch ein 5-Tupel $M = (Z, T, \delta, z_0, E)$ beschrieben. Dabei bezeichnet Z eine endliche Menge von **Zuständen** und T ein endliches **Eingabealphabet**. δ ist eine **Überführungsfunktion**, die einem Paar aus Zustand z und Eingabezeichen a einen neuen Zustand $z' = \delta(z, a)$ zuordnet. Die Überführungsfunktion ist in unserem Beispiel durch das Zustandsübergangsdiagramm gegeben. Abbildung 18.10 zeigt die entsprechende Funktion in Funktionsschreibweise. Man erhält sie aus dem Zustandsübergangsdiagramm dadurch, dass für das Paar aus Zustand und Eingabezeichen, also beispielsweise (z_0, a) im Zustandsübergangsdiagramm nachgesehen wird, was der Folgezustand ist. Dieser Folgezustand ist der Zustand, den die Funktion dem Paar zuordnet, also bei (z_0, a) der Zustand z_1, d.h. $\delta(z_0, a) = z_1$.

Umgekehrt kann aus einer Funktionsdarstellung der Überführungsfunktion ein Zustandsdiagramm gezeichnet werden, in dem für $\delta(z_i, a_j) = z_k$ ein Pfeil zwischen den Zuständen z_i und z_k mit Markierung a_j eingeführt wird.

Der vierte Eintrag im 5-Tupel eines endlichen Automaten, z_0, bezeichnet den **Eingabezustand**. Der fünfte Eintrag E, ist die Menge der **Endzustände**, die Teilmenge der Zustandsmenge Z ist.

Ein Wort wird genau dann **akzeptiert**, wenn es ausgehend vom Startzustand z_0 zu einer Folge von Zuständen $z_0, z_1, \ldots, z_n$ führt, sodass jeweils $z_{\{i+1\}}$ der Folgezustand von z_i ist, also $z_{i+1} = \delta(z_i, a_{i+1}), i = 0, \ldots, n-1$, und z_n ein Endzustand ist. Abbildung 18.10 illustriert diese Darstellung wiederum am Eingabewort *abab*.

Die von einem endlichen Automaten M akzeptierte Sprache $L(M)$ ist die Menge aller Worte, die M akzeptiert. Es kann gezeigt werden, dass eine von einem endlichen Automaten akzeptierte Sprache vom Chomsky-Typ-3, d.h. regulär, ist[4]. Eine entsprechende reguläre Grammatik kann aus der Überführungsfunktion konstruiert werden. Abbildung 18.11 zeigt eine reguläre Grammatik für die Sprache unseres Beispielautomaten. Diese Grammatik wurde allerdings nicht durch Konstruktion erhalten. Sie hat ein Alphabet bestehend aus den Endzeichen a und b sowie drei Nichtendzeichen X, B, S. Die Menge der Produktionsregeln besteht aus vier Regeln. In Abbildung 18.11 ist eine Ableitung des Wortes *abab* mit dieser Grammatik angegeben.

Umgekehrt gibt es zu jeder regulären Sprache L einen endlichen Automaten, der L akzeptiert. Die Überführungsfunktion eines entsprechenden endlichen Automaten kann aus der Grammatik konstruiert werden. Abbildung 18.12 zeigt einen endlichen Automaten, der unsere einfache Sprache, die nur aus Worten mit b's besteht, akzeptiert. Der Automat hat ein Eingabealphabet, das nur das Zeichen b enthält, und eine Zustandsmenge aus zwei Zuständen z_0 und z_1. z_0 ist der Startzustand, z_1 der Endzustand. Nach Eingabe eines Zeichens b befindet sich der Automat im Endzustand und verlässt diesen bei Eingabe von weiteren Zeichen b nicht mehr. Dadurch wird offensichtlich die gewünschte Sprache L erkannt.

---

4 U. Schöning, *Theoretische Informatik kurzgefaßt*, Spektrum Akademischer Verlag, 2001.

Zusammenfassung 18.6: Endlicher Automat

Ein **endlicher Automat** ist spezifiziert durch ein 5-Tupel $M = (Z, T, \delta, z_0, E)$, wobei

- Z eine endliche Menge von Zuständen

- T ein endliches Eingabealphabet

- δ eine Überführungsfunktion, die einem Paar aus Zustand z und Eingabezeichen a einen neuen Zustand $z' = \delta(z, a)$ zuordnet

- z_0 der Anfangszustand

- E eine Menge von Endzuständen, die Teilmenge von Z ist.

Beispiel: siehe Abbildung 18.10

Zusammenfassung 18.7: Akzeptieren eines Wortes durch einen endlichen Automat

Ein **endlicher Automat** $M = (Z, T, \delta, z_0, E)$ akzeptiert ein Wort $a_1 a_2 \ldots a_n$ genau dann, wenn der Automat beim Abarbeiten des Worts beginnend mit dem Startzustand z_0 eine Folge $z_0, z_1, \ldots, z_n$ von Zuständen durchläuft, wobei

- $z_{i+1} = \delta(z_i, a_{i+1})$, $i = 0, \ldots, n-1$,

- z_n ein Endzustand ist.

Beispiel: siehe Abbildung 18.10

Zusammenfassung 18.8: Akzeptierte Sprache eines endlichen Automaten

- Eine von einem Automaten M akzeptierte Sprache $L(M)$ ist die Menge aller Worte, die M akzeptiert.

- Die von einem endlichen Automaten akzeptierte Sprache ist vom Chomsky-Typ 3, d.h. regulär. Eine entsprechende reguläre Grammatik kann aus der Überführungsfunktion konstruiert werden.

- Zu jeder regulären Sprache L gibt es einen endlichen Automaten, der L akzeptiert. Die Überführungsfunktion eines entsprechenden endlichen Automaten kann aus der Grammatik konstruiert werden.

Aufgabe 18.6:

a) Zeichnen Sie ein Zustandsübergangsdiagramm zu dem endlichen Automaten $M = (Z, T, \delta, z_0, E)$ mit

- $Z = \{z_0, z_1, z_2\}$,
- $T = \{0,1\}$,
- $E = \{z_1, z_2\}$,
- $\delta(z_0,0) = z_2$, $\delta(z_0,1) = z_1$, $\delta(z_1,0) = z_0$, $\delta(z_1,1) = z_1$, $\delta(z_2,0) = z_2$, $\delta(z_2,1) = z_1$.

b) Geben Sie für jedes der folgenden Worte an, ob es von dem Automaten akzeptiert wird oder nicht: 01100, 11110, 001100, 010101, 01010.

c) Geben Sie eine Grammatik für die Sprache an, die der Automat akzeptiert. Eine Vorgehensweise dabei ist, die einzelnen Überführungen durch korrespondierende Grammatikregeln nachzubilden und durch zusätzliche Grammatikregeln zu ergänzen, um in Worten, die Endzuständen entsprechen, die Hilfszeichen zu eliminieren.

18.7   Semantik

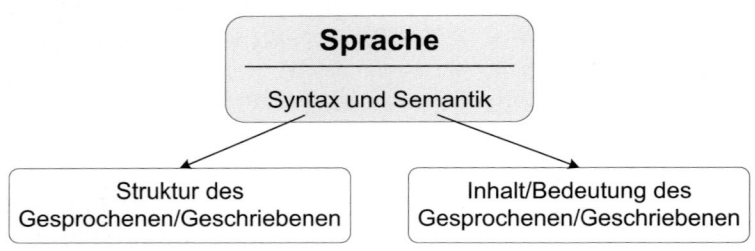

Abbildung 18.13: Konzept von Syntax und Semantik

Wir hatten uns bisher vorwiegend auf die Syntax formaler Sprachen konzentriert. Wir wollen uns nun noch etwas der Semantik zuwenden. Die **Semantik** befasst sich mit dem Inhalt oder der Bedeutung des Gesprochenen oder des Geschriebenen, wohingegen die Syntax sich mit dessen Struktur befasst (Abbildung 18.13). Im Folgenden wird eine sehr knappe Einführung in den Begriff der Semantik gegeben und auf Anwendungen eingegangen, in denen Semantik eine Rolle spielt[5].

18.7.1   Semantikschemata

Im Zusammenhang mit Semantik sind drei Welten zu unterscheiden. Zunächst gibt es die **reale Welt**. Die reale Welt besteht beispielsweise aus Gegenständen wie einem Apfel (Abbildung

---

[5] Einen weitergehenden Überblick gibt: E.-R. Olderog, B. Steffen, Formale Semantik und Programmverifikation, Kap. A6 in: P. Rechenberg und G. Pomberger, Informatik-Handbuch, 3. Auflage, Hanser-Verlag, 2002

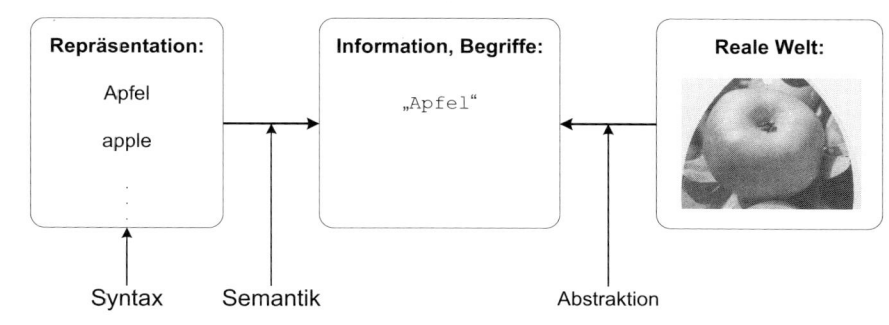

Abbildung 18.14: Repräsentation realer Objekte aus drei Sichtweisen

18.14). Auf der anderen Seite gibt es die Welt der **sprachlichen Repräsentation** solcher realen Gegenstände, also des Apfels. Je nach Sprache sieht diese Repräsentation anders aus. Im Deutschen wird ein Apfel beispielsweise durch die Zeichenfolge „Apfel" repräsentiert, im Englischen durch die Zeichenfolge „apple" usw. Um von dieser konkreten Repräsentation unabhängig zu werden, wird eine dritte Welt, nämlich die der **Information oder Begriffe** eingeführt. Es ist eine eigene Welt, zu deren Beschreibung man sich auf eine Notation einigt, die von konkreten sprachlichen Repräsentationen unabhängig ist. Im Beispiel von Äpfeln wird ein Apfel durch den allgemein gültigen Begriff „Apfel" beschrieben.

Die Welt der Repräsentation wird durch die Syntax von Sprachen formal beschrieben. Hierbei übernimmt die Semantik die Zuordnung zwischen der Welt der Repräsentation und der Welt der Information. Die verschiedenen Semantiken unterscheiden sich in der Art der Darstellung der Welt, der Information und der Abbildung, die die Semantik leistet. Zwischen der Welt der Information und der realen Welt findet eine Abstraktion statt. Diese Abstraktion überführt etwa einen konkreten Apfel in eine Beschreibung des Apfels in der Welt der Information, die sich auf die benötigten Aspekte beschränkt.

Die eben beschriebenen Gegebenheiten lassen sich mittels eines so genannten Semantikschemas formal fassen. Ein **Semantikschema** ist durch ein 3-Tupel $S = (R, I, [.])$ gegeben. Hierbei bezeichnet

- R die Menge der Repräsentationen,

- I die Menge der Informationen und

- $[.]$ die Semantikrelation zwischen R und I.

$[.]$ ist eine Teilmenge von $R \times I$, d.h. der Menge aller Paare (r, i) aus Repräsentation R und Information I. (r, i) bedeutet, dass i eine Information zur Repräsentation r ist.

Der Unterschied zwischen einer Relation und einer Funktion ist, dass einem Wert r bei der Relation mehrere Werte i zugeordnet sein können. Dies ist bei der Semantik natürlicher Sprachen durchaus gegeben. Betrachten wir beispielsweise das Wort „Schimmel". Schimmel bezeichnet zum einen ein weißes Pferd, zum anderen das Ergebnis eines biologischen Prozesses. Ein weiteres Beispiel ist das Wort „Kohle", das zum einen Brennstoff, zum anderen Geld bezeichnen kann.

Zusammenfassung 18.9: Semantikschema

Ein **Semantikschema** ist durch ein 3-Tupel $S = (R, I, [.])$ gegeben. Hierbei bezeichnet

- R die Menge der Repräsentationen,
- I die Menge der Informationen und
- $[.]$ die Semantikrelation zwischen R und I.

$[.]$ ist eine Teilmenge von $R \times I$, d.h. der Menge aller Paare (r, i) aus Repräsentation R und Information I. (r, i) bedeutet, dass i eine Information zur Repräsentation r ist.

18.7.2   Typen der Semantikbeschreibung

Zur Beschreibung der Syntax einer Sprache haben wir die Grammatik als formalen Ansatz zur Syntaxdefinition kennengelernt. Bei der Semantik ist die Vorgehensweise weniger einheitlich. Es gibt dort mehrere Ansätze zur Semantikdefinition:

- operationelle Semantiken
- denotationelle Semantiken
- axiomatische Semantiken.

Wenden wir uns nun einer konkreten Ausprägung von Semantikbeschreibung zu, der **operationellen Semantik**. Das Prinzip der operationellen Semantik besteht darin, den aktuellen Zustand des Informationsraums während der Durchführung eines Programms durch die aktuelle Belegung der Programmvariablen zu repräsentieren. Die Definition der Semantik eines Programms geschieht durch sukzessive Transformationen des Zustands des Informationsraums gemäß des Programmaufbaus. Den Konstrukten der Programmsyntax werden dazu Zustandstransformationen zugeordnet. Das ähnelt der Vorgehensweise der Zuordnung von Maschinenbefehlen an Produktionsregeln, die wir im Kapitel 18.2 „Grammatiken" bei der Übersetzung von Programmen durchgeführt haben. Tatsächlich kann diese Zuordnung als eine Semantikdefinition verstanden werden, wenn die zugeordneten Anweisungen als Beschreibung von Transformationen in dem Zustandsraum der Werte der verwendeten Programmvariablen interpretiert werden.

Ein Nachteil der operationellen Semantik ist, dass sie sehr detailliert ist, häufig detaillierter als tatsächlich benötigt. Aufgrund dieser Details werden die Beweise sehr lang. In manchen Anwendungen ist man nur daran interessiert, den Zustand einiger weniger Variablen, in Form einer

Aussage formuliert, nach Durchführung des Programms zu kennen. Das legt es nahe, den Beweis einer solchen Aussage auch über allgemeinere Zwischenaussagen zu führen. Dies ist der Ansatz der **axiomatischen Semantik**. Explizite Zustandsangaben werden durch Zustandsbeschreibungen in einer Sprache der Logik ersetzt. Den Programmkonstrukten werden Regeln zugeordnet, die angeben, welche Aussage über den Zustand nach Ausführung des Konstrukts in Abhängigkeit einer Aussage vor Ausführung gemacht werden kann. Durch Aneinanderreihung solcher Aussagen entsprechend des Programmaufbaus können aus Aussagen über den Zustand vor Ausführung des Programms Aussagen über den Zustand nach der Ausführung hergeleitet werden.

18.7.3   Einsatzgebiete

Wesentliche Einsatzgebiete der Semantik in der Informatik sind die Spezifikation und die Verifikation. Diese gehörten zu den Schritten der in Kapitel 2 „Vom Problem über den Algorithmus zum Programm" beziehungsweise in Kapitel 8.1 „Objektorientierte Modellierung" aufgezeigten Vorgehensweisen zur Lösung von Problemen:

1. Problem formulieren

2. Problemanalyse, Problemabstraktion, Problemspezifikation

3. Algorithmen- beziehungsweise Systementwurf

4. Nachweis der Korrektheit, Verifikation

5. Aufwandsanalyse

6. Programmierung

Die im zweiten Schritt aufgeführte Problemspezifikation kann in Form einer formalen Spezifikation im Informationsraum durchgeführt werden. Sie ist dann bei dem Nachweis der Korrektheit beziehungsweise Verifikation eines Algorithmus oder eines Systems in Schritt 4 hilfreich. Der Beweis der Korrektheit eines Programms kann mit Methoden der formalen Semantik geführt werden, indem gezeigt wird, dass die formale Spezifikation erfüllt ist.

Ein weiteres Einsatzgebiet ist die automatische Herleitung von Programmen aus Spezifikationen. Dies kann hilfreich sein, wenn sich die Problemlösung einfacher und kürzer durch eine Spezifikation als durch ein Programm beschreiben lässt. Ist dies der Fall, besteht ein weiterer Vorteil dieser Vorgehensweise in der Vermeidung von Programmierfehlern bei der Umsetzung der Spezifikation in ein Programm.

Anhang

Schlüsselwörter im Sprachumfang von Java

Die folgende Abbildung A.1 listet alle reservierten Wörter der Programmiersprache Java auf. Hierbei gliedern sich die reservierten Wörter in **Schlüsselwörter** der Sprache, in **Literale** (`true`, `false`, `null`) und Wörter auf, die nur reserviert sind, aber nicht verwendet werden. Die nicht genutzten Wörter (z.B. `goto`) sind aus historischen Gründen reserviert. Für alle reservierten Wörter gilt, dass sie nicht als Bezeichner für Attribut-, Parameter- oder Klassen-Namen genutzt werden dürfen.

In der alphabetischen Auflistung wird die Bedeutung des reservierten Wortes und der Abschnitt, in dem es im Buch definiert wird, aufgeführt. Zusätzlich wird angegeben, in welcher Version des **Java Development Kit** (kurz JDK) das Wort der Auflistung hinzugefügt wurde. Ergänzend erfolgt ein kurzes Beispiel zum Verständnis der Syntax.

Befehl	Bedeutung	ab Version
abstract	Modifikatoren `abstract int berechne();`	
assert	Ausnahme (Error) `assert (i>0) && (i<10) : "Falscher Zahlenbereich!";`	1.4
boolean	primitiver Datentyp `boolean tuerGeschlossen;`	
break	Kontrollfluss `break label;`	
byte	primitiver Datentyp `byte var = 64;`	

Befehl	Bedeutung	ab Version
case	Kontrollfluss `switch(wert) { case 1: .... break; ....}`	
catch	Ausnahme (Exception) `catch (eineException e) {...})`	
char	primitiver Datentyp `char vat = 'a';`	
class	Klassen `class eineKlasse {...}`	
const	nur reserviert	
continue	Kontrollfluss `continue label;`	
default	Kontrollfluss `switch(wert) { case 1: .... break; .... default:...}`	
do	Kontrollfluss (Schleife) `do {...} while (x>10);`	
double	primitiver Datentyp `double var = -123.456789e+123;`	
else	Kontrollfluss `if(a<b) {...} else {...}`	
enum	Klasse (Aufzählung) `enum Monate { J, F, M, A, M, J, J, A, S, O, N, D }`	1.5
extends	Klassen `class klasseB extends klasseA {...}`	
false	Literale `boolean tuerGeschlossen = false;`	
final	Modifikatoren `final pi=1.34;`	
finally	Ausnahme (Exception) `finally {...}`	
float	primitiver Datenfluss `float var = 123.45678f;`	
for	Kontrollfluss (Schleife) `for(int x=0; x<10; x++) {...} )`	
goto	nur reserviert	

Befehl	Bedeutung	ab Version
if	Kontrollfluss `if (a<b) {...}`	
implements	Klassen (Interface) `class klasseB implements interfaceA {...}`	
import	Klassen `import javax.swing;`	
instanceof	Verschiedenes `if( objectA instanceof klasseA) ...`	
int	primitiver Datentyp `int var = 1234;`	
interface	Klassen (Interface) `interface einInterface {...}`	
long	primitiver Datentyp `long var = 123456789L;`	
native	Klassen (Native Interface) `native int berechne();`	
new	Referenzen `objektTyp objektA = new objektTyp();`	
null	Literale `objektTyp objektA = null;`	
package	Klassen `package meinPaket;`	
private	Modifikatoren (Sichtbarkeit) `private int var;`	
protected	Modifikatoren (Sichtbarkeit) `protected int var;`	
public	Modifikatoren (Sichtbarkeit) `public int var;`	
return	Kontrollfluss `return wert;`	
short	primitiver Datentyp `short var = -1234;`	
static	Modifikatoren `static int var;`	
strictfp	Klassen (math. Striktheit[1])	1.2

1 Berechnung von Fließkommaoperationen streng nach dem IEEE Standard (http://standards.ieee.org).

Befehl	Bedeutung	ab Version
	`strictfp double berechne(double x, double y) {...}`	
super	Referenz `super("Peter", matrikelnummer);`	
switch	Kontrollfluss `switch(wert) { case 1: .... break; ....}`	
synchronized	Modifikatoren (Multithreading) `synchronized void passeAuf() {...}`	
this	Referenzen `this.var = var;`	
throw	Ausnahme (Exception) `throw new eineAusnahme();`	
transient	Modifikatoren (Serialisierung) `transient int var;`	
true	Literale `boolean tuerGeschlossen = true;`	
try	Ausnahme (Exception) `try{...}`	
void	Verschiedenes `void eineMethode(){...}`	
volatile	Modifikatoren `volatile int var;`	
while	Kontrollfluss `while(a<10){...}`	

Abbildung A.1: Reservierte Wörter der Programmiersprache Java

B

Grundlagen der Java-Programmierumgebung

B.1 Installation der Java-Programmierumgebung

Die folgenden beiden Abschnitte beschreiben die Installation der Java-Programmierumgebung der Firma Sun, auch Java-SDK (Software Development Kit) genannt, für die Betriebssysteme Windows (Abschnitt B.1.1) und Linux (Abschnitt B.1.2). Für beide Betriebssysteme befinden sich die notwendigen Installationsdateien auf der CD. Zum Zeitpunkt der Drucklegung trägt die aktuelle Version die Bezeichnung

JAVA^{TM} 2 Platform Standard Edition 5.0, J2SE 5.0, Update 1

Die in diesem Buch abgedruckten Beispiele sind mit der o.g. Version, aber auch mit der vorhergehenden Version 1.4.2, lauffähig.

Über die „offizielle" Java-Internetseite der Firma Sun, *http://java.sun.com*, können die jeweils aktuellen Versionen bezogen werden. Ergänzend können auch Informationen und Dokumentationen zum Java-SDK abgerufen werden.

B.1.1 Installation unter Windows

Zur Installation des SDK ist zuerst die Java-Installationsdatei von der beiliegenden CD zu starten. Sie befindet sich im Verzeichnis `d:\Installation` und hat den Namen

`jdk-1_5_0_01-windows-i586-p.exe` .

Der Name kann, abhängig von den eingestellten Optionen für die Ordneransicht leicht abweichen. Nach dem Starten des Installationsprogramms sollte nach kurzer Zeit der in Abbildung B.1 a zu sehende Dialog erscheinen, in dem die Lizenz-Vereinbarung zu akzeptieren ist.

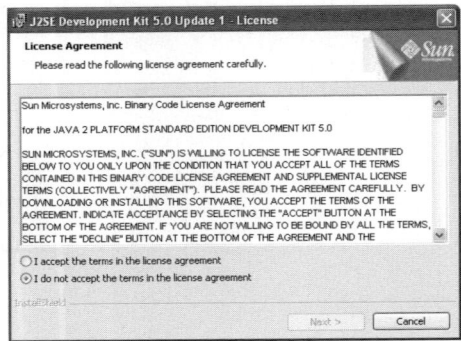
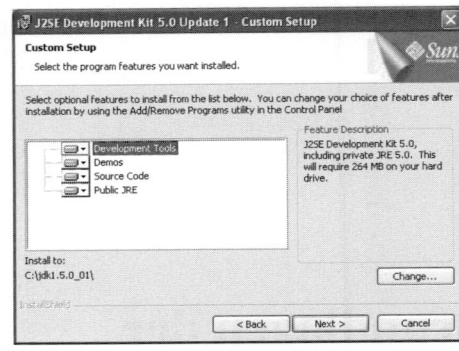

a: Lizenzbedingungen   b: Installationsauswahl

Abbildung B.1: Installationsdialoge des SDK mit den (a) Lizenzbedingungen und (b) Auswahlmöglichkeiten der zu installierenden Komponenten

Im anschließenden Dialog (s. Abbildung B.1 b) ist das Installationsverzeichnis festzulegen, in dem alle notwendigen Dateien abgespeichert werden. Zu beachten ist, dass abhängig vom ausgewählten Installationsumfang 160-260 MB Speicherplatz auf der Festplatte belegt werden. Standardmäßig ist der Pfad c:\jdk-1.5.0_01 als Installationsverzeichnis vorgegeben. Falls dieses nicht der Fall ist, sollten Sie dieses jetzt ändern. Bevor der Dialog mit „*Next*" verlassen wird, schreiben Sie sich zur Sicherheit den eingestellten Installationspfad auf. Wir werden ihn zum Abschluss der Installation noch einmal benötigen. Neben den eigentlichen Programmen zur Entwicklung von Java-Programmen (*Development Tools*) besteht die Möglichkeit, Beispielprogramme und Demos zu installieren, welche unterschiedliche Anwendungen aufzeigen. Um Java-Programme ausführen zu können, wird eine so genannte Laufzeitumgebung (*Java **Runtime** Environment*) benötigt. Falls der Speicherplatz auf der Festplatte nicht ausreichend ist, um eine Komplettinstallation durchzuführen, können die Pakete *Demos* und *Source Code* von der Installation ausgeschlossen werden.

Abhängig von der Computer-Hardware ist nach kurzer Zeit die Installation des „*Java Software Development Kit*" abgeschlossen.

Im nachfolgenden Schritt kann eine erweiterte Laufzeitumgebung (JRE) mit zusätzlichen Sprachanpassungen über den in Abbildung B.2 a dargestellten Dialog zur Installation ausgewählt werden.

Abschließend werden im letzten Schritt die Java-Plug-ins für die Internet-Browser installiert. Durch diese Erweiterungen ist es möglich, Java-Applets direkt in den Browsern auszuführen. Abbildung B.2 b zeigt die Auswahl für den Microsoft Internet Explorer. Sofern der Netscape-Browser installiert ist, wird für diesen eine entsprechende Option angeboten.

Nach dem Abschluss der Installation ist das Java Development Kit (J2SE) mit den notwendigen Programmen zur Entwicklung von Java-Programmen in dem zuvor bestimmten Verzeichnis c:\jdk-1.5.0_01 auf der Festplatte installiert. In diesem Verzeichnis sind im Laufe der In-

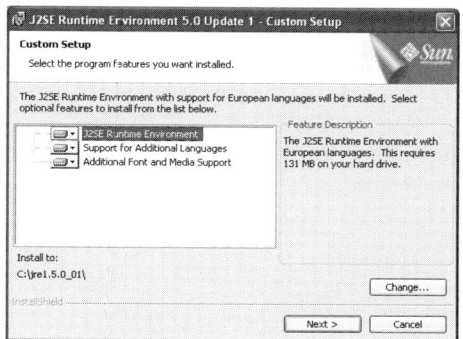

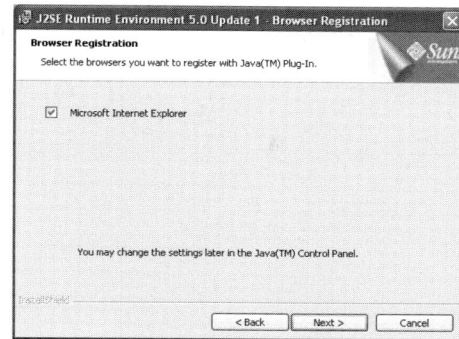

a: Erweiterte Laufzeitumgebung   b: Java-Plug-ins

Abbildung B.2: Auswahldialog für (a) eine erweiterte Laufzeitumgebung (JRE) und (b) Java-Plug-ins für die Internetbrowser

stallation noch weitere Unterverzeichnisse angelegt worden. Von Interesse ist für uns speziell das Verzeichnis `c:\jdk-1.5.0_01\bin`, da sich in diesem der Java-Compiler `javac` und der Java-Interpreter `java` befinden.

Beide Programme lassen sich nur von der Kommando-Eingabeaufforderung starten oder über spezielle Programmierumgebungen (s. Abschnitt B.3). Leider können beide Programme nach dem bisherigen Installationsverlauf nur aus dem Installationsverzeichnis oder durch zusätzliche Angabe des kompletten Pfads gestartet werden. Im Falle des Compilers wäre folgende Eingabe notwendig:

```
c:\jdk-1.5.0_01\bin\javac
```

Um die Befehle des SDK ohne Angabe des kompletten Pfads aus einem beliebigen Verzeichnis ausführen zu können, muss der „Suchpfad" für Programme angepasst werden. Hierzu ist die Systemvariable `PATH` um den Pfad zum `bin`-Verzeichnis des SDK zu ergänzen. Öffnen Sie über

Startmenü → Einstellungen → Systemsteuerung → System

den Dialog zur Einstellung der Systemeigenschaften und wechseln zur Ansicht „*Erweitert*"(s. Abbildung B.3, links). Selektieren Sie zunächst den Button „Umgebungsvariablen", wählen in dem sich öffnenden Dialog die Variable „`PATH`" aus und drücken Sie dann den Button „*Bearbeiten*". Abbildung B.3, rechts, zeigt beispielhaft den resultierenden Dialog. Setzen Sie den Cursor an das Ende der Zeile „*Wert der Variablen*" und geben Sie zunächst ein Semikolon ein. Das Semikolon dient als Trennzeichen zwischen verschiedenen Suchpfaden. Ergänzen Sie die Zeile um den zu Anfang der Installation bestimmten Pfad `c:\jdk-1.5.0_01\bin` und beenden Sie alle Dialoge mit „*OK*".

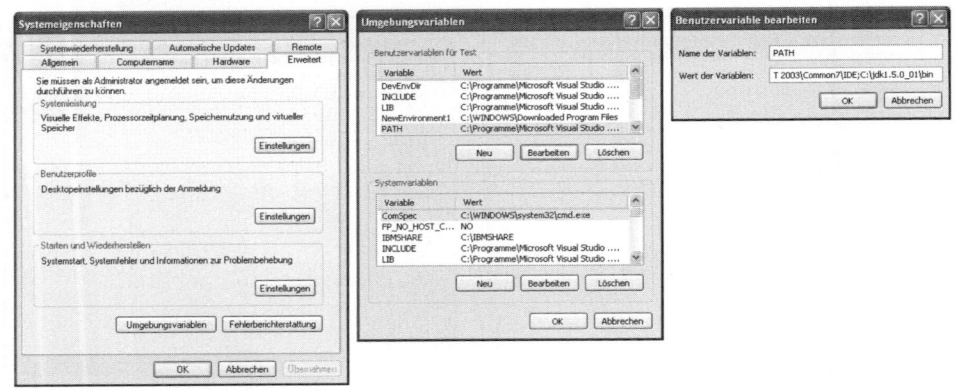

Abbildung B.3: Ändern der Systemvariablen *PATH*

Damit ist die Installation des SDK abgeschlossen. Anschließend sollte eine Java-Programmierumgebung installiert werden (s. Abschnitt B.3).

B.1.2   Installation unter Linux

Die folgende Installation der Java-Programmierumgebung führt diese lokal für einen „normalen" Benutzer durch. Falls die Installation zentral für alle Benutzer erfolgen soll, müssen Sie diese als Administrator (root) durchführen. Auf die in diesem Fall notwendigen Schritte wird hier aber nicht näher eingegangen.

Vor einer Neuinstallation des JDK sollte zunächst überprüft werden, ob sich nicht bereits eine Java-Version auf dem System befindet. Viele aktuelle Distributionen installieren diese standardmäßig mit. Öffnen Sie eine Eingabeaufforderung (Konsole) und führen Sie den Befehl

```
java -version
```

aus. Falls keine Java-Umgebung installiert ist, kommt es zur Fehlermeldung „`java command not found`". Ansonsten sehen Sie die Informationsausgabe des JDK, u.a. mit der Versionsnummer. In diesem Fall besteht die Möglichkeit, mit der installierten Version zu arbeiten und nur im Falle von Problemen die Version zu wechseln.

Besteht die Notwendigkeit einer Installation, sollte zunächst der Weg über das interne Installationssystem gewählt werden. Distributionen wie z.B. SuSE, Fedora, Mandrake bieten vielfach die Möglichkeit einer automatischen Installation oder eines Updates. Im Falle der Distribution SuSE lautet der Name des zentralen Installationsprogramms beispielsweise *Yast*. Sollte dieses nicht möglich sein oder Ihre Distribution hierbei Probleme bereiten, beschreibt die folgende Anleitung, wie die Java-Pakete der Firma Sun von Hand installiert werden. Die Dateien stehen auf der beiliegenden CD zur Verfügung.

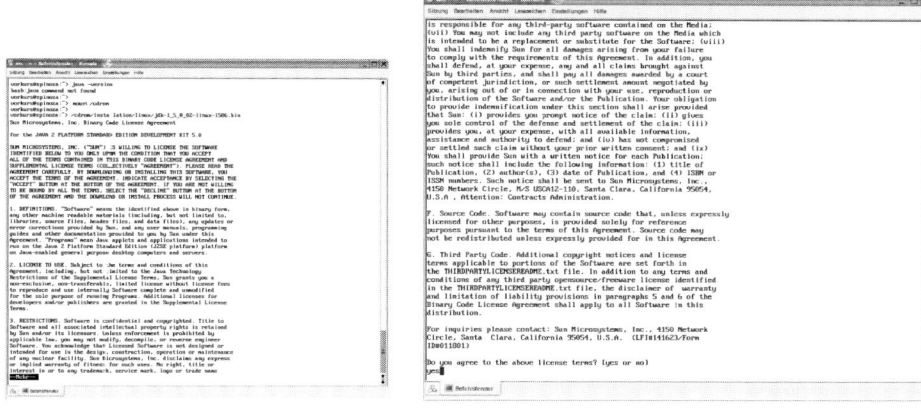

| a: Installationsstart | b: Lizenzbedingungen |

Abbildung B.4: Eingabeaufforderungen (a) mit den notwendigen Befehlen zur Installation und (b) Darstellung der Lizenzbedingungen

Wechseln Sie zunächst mit dem Befehl „cd ∼" in Ihr Homeverzeichnis. Anschließend wird mittels der Anweisung mount /cdrom die bereits eingelegte CD in das System eingebunden. In Abhängigkeit von der Distribution kann der Pfad zum CD-Laufwerk auch anderweitig bezeichnet sein. Verbreitet sind auch die Pfade „/media/cdrom" oder „/dvd". Die eigentliche Installation wird durch den Befehl

```
/cdrom/installation/linux/jdk-1_5_0_02-linux-i586.bin
```

gestartet. Falls es bei der Installation direkt von der CD Probleme geben sollte, kann die Installationsdatei zunächst in Ihr Homeverzeichnis kopiert und dann gestartet werden. Durchgeführt wird dieses durch die nachfolgende Sequenz von Befehlen.

```
cp /cdrom/installation/linux/jdk-1_5_0_02-linux-i586.bin .
chmod +x jdk-1_5_0_02-linux-i586.bin
./jdk-1_5_0_02-linux-i586.bin
```

Resultierend sollten beide Befehle die Installation starten und die in Abbildung B.4 a gezeigte Bildschirmdarstellung erscheinen. Nach dem Akzeptieren der Lizenzbedingungen mit „yes" wird das Javasystem in das Unterverzeichnis jdk1.5.0_02 installiert.

Da es recht unkomfortabel ist, immer den kompletten Installationspfad beim Aufruf des Java-Compilers mit anzugeben, sollte das entsprechende Verzeichnis mit in den Suchpfad für ausführbare Programme eingebunden werden. Die Anweisung

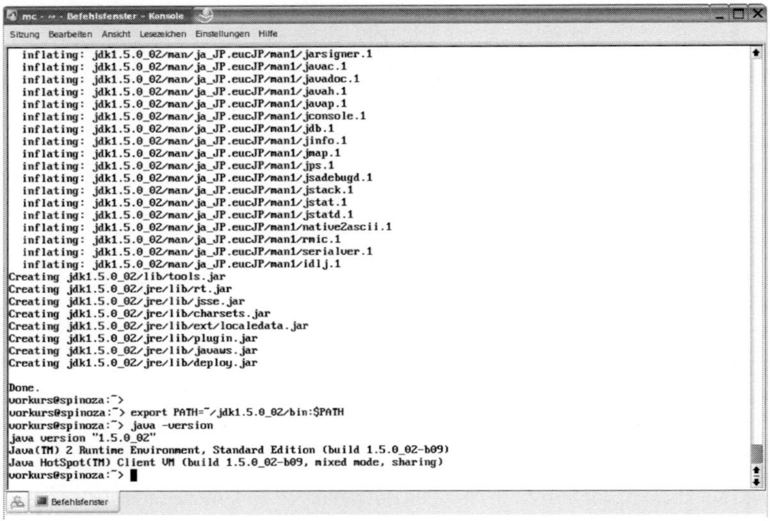

Abbildung B.5: Abschlussdarstellung bei der SDK-Installation unter Linux

```
export PATH=~/jdk1.5.0_02/bin:$PATH
```

löst dieses zunächst für die `bash`-Shell zufriedenstellend[1]. Nun sollte die bereits zu Anfang eingegebene Befehlszeile

```
java -version
```

die in Abbildung B.5 gezeigte Meldung ausgeben.

Um den Pfad (`PATH`) nicht bei jedem Systemstart oder einer neuen Angabeaufforderung erneut setzen zu müssen, besteht die Möglichkeit, den Befehl einer Systemdatei hinzuzufügen. Die folgende Herangehensweise wird am Beispiel der Systemdatei „`.bashrc`", bei Verwendung der `bash`-Shell, vorgestellt. Sie befindet sich jeweils im Homeverzeichnis. Für andere Shells erfolgt es aber vergleichbar. Öffnen Sie die Datei `.bashrc` mit einem beliebigen Editor. Auf vielen Linux-Systemen kann dieses mit dem Editor `kate` erfolgen. Nachdem dieser Editor über den Befehl

```
kate ~/.bashrc
```

gestartet wurde, ist die Zeile `export PATH= /jdk1.5.0_02/bin:$PATH` zu ergänzen (s. Abbildung B.6). Alternativ kann die Änderung auch mit dem auf jedem System verfügbaren

---

1 Im Falle der C-Shell lautet der entsprechende Befehl „`setenv PATH ~/jdk1.5.0_02/bin:$PATH`"

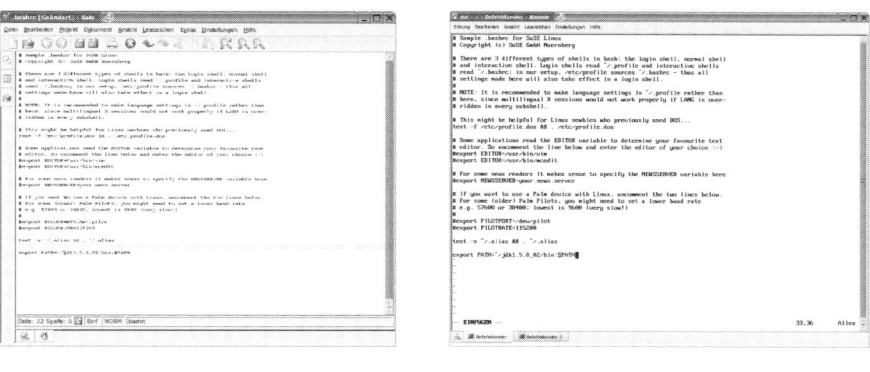

| a: Kate | b: vi |

Abbildung B.6: Bildschirmdarstellung der Editoren (a) Kate und (b) vi zur Anpassung der Systemvariablen PATH

Editor vi erfolgen. vi ~/.bashrc startet den Editor, mittels der Tastenkompination „ESC
i" wird der Modus zum Einfügen aktiviert. Nachdem die Befehlszeile hinzugefügt wurde (vgl.
Abbildung B.6) speichert die Tastenkombination „ESC : wq!" die Änderungen ab und verlässt
den Editor.

Falls die Installation korrekt vollzogen wurde, sollten in jeder Shell die Befehle des Java-Systems
zur Verfügung stehen.

B.2 Aufrufsyntax der Java-Entwicklungsprogramme

Die folgenden Abschnitte beschreiben die Syntax der Java-Entwicklungsprogramme java, javac und jar. Da die ergänzenden Optionen sehr umfangreich sind und für die Standardnutzung
auch nicht benötigt werden, beschränkt sich die Auflistung auf die wichtigsten Optionen. Für die
Beispielprogramme in diesem Buch ist es aber nicht notwendig zusätzliche Optionen zu verwenden. Mit zunehmender Programmierarbeit sollte die Programmierung unter Entwicklungsumge-
bungen erfolgen (s. Abschnitt B.3), die es erlauben, einzelne Optionen den jeweils aktuellen
Gegebenheiten anzupassen.

B.2.1 Aufrufsyntax des Java-Compilers javac

Der Java-Compiler javac dient zur Übersetzung einer Java-Quellcodedatei (Dateiname.java)
in eine Byte-Code-Datei (Dateiname.class). Im Normalfall erfolgt der Aufruf des Compilers gemäß dem folgenden Format:

```
javac [Optionen] Dateiname.java
```

Option	Erläuterung
-classpath < *Verzeichnis* >	Möglichkeit, eine alternative Liste von Pfaden anzugeben, in denen der Compiler nach Klassenbibliotheken sucht (s. auch Abschnitt 9).
-d < *Verzeichnis* >	Festlegung eines Verzeichnisses, in dem die übersetzten `class`-Dateien gespeichert werden. Ansonsten werden die `class`-Dateien im gleichen Verzeichnis wie die Quelldateien abgelegt.
-deprecation	Falls in einem Programm Java-Befehle genutzt werden, die aus einer älteren Version des JDK stammen und in der aktuellen Version obsolet sind, erscheint ein entsprechender Hinweis. Diese Option weist den Compiler an, in diesem Fall einen ausführlicheren Hinweis zu geben.
-help	Ausgabe eines kurzen Hilfstextes zur Aufrufsyntax des Compilers.
-X	Ergänzend zur Option **-help** werden auch die nicht Standardoptionen aufgelistet.
-nowarn	Verhindert die Ausgabe von Warnhinweisen.
-source *release*	Legt fest, welcher Version der Quellcode entsprechen muss, um akzeptiert zu werden.
-sourcepath *sourcepath*	Bestimmung eines zusätzlichen Suchpfades für Quellcodedateien.
-verbose	Liefert Informationen über jede geladene Klasse und jede kompilierte Quelldatei.
-target *version*	Erzeugt einen Byte-Code, der nur mit einer „Virtual Maschine" ab Version *release* lauffähig ist.

Abbildung B.7: Optionen des Java-Compilers `javac`

Alternativ kann auch eine Datei angegeben werden, die eine Liste von zu übersetzenden Dateien beinhaltet. In diesem Fall ist die nachfolgende Syntax zu verwenden:

```
javac [Optionen] @Dateiliste
```

Während des Übersetzungsvorgangs überprüft der Compiler die Dateien auf Abhängigkeiten. Dieses bedeutet, dass eine `DateiY.java` mit einer `KlasseY` automatisch übersetzt wird, falls dieses für die Übersetzung einer `DateiX.java` mit der `KlasseX` notwendig ist. Ergänzend werden die Byte-Code-Dateien automatisch aktualisiert, falls das Datum (und die Uhrzeit) der Quelldatei jünger als der entsprechende Zeitstempel der Byte-Code-Datei ist. Dieser Fall tritt offensichtlich dann ein, wenn die Quellcodedatei bearbeitet wurde. Die zusätzlichen Optionen dienen dazu, den Compiler an unterschiedliche Anforderungen anzupassen (s. Abbildung B.7).

Bei der Angabe der Release-Version können neben der aktuellen Version 1.5 auch die Versionen 1.1, 1.2, 1.3 und 1.4 angegeben werden.

Option	Erläuterung
-classpath *classpath*	Möglichkeit, eine alternative Liste von Pfaden, jar-Archiven oder zip-Archiven anzugeben, in denen der Interpreter nach Klassen sucht (s. auch Abschnitt 9).
-jar	Führt eine Klasse aus einem jar-Archiv aus, sofern diese zuvor durch die Manifest-Datei benannt wurde (s. Abschnitt B.2.3).
-verbose:class	Weist den Interpreter an, bei jeder neu erstellten Klasse eine entsprechende Bildschirmmeldung auszugeben.
-verbose:gc	Weist den Interpreter an, bei jeder Aktivierung des Garbage Collectors eine entsprechende Bildschirmmeldung auszugeben.
-version	Zeigt die Version des Interpreters an.
-help	Ausgabe eines kurzen Hilfstextes zur Aufrufsyntax des Interpreters.
-X	Ergänzend zur Option **-help** werden auch die nicht Standardoptionen aufgelistet.

Abbildung B.8: Optionen des Java-Interpreters `java`

B.2.2   Aufrufsyntax des Java-Interpreters `java`

Der Java-Interpreter `java` führt Java-Byte-Code Dateien aus. Lautet der Name der auszuführenden Datei `Dateiname.class`, ist das Argument nur `Dateiname`. Die Endung `class` wird nicht mit angegeben. Somit entspricht der Name der Datei auch dem Klassennamen innerhalb der Datei. In der bezeichneten Datei muss die Methode `main` deklariert sein, ansonsten kommt es zu einer Fehlermeldung. Neben den möglichen Optionen können beim Aufruf des Interpreters mit

```
java [Optionen] Klassenname [Argument(e)]
```

auch benutzerdefinierte Argumente übergeben werden. Zusätzlich kann auch ein spezielles Java-Archiv zur Ausführung angegeben werden. Java bietet die Möglichkeit an, eine Gruppe von Byte-Code-Dateien in einem Archiv zusammenzufassen und diese auch zu komprimieren (s. auch Abschnitt B.2.3). Dieses so genannte `jar`-Archiv kann direkt ausgeführt werden. Innerhalb des Archivs muss aber auch eine Klasse mit einer `main`-Methode vorhanden sein. Die Aufrufsyntax im Falle eines `jar`-Archivs ist:

```
java [Optionen] -jar Dateiname.jar [Argument(e)]
```

Eine Übersicht der wichtigsten Optionen ist in Abbildung B.8 zu sehen.

B.2.3   Aufrufsyntax des Java-Archivprogramms `jar`

Das Archivprogramm `jar` dient dazu, mehrere Byte-Code-Dateien zu einem Archiv zusammen-zufassen, dieses zu komprimieren und eine direkte Ausführung über den Java-Interpreter zu er-

Aufrufsyntax				Erläuterung
jar	c[m]f	Archiv.jar	Eingabedateien	Erzeugen eines neuen jar-Archivs
jar	u[m]f	Archiv.jar	Eingabedateien	Aktualisierung eines bestehenden jar-Archivs.
jar	x[v]f	Archiv.jar		Entpackt ein vorhandenes jar-Archiv
jar	t[v]f	Archiv.jar		Listet den Inhalt eines jar-Archivs auf.

Abbildung B.9: Aufrufsyntax des Java-Archivprogramms jar

lauben. Die folgende Abbildung B.9 zeigt die Aufrufsyntax des Archivprogramms unter den gebräuchlichen Anwendungsmöglichkeiten auf.

Im Abschnitt B.2.2, zur Verwendung des Java-Interpreters, wurde beschrieben, dass eine Klasse direkt aus einem jar-Archiv gestartet werden kann. Hierzu ist es aber notwendig, dass eine so genannte Manifest-Datei (Parameter „m") in das Archiv mit eingebunden wird. Diese Manifest-Datei manifest.txt beinhaltet die Information, in welcher Klasse die main-Methode deklariert wurde. Falls zwei Klassen klasseA.class und klasseB.class in einem Archiv zusammengefasst werden sollen und die klasseA die main-Methode deklariert, ergibt sich folgender Inhalt der Manifest-Datei manifest.txt:

```
Main-Class: klasseA
```

Wichtig ist ein Return-Code am Ende der Zeile. Ein jar-Archiv mit Namen Archiv.jar wird dann mit folgendem Aufruf erzeugt:

```
jar cvfm Archiv.jar manifest.txt klasseA.class klasseB.class
```

B.3   Integrierte Java-Programmierumgebungen

Die in diesem Buch vorgestellten Beispielprogramme sind verständlicherweise nicht sehr umfangreich. So ist es leicht möglich, diese mit einem einfachen Editor zu editieren und über die Kommandozeile zu compilieren bzw. auszuführen. Trotzdem ist es im Hinblick auf ein effektives Arbeiten sinnvoller, wenn der „Editor" beispielsweise auch direkt fehlerhafte Zeilen anzeigt und die Übersetzung automatisiert. Derartige, so genannte integrierte Programmierumgebungen, auch IDE's (Integrated Development Environments) genannt, bieten diese Möglichkeiten an. Sie gewährleisten eine komfortable Softwareentwicklung und sollten deshalb auch nach den ersten Programmierschritten eingesetzt werden.

Auf der beiliegenden CD befinden sich die folgenden drei Java-Entwicklungsumgebungen:

- NetBeans

- Eclipse

- Java-Editor.

NetBeans ist eine IDE der Firma Sun und kann direkt mit dem JDK installiert werden. Die Installation erfolgt weitestgehend nach dem Prinzip der JDK-Installation. Anstelle der in Abschnitt B.1 genannten Installationsdateien verwenden Sie die Dateien `jdk-1_5_0_04-nb-4_1-win.exe` (für Windows) bzw. `jdk-1_5_0_04-nb-4_1-linux.bin` (für Linux). Speziell die Windowsversionen können direkt von der CD gestartet werden. Diese Möglichkeit der Installation ist auch für die beiden weiteren Programmierumgebungen gegeben.

Für Einsteiger (aber auch für Fortgeschrittene) ist der Java-Editor von Gerhard Röhner zu empfehlen, da er klar strukturiert ist. Dieser ermöglicht einen schnellen Einstieg, trotz umfangreicher Optionen. Eclipse hat sich zu einer etablierten und von vielen Java-Programmierern und Programmierenden genutzten IDE entwickelt. Sie wird ständig erweitert und bietet eine umfangreiche Sammlung von Programmierhilfsmitteln an.

Für Details zur Installation und Konfiguration der IDEs sei auf die Dokumentationen verwiesen, die sich auf der CD befinden.

Literaturverzeichnis

Informatik (allgemein)

- P. Rechenberg und G. Pomberger, *Informatik-Handbuch*, 3. Auflage, Hanser-Verlag, 2002

- V. Claus, A. Schwill, *Duden Informatik*, Bibliographisches Institut, 2003

Programmierung

- C. Heinisch, F. Müller, J. Goll, *Java als erste Programmiersprache*, Teubner, 4. Auflage, 2005.

- G. Krüger, *Handbuch der Java-Programmierung*, Addison-Wesley, 4. Auflage, 2004.

- H. Balzert, *Lehrbuch der Software-Technik*, Spektrum Verlag, 1999.

- B. Oestereich, *Analyse und Design mit UML 2.0: Objektorientierte Softwareentwicklung*, 7. Aufl., Oldenbourg, 2004.

- J. Niederst, *HTML kurz & gut*, O'Reilly

- C. Musciano, B. Kennedy, *HTML und XHTML, Das umfassende Referenzwerk*, O'Reilly

- S. Münz, *SELFHTML, HTML-Dateien selbst erstellen*, http://de.selfhtml.org, Juli 2005.

Datenstrukturen und Algorithmen

- I. Wegener, *Effiziente Algorithmen für grundlegende Funktionen*, Teubner, 2. Auflage, 1996.

- T. Ottmann, P. Widmayer, *Algorithmen und Datenstrukturen*, Spektrum Akademischer Verlag, 2002.

Vom Programm zum Rechner

- U. Schöning, *Theoretische Informatik kurzgefaßt*, Spektrum Akademischer Verlag, 2001.

- I. Wegener, *Theoretische Informatik - eine algorithmenorientierte Einführung*, B.G. Teubner, 2. Auflage, 1999.

- W. Oberschelp, G. Vossen, *Rechneraufbau und Rechnerstrukturen*, Oldenbourg, 9. Auflage, 2003.

- A. V. Aho, R. Sethi, J. D. Ullman, *Compilerbau I und II*, Oldenbourg, 1999.

Stichwortverzeichnis

Normalerweise sind Seitenzahlen aufrecht gedruckt. Wichtige Verweise, z. B. auf den Ort, an dem ein Begriff definiert wird, werden fett gedruckt.

Teubner Lehrbücher: einfach clever

Burg/Haf/Wille

Höhere Mathematik für Ingenieure

Band I: Analysis

6., durchges. Aufl. 2003. XVIII, 616 S.
Br. € 36,90
ISBN 3-519-52955-6

Das Werk ist Teil einer Vorlesungsreihe, die sich über die ersten vier bis fünf Semester erstreckt. Es wendet sich in erster Linie an Studenten der Ingenieurwissenschaften, darüber hinaus aber allgemein an Studierende aller technischer und physikalischer Fachrichtungen sowie an Studenten der Angewandten Mathematik.

Burg/Haf/Wille

Höhere Mathematik für Ingenieure

Bd. II: Lineare Algebra

4., durchges. Aufl. 2002.
XVIII, 407 S. 126 Abb. Br. € 34,90
ISBN 3-519-32956-5

Burg/Haf/Wille

Höhere Mathematik für Ingenieure

Bd. III: Gewöhnliche Differentialgleichungen, Distributionen, Integraltransformationen

4., durchges. u. erw. Aufl. 2002.
XVI, 437 S. mit 136 Abb. Br. € 39,90
ISBN 3-519-32957-3

Stand Januar 2005.
Änderungen vorbehalten.
Erhältlich im Buchhandel
oder beim Verlag.

B. G. Teubner Verlag
Abraham-Lincoln-Straße 46
65189 Wiesbaden
Fax 0611.7878-400

Teubner www.teubner.de